国家文化产业资金支持媒体融合重大项目

会计专业岗位实操系列教材

INTERNAL CONTROL AND RISK MANAGEMENT

内部控制与风险管理

◉ 马琳英　主编

东北财经大学出版社
Dongbei University of Finance & Economics Press

大连

图书在版编目（CIP）数据

内部控制与风险管理 / 马琳英主编. —大连：东北财经大学出版社，2023.8
（2024.8重印）
（会计专业岗位实操系列教材）
ISBN 978-7-5654-4880-5

Ⅰ.内…　Ⅱ.马…　Ⅲ.企业内部管理-风险管理-教材　Ⅳ.F272.35

中国国家版本馆CIP数据核字（2023）第134242号

东北财经大学出版社出版

（大连市黑石礁尖山街217号　邮政编码　116025）
网　址：http://www.dufep.cn
读者信箱：dufep@dufe.edu.cn

大连市东晟印刷有限公司印刷　东北财经大学出版社发行
幅面尺寸：185mm×260mm　　字数：569千字　　印张：23.5
2023年8月第1版　　　　　　2024年8月第2次印刷
责任编辑：包利华　曲以欢　　　　责任校对：何　群
封面设计：原　皓　　　　　　　　版式设计：原　皓
定价：58.00元

教学支持　售后服务　联系电话：（0411）84710309
版权所有　侵权必究　举报电话：（0411）84710523
如有印装质量问题，请联系营销部：（0411）84710711

前　言

内控合规风险管理是企业治理体系和治理能力现代化的重要组成部分。依靠企业内生力量构建以合规内控为基础的风险管控体系，达到内控与企业业务活动的无缝融合，实现管理内控，最终通过价值内控帮助企业构筑可持续发展的坚强根基，体现内部控制的作用和价值，是企业适应全面开放新发展格局的必然选择，对于认真落实党的二十大报告提出的"牢牢把握以中国式现代化推进中华民族伟大复兴的使命任务"的重要要求，完整、准确、全面贯彻新发展理念，完善中国特色现代企业制度，实现企业高质量发展，具有重大推动和促进作用。为企业"强内控、防风险、促合规"三位一体内部控制体系建设储备专业人才，全面落实立德树人根本任务，落实党的二十大提出的科教兴国战略、人才强国战略，是本教材编写的出发点。教材编写遵循"以理论为基石，以能力为本位，以素养为根本，以就业为导向，融理实为一体，兼具探究与创新，德技兼修，知行合一"原则，主要呈现以下特色与创新：

1.内容规范，对接国家法律法规、行业标准，与时俱进，反映最新规定。 本教材根据国资委 2022 年 8 月颁布的《中央企业合规管理办法》的指导精神和要求，依据五部委颁布的《企业内部控制基本规范》、18 项企业内部控制应用指引中的 15 项以及《企业内部控制评价指引》，结合 2018 年修订的《中华人民共和国公司法》、2019 年修订的《中华人民共和国证券法》、财政部 2012 年颁布的《行政事业单位内部控制规范（试行）》、2017 年颁布的《小企业内部控制规范（试行）》、审计署 2018 年颁布的《审计署关于内部审计工作的规定》、证监会 2018 年修订的《上市公司治理准则》、国资委 2006 年颁布的《中央企业全面风险管理指引》等编写教材内容，实现教材内容与最新相关规范、指引、法律法规准确对接，与专业人才的职业资格获取、终身学习能力对接，满足专业人才成长发展需要。

2.内容翔实、扎牢理论功底，结构严谨、逻辑脉络清晰。 本教材以历史里程碑事件溯源国内外内部控制的发展历程，有利于从根源植入内控理念、建立内控思维。教材中的内部环境部分介绍了各著名管理学家思想观点的形成，深入阐述管理的本质，如钱德勒命题、迈克尔·波特的三种基本竞争战略、彼得·德鲁克和 W.舒尔茨的人力资源管理理论、霍华德·R.鲍恩的企业社会责任、理查德·帕斯卡尔的管理中的七个要素、泰伦斯·迪尔的企业文化等，有利于参悟管理理念，明确管理要达到的目标，理解教材内容中的内部控制管控措施。教材中的风险评估部分，深入浅出地介绍目标设定、风险识别、风险分析、风险应对等内容，有利于将只能感知的风险显露出来，加深对风险管理理论的理解与运用。教材中的控制活动、控制手段部分，以业务特点→内控目标→流程梳理→流程各环节风险→关键控制点→管控措施为主线进行清晰化阐述，有利于业务、管理流程各阶段、各环节工作内容、部门、岗位职责明晰化，掌握企业内部控制应用指引管控措施的针对性。

3.案例选材典型丰富，风险管控双向，真实时效贴切。 本教材共 100 个案例，配合教学展开，辅助深入理解规范、指引各条款的内容要义。案例选取具有真实性、时效性、针对性的上市公司典型案例、证监会监管案例、普通公司案例等。案例呈现形式多样，既有风险案例，又有管控案例；既有公司事件实例，还有方法运用案例、公司内部控制制度案例、管控流程图绘制实例，既有利于学生掌握教材内容，又有利于其贴近实务、及时掌握内控建立与执行动态。同时，在案例中融入课程思政，培根铸魂，启智润心，培养学生树立正确的世界观、人生观和价值观，厚植家国情怀，扛起责任担当。

4.配套资源拓展延伸教学内容，为教学有序展开和成功实施提供有力支持。配套资源有电子课件、电子教案、微课、案例视频、相关法律法规等，有利于教师组织开展教学活动和学生拓宽视野。各章都配有岗课赛证综合知识运用训练，以不定项选择题及圆桌讨论的形式，便于学生巩固对各章教学内容的理解与掌握，养成勤学善思的学习能力、独立思辨分析的判断能力、逻辑归纳的表达能力，为使用院校专业人才培养目标实现的可行性提供保障。

本教材由山西省财政税务专科学校会计学院副教授、中国注册会计师、太原理工大学会计学院硕士生导师马琳英编写，信永中和会计师事务所（特殊普通合伙）太原分所合伙人、主任会计师、中国注册会计师李建勋进行审核。部分实务资料由山西省注册会计师协会领军型人才、信永中和会计师事务所（特殊普通合伙）太原分所合伙人、中国注册会计师丁建飞和北京国富会计师事务所（特殊普通合伙）山西分所审计部部长、中国注册会计师刘阳提供。本教材能够为高等职业院校、职业本科院校"内部控制与风险管理"课程教学开展、实现教学目标提供帮助，也能够为业内人士、内部审计人员进行内部控制设计、内部控制运行评价提供良好的参考借鉴思路。

本教材在编写过程中参考了大量的优秀专业文献，在此，我们对相关文献的作者表示诚挚谢意！同时，本教材的编写还得到了山西省注册会计师协会和信永中和会计师事务所（特殊普通合伙）太原分所各位领导和同仁的鼎力协助，值此出版之际，我们谨向对本教材的编写和出版给予关心、支持和帮助的审计界、出版界同仁致以诚挚的谢意。

由于学识有限，书中缺点和疏误之处在所难免，恳请读者批评指正。

编　者

2023年8月

目 录

① 第一章
内部控制基础理论

━━━━━━━━━ 【知识目标】

1.了解国内外内部控制的发展历程
2.熟悉我国企业内部控制规范体系的框架
3.明确内部控制的概念、类型和局限性
4.掌握内部控制的目标、建立与实施原则
5.理解内部控制的五要素内容及其相互关系
6.掌握内部控制的措施与具体运用

━━━━━━━━━ 【能力与素养目标】

1.能准确理解国内外内部控制的发展历程及各阶段特征
2.能准确把握我国企业内部控制规范体系的框架内容
3.能准确把握内部控制的基本理论知识
4.能准确理解内部控制五要素的内容
5.能根据企业具体情况初步运用内部控制措施进行内控流程设计
6.具有合法合规的职业观念、内控理念与思维的职业意识
7.具有自律自省的职业态度、预防制衡与惩戒的职业行为
8.具有立信、尚慎、革新、致治的职业精神
9.具有博学、精进、善思、致用的职业技能

━━━━━━━━━ 【本章知识架构】

章名	节名	一级标题
内部控制基础理论	内部控制的发展历程	内部控制的溯源与发展
		我国内部控制的发展历程
		我国企业内部控制规范体系的框架
	内部控制的概念与类型	内部控制的概念
		内部控制的类型
		内部控制的局限性
	内部控制的目标与原则	内部控制的目标
		建立与实施内部控制的基本原则
	内部控制的五要素	内部环境
		风险评估
		控制活动
		信息与沟通
		内部监督

章名	节名	一级标题
内部控制基础理论	内部控制的措施	不相容职务分离控制
		授权审批控制
		会计系统控制
		财产保护控制
		预算控制
		运营分析控制
		绩效考评控制
		重大风险预警机制和突发事件应急处理机制

【本章导学案例】

安然公司事件与萨班斯法案

安然公司（以下简称安然）曾是美国一家大型能源公司，是世界上最大的电力、天然气和电讯公司之一，其一度位列美国《财富500强》的第七大企业，拥有员工21 000人，2000年披露的营业额达到1 010亿美元。但在2001年10月16日，安然公司发布的2001年第二季度财报宣布公司亏损6.18亿美元，同时透露因经营不当，公司股东资产缩水12亿美元。同年10月22日，美国证券交易委员会（SEC）要求安然公司提交交易细节，并对安然及其合伙公司展开正式调查。11月30日，安然的股价跌至0.26美元/股，市值由峰值时的800亿美元跌至2亿美元，12月2日，安然正式向法院申请破产保护，破产清单中所列资产高达498亿美元，其成为美国历史上最大的破产企业。安然公司破产后，其多位原公司高管相继受到刑事调查和起诉，涉嫌内部交易犯罪。

安然公司事件发生后，SEC在对其进行分析调查时发现：安然的董事会及审计委员会没有对安然的管理层实施有效的监督，包括没有查问他们采用的"投资合伙"这一创新的会计方法。由于安然重视短期的业绩指标，管理层的薪酬与股票表现挂钩，这诱发了管理层利用创新的会计方法财务造假，以赢取丰厚的奖金和红利。虽然安然引用了先进的风险量化方法监控期货风险，但是对营运风险的内部控制形同虚设，管理高层常常藐视或推翻公司制定的内控制度，这是最终导致安然倒闭的重要因素。此后，连续发生的世界通信等世界知名企业的财务丑闻事件，严重打击了美国投资者对美国资本市场的信心。为了改变这一局面，美国国会和政府加速通过了《萨班斯-奥克斯利法案》。该法案的第一句话就是"遵守证券法律以提高公司披露的准确性和可靠性，从而保护投资者及其他目的"。该法案被视为自1930年以来美国证券法最重要的修改，在会计职业监管、公司治理、证券市场监管等方面作出了许多新的规定。

《萨班斯-奥克斯利法案》的两个核心条款302条款和404条款尤其让人关注。302条款要求向SEC提交定期报告的公司，在每一个年度或季度定期报告中就某些财务事宜附一份CEO和CFO签署的书面认证文件，声明公司对定期财务报告的责任。404条款强调管理层对内部控制的评估。此条款规定，公司的年报中必须包括一份"内部控制报告"，该报告要明确指出公司管理层对建立和保持一套完整的、与财务报告相关的内部控制系统所负的责任，并要求管理层在财务年度期末对公司财务报告相关的内部控制体系作

第一节　内部控制的发展历程

一、内部控制的溯源与发展

内部控制的历史源远流长，自人类社会产生了管理活动，就出现了内部控制的思想，并在管理实践中逐步完善。内部控制是由美国注册会计师协会于二战结束后提出的，但其思想可以追溯到延续了人类文明几千年的牵制思想。所谓牵制，是指职能和职能之间必要的相互弥补、相互约束，不能由一个职能完全支配一项业务活动而没有交叉检查和约束。随着牵制思想的发展，控制的概念也随之而来。例如在17世纪，意大利的商人开始将会计账目与会计岗位分离，实现了最早的内部控制。随着现代企业管理模式的发展，内部控制逐渐由早期的会计控制延伸到控制企业所有的日常经营与决策，大大减少了企业的经营风险，舞弊行为也得到了控制。

我们从时代背景和重大里程碑事件来探寻内部控制的发展历程，深入理解内部控制的理念。内部控制理论从历史上的内部牵制思想到2013年COSO新内控框架的建立，共经历了五个重要发展阶段。

（一）20世纪40年代前：内部牵制阶段

内部控制于20世纪30年代才被人们提出、认识和接受的，其才真正成为一个完整的概念和理论。但在人类社会经济发展的过程中，早已存在着内部控制的雏形——内部牵制。早在公元前3600年以前的美索不达米亚文化时期，简单的财物管理活动中就无意识地体现了内部牵制思想，经手钱财物的人用各种标识来记录财物的生产和使用情况，以防止财物的丢失和私自挪用，这应该是内部控制的萌芽期。

古埃及银库记录官和银库监督官对银库实施双重监督。在法老统治的古埃及中央财政银库里，银子和谷物等物品接收数量与入库数量的记录、实物的观察、接收数量与入库数量的核对，分别由三名人员完成。仓库的收发存记录由仓库管理员的上司定期检查，以确保记录正确，账实相符。古罗马时代，随着会计账簿的设置，尤其是"双人记账制"的出现，内部牵制的技术措施得到了丰富。罗马帝国的宫廷库房规定，一笔业务发生后，必须由两名记账员在各自的账簿中同时加以反映，然后再定期对双方的账簿记录加以对比考核，以审查有无差错或舞弊行为，从而达到控制财物收支的目的。这表明当时已有利用内部控制来保证会计信息正确的思想。我国西周时期，统治者为防止掌管财物的官吏贪污、盗窃或弄虚作假，对其实施了严密的分工牵制和交互考核，达到了"一毫财赋之出入，数人耳目之通焉"的程度。原始的内部牵制制度最早是为部落、城邦、庄园、国家服务的。

到15世纪末，随着资本主义经济的初步发展，内部牵制发展到一个新的阶段。以在意大利出现的复式记账方法为标志，内部牵制渐趋成熟。以账目间互相核对为主要内容并实施一定程度的岗位分离，在当时被认为是确保钱财和物品正确无误的理想方法。控制（control）一词最早产生于17世纪，其原始含义是"由登记者之外的人对账册进行的核对和检查。"这一阶段的内部牵制，主要以查错防弊为目的，以职务分离和交互核对为手法，以钱、账、物等会计事项为主要控制对象。可以说，内部控制是在内部牵制的基础上发展起来的。

内部控制的思想产生于18世纪产业革命后，是企业规模化和资本大众化的结果。18世纪末的工业革命，极大地提高了社会生产力，促进了社会经济的发展，各种科学技术的发明和运用使企业的生产能力和生产规模发生了根本性的飞跃。随着生产规模的不断扩大，原有的以家庭为单位的生产管理模式，已经无法满足生产规模扩大的需要，因此以家庭式自我管理为主的企业迅速向利用专业人员管理的模式转变。19世纪中叶，美国铁路业的迅速发展导致财产所有权和经营权的分离，铁路公司为了控制与考核遍及各地的客货运业务，产生了企业管理上最初的层级制，采用了内部稽核制、授权制等制度化管理办法，并形成了各种崭新的内部管理程序以及会计和统计监督，由于效果显著，各大企业纷纷效仿。

现代意义上的内部控制产生于20世纪初。20世纪初期西方资本主义经济得到了较大的发展，股份有限公司的规模有了扩大，生产资料所有者和经营者相互脱离，传统的内部牵制已不能满足企业发展的需要。与此同时，泰勒在1895年出版了《科学管理原理》，法约尔在1916年出版了《工业管理和一般管理》，这两部著作中包含着丰富的内部控制思想，为内部控制研究和实践活动打下了坚实的理论基础。美国一些企业在非常激烈的竞争中逐渐摸索出一些组织、调节、制约和检查企业生产活动的办法，为了防范和揭露错误，按照人们的主观设想建立了"内部牵制制度"。规定有关经济业务或事项的处理不能由一个人或一个部门总揽全过程，这即是内部控制的雏形。

内部牵制理论基于以下两个基本设想：

（1）两个或两个以上的人或部门无意识地犯同样错误的机会是很小的；

（2）两个或两个以上的人或部门有意识地合伙舞弊的可能性大大低于单独一个人或部门舞弊的可能性。

重视分工和制衡作用的内部牵制制度，一方面有效地减少了错误和舞弊行为；另一方面增强了工作的专业化程度，大大地提高了工作效率和效果。在现代内部控制理论中，内部牵制仍占重要的地位，成为有关组织机构控制、职务分离控制的基础。

《柯氏会计词典》将内部牵制定义为："以提供有效的组织和经营，并防止错误和其他非法业务发生的业务流程设计。其主要特点是以任何个人或部门不能单独控制任何一项或一部分业务权力的方式进行组织上的责任分工，每项业务通过正常发挥其他个人或部门的功能进行交叉检查或交叉控制"。

内部牵制是一种以事务分管为核心的自检系统，通过职责分工和作业程序的适当安排，使各项业务内容能自动被其他作业人员核对、查证，每项业务的处理既不会被一人所包办，也不会因为由多人经手而没有相互牵制监督造成损失。内部牵制一般有以下几种类型：

1.实物牵制

实物牵制，是指通过两个或两个以上的人共同控制必要的实物工具，必须合作才能完成某一项工作的制约方式。例如，银行金库大门钥匙由两人分别掌管，非同时使用不能打开。

2.机械牵制

机械牵制，是指通过设置特定的运行程序，必须按程序进行操作才能完成某一项工作的制约方式。例如，计算机主机在启动时必须按固定的命令顺序进行，否则无法启动。

3.分权牵制

分权牵制，是指将一项业务交由两个以上部门或个人分别处理，以达到制约的目的。例如，会计和出纳不能是同一个人。

4.簿记牵制

簿记牵制，是指通过会计原始凭证与记账凭证、记账凭证与会计账簿、会计账簿与会计报表之间等的核对制约关系产生的牵制。例如，总账和明细账之间的定期对账。

这一阶段内部控制的特征：着眼点在于职责的分工和业务流程及其记录上的交叉控制。内部控制主要通过人员配备和职责划分、业务流程、簿记系统等来完成。其目的主要是防止组织内部的错误和舞弊，通过保护组织财产来保障组织运转的有效性。不足之处在于人们没有意识到内部控制的系统性，只强调内部牵制机能的简单运用。

（二）20世纪40年代末到20世纪70年代：内部控制制度阶段

以账户核对和职务分工为主要内容的内部牵制，从20世纪40年代开始逐步演变为由组织结构、岗位职责、人员条件、业务处理程序、检查标准和内部审计等要素构成的较为严密的内部控制系统。推动内部控制制度发展的原因是：

1.企业组织发展的结果

19世纪中叶至20世纪初，产业革命相继在英美等国家完成，资本主义经济逐步从自由竞争阶段向垄断阶段过渡，推动生产关系和生产力发生了重大的变化，促进了社会化程度的发展，加剧了企业间的竞争，并最终导致企业内外加强管理的呼声更加激烈。一方面资本家为了提高管理效益、获取高额利润，迫切需要在企业管理上采用比内部牵制更为完善、更为有效的控制措施。另一方面资本主义国家政府为了适应当时社会关系的要求，也以法律的形式要求强化对企业财产物资及各项经济活动的内部管理，以保护投资者和债权人的经济利益。在这种形势下与手工工场相适应并局限于会计事项的内部牵制显然已难以满足日益复杂的工业化生产需要，于是各级管理人员开始了进行全面企业管理的探索。20世纪初出现的世界性经济危机，也使很多企业为免遭破产的威胁，强化了生产经营的控制与监督，从而使企业的内部牵制制度有了更深层次的发展。内部牵制的范围和内容超越了单一的会计和财务领域，发展到企业业务经营管理的各个方面。内部控制作为一种新型的管理模式在企业的管理实践中产生和发展，并在审计理论中总结、提出并得到逐步升华。

2.审计模式的变革

内部控制一词最早是在1936年作为审计术语出现在美国会计师协会（1957年改名为美国注册会计师协会）题为《注册会计师对财务报表的审查》的审计文献之中，出于改进审计方式的需要，提出了以内部控制为基础的审计程序。1938年美国发生了一起对现代审计产生重大影响的著名经济案件即麦克逊·罗宾药材公司案件，这一案件促使美国有关立法部门对审计流程方面提出了新的立法要求，优先评估内部控制状况成为实施审计必不可少的一项工作。对审计部门而言，可以通过内部控制评价提高审计效率、保证审计质量、降低审计风险；对于企业部门而言，建立内部控制一方面可以防范内部风险，另一方面可以防止审计机构不受理审计业务。审计模式从账项基础审计发展到制度基础审计，完成了审计发展史上的一次飞跃，制度基础审计的发展有力地推动了对企业内部控制的研究、利用和完善。

1949年，美国会计师协会所属的一个审计程序委员会发表了题为《内部控制、协调系统诸要素及其对管理部门和注册会计师的重要性》的专题报告，首次从会计核算的角度赋予内部控制一个准确完整的定义，即内部控制一元论。在这个报告中将内部控制定义为："内部控制包括组织机构的设计和企业内部采取的所有协调方法和措施，旨在保护资产、检查会计信息的准确性和可靠性，提高经济效率，促进既定管理政策的贯彻执行。"此定义强调内部控制不只限于与会计和财务部门直接有关的控制方面，还包括预算控制、成本控制、定期报告经营情况、进行统计分析并将统计报告送交有关部门、制订培训计划以培训有关人员使其能够履行职责以及设立内部审计部门等，从而形成内部控制系统思想。

但是这个定义过于宽泛，1958年，出于注册会计师测试与财务报表相关的内部控制的需要，美国注册会计师协会的审计程序委员会发布了第29号审计程序公告《独立审计人员评价企业内部控制的范围》，决定了将内部控制分为管理控制和会计控制两类，即内部控制二元论阶段。

内部管理控制是由组织计划和所有提高经营效率、保证管理部门所制定的各项政策得到贯彻执行或与此直接相关的方法和程序构成。这些方法和程序通常只与财务记录发生间接的关系。其主要内容包括：统计分析、时间和动机研究、经营报告、雇员培训计划和质量控制。

内部会计控制由组织计划和所有保护资产、保护会计记录可靠性或与此直接有关的方法和程序构成。其主要包括以下内容：授权与批准；记账、编制财务报表、保管资产等职权的分离；财产的事务控制以及内部审计。

1972年11月，美国注册会计师协会审计准则委员会发布《审计准则公告第1号》，将内部控制一分为二，使得注册会计师在研究和评价企业内部控制制度的基础上来确定实质性测试的范围和方式成为可能。

这一阶段内部控制的特征：内部控制被正式纳入相关准则和制度体系之中，管理控制正式成为内部控制的一个重要组成部分。不足之处在于以会计控制为主的定义关注点仍然在查错防弊方面。

（三）20世纪80年代到20世纪90年代：内部控制结构阶段

1972年，震惊美国政坛的水门事件导致众多美国公司在全球进行的非法捐款和贿赂被揭露，美国国会出台《反国外贿赂法案》，其中记录与会计条款的有关规定对于企业建立健全内部控制以及强化企业内部管理起到了里程碑的作用。1985年，为了遏制日益猖獗的企业会计舞弊行为，美国相关领域的五家机构联合成立COSO委员会，专门研究内部控制问题，关于内部控制的研究进一步从一般含义向具体内容深化。在实践中注册会计师发现很难确切区分内部会计控制和内部管理控制，而且后者对前者其实有很大影响，无法在审计过程中完全忽略。1988年美国注册会计师协会发布《审计准则公告第55号》，并规定从1990年1月起取代1972年发布的《审计准则公告第1号》。这份公告首次以"内部控制结构"的概念代替"内部控制系统"，指出"企业的内部控制结构包括为合理保证企业特定目标的实现而建立的各种政策和程序"。公告认为，内部控制结构由下列三个要素组成：

1. 控制环境

控制环境是对企业控制的建立和实施有重大影响的一组因素的统称，包括管理哲学和经营方式、组织结构、董事会及审计委员会的职能、授权和分配责任的方式、管理控制方法、内部审计、人事政策与事务等。

2. 会计系统

会计系统是公司按企业会计准则的规定对经济业务的确认、归类、分析、记录、报告、业务处理的各种方法和记录，包括文件预先编号、计量经济价值、业务复核、定期调节、编报财务报告等。

3. 控制程序

控制程序是公司为保证公司目标实现而建立的一系列政策和程序。具体包括：授权、恰当的职责分工、充分的凭证、账单设置和记录、资产和记录的接触控制、业务的独立审核等。

上述内部控制结构中，会计系统是关键因素，也是注册会计师可直接利用的因素。控制程序是保证内部控制有效进行的机制。而将控制环境纳入内部控制范畴，表现出人们对内部控制的认识有所提高，它是企业管理者营造的、充分保证内部控制得以进行的基础。

这一阶段内部控制的特征：与以往相比，内部控制结构从内容和范围上有所扩大，不但涉及会计控制，而且包含了更多管理控制的内容，其显著特点就是将"控制环境"这一总括性的要素纳入其中，强调包括管理人员对内控的态度、认识和行为等控制环境的重要作用，认为这些环境因素是实现控制目标的环境保证。此外，与政策和程序组成有三个构成"要素"的"结构"，实现了内部控制由零散到系统的转变和发展。

（四）20世纪90年代到2004年：内部控制框架阶段

进入20世纪90年代后，对于内部控制的研究进入了一个新阶段。1992年，美国COSO委员会公布《内部控制——整合框架》，即COSO框架，提出了内部控制五要素，成为全球范围内企业内部控制的纲领性文件。1994年，COSO委员会又对该报告进行了修改，将内部控制定义为："由企业董事会、管理层和其他人员实施的为经营的效果和效率、财务报告的可靠性、相关法规的遵循等目标的实现而提供合理保证的过程"。COSO委员会将内部控制的目标确定为三个：财务报告目标、经营目标、合规性目标。COSO委员会认为内部控制由五个相互独立而又相互联系的要素组成：控制环境、风险评估、控制活动、信息与沟通、监督。

1. 控制环境

控制环境的内容包括员工的职业道德、人员胜任能力、管理哲学和经营作风、董事会及审计委员会、组织机构、权责划分、人力资源政策和执行。

2. 风险评估

风险评估是指企业确认和分析与其目标实现相关的风险的过程，它包括经营环境的变化、新技术的应用及企业改组等。这一过程包括风险识别、风险分析和风险应对三个部分。其中风险识别包括对外部因素（如技术发展、竞争、经济环境变化等）和内部因素

（如高层管理者的职业操守和价值观、员工素质、公司活动性质、信息系统处理等）进行检查；风险分析则涉及估计风险的程度、发生的可能性等；风险应对是指管理层对风险的态度以及采取的措施。

3.控制活动

控制活动是指企业对所确认的风险采取必要的措施，以保证企业目标得以实现的政策和程序。一般说来，具体内容应该包括：授权、职务分离、业绩评价、信息处理与控制、实物控制等。

4.信息与沟通

信息与沟通是指企业在一定时期内要以一定的形式确定、收集和交换信息，从而使员工能履行其责任，包括会计记录方面的信息、资产维护方面的信息以及在财务报告中恰当揭示等。

5.监督

监督是指管理当局用来监督会计系统和相关控制程序的手段，其内容包括日常的监督管理活动、管理方法和内部审计。

受COSO委员会上述报告的影响，1995年12月，美国注册会计师协会发布了《审计准则公告第78号》，以取代1988年发布的《审计准则公告第55号》。这些研究报告和规范性文件，目前被公认为是"内部控制框架"阶段开始的主要标志。

自COSO框架于1992年发布以后，其已经被世界上许多企业所采用，在此基础上，理论界和实务界纷纷对内部控制框架提出了一些改进建议，强调内部控制框架的建立应与企业的风险管理相结合。在现实生活中，许多企业也已经意识到风险管理的重要性，但对风险管理有清晰理解的却不多，而且在经营中实施风险管理的企业则更少。正是在这种背景下，美国COSO委员会从2001年起开始进行这方面的研究。在研究期间，2001年12月，美国最大能源公司之一的安然公司，突然申请破产保护。此后，上市公司和证券市场丑闻不断，特别是2002年6月的世界通信公司会计丑闻，"彻底打击了投资者对资本市场的信心"。为了改变这一局面，2002年7月美国国会和政府加速通过著名的《萨班斯–奥克斯利法案》。该法案是继美国1933年《证券法》和1934年《证券交易法》以来又一部具有里程碑意义的法律。《萨班斯–奥克斯利法案》强调了公司内部控制的重要性，从管理层、内部审计及外部审计等几个层面对公司内部控制做了具体规定，并设置了问责机制和相应的惩罚措施，成为继20世纪30年代美国经济危机以来，政府制定的涉及范围最广、处罚措施最严厉的公司法律。《萨班斯–奥克斯利法案》要求上市公司全面关注风险，加强风险管理，在客观上也推动了内部控制整体框架的进一步发展。

这一阶段内部控制的特征：美国COSO委员会公布的COSO框架中的内部控制理论和体系集内部控制理论和实践发展之大成，成为现代内部控制最具有权威性的框架，在业内备受推崇，在美国及全球得到广泛推广和应用。不足之处在于过分注重财务报告，没有从企业全局与战略的高度关注企业风险。

（五）2004年以后：风险管理整合框架阶段

2004年，美国COSO委员会根据《萨班斯–奥克斯利法案》在财务报告等方面的具体要求，发表了名为《企业风险管理——整合框架》的研究报告，即ERM框架。该框架指出："全面风险管理是一个过程，它由一个主体的董事会、管理层和其他人员实施，应用于战略制定并贯穿于企业之中，旨在识别可能影响主体的潜在事项、管理风险，以使其在该主体的风险容量之内，并为主体目标的实现提供合理保证"。ERM框架将内部控制与企业风险管理进行了整合，从此内部控制进入了八元论时代。ERM框架是在COSO框架的基础上进行扩展研究得到的，其范围比COSO框架的范围更为广泛，是一个帮助企业管理者有效处理不确定性和减少风险，进而提高企业创造价值能力的框架。COSO委员会希望ERM框架能够成为企业董事会和管理者的一个有用工具，用来衡量企业的管理团队处理风险的能力，并希望这个框架能够成为衡量企业风险管理有效性的一个标准。

在ERM框架中，COSO委员会将风险管理的目标确定为四个：战略目标、运营（经营）目标、报告目标和合规（合法）性目标。其中战略目标居于最高层次，它主要决定企业的未来任务或对未来的预期。在风险管理要素方面，ERM框架包含了内部环境、目标设定、事项识别、风险评估、风险应对、控制活动、信息与沟通、监控等八个相互关联的要素，各要素贯穿在企业的管理过程之中。ERM框架如图1-1所示。

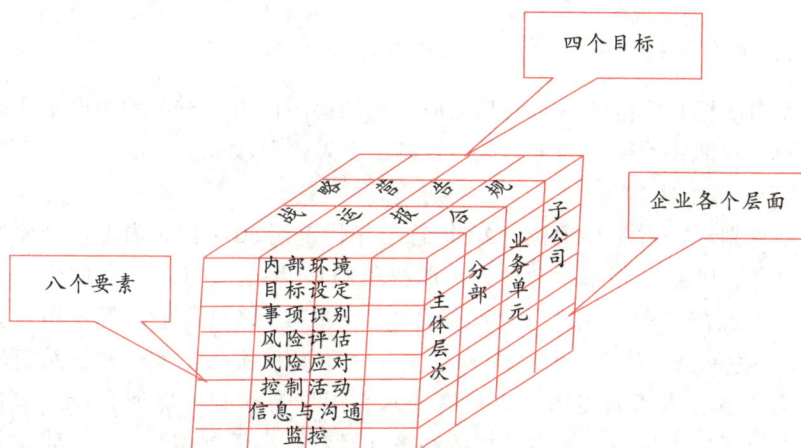

图1-1　ERM框架

在图1-1中，水平的平面代表企业的四个目标，正向垂直的平面代表八个要素，第三个平面代表企业各个层面。八个风险管理要素、四个企业目标和企业内各个层面的关系是：三者之间的关系如同一个三维矩阵，企业风险管理的八个要素都是为企业的四个目标服务的，是实现企业目标的保证；企业各个层面都要坚持同样的四个目标；风险管理框架强调在整个企业范围内进行风险管理，每个层面都必须从以上八个要素方面进行风险管理。

需要特别说明的是，ERM框架的发布虽然晚于1992年COSO框架，但是它并不是要完全替代后者。在2004版ERM框架发布几年之后，由于新环境、新技术的不断演变，新的风险层出不穷，基于风险导向的管理理念逐渐兴起，并渗透到企业管理的各个方面。为适应这些变化，COSO委员会在2013年对1992年COSO框架进行了更新，即2013版新内部控制框架，2013版新内部控制框架扩大了内部控制报告目标与对象的范围。在报告目标上，将财务报告目标扩展到非财务报告目标。在报告对象上，从原来的业务模块的控制扩充到经营决策层、管理层以及各职能部门，满足了企业经营管理决策的需要。

2014年COSO委员会首次启动对ERM框架的修订工作，并于2017年9月发布《企业风险管理——整合战略和绩效（2017）》。新企业风险管理框架中明确了企业风险管理和内部控制的关系，强调了内部控制是企业风险管理工作的基础组成部分。新框架采用五要素20项原则模式，更加关注对企业战略和愿景的支撑，强调风险管理与业务活动的融合，进一步明确了风险管理对战略目标规划和组织发展的重要性，将企业风险管理与决策联系起来，强调必须将风险管理工作融入组织活动的各个方面等。此外，新框架强调了在风险管理和内部监督的大背景下，理解和塑造文化在风险管理中的重要性。

这一阶段内部控制的特征：美国COSO委员会在ERM框架中对内部控制的认识有了新变化，即从重视内部控制本身转向了重视风险管理，或者说更加倾向于在风险管理的背景下实施内部控制，确实找到了本质，抓住了企业的主要矛盾。在未来，风险识别与评估将是内部控制的核心。其创新之处在于ERM框架融合了风险管理的理论和方法，丰富和完善了内部控制的内涵和外延，主要体现在风险组合观、风险偏好、风险容忍度三个概念的引入和运用。新企业风险管理框架提高了ERM框架的相关性，反映了风险管理理论和实践的新发展，以便组织从风险管理中得到价值提升。

二、我国内部控制的发展历程

我国企业内部控制规范体系建设是适应经济社会不同发展进程而逐渐形成的，大体经历了内部牵制、内部会计控制和全面风险控制三个发展阶段。

（一）第一阶段：内部牵制

这一时期计划经济占主导地位，20世纪70年代末至80年代，内部牵制才逐渐受到重视。1978年9月，国务院颁布《会计人员职权条例》，明确要求"企业的生产、技措、基建等计划和重要经济合同，应由总会计师会签"。1984年4月，财政部发布《会计人员工作规则》，要求各单位"建立会计人员岗位责任制，要从实际出发，坚持精简的原则，切实做到事事有人管，人人有专责，办事有要求，工作有检查，保证会计工作有秩序地进行"；"会计人员岗位责任制要同本单位的经济（经营）责任制相联系。以责定权，责权明确，严格考核，有奖有惩"；"出纳人员不得兼管收入、费用、债权、债务账簿的登记工作以及稽核工作和会计档案保管工作"；1985年1月，第六届全国人民代表大会常务委员会第九次会议通过《中华人民共和国会计法》，重申了会计岗位责任制的要求，这是我国首次在法律文件上对内部牵制提出明确的要求。

（二）第二阶段：内部会计控制

20世纪90年代，经济社会加速转型，开始建立现代企业制度和市场经济体制。为加强会计基础工作，建立规范的会计工作秩序，1996年6月，财政部发布《会计基础工作规范》，要求各单位进一步建立健全包括但不限于内部牵制制度的内部会计管理制度。其中对会计监督的规定，可以算作我国企业早期的内部控制规定。1996年12月，中国注册会计师协会（以下简称中注协）发布了第二批《中国注册会计师独立审计准则》，其中有关内部控制的描述和要求，既是注册会计师执业基准的一部分，也对企业内部控制工作起到了间接的推动作用，促进了我国企业内部控制制度的初步建设。1997年6月，亚洲金融危机爆发，我国借鉴亚洲各国在金融危机中的经验教训，积极推进企业管理制度的改革和会计监督制度的建设。1999年10月，第九届全国人民代表大会常务委员会第十二次会议修订通过《会计法》，在其第二十七条中规定："各单位应当建立、健全本单位内部会计监督制度。单位内部会计监督制度应当符合下列要求：（一）记账人员与经济业务事项和会计事项的审批人员、经办人员、财物保管人员的职责权限应当明确，并相互分离、相互制约；（二）重大对外投资、资产处置、资金调度和其他重要经济业务事项的决策和执行的相互监督、相互制约程序应当明确；（三）财产清查的范围、期限和组织程序应当明确；（四）对会计资料定期进行内部审计的办法和程序应当明确。"上述加强单位内部会计监督的法律要求，体现了内部会计控制的本质。这一时期，财政部依法启动了内部会计控制规范的研究制定工作。2001年6月，财政部正式发布《内部会计控制规范——基本规范（试行）》和《内部会计控制规范——货币资金（试行）》。此后至2004年年底，财政部连续发布采购与付款、销售与收款、工程项目、对外投资和担保等5项内部会计控制规范，并印发了固定资产、存货、筹资、预算、成本费用等5项征求意见稿。内部会计控制规范作为会计法的配套规章，成为各单位建立与实施内部控制的重要依据。内部会计控制规范所涉及的内容不仅仅局限在会计领域，而是对采购、生产、销售、投资等诸多方面内部控制的规范，为后来我国内部控制规范体系的形成奠定了基础。

（三）第三阶段：全面风险控制

进入21世纪，随着世界范围的企业合并、资本国际化、贸易壁垒的逐渐消失和金融市场的一体化，内部控制日益成为一个世界性话题，单纯依赖会计控制已难以应对企业面对的市场风险，会计控制必须向全面风险控制发展。在汲取美国安然公司等一系列内部控制失败案例教训、总结会计控制经验的基础上，针对国内国际两个市场，企业需要站在发展全局的角度，全方位加强内部控制制度体系建设，为深化企业改革、加强经营管理、提高企业抗风险能力和可持续发展能力提供技术支持。

在2002年《萨班斯-奥克斯利法案》的推动下，我国加快内部控制制度建设的步伐，相关的法规和文件密集出台，逐渐形成内部控制制度的组织配套和保障机制。2004年年底和2005年6月，国务院领导同志就强化企业内部控制问题作出重要批示，明确要求"由财政部牵头，联合证监会及国资委，积极研究制定一套完整公认的企业内部控制指引"。2006年6月，基于中国企业界普遍流行的全面质量管理、全面预算管理的时代背景，国务院国资委发布《中央企业全面风险管理指引》，将全面风险管理的概念最先引入到了央企层面。2006年7月，财政部、证监会、国资委、审计署、银监会、保监会联合发起成立我国企业内部控制标准委员会。因受到美国次贷危机引发的全球金融危机的影响，我国迫切需要一套适合自己的企业内部控制规范，2008年5月，财政部会同证监会、审计署、银监会、保监会等五部委（以下简称五部委）参考COSO的五要素内控框架，联合发布了我国首部内部控制的指引文件《企业内部控制基本规范》，自2010年1月1日起实施，标志着中国版"萨班斯法案"的诞生。2010年4月，五部委联合发布了《企业内部控制配套指引》，自2011年1月1日起首先在境内外同时上市的公司施行，自2012年1月1日起扩大到在上海证券交易所、深圳证券交易所主板上市的公司施行，在此基础上，择机在中小板和创业板上市公司施行。同时，鼓励非上市大中型企业提前执行。这是全面提升上市公司和非上市大中型企业经营管理水平和风险防范能力的重大举措。至此，我国的企业内部控制也进入了标准化、常态化的发展模式。

2012年，金融危机的潮水逐渐退去，为防范系统性风险，夯实管理基础，国资委发布了《关于加快构建中央企业内部控制体系有关事项的通知》（国资发评价〔2012〕68号），其中对扎实开展管理提升活动、加快构建内部控制体系提出全面性要求，首次提出：为培育具有国际竞争力的世界一流企业、做强做优国有企业需要全面开展内控建设工作。由于国际环境对合规监管不断加强，这对中国企业"出海"经营提出了较大的挑战，尤其在2018年，中兴通讯公司再次被处罚，更是进一步引起了企业与社会各界对合规经营的重视。2018年，国资委下发《中央企业合规管理指引（试行）》，旨在提升合规经营管理水平。

2019年，国资委印发了《关于加强中央企业内部控制体系建设与监督工作的实施意见》（国资发监督规〔2019〕101号），对企业内控体系和监督工作提出了更系统、全面和规范的指导意见，首次提出工作中要将风险管理和合规管理要求嵌入业务流程，促使企业依法合规开展各项经营活动，实现"强内控、防风险、促合规"的管控目标，形成全面、全员、全过程、全体系的风险防控机制，切实全面提升内控体系的有效性。同年年末，国资委下发了《2020年中央企业内部控制体系建设与监督工作有关事项的通知》，这是国资委将风险管理、内部控制、合规监督等职能重新划分后的第一份年度工作文件，开启了风险管理和内部控制的融合时代。2020年，在101号文的基础上，国资委制定了《关于做好2021年中央企业内部控制体系建设与监督工作有关事项的通知》（国资厅监督〔2020〕307号）。文中强调了对中央企业加强集团管控、制定"1+N"内控制度体系、提升重大风险评估监测水平、制定内控评价量化标准、强化境外管控、加强信息化建设、提升年度工作报告质量等七项工作重点，预示着未来我国企业的内控管理的执行将更具有可操作性，内控评价与监督更具有客观性。

为了进一步提高行政事业单位内部管理水平，规范内部控制，加强廉政风险防控机制建设，财政部于2012年11月出台了《行政事业单位内部控制规范（试行）》（自2014年1月1日起施行）。《行政事业单位内部控制规范（试行）》内容共6章65条，包括：总则、风险评估和控制方法、单位层面内部控制、业务层面内部控制、评价与监督、附则。其中业务层面内部控制包括：预算业务控制、收支业务控制、政府采购业务控制、资产控制、建设项目控制以及合同控制，涵盖了行政事业单位最主要的经济活动。

为了指导小企业建立和有效实施内部控制，提高经营管理水平和风险防范能力，促进小企业健康可持续发展，财政部于2017年6月制定并颁布了《小企业内部控制规范（试行）》（自2018年1月1日起施行）。《小企业内部控制规范（试行）》内容共4章40条，包括：总则、内部控制建立与实施、内部控制监督、附则。

三、我国企业内部控制规范体系的框架

财政部会同证监会、国资委、审计署、银监会、保监会等五部委于2008年5月22日联合发布的《企业内部控制基本规范》（以下简称《基本规范》），于2010年4月15日联合发布的《企业内部控制应用指引》、《企业内部控制评价指引》和《企业内部控制审计指引》（以下简称配套指引），共同构建了一套以防范风险和控制舞弊为中心，以控制标准和评价标准为主体的内部控制规范体系，并以监管部门为主导，各单位具体实施为基础，会计师事务所等中介机构咨询服务为支撑，政府监管和社会评价相结合的内部控制实施体系。内部控制规范体系对推动公司、企业和其他非营利组织完善治理结构和内部约束机制、不断提高经营管理水平和可持续发展能力、提高风险防御能力、维护社会主义经济秩序和社会公众利益、服务企业实现价值创造的最终目

标等方面具有重大意义。

在我国企业内部控制规范体系中，《基本规范》规定了内部控制的基本目标、基本要素、基本原则和总体要求，是制定配套指引的基本依据，在内部控制规范体系中起统驭作用。配套指引作为《基本规范》的配套规范，细化了《基本规范》所提出的目标、原则和各项要求，又构建了健全统一的指引体系。其中：《应用指引》是对企业按照内部控制原则和内部控制"五要素"建立健全本企业内部控制所提供的指引，在配套指引乃至整个内部控制规范体系中占据主体地位；《评价指引》是就企业管理层开展内部控制自我评价所提供的指引；《审计指引》是为注册会计师和会计师事务所执行企业内部控制有效性审计所提供的指引。《评价指引》和《审计指引》是对企业贯彻《基本规范》和《应用指引》效果的评价与检验。每类指引自成一体，构成一个完善的子系统，三个子系统之间又环环相扣、有机衔接、相辅相成、互为依托，构成完备的指引体系，连同《基本规范》形成了具有统一性、公认性和权威性的中国企业内部控制规范体系。

（一）基本规范

《基本规范》在内控规范体系中处于最高层次，起核心统领作用，描绘了企业建立与实施内控体系必须建立的框架结构、规定了内部控制的定义、目标、原则、要素等基本要求，是制定《应用指引》、《评价指引》、《审计指引》和企业内部控制制度的基本依据。《基本规范》共七章五十条，内容包括：总则、内部环境、风险评估、控制活动、信息与沟通、内部监督和附则。

（二）应用指引

《应用指引》是根据《基本规范》，对企业办理具体业务与事项从内部控制角度作出的具体规定。应用指引有18项，针对企业主要业务与事项的内控领域或内控手段，可以划分为三类：内部环境类指引、控制活动类指引、控制手段类指引，基本涵盖了企业资金流、实物流、人力流和信息流等各项业务和事项，为企业以及外部审核人建立与评价内控体系提供了参照性标准。

1.内部环境类指引

内部环境是企业实施内部控制的基础，支配着企业全体员工的内控意识，影响着全体员工实施控制活动和履行控制责任的态度、认识和行为。内部环境类指引之所以具有基础性地位，是因为它们构成了企业的基本条件，对企业的经营与发展起到决定性的、不可或缺的作用。内部环境类指引有5项，包括组织架构、发展战略、人力资源、社会责任和企业文化等指引。

2.控制活动类指引

企业在改进和完善内部环境控制的同时，还应对各项具体业务活动实施相应的控制。控制活动类指引有9项，包括资金活动、采购业务、资产管理、销售业务、研究与开发、工程项目、担保业务、业务外包、财务报告等指引。

3.控制手段类指引

控制手段类指引偏重于"工具"性质，往往涉及企业整体业务或管理。此类指引有4项，包括全面预算、合同管理、内部信息传递和信息系统等指引。

（三）评价指引

内部控制评价是企业董事会或类似决策机构对内部控制有效性进行全面评价、形成评价结论、出具评价报告的过程。《基本规范》规定，企业应当结合内部监督情况，定期对内部控制的有效性进行自我评价，出具内部控制自我评价报告。《评价指引》为企业管理层对本企业进行内部控制自我评价提供指引和要求，共五章二十七条，包括：总则、内部控制评价的内容、内部控制评价的程序、内部控制缺陷的认定、内部控制评价报告。《评价指引》中明确内部控制评价应围绕内部环境、风险评估、控制活动、信息与沟通、内部监督等要素，企业应当确定评价的具体内容及对内部控制设计与运行情况进行全面评价。同时，对内部控制评价的内容、程序、缺陷的认定、评价报告、工作底稿要求、评估基准日等方面做出了规定。

（四）审计指引

内部控制审计是指会计师事务所接受委托，对特定基准日内部控制设计与运行的有效性进行审计。它是企业内部控制规范体系实施中引入的强制性要求。《审计指引》是会计师事务所执行内部控制审计业务的执业准则，共七章三十五条，包括：总则、计划审计工作、实施审计工作、评价控制缺陷、完成审计工作、出具审计报告、记录审计工作。《审计指引》中明确注册会计师应对财务报告内部控制的有效性发表审计意见，并对内部控制审计过程中注意到的非财务报告内部控制的重大缺陷予以披露。同时，就审计计划工作、审计实施、如何评价控制缺陷、审计期后事项、审计报告内容和方法以及审计工作底稿做出了规定。

第二节　内部控制的概念与类型

一、内部控制的概念

从内部控制的发展历程中可以看出，在不同的历史时期，对内部控制有着不同的定义，即使在现在，基于不同的角度和层次，对内部控制的定义也有着不同的认识和分析。

美国COSO委员会对内部控制的发展所做出的最重要的贡献在于它对内部控制下了一个迄今为止最为权威的定义："内部控制是由主体的董事会、管理层和其他员工实施的，旨在为经营的效率和有效性、财务报告的可靠性、遵循适用的法律法规等目标的实现提供合理保证的过程。"这个定义反映了一些基本概念：

（1）内部控制是一个过程，它是实现目标的手段，而不是目标本身；

（2）内部控制是由人员来实施的，它并不仅仅是政策手册和表格，还涉及组织中各个层级人员的活动；

（3）内部控制只能为主体目标的实现提供合理保证，而不是绝对保证；

（4）内部控制被用来实现一个或多个彼此独立又相互交叉的类别的目标，内部控制目标包括经营目标、财务报告目标和合规目标，而财务报告的可靠性并不是内部控制唯一的目标，换言之内部控制不等于会计控制。

国际内部审计师协会（IIA）在其颁布的《内部审计标准说明》中指出："内部控制是指在一个组织内部设计的管理控制程序，为实现以下主要目标提供合理的保证：（1）资料的可靠性和完整性；（2）对政策、计划、程序、法律等规定的遵守；（3）对资产的保护；（4）经济有效地使用资源；（5）完成所制订的经营或计划的任务和目标"。该定义强调了内部控制的五项目标，即报告、合规、资产安全、经营和战略目标。内部控制的五个目标不是彼此孤立的，而是相互联系、共同构成了一个完整的内部控制目标体系。

美国上市公司会计监督委员会（PCAOB）从注册会计师进行审计的角度给出了内部控制的定义。在其发布的《审计准则第2号》中规定："注册会计师对企业财务报告进行审计必须关注相关的财务报告内部控制，同时管理层应对企业内部控制作出评估。所谓财务报告内部控制，是指在企业主要的高级管理人员、主要财务负责人或行使类似职能的人员的监督下建设的一套流程，并由公司的董事会、管理层和其他人员批准生效，该流程可以为财务报告的可靠性及根据公认会计原则编制的对外财务报表提供合理保证，它包括如下政策和程序：

（1）有关以合理的详尽程度、准确和公允地反映企业的交易和资产处置的有关记录的保管；

（2）为按照公认会计原则编制财务报表记录交易，以及企业的收入和支出仅是按照管理层和公司董事会的授权执行提供合理的保证；

（3）为预防或及时发现对财务报表有重大影响的未经授权的企业资产的购置、使用或处理提供合理保证。"

我国财政部、证监会、审计署、银监会和保监会于2008年5月联合发布的《企业内部控制基本规范》第三条明确指出："内部控制，是由企业董事会、监事会、经理层和全体员工实施的、旨在实现控制目标的过程。内部控制的目标是合理保证企业经营管理合法合规、资产安全、财务报告及相关信息真实完整，提高经营效率和效果，促进企业实现发展战略。"对于这一定义，我们可以从以下几个方面进行理解：

1.内部控制是一种全员控制

首先，该定义强调了企业领导者尤其是董事会、监事会和经理层在建设和实施内部控制中的作用。如果企业领导者对内部控制没有足够的认识和高度的重视，内部控制是难以有效实施的。具体而言，董事会负责内部控制的建立健全和有效实施，并直接影响内部环境这一控制的基础。监事会对董事会建立和实施的内部控制进行监督。经理层负责组织领导企业内部控制的日常运行。其次，明确了内部控制是全体员工的共同责任。企业的各级管理层和全体员工都应当树立现代管理理念，强化风险意识，积极参与内部控制的建立与实施，在实现内部控制中承担相应职责并发挥积极作用。

2.内部控制是一种全面控制

这是指企业的内部控制应当覆盖企业所有的业务和事项，包含每个层级和环节，并且还要体现多重控制目标的要求，合理保证企业经营管理合法合规、资产安全、财务报告及相关信息真实完整，提高经营效率和效果，促进企业实现发展战略。内部控制是目标控制，内部控制的设计要体现多重目标的要求，但内部控制本身不是目标，是一种经营管理方法、战略实施工具，是实现目标的手段和方式。还应当说明的是，由于内部控制本身也存在一定的局限性，使得其不可能为企业控制目标的实现提供"绝对保证"，只能提供"合理保证"。

3.内部控制是一种全程控制

这是指内部控制是一个完整的内部控制体系。企业内部控制是对企业生产经营活动全过程的控制，也是对企业实现发展目标全过程的控制。全程控制包括事前控制、事中控制和事后控制；包括制度建设、制度执行与监督评价；包括流程的建设、执行和监督评价。以上环节环环相扣，彼此配合，共同构成了一个完整的内部控制体系。同时，内部控制又是一个不断优化完善的过程，只有起点，没有终点，是不断持续改进的开放动态过程。

二、内部控制的类型

通过对内部控制进行分类，可以将表面上看来复杂的控制系统分解成脉络清晰、不同类型的控制措施的组合，便于理解和分析内部控制。

1. 预防性控制

预防性控制是指为了防止错误和舞弊的发生而预先采取的控制。它是由不同的职能部门和人员在履行各自职责过程中实施的。例如：岗位职责分离、监督检查、双重控制、交叉复核等都属于预防性控制措施。预防性控制是"事前控制"的充分体现，它能在事前防止损失的发生，降低风险。但是，在实际工作中很难实现百分之百的预防，因此，还必须有检查性控制。

2. 检查性控制

检查性控制是把已经发生和存在的错误检查出来的控制。检查性控制与预防性控制是密切相关的，它能够衡量预防性控制的有效性，也能够检查出因预防性控制不能有效控制而出现的某些错误。如果缺乏检查性控制，有关人员可能就会钻空子，使控制制度遭到破坏，如果企业难以及时发现存在的问题及其影响范围，就不能及时采取措施加以解决，结果只能任由错弊发展下去，遭致巨额损失。由此可见，检查性控制是一种很有效的监督工具，也是完善的内部控制系统的一个基本组成因素。预防性控制一般并不是显而易见的，常被植入系统之中。检查性控制一般是显而易见的，如银行存款余额调节、存货的实地清点、差异分析等。

3. 纠正性控制

纠正性控制是对那些由检查性控制发现的问题的控制。纠正性控制措施一般在原始业务发生过程中同步实施，以便提高下一步业务处理的正确性。

4. 指导性控制

指导性控制是为了实现有利结果而采取的控制。预防性控制、检查性控制和纠正性控制是为了预防、检查和纠正不利的结果，而指导性控制则强调管理层指导各项工作，来确保经营目标的实现。例如，公司销售总监需要经常指导手下的销售经理对客户进行定期拜访，以提高服务质量和公司声誉，及时了解客户新的需求和市场信息，从而为经营决策提供依据。

5. 补偿性控制

补偿性控制是针对某些环节的不足或缺陷而采取的控制措施。例如，由独立于银行存款收支业务外的人员进行银行存款的核对和调整，可以作为对收支业务中存在的薄弱环节的一种补偿性控制。补偿性控制的存在，主要是把潜在的风险限制在一定的范围之内。对于任何企业而言，进行风险分析时，都必须充分考虑由于存在薄弱环节将来可能会发生的问题。一项补偿性控制可以包含多个控制措施，也就是说可以把多重控制手段作为一项控制程序来看待。例如，对数据输入的复核往往包含两个方面：一是对数据输入结果的核对；二是在发现异常情况时，生成例外情况报告。

上述五种控制都是企业所要采用的，其目的是减少因错弊造成的消极影响，如何将这五种类型的控制有机结合起来形成一个有效的控制系统，还要通过分析不同组合的成本效益来决定。

三、内部控制的局限性

任何一项内部控制措施总有其固有的局限性，因而建立较为完善的内部控制并不能使企业高枕无忧，它只是对企业实现目标的合理保证，由于人为错误、串通舞弊、超越制度、环境变化及成本效益原则等局限性因素，内部控制可能无法发挥其应有作用。总结起来，其包括以下几个方面：

（一）成本效益因素

一个经济实体所关心的是经济效益。如果单纯从控制的角度来衡量，当然控制环节和控制措施越严密，控制的效果越好。但控制环节越多，控制措施越复杂严密，相应的控制成本也越高。因此，在设计和实施内部控制时必然要考虑成本效益原则及控制成本与控制效果之比。当实施某项内部控制措施所付出的成本大于实施该措施所获取的收益时，这种内部控制措施就是一种不切实际的设计或想法，就没有必要设置，但同时某些小的错弊可能因此而得不到控制。

（二）人为因素

人是内部控制系统的关键因素，内部控制是由人建立的，也是由人来执行的，出现舞弊行为、集体串通、自律失效、玩忽职守和指令曲解等现象，也将造成组织中的内部控制失效。这些"人为因素"是妨碍和干扰组织内部控制的另一重要内容。例如，内部控制中一条重要的原则就是对不相容职务进行分离，但是在实际工作中，如果处于不相容职务上的有关人员为追逐个人利益，相互串通，相互勾结，也就失去了内部控制中相互制约的基本功能，内部控制也就很难发挥作用。又如，组织内部行使控制职能的人员在心理上、技能上和行为上未能达到实施内部控制的基本要求，对内部控制的程序或措施出现曲解、误用，甚至玩忽职守，那么再好的内部控制也很难发挥作用。

（三）超越制度因素

超越制度的违规行为，特别是管理层违规，是对内部控制的一个主要威胁。不管内部控制设计得多么完善，如果得不到管理层的有效执行，甚至出现凌驾于制度之上的行为，其结果等同于没有控制，同样会对组织造成巨大风险。例如高层管理者出于时间或成本不利因素的压力，或者是出于纯粹的欺诈动机，故意避开或指使下属避开某些预定的控制程序，从而造成内部控制失效。

（四）环境因素

内部控制可能会因组织外部经营环境的变化或内部业务性质的变化而发生削弱或失效。内部控制一般是针对相对稳定的经营环境下经常而重复发生的业务而设定的，而且一旦设定就具有相对的稳定性，因此如果出现经营环境变化（如国家突然限制某种产品的生产）或未预计到的经济业务，原有的控制可能不适用，而特殊的控制措施或程序还未能及时建立，就会影响内部控制的作用。

　　美国世通公司（以下简称世通公司）是美国第二大电信公司，事发前它在美国《财富500强》中排名前100位。然而就在2002年，世通公司被发现利用将营运性开支反映为资本性开支等弄虚作假的方法，在1998年至2002年期间，虚报利润110亿美元。事发之后，世通公司的股价从最高96美元/股暴跌至90美分/股。世通公司于2002年年末申请破产保护令，成为美国历史上最大的破产个案，该公司于2003年年末完成重组。世通公司的4名主管（包括公司的CEO和CFO）承认串谋讹诈，被联邦法院刑事起诉。

　　对于这个美国历史上最大的破产个案，美国证监会和法院在调查中发现：世通公司的董事会持续赋予公司的CEO（Bernard Ebbers）绝对的权力，让他一人独揽大权，而Bernard Ebbers却缺乏足够的经验和能力领导世通公司。美国证监会的调查报告指出：世通公司并非制衡机制薄弱，而是完全没有制衡机制。世通公司的董事会并没有负起监督管理层的责任，该公司的审计委员会每年召开的会议仅用时3～5小时，会议记录草草了事，每年只审阅内审部门的最终审计报告或报告摘要，多年来从未对内审的工作计划提出过任何修改建议。由于世通公司为公司的高级管理层提供的丰厚薪酬和奖金，远多于他们对公司的贡献，这使得他们形成了一个既得利益的小圈子。这种恶性循环，最终导致世通公司倒闭。

　　企业的高层管理人员处于企业的核心管理层和决策层等权力核心，一旦其越权，不能正确地履行自己的职责，滥用职权、蓄意营私舞弊，那么任何设计良好的内部控制程序都不能制约其行为，内部控制不能发挥应有的效能，控制风险始终大于零。

━━━━ 第三节　内部控制的目标与原则

一、内部控制的目标

　　内部控制是目标控制，内部控制的所有方法、程序和措施都是围绕目标展开的，如果没有目标，内部控制就会失去方向。我国《企业内部控制基本规范》规定了内部控制的五项目标：合规目标、资产安全目标、报告目标、经营目标和战略目标。内部控制的五个目标不是彼此孤立的，而是相互联系、共同构成了一个完整的内部控制目标体系。其中，战略目标是最高目标，是与企业使命相联系的终极目标；经营目标是战略目标的细化、分解与落实，是战略目标的短期化与具体化，是内部控制的核心目标；资产安全目标是实现经营目标的物质前提；报告目标是经营目标的成果体现与反映；合规目标是实现经营目标的有效保证。

（一）合规目标

　　合规目标是指内部控制要合理保证企业在国家法律和法规允许的范围内开展经营活动，严禁违法经营、非法获利。市场经济条件下，为保证经济有秩序地发展、维护交易各方的合法权益、降低整个社会的经济运行成本，国家制定了一系列法律、法规和行业监管规定，要求企业必须严格遵守。倘若企业违反法规和监管规定，没有做到守法经营，轻则会受到处罚，损害企业声誉，给企业发展带来不良影响，重则会发生危机，促使企业倒闭。所以，为遵守外部的各种法律法规，企业需以制度的形式制定企业内部控制政策、措施，主动抑制从高管层到基层员工的违法违规行为，保证企业的各项活动和事项合法合规运行。

合法合规是企业生存和发展的客观前提，是内部控制的基本要求，也是最重要的要求。企业可以将法律法规的内在要求嵌入到内部控制活动和业务流程中，从最基础的业务活动上降低违法违规风险，从而合理保证企业经营管理活动的合法性、合规性。

（二）资产安全目标

资产安全目标主要是为了防止资产流失。保护资产的安全与完整是企业开展正常经营活动的物质前提。资产安全目标的要求：一是防止资产被挪用、转移、侵占、盗窃、损害、被侵权等。二是防止资产被低价出售，损害国家、企业利益。同时要充分发挥资产效能，提高资产管理水平，防止资产价值减损。因此，企业需要通过实施内部控制，保护资产的安全、完整。

为了保障内部控制实现资产安全目标，企业在内部控制实施中可以采取不相容职务分离、授权批准、限制无关人员接近、会计账簿控制和定期盘点等措施，建立起一个严密的控制系统和完整的监控链条堵塞贪污和盗窃漏洞，防止浪费、无效率使用、不当决策等导致的损失。

（三）报告目标

报告目标是指内部控制要合理保证企业提供真实可靠的财务信息及其他信息。企业财务报告是两权分离情况下管理者向股东报告受托经济责任履行的情况，是企业为相关会计信息使用者提供对决策有用的信息。财务报告及相关信息反映了企业的经营业绩，乃至企业的价值增值过程。财务报告反映企业的过去与现状，并可预测企业的未来发展，是投资人进行投资决策、债权人进行信贷决策、管理者进行管理决策和宏观经济调控部门进行政策决策的重要依据。同时，财务报告作为社会公共产品，其真实完整地体现了企业履行的社会责任。企业财务报告必须真实、可靠，否则就失去了意义。《中华人民共和国会计法》和财政部等五部委制定的《企业内部控制基本规范》，以及美国的《反国外贿赂法案》及《萨班斯-奥克斯利法案》等都明确规定企业建立内部控制制度，以合理保证财务报告的真实性与可靠性。

企业应通过内控制度的设计，在经济活动过程中采取不相容职务分离、授权审批控制、凭证连续编号、复核、日常信息核对等一系列措施，使得经济业务与会计处理相互联系、相互制约，从内部进行牵制与监督，有效防止差错与舞弊的发生，确保财务信息及其他信息真实、可靠和完整。

（四）经营目标

提高经营的效率和效果是内部控制要达到的最直接也是最根本的目标。内部控制是科学化的管理方法和业务流程，其本质是对风险进行管理和控制，它可以将风险的防范落实到业务流程的每个细节和环节中，使企业在低风险的环境中稳健经营，并确保整个企业高效运转，不断提高经营活动的盈利能力和管理效率。

内部控制可以通过以下四个方面实现经营目标：一是明确责任与分工，使每一个人都有岗位与相应责任，从而形成协调的业务流转，大大提高效率；二是建设最优的内控流程并严格执行，注意避免控制点的交叉和冗余，以及避免出现内控盲点，最大限度地提高执行效率；三是建立信息系统，加强信息沟通，可保证企业的信息流快速地在各管理层次间、各经营业务环节间流动，从而提高经营决策速度和执行指令的效率，高效率的经营信息传递与协调的经营运作，必然带来良好的经营效果；四是建立有效的内部考核机制，对经济效率的优劣进行准确的考核，并将考核结果落实到奖惩机制中，激励和促进部门和员工提高工作的效率和效果。

（五）战略目标

促进企业实现发展战略是内部控制的最高目标，也是终极目标。战略是企业通过对经营环境的研究，将企业的成长和发展纳入到变化的环境之中，为企业指明发展的方向。战略的真正目的就是要解决企业的发展问题，实现企业快速、健康、持续发展。战略目标是企业总括性的长远目标，要求企业将近期利益和长远利益结合起来，在企业经营管理活动中做出符合企业战略要求，有利于提升可持续发展能力和创造永久价值的策略选择。经营目标则是战略目标的短期化与具体化。内部控制要促进企业实现发展战略，必须立足于经营目标，着力于经营效率和效果的提高。如果内部控制不能帮助企业实现战略目标，那它在其他方面表现再好也无济于事。

实现战略目标应当先由公司董事会或总经理办公会议制定总体战略目标，在股东代表大会审议表决通过后，将战略目标按阶段和内容划分为具体的经营目标，确保各项经营活动围绕战略目标开展。再依据既定的目标实施资源分配，使组织、人员、流程与基础结构相协调，以便确保战略成功实施。最后是围绕目标的实现程度和实现水平实行绩效考核。只要企业在内部控制上下功夫，切实合理保证经营管理合法合规、资产安全、财务报告及相关信息真实完整，经营效率效果稳步提高，就一定能提高企业核心竞争力，促进企业实现发展战略。

二、建立与实施内部控制的基本原则

企业内部控制的建设面临着外部环境、文化理念、管理层经营哲学、各种竞争等多方面的环境变量与因素的影响，企业的内部控制体系也需将众多的因素与风险纳入控制范围予以考虑。在纷繁复杂的环境变量与因素影响下，企业构建并实施内部控制体系，应当遵循以下基本原则：

（一）全面性原则

所谓全面性，就是强调内部控制在层次上应当涵盖企业董事会、管理层和全体员工，在对象上应当覆盖企业及其所属单位的各项业务和管理活动，在流程上应当渗透到决策、执行、监督、反馈等各个环节，避免内部控制出现空白和漏洞，实现全面、全员、全过程控制。同时，强调全面性时还应考虑内部控制体系中各子体系各自的独立性和其之间的相互关系，使之成为一个有机体，协同合作，更充分地发挥内部控制体系的作用。

（二）重要性原则

所谓重要性，就是内部控制应当在兼顾全面控制的基础上突出重点，针对重要业务与事项、高风险领域与环节采取更为严格的控制措施，明确关键流程的关键控制点，切实防范重大风险，确保不存在重大缺陷。

（三）制衡性原则

所谓制衡性，就是企业治理结构、机构设置及权责分配、业务流程等方面应当科学合理并符合内部控制的基本要求，确保不同部门、岗位之间权责分明和有利于相互制约、相互监督。同时应注意，不能一味强调制衡，在权利分配和业务流程设置上过度制约，会影响运营效率。履行内部控制监督检查职责的部门应当具有良好的独立性，任何人不得拥有凌驾于内部控制之上的特殊权力。

（四）适应性原则

所谓适应性，就是内部控制应当合理体现企业经营规模、业务范围、业务特点、竞争状况、风险状况以及所处具体环境等方面的要求，并随着企业外部环境的变化、经营业务的调整、管理要求的提高等不断改进和完善。一个内部控制体系如果不具有可操作性，不能在实践中被应用，则这个内部控制体系设计得再完美、严密，也不能给企业带来控制收益。

（五）成本效益原则

所谓成本效益原则，就是内部控制应当在保证内部控制有效性的前提下，合理权衡成本与效益的关系，争取以合理的成本实现更为有效的控制。当有些业务可以不断增加控制点来达到较高水平的控制，就应考虑采用多少控制点能使控制收益减去控制成本的值最大；当控制收益难以确定时，应考虑在满足既定控制的前提下，使控制成本最小。

>> **案例 1-2**　　　　　　海峡创新互联网公司内部控制的全面性、重要性

海峡创新互联网股份有限公司成立于 2002 年，以智慧城市起家，是国内领先的新型智慧城市服务商。2012 年 3 月其登陆深交所，在 A 股挂牌上市，是全国十大 IT 服务商、全国十大系统集成商、全国智能行业十大品牌企业、浙江省十大创新软件企业。

海峡创新互联网股份有限公司 2021 年度内部控制自我评价报告披露了其内部控制评价范围。公司按照风险导向原则确定纳入评价范围的主要单位、业务和事项以及高风险领域。

纳入评价范围的单位包括：海峡创新互联网股份有限公司、海峡创新信息产业有限公司、浙江海峡创新科技有限公司……汉鼎国际发展有限公司、杭州汉鼎宇佑商业发展有限公司（注：共 10 家公司）。纳入评价范围单位资产总额占公司合并财务报表资产总额的 99%，营业收入合计占公司合并财务报表营业收入总额的 100%。

纳入评价范围的主要业务包括：智慧城市、智慧医疗、金融服务、互动娱乐等。

纳入评价范围的主要事项包括：组织架构、发展战略、人力资源、社会责任、企业文化、资金活动、筹资业务、采购业务、销售业务、资产管理、对外担保活动、内部审计、财务报告、控股子公司管理、信息系统等。

纳入评价范围的高风险领域主要包括：资金管理、投资与融资、销售合同签署、工程项目管理、采购与付款、销售与收款、资产管理等。

上述纳入评价范围的单位、业务和事项以及高风险领域涵盖了公司经营管理的主要方面，不存在重大遗漏。

资料来源：海峡创新：2021 年度内部控制自我评价报告[EB/OL].（2022-04-27）.https://pilu.tianyancha.com/announcement/5dfe89679c7591dbb13443b21a635850.

《企业内部控制基本规范》

我国《企业内部控制基本规范》借鉴美国COSO委员会提出的《内部控制——整合框架》，并结合中国国情，要求企业建立与实施有效的内部控制应当包括下列五要素：内部环境、风险评估、控制活动、信息与沟通和内部监督。内部控制的五要素之间既相对独立又相互联系，形成一个有机整体，如图1-2所示。

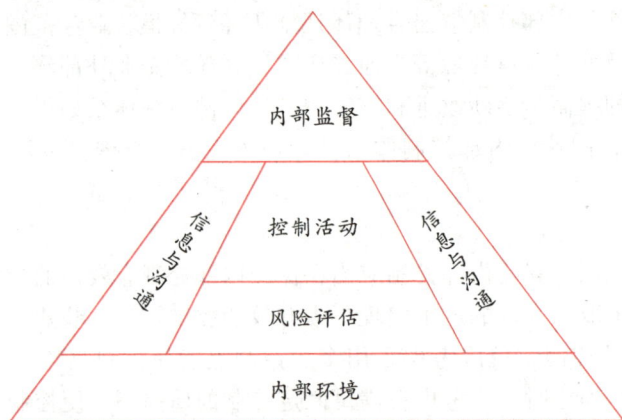

图1-2　内部控制五要素关系图

内部控制五要素之间的关系是：

（1）内部环境是实施内部控制的重要基础和环境条件。内部环境影响着企业内部控制的方方面面，是其他四要素的基础，如果没有一个良好的内部环境，其他四个要素无论质量如何，都难以保证形成有效的控制。

（2）风险评估是实施内部控制的重要环节和依据。在内部环境的基础上，管理部门识别、评估影响企业目标的经营风险，从而确定相应的风险应对策略。风险评估是采取控制活动的根据。

（3）控制活动是实施内部控制的重要手段和过程。控制活动的实施是为了确保管理部门针对风险作出的应对策略得以贯彻执行，有效控制风险，降低企业损失。

（4）信息与沟通是实施内部控制的重要条件。风险评估、控制活动和内部监督的实施依据、实施结果都需要信息与沟通进行信息传递和内外沟通。

（5）内部监督是实施内部控制的重要保证。内部监督是管理当局对内部控制的全过程进行监督，并根据情况的变化进行修改完善。内部监督使内部控制成为动态的闭环控制系统。

一、内部环境

内部环境是指影响、制约企业内部控制建立与实施的各种内部因素的总称，是企业实施内部控制的基础。内部环境一般包括组织架构、企业文化、人力资源政策、内部审计机构等。

组织架构在内部环境中居于基础地位，包括治理结构、机构设置和权责分配。组织架构是组织的全体成员为实现组织目标，在管理工作中进行分工协作，在职、责、权方面形成的动态结构体系。其本质是为实现组织战略目标而采取的一种分工协作体系，并随着组织的重大战略调整而调整。建立规范的法人治理结构，能够促进企业内部控制的有效运行。科学合理地设置组织架构，能够适应企业经营管理的实际需要和外部环境的变化，减少管理层级和提高管理效能，避免机构重叠和效率低下，促进内部控制的有效实施。科学界定决策、管理、执行、监督各层面的地位、职责与任务，形成有效的分工和制衡机制，能够切实发挥相关机构的职能作用，为企业内部控制的建立和实施提供强有力的组织结构保障和工作机制保障。

企业文化是企业生存、竞争和发展的灵魂，是推动企业发展的不竭动力，对企业经营发展有着深层次影响和决定性作用。企业文化是企业在经营管理过程中形成的经营理念、经营目的、价值观念、经营行为、社会责任、经营形象等的总和，是企业个性化的根本体现。其主要包括企业的整体价值观和社会责任感、团队协作精神、法律观念和意识、高级管理人员的管理理念、风险意识、职业操守、员工的行为守则等。企业文化的核心是企业的精神和价值观。企业文化为建立和实施内部控制营造良好的氛围和环境。

人力资源是影响企业内部环境的关键因素，是企业发展的源泉和动力，也是某些风险的缔造者和内部控制的实施者。人力资源政策是企业为了实现目标而制定的有关人力资源的获取、开发、保持和利用的政策规定。一般包括员工的聘用、培训、辞退与辞职，员工的薪酬、考核、晋升与奖惩，财会等关键岗位员工的轮岗制衡要求，对掌握国家秘密或重要商业秘密的员工离岗的限制性规定。企业人力资源政策应当将职业道德修养和专业胜任能力作为选拔和聘用员工的重要标准，注重加强员工培训和继续教育，不断提升员工素质。留住、用好人才是人力资源管理的关注点。企业制定和实施有利于企业可持续发展的人力资源政策，有利于调动员工在内部控制和经营管理活动中的积极性、主动性和创造性。

内部审计机构独立于企业内部控制的设计与实施，在内部控制中的职责是根据需要对内部控制的有效性进行日常监督和专项监督，并作出整体评价和提出整改计划，督促其他有关机构整改。内部审计机构对监督检查中发现的内部控制重大缺陷，有权直接向董事会及其审计委员会、监事会报告。实施有效的内部审计监督，是营造有权必有责、有责必有权、权责对等的内部环境的重要保证。

二、风险评估

风险是指对实现内部控制目标可能产生负面影响的不确定性因素。企业要生存和发展，就必然要面对来自内外部的各种风险。企业应当具有风险意识，准确识别风险，自觉将风险控制在可承受范围之内，实现企业可持续发展。风险评估是指企业及时识别、系统分析经营活动中与实现内部控制目标相关的风险，合理确定风险应对策略。风险评估主要包括目标设定、风险识别、风险分析和风险应对。其中，目标设定是风险识别、风险分析和风险应对的前提。风险评估贯穿于企业生产经营过程的始终，也贯穿于内部控制的始终，是实施内部控制的重要环节。

（1）目标设定。企业内部控制有五个目标，即合规目标、资产安全目标、报告目标、经营目标和战略目标。目标设定后，企业管理者根据既定的目标，有计划地全面、系统、持续地收集内外部相关信息，结合企业实际情况，及时进行风险评估。

（2）风险识别。在目标设定的基础上，企业管理者在内部控制实施过程中，通过日常或定期的评估程序与方法准确识别与实现控制目标相关的内部风险和外部风险，并确定相应的风险承受度。风险承受度包括：整体风险承受能力和业务层面的可接受风险水平。对于所识别的各类风险，企业还应当进行分类整理，形成企业的风险清单。

（3）风险分析。在风险识别的基础上，企业管理者采用定性与定量相结合的分析方法，按照风险发生的可能性及其影响程度等，对识别的风险进行分析和排序，确定关注重点和优先控制的风险。

（4）风险应对。根据风险分析的结果，企业管理者结合风险承受度，权衡风险与收益，确定风险应对策略。风险应对策略一般包括风险规避、风险降低、风险分担和风险承受等风险应对策略。企业应当综合运用各种风险应对策略，实现对风险的有效控制。

三、控制活动

控制活动是指根据风险评估的结果，通过手工控制与自动控制、预防性控制与发现性控制相结合的方法，运用相应的控制措施，将风险控制在可承受范围之内。控制活动存在于企业的各个部分、各个层面和各个部门，通常包括两个要素，即确定应该做什么的政策和影响该政策的一系列程序。控制措施一般包括：不相容职务分离控制、授权审批控制、会计系统控制、财产保护控制、预算控制、运营分析控制和绩效考评控制等。同时企业应当建立重大风险预警机制和突发事件应急处理机制，明确风险预警标准，对可能发生的重大风险或突发事件，制订应急预案、明确责任人员、规范处置程序，确保突发事件得到及时妥善处理。

具体内容见本章第五节。

四、信息与沟通

信息与沟通是指企业及时、准确、完整地收集与企业经营管理相关的各种内外部信息，并借助信息技术，使这些信息以适当的方式在企业内部、企业与外部之间进行及时传递、有效沟通和正确应用的过程。企业对所收集的各种内部信息和外部信息应当进行合理筛选、核对、整合，提高信息的有用性。所谓信息的有用性，是指在规定的时间内，将正确的信息传递到正确的人手中，即信息的内容是恰当的；企业各级管理人员能够及时获取所需的各种内外部信息；向不同级别的管理人员汇报详细程度不同的信息；信息是最新的和容易获取的。来自企业内部和外部的相关信息以一定的格式和时间间隔进行确认、捕捉和传递，能够保证企业的员工履行好各自的职责。同时，企业应当充分利用信息技术促进信息的集成与共享，发挥信息技术在信息与沟通中的作用。

信息与沟通机制主要包括：

（1）内部、外部信息的收集机制；

（2）企业内部自上而下、自下而上以及横向的沟通机制，以及与企业外部有关各方的沟通机制。

信息与沟通贯穿于内部控制体系的内部环境、风险评估、控制活动、内部监督四个基本要素，同时又是四个基本要素的重要工具，为企业内部控制的有效运行提供信息保证，从而有助于提高企业内部控制的效率和效果。

五、内部监督

内部监督是指企业对其内部控制的健全性、合理性和有效性进行监督检查与评估，形成书面报告并作出相应处理的过程。内部监督是内部控制得以有效实施的机制保障。内部控制是一个不断调整、逐步完善、持续优化的动态过程，在此过程中，不论是内部控制制度的建立与实施，还是内部控制系统的评价与报告，均离不开恰当的监督，从而帮助董事会及经理层预防、发现和整改内部控制设计与运行中存在的问题和薄弱环节，及时加以改进，确保内部控制体系得以有效运行。

内部监督由专职内部监督机构和其他内部机构承担监督检查职责。专职内部监督机构是指内部审计机构或经授权的其他监督机构（如监察部门）。内部监督分为日常监督和专项监督。企业应当在组织架构设计与运行环节明确内部各机构、各岗位的内部监督关系，以便于监督职能的履行。内部各机构监督在其职责范围内，承担内部控制相关具体业务操作规程及权限设计的责任，并在日常工作中严格执行。企业应当将监督嵌入到常规的、循环发生的经营活动中，进行定期的测试、监督活动，及时发现环境变化、执行中出现的偏差，及时更新初始控制。此外，企业应当结合内部监督情况，定期对内部控制的有效性进行自我评价，出具内部控制自我评价报告。

>> **案例 1-3**　　　　蝉联浙江"内控30强"榜首的企业——正泰电器

2021年12月19日，"2021年上市公司高质量发展论坛暨浙江上市公司内部控制指数发布会"在浙江大学线上直播举行。本次活动发布了《2020浙江上市公司内部控制指数报告》（以下简称报告），揭晓了2020年度浙江上市公司"最佳内控奖TOP30"。《报告》是根据内部控制五要素：内部环境、风险评估、控制活动、信息与沟通、内部监督设计出144个指标，用以衡量上市公司内部控制质量，是基于投资者保护与监管视角开发的、综合且定量的上市公司内部控制有效性的评价体系。此次活动评出的浙江内控30强的共同特征是：较低的诉讼风险、较少的监管关注与处罚、较少发生资金链危机、较低频率的管理层变更、较低的概率收到非标审计意见、稳健的资本结构、较高的经营活动现金流、适度的投资与融资等。通过对比今年和去年持续上榜30强的企业，《报告》发现，2020年国际形势严峻复杂，国内改革任务艰巨繁重，加之新冠疫情的冲击，企业发展面临巨大的考验，较多内控薄弱的企业经营发展陷入困境，而内控质量好、重视可持续发展的上榜公司总体上能保持较好的状态。

浙江正泰电器股份有限公司自2018年以来蝉联浙江上市公司内控30强榜首。近年来，正泰电器一直以业务、风险管控以及审计为主的"三道防线"为基础，构建了具有信息化特色的内控流程，并将自身文化、风险管理、经营业务、信息技术与内控结合，全方面地提升内控成效。正泰电器的内部控制以共享平台为载体，运用大数据、人工智能等新技术和管理手段对企业内控管理体系提供支持，帮助上市公司优化业务、降本增效、协同战略、资源整合。正泰电器将内部控制贯穿业务全过程，把好投入产出效益主线，牢抓质量生命线，牢守安全合规红线和资产负债率与现金流底线，构建组织、流程与制度、企业文化、风险管理四大体系，在良好的内部环境基础上，正泰电器围绕内控思想方针，实现了可持续的企业价值创造。

资料来源：吴丹李.浙江上市公司内控指数发布 30 强榜单 11 大核心发现出炉[EB/OL].（2021-12-22）.http://www.som.zju.edu.cn/2021/1222/c63473a2453841/page.htm.

对内部控制建设的重视和完善，是上市公司治理优化、质量提升的重要方式。在当下国内外形势急剧变化的时代背景下，保障上市公司持续健康发展，必须做好内部控制。内部控制是上市公司加强投资者保护、防范重大风险的重要保障，也是资本市场有效运转及企业高质量发展的基石。

第五节 内部控制的措施

控制活动贯穿于企业的所有层次和各个职能部门。内部控制的核心部分就是企业管理部门针对企业在实现其既定目标过程中可能遇到的风险，进行风险识别与评估，根据风险评估的结果，确定风险应对的策略，综合运用相应的控制措施，对各种业务和事项实施有效控制。控制措施一般包括：不相容职务分离控制、授权审批控制、会计系统控制、财产保护控制、预算控制、运营分析控制、绩效考评控制与重大风险预警机制和突发事件应急处理机制等。

《中央企业合规管理办法》

一、不相容职务分离控制

（一）不相容职务分离控制的定义

内部控制起源于内部牵制。内部牵制思想最开始是在公共财政或财务管理领域应用，由不同的角色共同执行一项任务，互相制约。不相容职务分离原则是内部控制的重要组成部分，它探讨如何利用内部职能的划分更好地实现内部牵制，即形成一定的权力制约和平衡。西方三权分立思想也来源于内部牵制，因而，西方企业内部控制中的牵制思想和西方的分权制衡从源头上是一脉相承的。

所谓不相容职务，是指那些如果由一个人担任，既可能发生错误和舞弊行为，又可能掩盖其错误和弊端行为的职务。无论各行各业，从总体上看，不相容职务主要分为五种：授权批准职务、业务经办职务、会计记录职务、财产保管职务、稽核检查职务。企业应当全面系统地分析、梳理业务流程中所涉及的不相容职务，实施相应的分离措施，形成各司其职、各负其责、相互制约的工作机制。

不相容职务分离是企业风险管理和内部控制中最基本的要求，我国提出不相容职务分离的政策文件有：

《中央企业全面风险管理指引》第三十四条中规定，建立重要岗位权力制衡制度，明确规定不相容职责的分离。主要包括：授权批准、业务经办、会计记录、财产保管和稽核检查等职责。对内控所涉及的重要岗位可设置一岗双人、双职、双责，相互制约；明确该岗位的上级部门或人员对其应采取的监督措施和应负的监督责任；将该岗位作为内部审计的重点等。

《企业内部控制基本规范》第二十九条中规定，不相容职务分离控制要求企业全面系统地分析、梳理业务流程中所涉及的不相容职务，实施相应的分离措施，形成各司其职、各负其责、相互制约的工作机制。

《中华人民共和国会计法》第二十七条中规定，记账人员与经济业务事项和会计事项的审批人员、经办人员、财物保管人员的职责权限应当明确，并相互分离、相互制约。

（二）不相容职务分离的内容

一般应当分离的不相容职务有：

（1）项目可行性研究与决策审批的职务相分离，如进行对外投资项目的可行性研究人员不得兼任项目决策审批人员。

（2）决策审批和业务执行的职务相分离，如材料采购审批人员不得兼任采购人员。

（3）业务执行和审核监督的职务相分离，如填写销货发票的人员不得兼任发票审核人员。

（4）业务执行和会计记录的职务相分离，如销售人员不得兼任会计记账人员。

（5）业务执行和财产保管的职务相分离，如材料验收人员不得兼任仓库管理人员。

（6）财产保管和会计记录的职务相分离，如仓库管理人员不得兼任会计记账人员。

（7）财产保管和核对账实的职务相分离，如银行存款余额调节表不能由出纳员编制。

（8）记录明细账和记录总账的职务相分离。

（9）记录日记账和记录总账的职务相分离。

>> **案例1-4**　　　　**网银制单、审核一人兼，5年贪污200万元**

2019年7月，广西壮族自治区某县公路养护中心聘用的会计黄某来到该县纪委监委投案自首。经调查，2015至2019年，黄某利用可以同时使用录入岗和审核岗密钥登录支付系统的机会，一个人完成数额录入、审核操作后发送指令给银行，从单位零余额账户转出39笔共计人民币228.3万元入个人账号后，在年度决算时将账务数据调平。2020年12月，黄某因犯贪污罪被判处有期徒刑4年，并处罚金20万元，违法所得全部退回原单位。

"单位财务制度形同虚设，从入账到出账一系列程序都是黄某一人操办。巨大隐患就此埋下，出问题是迟早的事"。该县纪委监委调查组组长在全系统以案促改警示教育大会上直指问题根源。目前，有些企事业单位出于降低人工成本、人员编制限制、会计人员管理的角度考虑，出纳、会计一人兼任，银行支付制单、审核一人完成。为了付款方便，制单和审核人员相互之间知道密码的不少，不相容岗位相分离只是制度里的摆设。再者，单位日常监督缺位，出事时追责已晚，损失已成定局。小出纳、小会计、大贪污的案例，给企事业单位敲响了警钟，应该引起高度重视，警钟长鸣，防患于未然。

资料来源：覃炳仕.以案为鉴｜财务制度形同虚设 聘用会计五年贪污200万[EB/OL].（2021-10-13）.https://www.gxjjw.gov.cn/staticpages/20211013/gxjjw616660fa-163055.shtml.

二、授权审批控制

（一）授权审批控制的定义

授权审批控制是在职务分工控制的基础上，由企业权力机构或上级管理者明确规定有关业务经办人员的职责范围和业务处理权限与责任，使所有的业务经办人员在办理每项经济业务时都能事先得到适当的授权，并在授权范围内办理有关经济业务，承担相应的经济责任和法律责任。授权审批控制应当实现：一是企业所有人员未经授权，不能行使相应权力；二是企业的所有业务未经授权不能执行；三是审批人在授权范围内进行审批，不得超越审批权限；经办人在职责范围内，按照审批人的批准意见办理业务；对于审批人超越授权范围的审批业务，经办人员有权拒绝办理，并向上级授权部门报告。授权审批控制的目标是确保业务处理的所有重大交易都达到真实有效，并与企业目标相符合。

（二）授权批准的形式

1.常规授权

常规授权是对企业日常经营管理活动中按照既定的职责和程序进行的授权，是对办理常规业务时权利、条件和责任的规定，一般时效性较长。如销售部门确定销售价格的权力、财务部门批准费用报销的权力。企业对于常规授权可以通过编制岗位职责手册、权限指引等方式予以公布，提高权限的透明度，加强对权限行使的监督和管理。

2.特别授权

特别授权是企业在特殊情况、特定条件下进行的授权，通常是临时性权力。如洽谈投资、收购兼并、对外担保等重要经济业务中需要临时作出某项承诺，以及超过常规授权限制的交易都需要特别授权。

（三）授权审批控制的内容

1.授权批准的范围

授权批准的范围通常包括企业所有的经营活动。从业务的预算编制、执行、业绩报告到事后的考核等，均应授权相关岗位人员办理。

2.授权批准的层次

授权批准的层次应当根据经济活动的重要性和金额大小确定不同的授权批准层次，从而保证各管理层有权有责。

3.授权批准的责任

应当明确被授权者在履行权力时应对哪些方面负责，避免授权责任不清。

4.授权批准的程序

规定每一类经济业务的审批程序，以便按照程序办理审批，避免越级审批及违规审批现象的发生。如对于货币资金业务，企业通常应当建立的授权审批程序包括：支付申请、支付审批、支付复核和办理支付等。

（四）授权审批控制的实施

任何授权都应当以法律、法规和企业规章制度为依据，既避免权限过于集中，又避免盲目授权。企业的各项授权应予以书面化，并通知到所有流程中的相关人员，以确保业务按照授权执行。授权确定后，企业各级管理人员应当在授权范围内行使职权和承担责任，不得越权审批，不得随意审批。企业对于重大决策、重大事项、重大人事任免及大额资金支付业务等，应当实行集体决策审批或者联签制度，任何个人不得单独进行决策或者擅自改变集体决策。

≫ 案例1-5   国电南京自动化股份有限公司董事会授权管理办法

（已经2021年12月9日公司2021年第二次临时董事会会议审议通过）

第一条   为进一步规范国电南京自动化股份有限公司（以下简称公司）董事会授权管理，建立审慎、制衡与效率兼顾的授权机制，提高公司决策质量和运转效率，根据《中华人民共和国公司法》《中华人民共和国证券法》《上海证券交易所股票上市规则》《中央企业董事会工作规则（试行）》等法律、法规及《国电南京自动化股份有限公司章程》《国电南京自动化股份有限公司董事会议事规则》等规定，制定本办法。

第二条   本办法所称董事会授权是指在不违反法律法规的前提下，根据公司章程和有关规定，董事会将部分职权授予董事长或总经理等其他高级管理人员行使。但是法律、行政法规、章程和公司内部规章制度规定必须由董事会决策的事项除外。

第三条   授权原则：

（一）依法合规。遵守法律法规和章程规定，董事会法定职权不得授权董事长或总经理等其他高级管理人员行使，法律法规和章程授予董事会的职权未经同意不得转授。

（二）适度授权。坚持决策质量和效率相统一，科学论证、合理确定董事会授权决策事项及其额度。公司重大和高风险投资项目不得授权。

（三）动态调整。根据新的制度规定、公司实际情况和董事长或总经理等其他高级管理人员行使职权情况，及时调整授权。

第四条   董事会对授权采取"制度+方案"管理模式，在保持制度相对稳定性的同时，通过董事会授权决策方案的动态调整，满足公司实际经营管理需要。授权事项分为长期授权事项及临时授权事项。

长期授权事项是指根据《国电南京自动化股份有限公司章程》《国电南京自动化股份有限公司董事会议事规则》《国电南京自动化股份有限公司总经理办公会议议事规则》以及其他公司治理制度的规定，针对公司经营管理活动中常规性、重复发生的事项对董事长或总经理等其他高级管理人员的授权事项，即本方案规定的授权事项。

临时授权事项是指针对本方案授权范围以外的特定的、临时性的事项，董事会根据法律法规及公司治理制度，通过股东大会或董事会决议向董事长或总经理等其他高级管理人员所进行的授权事项。

第五条   被授权人对授权范围内事项，其中属于公司"三重一大"的应履行党委前置程序，先召开党委会进行研究，形成意见后再进行决策。涉及公司职工切身利益的重大事项，应当听取公司职工代表大会或工会的相关意见或建议。对董事会授权总经理决策事项，总经理采取召开总经理办公会议形式研究讨论。

第六条   建立授权执行监督机制。董事长或总经理等其他高级管理人员定期向董事会报告行权情况，重要情况及时报告。

第七条   建立授权动态调整机制。董事会加强跟踪督导，定期评估授权执行情况和实施效果，动态调整授权事项。

第八条   根据《国电南京自动化股份有限公司信息披露事务管理制度》规定，被授权人在授权范围内履行职权时涉及信息披露事项的，应及时报公司董事会秘书及证券法务部，并协助做好该事项的披露工作。

三、会计系统控制

（一）会计系统控制的定义

会计系统控制主要是对企业发生的经济业务事项进行确认、计量和报告过程所实施的控制。从企业日常会计核算工作的内容来看，会计系统控制主要包括会计机构设置控制、会计凭证填制控制、会计账簿合理设置和登记控制以及财务报告依法编制控制等。企业应当严格执行国家统一的会计准则、制度，加强会计基础工作，明确会计凭证、会计账簿和财务会计报告的处理程序，利用记账、核对、岗位职责落实和相互分离、档案管理、工作交接程序等会计控制方法，确保企业会计信息真实、准确、完整。

企业应当依法设置会计机构，配备会计从业人员。会计机构负责人应当具备会计师以上专业技术职务资格。大中型企业应当设置总会计师。设置总会计师的企业，不得设置与其职权重叠的副职。会计部门不相容岗位应当实施分离。我国《会计基础工作规范》第十六条规定：单位领导人的直系亲属不得担任本单位的会计机构负责人、会计主管人员。会计机构负责人、会计主管人员的直系亲属不得在本单位会计机构中担任出纳工作。《会计基础工作规范》第十二条规定：出纳人员不得兼管稽核、会计档案保管和收入、费用、债权债务账目的登记工作。《会计基础工作规范》第十三条规定：会计人员的工作岗位应当有计划地进行轮换。

（二）会计系统控制的方法

1.会计凭证控制

会计凭证控制是指在填制或取得会计凭证时实施的相应控制措施，包括原始凭证与记账凭证的控制。其具体内容包括：

（1）对取得的原始凭证严格审查，对不符合要求的原始凭证予以退回。

（2）凭证格式应当符合规定要求，做到内容及项目齐全，能够完整地反映业务活动全貌。

（3）凭证按照顺序统一编号，确保每项经济业务入账正确、合理及合法。

（4）按照规定的程序在规定期限内传递凭证，确保及时反映、正确核算经济业务。

（5）凭证定期整理归档，按照规定存放保管，以备日后查验。

2.会计账簿控制

会计账簿控制是指在设置、启用及登记会计账簿时实施的相应控制措施。其具体内容包括：

（1）按照规定设置会计账簿。

（2）启用会计账簿时要填写"启用表"。

（3）会计凭证必须审核无误后才能够登记入账。

（4）对会计账簿中的账页连续编号。

（5）会计账簿应当按照规定的方法和程序登记并进行错误更正。

（6）按照规定的方法与时间结账。

3.财务报告控制

财务报告控制是指在编报财务报告时实施的相应控制措施。其具体内容包括：

（1）按照规定的方法与时间编制及报送财务报告。

（2）编制的会计报告必须由单位负责人、总会计师以及会计主管人员审阅、签名并盖章。

（3）对报送给各有关部门的会计报告要装订成册，加盖公章等。

4.会计复核控制

会计复核控制是指对各项经济业务记录采用复查核对的方法进行的控制，其目的是避免发生差错和舞弊，保证财务会计信息的准确与可靠。其具体内容包括：证证、证账、账账、账表之间复查核对。复核人员必须对会计凭证、会计账簿、财务会计报表和所附单据认真审查、逐笔复核，复核过的凭证及账表应加盖名章。未经复核人员复核的，出纳人员不得对外付款，会计人员不得对外签发单据或上报报表。

> **案例1-6** *STWH财务报告相关内部控制存在缺陷*

宁波证监局对上市公司开展现场检查发现，某建设集团股份有限公司披露的商誉减值计提事项未见管理层提请董事会审议的过程。具体情形为，2019年该公司披露的财务会计报告中对一家下属子公司的商誉全额计提了减值准备，但未见公司财务部门就该商誉减值金额进行测算，也未见管理层按照计提金额编制财务会计报告草案，并提交董事会审议的相关流程。公司还存在其他与商誉减值相关的违规事项，2020年8月13日宁波证监局对该公司出具警示函，对相关责任人采取认定为不当人选、监管谈话以及出具警示函等措施。上述情形违反了《上市公司信息披露管理办法》第三十九条、《企业内部控制应用指引第14号——财务报告》第四条的规定。

公司对外财务报告须经公司资财管理负责人审核，说明公司已按照上述规则制定了关于定期报告编制、审议等内控制度。但公司在编制财务会计报告过程中，对商誉减值事项实际未按照规定进行审议，违反了相关法规，也未遵循公司内控制度。

资料来源：高顿.13起由内控缺陷引发的典型违法案例[EB/OL].（2021-02-02）.https://www.163.com/dy/article/G5F5I7IT0519BJGC.html.

四、财产保护控制

（一）财产保护控制的定义

财产保护控制是指为了确保财产物资的安全、完整所采取的方法和措施。财产保护控制要求企业建立财产日常管理制度和定期清查制度，采取财产记录、实物保管、定期盘点、账实核对等措施，确保财产安全。

（二）财产保护控制的措施

1.财产记录控制

财产记录控制是指应当妥善保管涉及资产的各种文件资料，避免记录受损、被盗、被毁。其具体内容包括：

（1）严格限制接近记录的人员，以保持保管、批准和记录职务分离的有效性。

（2）各种记录应妥善保存，尽可能减少记录受损、被盗或被毁的可能性。

（3）某些重要资料，应当留存备份记录，以便在遭受意外损失或毁坏时重新恢复。

2.实物保管控制

其具体内容包括：

（1）限制接近控制。严格限制未经授权人员对资产的接触，只有经过授权批准的人员才能接触资产，同时还包括对授权使用和处置资产的文件加以限制。如对货币资金、有价证券、存货等变现能力较强的资产，限制无关人员的直接接触，保证存放的安全；限制接近计算机、终端代码和数据库等。

（2）财产保险控制。主要是运用财产投保（如火灾险、盗窃险等），降低财产运行风险，确保财产安全。

3.定期盘点

定期盘点是指定期对实物资产进行盘点，并将盘点结果与会计记录进行比较。企业应当建立盘点制度，明确盘点流程和责任人，确保财产安全。定期盘点控制一般包括：

（1）定期与会计记录核对。盘点可以由实物资产追查到会计记录，防止资产盘盈未入账；也可以由会计记录追查到实物资产，查明资产盘亏情况。

（2）差异调查和调整。实物盘点结果与有关记录之间的差异应由独立于保管和记录职务的人员进行调查。

盘点结果如与会计记录不一致，应通过详细调查分析原因、查明责任，并根据资产性质、差异数额及产生原因等，采取保护性控制。企业应当根据资产的性质确定盘点的频率，如货币资金、有价证券、存货等流动资产，相对于企业持有的固定资产等长期性资产，盘点的频率应更高一些。

五、预算控制

（一）全面预算管理的定义

全面预算管理是指企业对一定期间的经营活动、投资活动、筹资活动等作出的预算安排，是一种全方位、全过程、全员参与编制与实施的预算管理模式，具有计划、协调、控制、激励等综合管理功能。本质上，全面预算管理是企业内部管理控制的一项工具，即预算本身不是最终目标，而是为实现企业目标所采用的管理与控制手段，从而有效控制企业风险。《企业内部控制基本规范》将预算控制列为重要的控制活动和风险控制措施。全面预算管理主要包括预算编制、预算执行和预算考核三个阶段。

（二）全面预算管理的作用

1.全面预算是企业实现发展战略和年度经营目标的有效方法和工具

企业通过实施全面预算，将根据发展战略制定的年度经营目标进行分解、落实，可以使企业的长期战略规划和年度具体行动方案紧密结合，将战略转化为具体行动，确保企业发展目标的实现。

2.全面预算是组织资源配置、各部门计划协调的工具

全面预算的编制将企业有限的资源加以整合、协调分配到各部门，从而实现企业资源的优化配置，增加资源的价值创造能力。同时，全面预算的编制可以解决企业各部门经济活动之间存在的局部优化与整体优化的矛盾，使各部门的计划得到最好的协调，企业整个计划体系相互衔接、完整统一、符合实际。

3.全面预算是控制企业各部门活动的工具

在预算执行中，各部门可以通过计量、计算、对比和分析，寻找预算与实际执行中的差异，采取措施纠正差异，确保日常经济活动控制在预算范围之内。

4.全面预算是考核企业各部门业绩的标准

全面预算是对部门及员工绩效考核的主要依据，通过预算与绩效管理相结合，方便对企业各部门员工的激励与控制。

（三）预算控制的要求

企业应当实施全面预算管理制度，明确各责任单位在预算管理中的职责权限，规范预算的编制、审定、下达和执行程序，强化预算约束。

预算控制的基本要求是：

（1）预算的编制应当体现单位的经营管理目标，并明确职责权限。

（2）预算执行中，允许经过授权批准后对预算进行调整，确保预算更加符合实际情况。

（3）预算执行情况应当及时或定期反馈，及时进行差异分析。

（4）预算考核应当科学合理、公开公平，从而调动和激励员工的积极性，最终实现企业目标。

六、运营分析控制

（一）运营分析控制的定义

运营分析控制就是通过对企业购销、生产、仓储、运输、融投资等运营活动的信息加以分析，从中发现偏离目标的方面，有针对性地采取措施加以控制。企业进行运营情况分析，不仅是防控风险，从积极的角度讲，开展运营情况分析，能够提高企业管理水平，提升经营效益，促进企业实现发展战略，实现高质量、可持续发展。运营分析控制要求企业建立运营情况分析制度，经理层应当综合运用生产、购销、投资、筹资、财务等方面的信息，通过因素分析、对比分析、趋势分析等方法，定期开展运营情况分析，发现存在的问题，及时查明原因并加以改进。运营分析控制应与全面预算控制等结合使用，作为预算分析环节的重要补充和风险评估的重要方面。

（二）运营分析控制的实施

1.确定分析对象

反映企业运营能力的财务指标主要有：偿债能力、营运能力、盈利能力、发展能力等。

2.收集信息

与分析对象相关的各种信息包括：企业内部、外部信息；财务、非财务信息；定量、定性信息。信息收集渠道：可以通过财务会计资料、经营管理资料、调研报告等渠道获取内部信息；可以通过行业协会、中介机构、市场调查以及有关监管部门等渠道获取外部信息。

3.运用分析方法

全面系统地评价企业的运营状况常见的分析方法有：因素分析法、对比分析法、比率分析法、趋势分析法等。

4.找差距，查原因，改进工作

将分析结果与参照对标进行比较，发现企业经营过程中存在的问题，提出相应的建议，为企业业务发展、效益分析提供支持。参照对标有：公认标准、行业标准、历史数据和预期标准。

七、绩效考评控制

（一）绩效考评控制的定义

绩效考评是指运用科学的方法，对企业或其各分支机构一定经营期间内的生产经营状况、资本运营效益、经营者业绩等进行定量和定性的考核、分析，作出客观、公正的综合评价。绩效考评是一个反馈控制手段，其应当与全面预算控制结合使用，特别是作为预算考评环节的重要补充。此外，绩效考评也是人力资源控制的重要内容。绩效考评控制要求企业建立和实施绩效考评制度，科学设置考核指标体系，对企业内部各责任单位和全体员工的业绩进行定期考核和客观评价，将考评结果作为确定员工薪酬以及职务晋升、评优、降级、调岗、辞退等的依据。

（二）绩效考评体系的建立要求

1.与企业战略目标的一致性

绩效考评体系应当与企业发展战略、企业目标和企业文化的要求相一致，发挥导向性作用，保证企业总体目标的实现。

2.考评目标的明确性

绩效考评体系要为被考评对象提供一种明确的指导，告诉员工要达到什么目标，如何才能达到这些目标。

3.考核政策、办法和程序的可接受性

绩效考评体系应公开透明，让每一个被考核者和考核者均了解考核的重点和考核指标的含义，给员工提供自我评价和提升的机会，将员工的个人目标与企业的整体目标相互联系与协调。

4.考评结果要与被考评者的奖惩相挂钩

企业应当定期发布考评结果，并将考评结果与员工的薪酬、职务晋升、评优、降级、调岗、辞退等相挂钩，树立正确的用人导向。

>> **案例1-7**　　　　　　　　**S公司的平衡计分卡指标体系**

平衡计分卡是一种打破了传统的单一使用财务指标衡量业绩的全新的组织绩效管理方法，由哈佛大学教授Robert Kaplan与诺顿研究院执行长David Norton于20世纪90年代初提出，平衡计分卡是在财务指标的基础上加入了未来驱动因素，即客户因素、内部经营管理过程和员工的学习与成长，在公司战略规划与执行管理方面发挥着非常重要的作用。

S公司从财务角度、顾客角度、内部流程角度、创新与学习角度建立了平衡计分卡指标体系进行绩效衡量。S公司的平衡计分卡指标体系如图1-3所示。

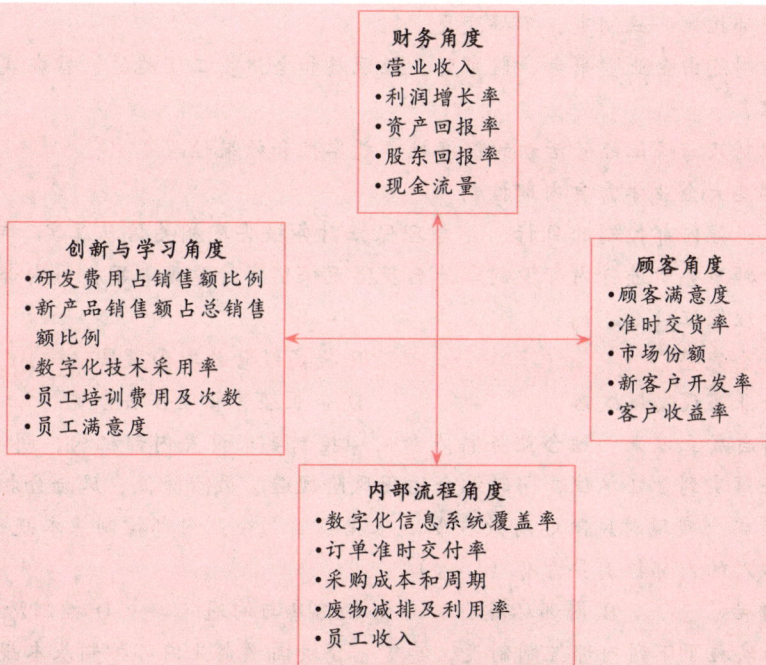

图1-3 S公司的平衡计分卡指标体系

  S公司的平衡计分卡指标体系体现了目标管理，以清晰、合理的业绩目标和实现目标所需要的驱动措施、激励机制，引导和鼓励员工主动完成目标。同时，由于平衡计分卡各个角度的指标与相关经营领域的活动密不可分，具有较强的专业性和实践性，使S公司在各领域从事各种专业活动的员工完成相关指标成为必要且可行。

八、重大风险预警机制和突发事件应急处理机制

  重大风险往往影响到企业的生存和发展。企业应当事先明确界定哪些风险是重大风险，明确风险预警标准，建立有效的重大风险预警机制和突发事件应急处理防范机制，应急预案、预警机制等相关的政策和方案应事先非常明确地传达到相关人员。重大风险一旦出现，紧急启动应急处理机制，在第一时间作出反应，将损失降到最低。

  突发事件是指突然发生，造成或者可能造成重大人员伤亡，财产损失，危及企业生产经营的紧急事件。企业应当建立事前预防、突发事件发生的应急处理、事后相关措施改进的突发事件应急处理机制，对可能发生的突发事件，制订应急预案、明确责任人员、规范处置程序，确保突发事件得到及时妥善处理。事前预防是指重视对可能发生的突发事件相关信息的收集、整理和分析，并根据分析结果作出警示，采取有效的防范措施，尽可能防止突发事件的发生。突发事件的应急处理是指发生有关事件后，企业内部的责任人员能够迅速作出反应并采取有效措施降低事件可能造成的损失和影响。事后处理是指在突发事件处理结束后对原有状态的恢复，以及对相关部门或人员进行奖惩，避免再次发生。

【本章岗课赛证融通训练】

【不定项选择题】（每题至少有一个正确答案，请将正确答案填在括号内）

1.关于内部控制，下列说法中，正确的是（ ）。

A.企业内部控制一旦制定，不得变更

B.内部控制是由企业董事会、监事会、经理层和全体员工实施的、旨在实现控制目标的过程。

C.内部控制只需保证经营活动的经济性、效率性和效果性

D.只有那些大企业才需要内部控制

2.甲公司实施内部控制的目标，是合理保证财务报告及相关信息真实、可靠、完整，确保聘请会计师事务所进行内部控制审计后获得无保留审计意见。甲公司内部控制的目标还应当包括合理保证（　　　）。

A.资产安全完整　　　　　　　　　　B.提高经营效率和效果

C.促进企业实现发展战略　　　　　　D.企业经营管理合法合规

3.乙公司自成立以来，结合业务特点和内部控制要求设置内部机构，明确职责权限，将权力和责任落实到责任单位，同时综合运用风险规避、风险降低、风险分担和风险承受等风险应对策略，实现对风险的有效控制。根据我国《企业内部控制基本规范》，该公司的上述做法涉及的内部控制要素有（　　　）。

A.风险评估　　　　B.内部环境　　　　C.信息与沟通　　　　D.控制活动

4.丙公司实施了下列内部控制制度，其中符合我国《企业内部控制基本规范》关于内部环境要素要求的有（　　　）。

A.董事会负责内部控制的建立健全和有效实施

B.在董事会下设立审计委员会

C.制定和实施有利于企业可持续发展的人力资源政策

D.编制内部管理手册，使全体员工掌握内部机构设置、岗位职责、业务流程等情况

5.丁公司近年来不断加强企业内部控制系统建设，选择、制定并实行持续或单独的评估，以判定内部控制各要素是否存在且发挥效用；及时评估内部控制缺陷，并将有关缺陷及时通报给负责整改措施的相关方，包括高级管理人员和董事会。丙公司的上述做法属于内部控制要素中的（　　　）。

A.风险评估　　　　B.控制活动　　　　C.监控　　　　D.控制环境

6.内部控制存在其固有的局限性，其局限性体现在只能为控制目标的实现提供合理保证而不能提供绝对保证。一般而言，内部控制的局限性可以概括为（　　　）。

A.内部控制设计存在缺陷、内部控制执行不到位

B.内外环境的变化使内部控制原有功能被削弱

C.内部控制一般都是针对经常且重复发生的业务而设置的，不经常发生或未预料到的例外事项出现，使内部控制失去应有的控制力

D.管理层凌驾于内控之上、串谋舞弊

7.《企业内部控制基本规范》第二十八条规定：企业应当结合风险评估结果，通过（　　　）相结合的方法，运用相应的控制措施，将风险控制在可承受度之内。

A.手工控制与自动控制　　　　　　　　B.手工控制与发现性控制

C.自动控制与预防性控制　　　　　　　D.预防性控制与发现性控制

8.内部控制的控制措施主要是风险降低策略的措施，一般包括（　　　）等。

A.不相容职务分离控制、授权审批控制　　B.会计系统控制、财产保护控制

C.预算控制、运营分析控制　　　　　　　　D.绩效考评控制

9.企业的下列各项活动中，属于控制活动的有（　　　）。

A.办公楼设立门禁系统

B.人力资源部门安排员工年度考核评价

C.员工如请事假，须向部门经理申请及获得批准

D.为一投资项目编制预算

10.乙公司采用平衡计分卡衡量公司业绩，并选取了客户收益率、废物减排及利用率、新客户开发率、数字化技术采用率等作为绩效衡量标准。该公司选取的上述指标涵盖的平衡计分卡角度有（　　　）。

A.创新与学习角度　　B.财务角度　　　　　C.顾客角度　　　　　D.内部流程角度

【圆桌讨论】

【资料一】　戊公司召开内部控制体系建设专题会议，部署实施企业内部控制体系建设。在专题会议上，公司管理层成员发言要点如下：

（1）董事长：内部控制对于提升企业内部管理水平和风险防范能力、促进企业持续健康发展意义重大。企业内部控制的主要目标应当是提高经济效益，所以要将实现企业经济效益最大化作为内部控制体系建设的唯一目标。能提高效益的控制我们就要实施，否则一律不实施。请各位全力做好相关工作。

（2）总经理：为确保公司内部控制体系建设工作顺利开展，有必要成立内部控制领导小组，建议由董事长任组长，本人担任副组长，管理层其他成员任组员，授权财务部负责内部控制体系建立与实施的全部工作。

（3）财务总监：建议根据财政部等五部委发布的18项应用指引，将公司已有的管理制度与18项应用指引逐一对标，满足相应的控制要求。鉴于公司经营管理任务繁重，对18项应用指引没有涵盖的业务不纳入公司内部控制体系建设范畴。此外，要坚持成本效益原则，由于某些业务的控制成本太大，不建议实施这些控制，在无替代控制程序的情况下，就不实施控制，严格坚持成本效益原则。

（4）投资总监：财政部等五部委发布的内部控制规范体系对企业投资行为作了严格规范。但考虑到本行业投资环境的特殊性，投资机会稍纵即逝，繁杂的投资控制程序可能降低决策效率，导致投资机会丧失。建议简化投资决策审批程序，重大投资项目经投资部论证并直接报董事长审批后即可实施。

（5）审计委员会主席：根据监管部门要求，经理层应出具内部控制自我评价报告并聘请会计师事务所对内部控制的有效性进行审计。鉴于负责公司财务报表审计的会计师事务所熟悉本公司业务流程，且具备良好的专业能力，可以考虑将内部控制咨询和内部控制审计工作一并委托该所完成。

（6）内审总监：内部控制评价是实施内部控制的重要环节。应当制定科学的内部控制评价方案，对公司经营面临的所有风险和所有业务单位、经济事项进行全面测试和评价。内部控制评价方案报总经理办公会批准后实施。

（7）副董事长刘某：企业应当建立信息沟通制度，重要的信息须及时传递给董事会和经理层、财务部门。

（8）董事陈某：内部控制信息系统建设非常重要，企业不应当考虑成本，应当尽快完善内部控制信息系统。

讨论主题清单：

1.阅读我国《企业内部控制基本规范》，谈谈对内部控制五要素及其相互关系的理解。

2.根据上述资料，逐项分析判断戊公司管理层成员的发言存在哪些不当之处，并逐项简要说明理由。

3.结合本章知识，谈谈对我国企业内部控制规范体系框架的理解。

讨论形式：

采用六人一组的方式进行小组式讨论，小组提交讨论分析报告提纲，并选派小组代表发言，进一步讨论、总结。

讨论总结：

归纳总结各小组发言人的主要观点和亮点，进一步指出对案例素材扩展思考和分析的焦点问题。

【资料二】内部控制是围绕企业整体战略而建立、用于解决实际经营问题的管理体系，但部分人员对于内部控制仍有一些误解，主要现象有以下几种：

误解现象一：内部控制就是一堆打印好的、固定的制度、流程、步骤和表单。

日常实际工作中，许多人认为内控就是为了应对职能中心或外部审计检查而制定的以制度、流程、步骤和表单等形式作为成果展现出来的各种规章制度，制度编制好再发布出来，内控工作就算完成了。这种将内控工作形式化、表面化的现象，使员工普遍认为"内部控制制度只是为了检查而存在的"。

误解现象二：内部控制就是领导审核与签字。

在内控体系中，如果设置了大量不合理的审批要求且因审批过程流于形式而导致审批后仍出现问题，内控体系便很容易被异化为"签字"，认为内控措施形式化，将内控管理责任全部归结至审批审核人员，曲解各部门、各岗位的职责。

误解现象三：内部控制影响业务执行效率、关注不重要的事项。

内控体系的建立，会对某些部门或岗位原有已经习惯的具体工作内容、工作程序进行调整，部门或岗位工作内容增加或性质改变。此时企业成员会抱怨"内控体系怎么这么麻烦""内控工作影响效率"等，抱怨内控体系对某些不重要事项的过度控制，对真正产生或将要产生的风险视而不见，认为内控体系没有关注重点。

讨论主题清单：

1.谈谈对上述内部控制误解现象的看法，逐项简要说明理由。

2.对内部控制的理解还有哪些误解？应该如何正确理解？

讨论形式：

采用六人一组的方式进行小组式讨论，小组提交讨论分析报告提纲，并选派小组代表发言，进一步讨论、总结。

讨论总结：

归纳总结各小组发言人的主要观点和亮点，进一步指出对案例素材扩展思考和分析的焦点问题。

② 第二章
内部环境

【知识目标】

1. 明确组织架构、发展战略、人力资源、社会责任、企业文化的本质及其含义
2. 掌握组织架构设计和运行中的主要风险及相应的内部控制要求与措施
3. 掌握制定与实施发展战略中的主要风险及相应的内部控制要求与措施
4. 掌握人力资源管理中的主要风险及相应的内部控制要求与措施
5. 掌握社会责任管理中的主要风险及相应的内部控制要求与措施
6. 掌握企业文化管理中的主要风险及优秀企业文化的建设与评估

【能力与素养目标】

1. 能准确识别组织架构设计和运行中的风险，把握相应内部控制要求与措施
2. 能准确识别制定与实施发展战略的风险，把握相应内部控制要求与措施
3. 能准确识别人力资源管理中的风险，把握相应内部控制要求与措施
4. 能准确识别社会责任管理中的风险，把握相应内部控制要求与措施
5. 能准确识别企业文化管理中的风险，把握相应内部控制要求与措施
6. 具有服从组织、尽职尽责、目标长远稳健、回报社会、凝心聚力的职业意识
7. 具有遵纪守法、勇于担当、善于分析判断、无私奉献、和衷共济的职业行为
8. 具有修身自律、敬业勤业、立足实际、开拓创新、担责于身、尊重他人的职业作风

【本章知识架构】

章名	节名	一级标题
内部环境	组织架构	组织架构概述
		组织架构设计和运行中的主要风险
		组织架构设计的内部控制要求与措施
		组织架构运行的内部控制要求与措施
	发展战略	发展战略概述
		制定与实施发展战略中的主要风险
		发展战略制定的内部控制要求与措施
		发展战略实施的内部控制要求与措施
		发展战略调整的内部控制要求与措施
	人力资源	人力资源概述
		人力资源管理中的主要风险
		人力资源管理的引进与开发内部控制要求与措施

章名	节名	一级标题
内部环境	人力资源	人力资源管理的使用与退出内部控制要求与措施
	社会责任	社会责任概述
		社会责任管理中的主要风险
		企业社会责任的内部控制要求与措施
	企业文化	企业文化概述
		企业文化管理中的主要风险
		优秀企业文化的建设
		企业文化的评估

=======【本章导学案例】

比亚迪股份有限公司的内部控制环境

比亚迪股份有限公司（简称比亚迪）成立于1995年，总部位于广东省深圳市。公司现有员工超过22万人，业务横跨汽车、轨道交通、新能源和电子四大产业。2003年，其成长为全球第二大充电电池生产商，同年组建比亚迪汽车，比亚迪汽车遵循自主研发、自主生产、自主品牌的发展路线，产品的设计既汲取国际潮流的先进理念，又符合中国文化的审美观念。比亚迪致力于用技术创新促进人类社会的可持续发展，助力实现"碳达峰、碳中和"目标。2020年，比亚迪成为2020年BrandZ最具价值中国品牌100强上榜车企。2020年1月4日，比亚迪获得2020年《财经》长青奖"可持续发展内控奖"。2022年6月10日，比亚迪市值突破万亿元，股价再创历史新高。比亚迪成为首个跻身万亿市值俱乐部的汽车自主品牌。

比亚迪股份有限公司2021年度内部控制自我评价报告中关于内部环境的自评具体内容如下：

1.公司治理

公司根据《公司法》《证券法》《上市公司治理准则》《深圳证券交易所上市公司自律监管指引第1号——主板上市公司规范运作》《公司章程》等相关法律法规要求，建立了规范的公司治理结构和议事规则，对股东大会、董事会、监事会、高级管理层和企业内部各层级机构的设置、职责权限、工作程序和相关要求进行了明确的制度安排，确立了股东大会、董事会、监事会、高级管理层之间的权力制衡关系。股东大会是公司最高权力机构，通过董事会对公司进行管理和监督；董事会是公司的常设决策机构，向股东大会负责，对公司经营活动中的重大决策问题进行审议并做出决定，或提交股东大会审议。公司董事会下设审核委员会、薪酬委员会、提名委员会、战略委员会，公司内部设立了风险管理委员会、企业社会责任委员会等内部管理委员会，负责各专业领域的事务，以提高运作效率。监事会是公司的监督机构，向股东大会负责，对公司董事、总裁及其他高级管理人员的行为进行监督。高级管理层负责实施股东大会、董事会决议事项，主持各事业群/部的生产经营管理工作，制订具体的工作计划，并及时对计划执行情况进行考核，保证公司日常经营活动正常运转。

2.发展战略

公司始终坚持"技术为王，创新为本"的发展理念。凭借强大的研发团队和创新发展模式，掌握全产业链核心技术，实施"全产业链+全市场"战略，业务涵盖汽车、轨道交通、新能源和电子四大产业，在香港和深圳两地上市；同时比亚迪有着高度的社会责任感和历史使命感，构建"电动车治污，云巴治堵"绿色大交通体系，助力实现"碳达峰、碳中和"目标；打通能源从获取、存储到应用各个环节，为城市提供一揽子绿色解决方案，加快构建全方位的零排放新能源整体解决方案。

3.组织架构

公司根据发展战略规划以及业务发展现状，优化公司组织架构，在业务层面分为四大业务板块，十个管理型职能事业部与四个海外销售型事业部。公司依照相关规定，逐级制定了相应的岗位职责。

公司根据生产经营和管理的需要，按照相互制衡的原则，合理设置部门和岗位，科学划分职责权限，形成各司其职、各负其责、相互配合、相互制约的组织体系，各个职能部门能够相互制约、相互监督。公司明确规定了各部门的主要职责，制定了各项业务和管理程序的操作规程，各业务人员在授权范围内进行工作，各项业务和管理程序遵照公司制定的各项操作规程运行，确保了权利与责任落实到位。

4.人力资源

公司高度重视人力资源体系建设，始终坚持以人为本，协同实现公司发展战略目标。公司根据国家有关法律法规，结合公司自身特点及公司发展战略，建立了人力资源发展战略体系。根据发展战略，制定了一系列有利于公司可持续发展的人力资源策略和完善的相关人事管理内控制度，对员工的聘用、培训、辞退与辞职、薪酬、考核、奖惩、晋升与淘汰、外派等人事管理均制定相关的制度进行规范并遵循。

在人才梯队建设方面，公司制定了《比亚迪公司人才管理规定》，建立了能上能下的人才管理模式；实施"腾龙计划"，根据不同层级人员，建立"人才库"，分为雏龙库、潜龙库、见龙库、惕龙库、跃龙库、飞龙库。

公司根据国家有关法律法规的规定，结合自身特点制定和完善了人力资源内部管理制度，包括《比亚迪公司人力资源管理》《比亚迪公司岗位分类管理规定》《比亚迪公司薪酬管理制度》《比亚迪公司员工等级调整管理规定》《比亚迪公司艰苦岗位津贴补助管理规定》《比亚迪公司考勤休假管理规定》《比亚迪公司劳动合同管理规定》《比亚迪公司操作工招聘管理规定》《比亚迪公司新员工入职培训管理规定》等，对组织机构设置、薪酬管理、员工招聘及晋升、员工培训以及员工劳动合同的签订、变更、解除、终止等均作了详尽的规范。

5.社会责任

公司坚持以解决社会问题为导向，以技术创新为驱动，在追求经济效益、保护股东利益的同时，致力于企业与社会的和谐和可持续发展，努力通过技术创新、产品创新和管理创新以及完善的商业运作来提升利益相关者（股东、客户、员工、供应商、商业伙伴、社会以及其他相关组织）的权益，积极履行社会责任，促进公司本身与全社会的和谐发展。

2021年，为了推动公司社会责任管理体系的有效运作，不断提升公司履行社会责任的能力和水平，比亚迪公司企业社会责任委员会（CSR委员会）的组织结构被重新设置，负责日常工作的落实，统筹各工作组按照计划开展工作。组织重置后，比亚迪集团企业社会责任的分工更明确，职责更清晰，能更好地开展企业社会责任工作。

6.企业文化

公司在持续发展的同时，始终致力于企业文化建设，矢志与员工一起分享公司成长带来的快乐。公司秉持"竞争、务实、激情、创新"的价值观，坚持以人为本的用人理念，尊重人、培养人、善待人，努力做到"事业留人，待遇留人，感情留人"，积极为员工营造公平、公正、和谐的发展环境。一方面，通过内部文化宣传栏，展现企业职工风采，增强企业凝聚力；另一方面，公司的董事会和高管以身作则，以实际行动向员工传递公司文化，加强团队凝聚力和核心竞争力，提高了公司经营效率，增强了企业凝聚力。

公司始终遵循敏锐敏捷、认同认真的企业文化，保持对世界的变化、对行业的发展、对管理的变化、对业务的变化有足够的敏锐度，每个人第一时间把事情做对、做好，在具体业务中能相互认同、相互帮助、有效沟通，有良好的工作态度、习惯，用心、认真地把事情做好、做彻底、做到位。

资料来源：比亚迪股份有限公司.比亚迪：内部控制自我评价报告[EB/OL].（2022-03-30）.https://money.finance.sina.com.cn/corp/view/vCB_AllBulletinDetail.php?stockid=002594&id=7933184.

从以上可以看到，比亚迪的内部环境从公司治理、发展战略、组织架构、人力资源、社会责任、企业文化六个方面进行客观披露，良好的内部环境是比亚迪实施内部控制的基础，支配着比亚迪全体员工的内控意识，影响着其全体员工实施控制活动和履行控制责任的态度、认识和行为，是比亚迪实现内部控制目标的根本保障。

第一节　组织架构

一、组织架构概述

（一）组织架构的本质

组织架构是指一个组织整体的结构。它是在企业管理要求、管控定位、管理模式及业务特征等多因素影响下，在企业内部组织资源、搭建流程、开展业务、落实管理的基本要素。企业的流程运转、部门设置及职能规划等最基本的结构依据是组织架构。

企业组织架构的构建理念形成于第二次世界大战之后。二战后，随着企业组织规模日益扩大，企业内部的组织结构变得更加复杂，如何从企业整体的要求出发，处理好企业组织内部各个单位或部门之间的相互关系，保证组织整体的有效运转，成为当时一个重要的管理研究课题。为了解决组织整体的效率问题，管理界产生了系统理论学派。系统理论学派是将企业作为一个有机整体，把各项管理业务看成相互联系的网络的一种管理学派。詹姆斯·罗森茨韦克是西方管理理论中系统管理理论与权变管理理论的重要代表人物之一。在1963年他与约翰逊、卡斯特三人合写的著作《系统理论和管理》一书中，阐明了其系统思想，认为：组织是一个系统，由相互依存的众多要素所组成的局部最优不等于整体最优，管理人员的工作就是确保组织中各部分能得到相互的协调和有机的整合，以实现组织的整体目标。现代管理者必须把组织视为一个开放的系统，即与周围环境产生相互影响、相互作用的系统。一个组织的成败，取决于其管理者能否及时察觉环境的变化，并及时做出正确的反应。1979年，罗森茨韦克与卡斯特再次合著《组织与管理：系统方法与权变方法》一书，这是权变理论学派的代表作之一。该书从长期角度分析企业如何适应环境，认为在企业管理中要根据企业所处的内外条件随机应变，组织应在稳定性、持续性、适应性、革新性之间保持动态的平衡。权变组织理论的观点认为：组织应该是多样的，不能用单一的模型来解决所有组织设计问题，而只能提出在特定情况下有最大成功可能的方案。其实质是主张从实际出发，具体问题具体分析，并从中找出合适的办法来解决问题。所以，权变组织理论要求组织模式的确定，应当依照工作的性质和人员的特殊要求，来使任务、人员和组织彼此相适应。

1962年，美国学者钱德勒在对美国通用汽车公司、杜邦公司、新泽西标准石油公司和西尔斯公司等70家公司的组织结构和经营战略的演变过程进行深入研究的基础上，出版了著作《战略与结构：美国工业企业历史的篇章》，提出了战略与组织结构关系的基本原则，即组织的结构要服从于组织的战略，又称"钱德勒命题"。指出企业不能仅从现有的组织结构出发去考虑战略，而应根据外部环境的要求去动态地制定相应的战略，然后根据新制定的战略来审视企业的组织结构，如有必要须对其进行调整。因此，企业组织结构不仅具有多样性特征，还具有动态适应性特征。组织结构与战略的关系是：企业的经营战略决定着企业的组织结构模式的设计与选择；企业经营战略的实施过程及效果又受到所采取的组织结构模式的制约。

企业组织架构是保证战略实施的必要手段，是实现企业战略目标而进行的分工与协作的安排。企业在不同的发展阶段，会采用不同的发展战略，组织架构也应随之做出相应的调整。企业组织架构的设计会受到内外部环境、发展战略、生命周期、技术特征、组织规模、人员素质等多种因素的影响，并且在不同的环境、不同的时期、不同的使命下会有不同的组织架构模式。只要能实现企业的战略目标，增加企业对外竞争力，提高企业运营效率，就是合适的组织架构。

了解组织架构的本质，有利于企业对组织架构的设计与运行建立有效的内部控制管控体系。

（二）组织架构的定义

《企业内部控制应用指引第1号——组织架构》所称的组织架构，是指企业按照国家有关法律法规、股东（大）会决议和企业章程，结合企业实际，明确股东（大）会、董事会、监事会、经理层和企业内部各层级机构设置、职责权限、人员编制、工作程序和相关要求的制度安排。其核心是公司治理结构、内部管理体制和运行机制。一家企业的组织架构存在缺失或缺陷，其一切生产、经营、管理活动都会受到影响。

建立和完善组织架构可以促进企业建立以完善的企业法人制度为基础，以有限责任制度为保证，以公司制企业为主要形式，以产权清晰、权责明确、政企分开、管理科学为条件的现代企业制度；可以从组织架构设计和运行环节有效防范串谋舞弊的各种舞弊风险；可以为企业强化内部控制建设提供重要支撑，使企业自上而下地对风险进行识别和分析，进而采取控制措施予以应对，促进信息在企业内部各层级之间、企业与外部利益相关者之间及时、准确、顺畅地传递，并且提升内部监督的力度和效能，发挥出企业内部控制的整体效果。

（三）组织架构的两个层面

组织架构分为治理结构和内部机构两个层面。

1.治理结构

治理结构即企业治理层面的组织架构，是与外部主体发生各项经济关系的法人所必备的组织基础。它可以使企业成为在法律上具有独立责任的主体，从而使得企业能够在法律许可的范围内拥有特定权利、履行相应义务，以保障各利益相关方的基本权益。治理结构包括股东（大）会、董事会、监事会和经理层。

2.内部机构

内部机构即企业内部机构层面的组织架构，是企业根据业务发展需要，分别设置不同层次的管理人员及由各专业人员组成的管理团队。针对各项业务功能行使决策、计划、执行、监督、评价的权利并承担相应的义务，是为了保证业务顺利开展的支撑平台。

治理结构与内部机构之间既有联系又有区别。一方面，两者相互协调，相互配合，互为补充，共同为实现企业内部控制目标服务。如果董事、监事、高级管理人员失职或舞弊，再完善的内部控制系统，再科学的内部机构设置，都将形同虚设，失去预期的效能，而科学的内部机构则为公司治理层的各项决策和计划的执行提供了操作平台。另一方面，两者在实现内部控制目标方面的侧重点有所区别。治理结构主要服务于促进企业实现发展战略、保证经营合法合规，而内部机构则主要服务于另外三类控制目标，即保证企业资产安全、保证财务报告及其相关信息真实完整、提高经营效率和效果。

二、组织架构设计和运行中的主要风险

组织架构设计和运行中的主要风险，仍然从治理结构和内部机构两个角度进行分析。

（一）治理结构层面风险

治理结构层面风险主要有：治理结构形同虚设，缺乏科学决策、良性运行机制和执行力，可能导致企业经营失败，难以实现发展战略。具体而言，治理结构风险点可能主要存在于以下十种情况：

（1）股东（大）会是否规范而有效地召开，股东是否可以通过股东（大）会行使自己的权利。

（2）企业与控股股东是否在资产、财务、人员方面实现相互独立，企业与控股股东的关联交易是否贯彻平等、公开、自愿的原则。

（3）对与控股股东相关的信息是否根据规定及时完整地披露。

（4）企业是否对中小股东权益采取了必要的保护措施，使中小股东能够和大股东同等条件参加股东（大）会，获得与大股东一致的信息，并行使相应的权利。

（5）董事会是否独立于经理层和大股东，董事会及其审计委员会中是否有适当数量的独立董事存在且能有效发挥作用。

（6）董事对于自身的权利和责任是否有明确的认知，并且有足够的知识、经验和时间来勤勉、诚信、尽责地履行职责。

（7）董事会是否能够保证企业建立并实施有效的内部控制，审批企业发展战略和重大

决策并定期检查、评价其执行情况，明确设立企业可接受的风险承受度，并督促经理层对内部控制有效性进行监督和评价。

（8）监事会的构成是否能够保证其独立性，监事能力是否与相关领域相匹配。

（9）监事会是否能够规范而有效地运行，监督董事会、经理层正确地履行职责并纠正损害企业利益的行为。

（10）对经理层的权力是否存在必要的监督和约束机制。

（二）内部机构层面风险

内部机构层面风险主要有：内部机构设计不科学，权责分配不合理，可能导致机构重叠、职能交叉或缺失、推诿扯皮、运行效率低下。具体而言，内部机构的风险点可能主要存在于以下八种情况：

（1）企业内部组织机构是否考虑经营业务的性质，按照适当集中或分散的管理方式设置。

（2）企业是否对内部组织机构设置、各职能部门的职责权限、组织的运行流程等有明确的书面说明和规定，是否存在关键职能缺位或职能交叉的现象。

（3）企业内部组织机构是否支持发展战略的实施，并根据环境变化及时作出调整。

（4）企业内部组织机构的设计与运行是否适应信息沟通的要求，有利于信息的上传、下达和在各层级、各业务活动间的传递，有利于为员工提供履行职权所需的信息。

（5）关键岗位员工是否对自身权责有明确的认识，有足够的胜任能力去履行权责，是否建立了关键岗位员工轮换制度和强制休假制度。

（6）企业是否对董事、监事、高级管理人员及全体员工的权限有明确的制度规定，对授权情况是否有正式的记录。

（7）企业是否对岗位职责进行了恰当的描述和说明，是否存在不相容职务未分离的情况。

（8）企业是否对权限的设置和履行情况进行了审核和监督，对于越权或权限缺位的行为是否及时予以纠正和处理。

>> 案例2-1　　　　　　FZ集团破产重整　内部人控制警示深刻

FZ集团成立于1986年，是著名大学的校企合作企业。此后十年，FZ集团不断扩张，业务范围越来越广，最终形成了以IT、医疗、产业金融、产城融合为主业的大型企业集团，拥有6家上市公司。截至2019年9月底，FZ集团总资产达到3 657.1亿元，2018年FZ集团的营业收入更是高达1 333亿元。然而，表面上一帆风顺的FZ集团，其实暗流涌动已久，其潜在风险也逐渐暴露。至2019年12月2日，FZ集团2019年第二笔超短期融资券到期未能按时还本付息，构成实质性违约，引爆了FZ集团的资金链危机。2020年2月14日，在没有任何征兆的情况下，FZ集团突然宣布申请破产重整。根据FZ集团破产重整清算核资审计报告数据显示，截至2020年1月31日，FZ集团5家主体公司的资产总额为622亿元，债务总额为1 469亿元，净资产为-847亿元，其中原因不明的往来款和应收账款减值高达590亿元。

从2002年开始，FZ集团正式开启激进扩张的步伐，但是其扩张步伐并不是以原有的业务为基础，更多的是跨行业进行收购。大部分都是资不抵债的企业，然后改制成FZ集团旗下的企业，实质是没有质量的收购。

2003年FZ集团改制时，工商登记的FZ集团国有控股股东为BDZC公司，持股70%，原管理层控制的ZR投资管理公司持股30%。表面上看，BDZC公司持有FZ集团70%的股份，是绝对控股方，但以执行总裁李某为主体的管理层实际上持有FZ集团65%的股份，处于实质控制和管理的地位，而这种控制权主要是通过设立一些与FZ集团没有股权关系的民营企业来实现的。根据FZ集团的破产审计报告，FZ集团原高管团队控制的体外公司多达105家，其中30家不能获取财务资料，另外审计发现，截至2016年6月30日，净资产中有233亿元流向了这些体外公司。

内部人控制下的FZ集团，一方面以国企和名校的面目获得融资便利；另一方面，企业内控失效，管理失范，利用高管团队在管理层的地位向关联企业输送利益。在FZ集团的巅峰时期，旗下的6家上市公司在二级市场上存在控制人通过借用他人账户进行股票代持，规避了股东的真实身份和信息减持的披露规定，为内幕交易和操纵市场留下了隐患。内部人控制下的FZ集团，还存在将公司资金划入个人账户购买大量房产、将房产记在他人或个人名下的情况，所涉房产市场价值数亿元。

危害最大的是FZ集团以国有控股70%的身份，在名校名企的声誉助力下，大开融资方便之门。2005年至2010年，FZ集团累计发行债务融资工具及其他债券190亿元，自获得在银行间市场发行公司债资格之后，FZ集团平均每年发债逾30亿元。FZ集团破产重整前债务高达1 469亿元。

FZ集团的破产重整，揭示出其存在长达十几年的内部人控制、隐形持股、暗箱改制、影子企业众多、关联交易泛滥、内外部公司人格混同等重大治理失衡的情况，投资人和市场须认清其危害性。

资料来源：第一财经.方正集团破产重整尘埃落定 内部人控制警示深刻[EB/OL].（2021-06-02）.https://finance.sina.com.cn/tech/2021-06-02/doc-ikmyaawc8860345.shtml.

三、组织架构设计的内部控制要求与措施

（一）组织架构设计原则

企业在设计组织架构时，必须考虑内部控制的要求，合理确定治理层、管理层及内部各部门之间的权力和责任并建立恰当的报告关系。具体而言，至少应当遵循以下原则：

1.符合法律、法规要求

治理结构的设计必须遵循我国法律、法规的要求，严格规范出资者（主要指股东）、董事会、监事会、经理层的权利和义务，及其相关的聘任条件和议事程序等，合理解决企业各方利益分配问题。

2.符合发展战略要求

通常情况下，企业发展目标是多重的，且在一段时期保持相对稳定。无论企业的发展目标如何，都必须通过自身组织架构的合理设计和有效运作予以实现和保证。

3.符合管理控制要求

组织架构的设计应当考虑各层级之间可以相互监督、相互制约。为达到恰当的控制效果，在组织架构设计时必须找出各种限制组织层级和管理跨度的因素，主要包括：员工的经验与受训程度；工作任务的相似性和复杂性；工作地点的空间距离；使用标准化

管理的程度；企业信息系统管理的先进程度；企业文化的凝聚力以及管理层的管理风格等。

4.符合内外环境要求

组织架构设计应当与企业的市场环境、行业特征、经营规模等相适应。此外，企业还应当根据内外部环境的不断变化，迅速作出反应，及时进行组织架构的优化调整。

（二）治理结构的设计

1.治理结构设计的一般要求

企业对治理结构的设计应当根据国家有关法律法规的规定，明确董事会、监事会和经理层的职责权限、任职条件、议事规则和工作程序，确保决策、执行和监督相互分离，形成制衡机制。

董事会对股东（大）会负责，依法行使企业的经营决策权，负责企业发展战略和资产经营，并在必要时撤换不称职的经理人员。可按照股东（大）会的有关决议，设立战略决策、审计、提名、薪酬与考核等专门委员会，明确各专门委员会的职责权限、任职资格、议事规则和工作程序，为董事会科学决策提供支持。监事会对股东（大）会负责，与董事会并立，监督企业董事、经理和其他高级管理人员依法履行职责。经理层对董事会负责，主持企业的生产经营管理工作。经理和其他高级管理人员的职责分工应当明确。董事会、监事会和经理层的产生程序应当合法合规，其人员构成、知识结构、能力素质应当满足履行职责的要求。

在实务中，无论是上市公司还是其他企业发生的重大经济案件中，不少都牵涉"三重一大"问题，即"重大决策、重大事项、重要人事任免及大额资金使用"问题。

为了有效避免"一言堂""一支笔"现象，企业的重大决策、重大事项、重要人事任免及大额资金使用业务等，应当按照规定的权限和程序实行集体决策审批或者联签制度。任何个人不得单独进行决策或者擅自改变集体决策意见。重大决策、重大事项、重要人事任免及大额资金使用业务的具体标准由企业自行确定。对于"三重一大"事项实行集体决策和联签制度，有利于促进企业完善治理结构和健全现代企业制度。

> ▶▶ 案例2-2　　　　A公司"三重一大"事项的集体决策制度

A公司为规范权力的使用，决定在"三重一大"事项上建立领导班子成员集体决策制度，并对"三重一大"的内容、形式、程序、方法以及考核监督等事项作出严格的规定。

1.在决策内容和形式方面

凡涉及"三重一大"事项，即企业经营方针、长远发展规划、重大技术改造、技术引进方案等重大决策，达到一定额度的生产性投资、非生产性投资、对外提供担保等重大事项，副处级以上干部的任免、奖惩等六项重要干部任免事项，对外投资、借款和一次性奖励等大额资金使用，必须经领导班子成员共同讨论决定。

2.在决策程序和方法方面

"三重一大"事项应当由承办部门提出方案，经有关部门分析论证后，提交领导班子会议集体审议。形成决策意见后，由承办部门具体负责组织落实。任何人都不得违反和擅自改变集体决策意见。与此同时，企业对集体决策过程中有关会议列席人数、投票表决方法、有效通过票数、会议主持及记录等，均做了明确规定。

3.在监督和追责方面

对未经集体讨论，个人或少数人擅自决定"三重一大"事项的；未经领导班子复议，个人或少数人擅自改变原决定的；集体决策出现失误造成经济损失的，视情节轻重，分别给予通报批评、警告、撤销职务等处罚。

A公司自从建立领导班子成员集体决策制度以来，对"三重一大"事项风险进行了有效控制，确保公司重大决策事项、重要人事任免事项、重大项目安排事项、大额度资金运作事项决策的正确性。

2.上市公司治理结构设计

上市公司治理结构的设计，应当充分反映"公众性"特点，以维护投资者和社会公众的合法利益。具体而言，上市公司治理结构设计应重点关注以下三个方面。

（1）设立独立董事制度。上市公司董事会应当设立独立董事。独立董事不得在上市公司担任除独立董事外的其他任何职务。独立董事对上市公司及全体股东负有诚信与勤勉等义务。尤其关注中小股东的合法权益不受损害。

（2）设置董事会专业委员会。上市公司董事会应当根据治理需要，按照股东（大）会的有关决议设立战略决策、审计、提名、薪酬与考核等专门委员会。专门委员会对董事会负责，依照公司章程和董事会授权履行职责。专门委员会的提案应当提交董事会审议决定。专门委员会成员全部由董事组成，其中审计委员会、提名委员会、薪酬与考核委员会中独立董事应当占多数并担任召集人，审计委员会的召集人应当为会计专业人士。各专门委员会职责如下：

❶ 战略决策委员会。其主要负责制定公司长期发展战略，监督、核实公司重大投资决策等。

❷ 审计委员会。其主要负责审核公司的财务信息及其披露；负责监督及评估外部审计工作，提议聘请或者更换外部审计机构；负责监督及评估内部审计工作，负责内部审计与外部审计的协调；负责与公司外部审计机构的沟通；负责对公司内部控制考核，确保充分且有效的内部控制；负责检查、监督公司存在或潜在的各种风险；负责检查公司法律法规的遵循情况等。审计委员会对公司内部控制的建立健全、有效实施发挥着尤其重要的作用。审计委员会对董事会负责并代表董事会对经理层进行监督，职责侧重于加强对经理层提供的财务报告和内部控制评价报告进行监督。同时侧重指导与监督内部审计和外部审计工作，提高内部审计和外部审计的独立性。审计委员会成员中独立董事占多数或全部，要求具备履行职责所必需的财务、审计、法律等专业知识和实践经验，具备良好的沟通协调能力，具有良好的职业操守。

❸ 提名委员会。其主要负责研究董事、高级管理人员的选择标准和程序并提出建议；遴选合格的董事人选和高级管理人员人选；对董事人选和高级管理人员人选进行审核并提出建议等。

❹ 薪酬与考核委员会。其主要负责制定公司董事及经理人员的考核标准并进行考核，负责制定、审查公司董事及经理人员的薪酬政策与方案，其质量是公司战略成功的重要决

定因素。

（3）设立董事会秘书。董事会秘书为上市公司的高级管理人员，直接对董事会负责，并由董事长提名，董事会负责任免。董事会秘书是上市公司和证券交易所之间的指定联络人。其主要负责：公司信息对外公布；协调公司与投资者、证券监管机构等之间的信息沟通；筹备上市公司股东（大）会和董事会会议；公司信息披露的保密工作；文件保管以及公司股东资料的管理等事宜。

3.国有独资企业治理结构设计

国有独资企业治理结构设计应反映以下特点：

（1）国有资产监督管理机构代行股东（大）会职权。国有独资企业不设股东（大）会，由国有资产监督管理机构行使股东（大）会职权。国有独资企业董事会可以根据授权部分行使股东（大）会的职权，决定公司的重大事项，但公司的合并、分立、解散、增加或者减少注册资本和发行公司债券，必须由国有资产监督管理机构决定。

（2）国有独资企业董事会成员中应当包括公司职工代表，董事会成员由国有资产监督管理机构委派。但是，董事会成员中的职工代表由公司职工代表大会选举产生。国有独资企业董事长、副董事长由国有资产监督管理机构从董事会成员中指定产生。

（3）国有独资企业监事会成员由国有资产监督管理机构委派，但是监事会成员中的职工代表由公司职工代表大会选举产生。监事会主席由国有资产监督管理机构从监事会成员中指定产生。

（4）外部董事由国有资产监督管理机构提名推荐，由任职公司以外的人员担任。

（三）内部机构的设计

组织内部机构是指组织各要素的排列组合方式，是组织各部门、各层次所建立的一种人与人、人与事的相互关系，是组织根据其目标和规章而采用的各种组织管理形式的统称，一般包括纵向层次结构、横向部门结构和整体组织体制。它是在企业管理要求、管控定位、管理模式及业务特征等多因素影响下，在企业内部组织资源、搭建流程、部门设置及职能规划、开展业务、落实管理、建立内部汇报关系的最基本的结构依据，是组织内部分工和协作的基本形式和框架。

1.组织内部机构的基本形式

现代企业的组织结构一般包括四种基本形式，即 U 型结构、M 型结构、H 型结构和矩阵型结构。

（1）U 型结构

U 型结构是一种高度集权的结构形式，最大特点是垂直管理模式。通常有三种形式：

❶直线制结构。直线制结构指沿着指令链进行各种作业，每个人只向一个上级负责，必须服从这个上级的命令。直线制结构的特点是：无职能机构，统一指挥，垂直领导。对上层领导而言负担重。

直线制结构的优点是：结构简单，命令统一；责权明确；联系便捷，易于适应环境变化；管理成本低。缺点是：要求管理者应当是"全能式"的人物，需要亲自处理各种业务，权力过分集中，易导致权力的滥用。直线制结构适用于：企业规模小、生产技术、经营模式简单的企业。

❷职能制结构。职能制结构是按职能专业分工的管理办法来取代直线制结构的全能式管理。各级行政单位除主管负责人外，还相应地设立一些职能机构。如在负责人下面设立职能机构和人员，协助负责人从事职能管理工作。这种结构要求行政主管把相应的管理职责和权力交给相关的职能机构，各职能机构就有权在自己业务范围内向下级行政单位发号施令。下级行政负责人既要服从上级行政主管人员的指挥，也要听从上级各职能部门的指挥。职能制结构的特点是：设职能机构且其有指挥权；减轻领导负担，但容易政出多头，指令不一。

职能制结构的优点是：管理工作分工较细；由于吸收专家参与管理，可减轻上层管理者的负担。缺点是：多头领导，不利于组织的集中领导和统一指挥；各职能机构往往不能很好配合；过分强调专业化。职能制结构适用于：劳动密集、重复劳动的大中型企业，也就是业务模式较为简单，具有规模效应的企业。

❸直线职能制结构。直线职能制结构是保证直线统一指挥，充分发挥职能部门的作用。企业的生产经营活动按照功能划分为若干个职能部门，每一个部门又是一个垂直管理系统，各部门独立性很小，企业实行集中控制和统一指挥，每个部门或系统由企业高层领导直接进行管理。直线职能制结构的特点是：设职能机构但其只有参谋权；减轻领导负担也不会政出多头，但管理层和职能层协调困难。

直线职能制结构如图2-1所示。

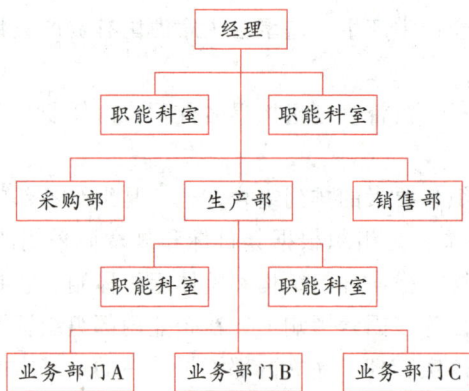

图2-1　直线职能制结构

直线职能制结构的优点是：保证了企业管理体系的集中统一；在各级行政负责人的领导下，充分发挥各专业职能管理机构的作用。缺点是：上下级部门的主动性和积极性的发挥受到限制；部门间条块分割，互通情报少，不能集思广益地作出决策；当职能参谋部门和直线部门之间目标不一致时，容易产生矛盾，致使上层主管的协调工作量增大；整个组织系统的适应性较差，对新情况不能及时地作出反应。直线职能制结构适用于中小型企业，产品品种比较单一、生产技术发展缓慢、外部环境比较稳定的企业。对于规模较大、决策时需要考虑较多因素的组织，则不太适用。

（2）M型结构（事业部制）

M型结构，又称事业部门型组织结构，是一种分权与集权相结合的组织结构。这种结构的基本特征是：战略决策和经营决策分离，即企业按产品、客户、地区等来设立事业部，每一个事业部都是一个有相当自主权的利润中心，独立地进行日常经营决策，各事业部都相当于一个U型企业。M型结构下，公司的战略决策和经营决策由不同的部门和人员负责，使高层领导从繁重的日常经营业务中解脱出来，集中精力致力于研究和制定企业发展的各种经营战略和经营方针，并监督、协调各事业部的活动和评价各部门的绩效。与U型结构相比较，M型结构具有治理方面的优势，满足企业规模扩大和多元化经营对组织机构的要求，适合现代企业经营发展的要求。事业部制的特点是：统一决策，分散经营；总部下分事业部；事业部有自己的机构；总部的职能是提供决策，事业部自己经营；有利于组织专业化，减轻总部负担，培养管理人员；容易出现关联交易、本位主义，总部的意志无法在事业部体现。

产品（区域）事业部制结构如图2-2所示。

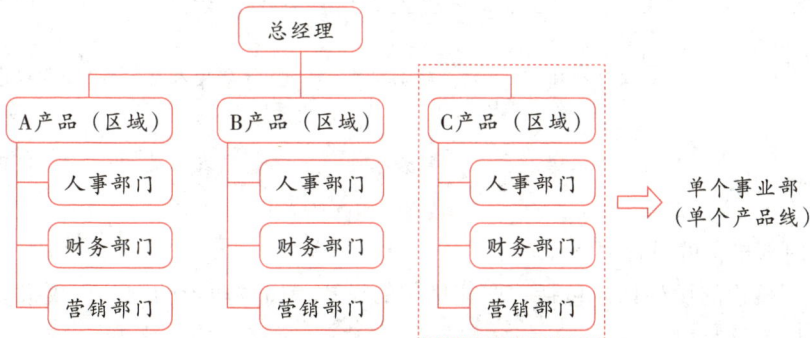

图2-2 产品（区域）事业部制结构

（3）H型结构（控股公司制）

H型结构（控股公司制）是一种多个法人实体集合的母子体制，母子之间主要靠产权纽带来连接。公司总部下设立若干个子公司，公司总部作为母公司对子公司进行控股，承担有限责任。母公司对子公司既可以通过控股性股权进行直接管理，又可以通过子公司董事会来进行控制。

H型组织结构较多地出现在由横向合并而形成的企业之中，这种结构使合并后的各子公司保持了较大的独立性。子公司可分布在完全不同的行业，而母公司则通过各种委员会和职能部门来协调和控制子公司的目标和行为。这种结构的子公司往往独立性过强，控股公司总部往往难以有效控制各子公司，双方缺乏必要的战略联系和协调；而且由于过度分权导致了管理效率下降，加大了控股公司的管理成本；子公司也难以充分利用控股公司总部的参谋人员；因此，公司整体资源战略运用存在一定难度。

（4）矩阵型结构

矩阵型结构是按职能划分部门和按任务特点（产品和项目）划分小组相结合所产生的矩阵型组织结构形式。当环境一方面要求专业技术知识，另一方面又要求每个产品线能快速作出变化时，就可以应用矩阵式结构。U型结构强调纵向的信息沟通，M型结构强调横向的信息流动，矩阵型是将这两种信息流动在企业内部同时实现。矩阵型结构的特点是：直线、职能双重领导，有利于不同部门沟通。但容易责任不清，政出双头。

这种组织结构把按职能划分的部门与按项目划分的小组结合起来组成矩阵，使小组成员接受小组和职能部门的双重领导。它的特点表现在围绕某项专门任务成立跨职能部门的专门机构上，这种组织结构形式是固定的，人员却是变动的，任务完成后就可以离开。与U型结构相比较，矩阵制结构机动、灵活，克服了U型结构中各部门互相脱节的现象。矩

阵型结构适用于一些重大攻关项目。企业可用来完成涉及面广的、临时性的、复杂的重大工程项目或管理改革任务。

矩阵型结构如图2-3所示。

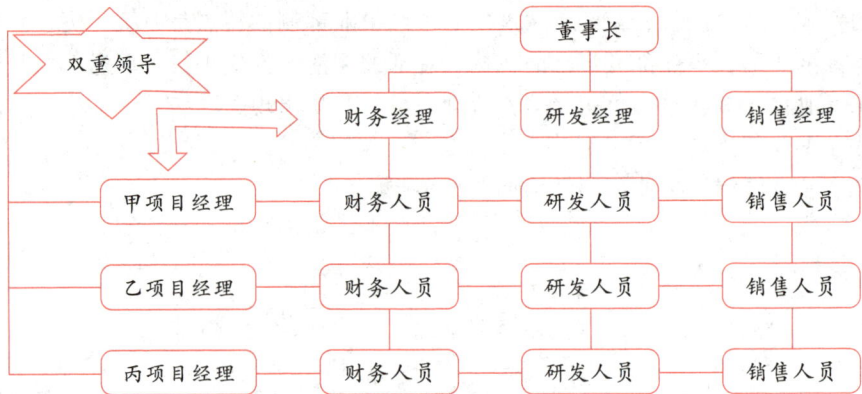

图2-3　矩阵型结构

2.组织内部机构的设计要求

组织内部机构的设计具体包括：职能机构的设置、岗位职责的划分、权限体系的分配等。设计时应当满足以下要求：

（1）职能机构设置的要求。企业应当按照科学、精简、高效、透明、制衡的原则，综合考虑企业性质、发展战略、文化理念和管理要求等因素，合理设置内部职能机构，明确各机构的职责权限，避免职能交叉、缺失或权责过于集中，形成各司其职、各负其责、相互制约、相互协调的工作机制。常见的职能机构有：采购、生产、销售、会计、审计、人事、研发、法律、后勤等。

（2）岗位职责划分的要求。职责是职务权利与职位责任的结合，即由授权范围和相应责任组成。企业应当对内部各职能机构的职责进行科学合理的分解，确定具体岗位的名称、职责和工作要求等，明确各个岗位的权限和相互关系。尤其应当体现不相容岗位相分离原则，努力识别出不相容职务。

岗位职责的描述内容应包括：工作名称、工作职责、任职条件、工作所要求的技能、工作对个性的要求、各个岗位之间的相互关系、实现各岗位目标的责任等。以便于员工理解职位所要求的能力、工作职责以及掌握业绩衡量的标准。

（3）权限体系分配的要求。企业应当制定组织结构图、业务流程图、岗（职）位说明书和权限指引等内部管理制度或相关文件，使员工了解和掌握组织架构设计及权责分配情况，正确履行职责。值得特别指出的是，内部机构设计应当特别重视建立权限指引和授权机制。权限指引可以使不同层级的员工知道该如何行使权力并承担相应责任，也利于事后考核评价；授权机制明确企业各项决策和业务必须由具备适当权限的人员办理，这一权限通过公司章程约定或其他适当方式授予。

企业内部各级员工必须获得相应的授权，才能实施决策或执行业务，严禁越权办理。按照授权对象和形式的不同，授权分为常规授权和特别授权。常规授权可以在由企业正式颁布的岗（职）位说明书中予以明确，或通过制定专门的权限指引予以明确。特别授权是应当严格限制的临时性权力，只有在出现需要处理某一突发事件（如法律纠纷）、需要作出某项重大决策、代替上级处理日常工作等情况时，方可办理特别授权。

>> 案例2-3　　　　　　　　　　万科的组织架构调整

国内具有领先地位的城乡建设与生活服务商万科集团（以下简称万科）从1984年成立至今，随着不同发展阶段的战略转型，其组织结构也相继进行调整。具体如下：

（一）初创阶段的组织架构

万科初创时期组织架构首先采取的是直线制，主要考量标准是：简单、高效和集权。之后，随着公司发展、规模扩大、人员增加，万科将组织架构升级为直线职能制。其组织架构如图2-4所示。

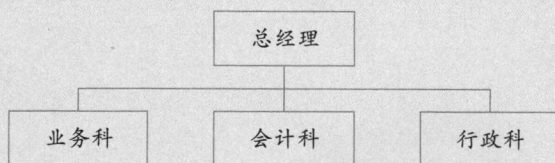

图2-4　万科创立初期的组织架构

（二）多元化发展阶段的组织架构

1991年，万科制定了"综合商社"的发展模式——希望发展成为以商贸为主，兼顾金融、制造、运输业等多种经营的超大型公司。按照新的战略规划，万科将贸易、工业、房地产、文化传播作为万科的四大支柱产业。在多元化发展时期，万科为符合多元化发展战略要求，将组织架构调整为事业部制的组织结构。主要考量标准是：简单、高效和分权，其中，分权是影响万科此次组织架构大变形的一个非常重要的思想。其组织架构如图2-5所示。

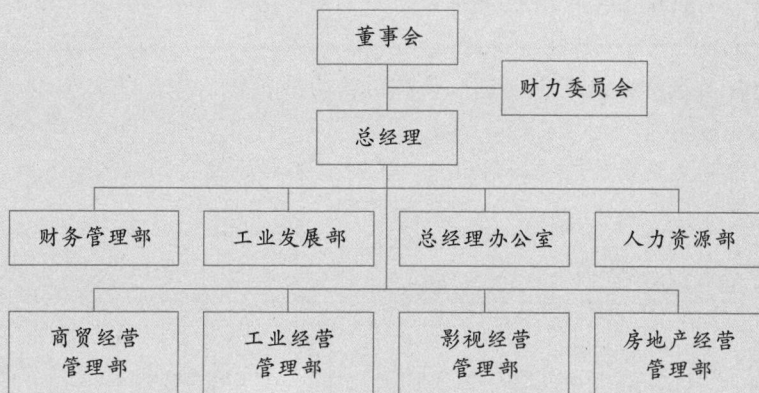

图2-5　万科多元化发展阶段的组织架构

（三）专业化发展阶段的组织架构

万科的多元化战略由于多方投资、资源分散、业务结构不合理，管理体制混乱，利润回报率十分有限，万科将战略从多元化向专业化调整。1993年，万科放弃以综合商社为目标的发展模式，提出加速资本积累、迅速形成规模的发展方针，并确立以城市居民住宅为公司的主导业务。万科为配合战略转型将组织架构调整为：二维矩阵组织。其主要考量标准是：能满足集权与分权相结合、总部专业把控与本土化相结合、专家资源集中在总部由所有项目共享等要求。其专业化发展初期组织架构图如图2-6所示。

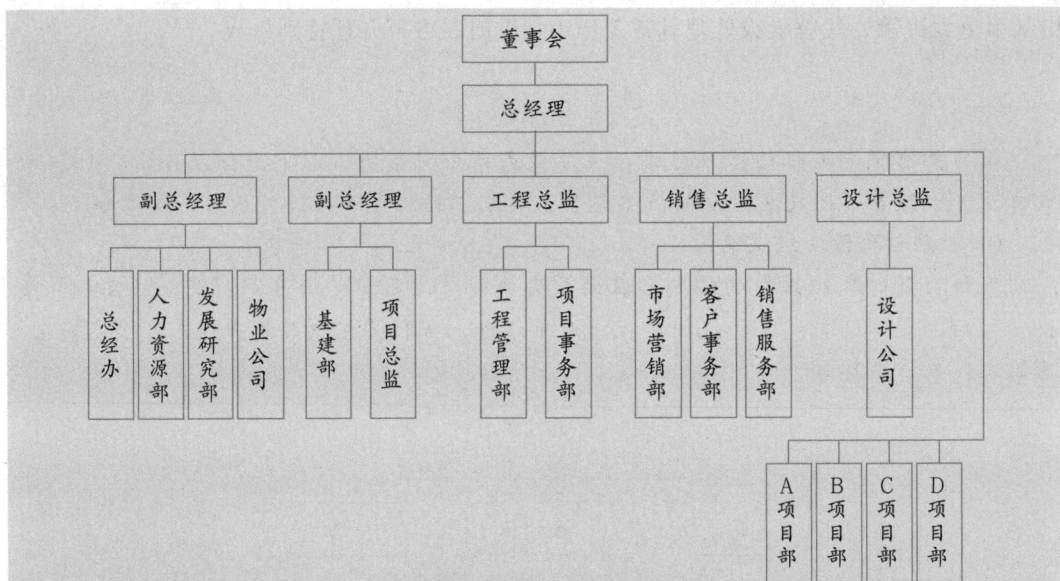

图 2-6　万科专业化发展阶段的组织架构

在矩阵式的组织架构下，万科各分公司专业职能部门受分公司总经理管辖，同时也受总部职能部门直线管理，统一调配资金、项目定位、规划设计、集中采购以及人事、考核、薪酬制度，总部能够对各分公司实现强有力的控制。

（四）从专业化向精细化调整的组织架构

2004—2014 年，万科在专业化的基础上追求精细化，进入"万科精细化时期"。万科在精细化时期，对先前的二维矩阵组织结构进行了两大调整：

（1）放权。从 2005 年起，万科开始追求新的战略目标，采用新的管控思路，按照价值链对区域和城市公司进行管控（放权）。

（2）对职能的战略分组进行调整，将组织结构重新划分为四条主线——产品线、运营线、管理线和监控线。

万科组织架构发展到了三维矩阵组织。其组织架构如图 2-7 所示。

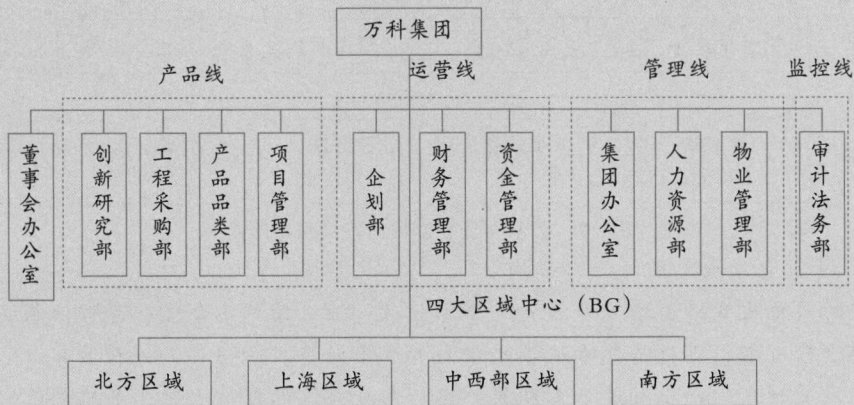

图 2-7　万科精细化时期的组织架构

（五）2015 年至今万科的组织架构

2015 年，万科的组织架构变革的主要导向是提升组织效率，从金字塔结构向合伙人扁平化结构转变。

2019年，万科内部确立了四大BG（区域）业务重点名单，并在2020年从中西部区域分出西北区域，万科演变成五大区域中心。

在2020年业绩会上，万科董事会主席郁亮提到，近几年万科战略比较清晰，但组织和人才的短板也暴露出来。"当我们来到管理红利时代的时候，业务协同性比过往要求更高，万科面临着组织如何适配战略，以及在组织适配战略情况下，人才需要先行等问题。"

2021年6月，万科再度启动一系列组织和人事调整，将原本的五大区域细分成七个，对集团乃至区域的数位高管进行调换。万科对区域进行细分的原因有：深耕当地市场、增加总部对区域的管控。这是近三年来，万科内部进行的最大范围的组织架构变动，目标只有一个：全面加速"开发经营服务并重"的转型发展。

资料来源：名企案例.万科公司组织结构发展[EB/OL].（2021-08-10）.https://www.hrsee.com/?id=2293.

四、组织架构运行的内部控制要求与措施

组织架构的运行是指企业治理结构和内部机构按照既定的设计方案、行使各自权利和履行相应责任的动态过程。对组织架构运行的控制具体包括：组织架构的全面梳理和组织架构的评估调整。确保企业治理结构、内部机构设置和运行机制等符合现代企业制度要求。

（一）组织架构的全面梳理

1.治理结构的梳理

企业梳理治理结构，应当重点关注董事、监事、经理及其他高级管理人员的任职资格和履职情况，以及董事会、监事会和经理层的运行效果。治理结构存在问题的，应当采取有效措施加以改进。

董事、监事、经理及其他高级管理人员的任职资格应重点关注行为能力、道德诚信、经营管理素质、任职程序等方面。履职情况应着重关注合规、业绩以及履行忠实、勤勉义务等方面。

董事会、监事会和经理层的运行效果主要关注董事会、监事会、经理层是否切实履行了治理结构设计时所赋予其的职责权限、议事规则和工作程序。

2.内部机构的梳理

企业梳理内部机构设置，应当重点关注内部机构设置的合理性和运行的高效性等。内部机构设置和运行中存在职能交叉、缺失或运行效率低下的，应当及时解决。

内部机构设置的合理性主要体现在：

❶是否与内外环境相适应，如增设环保部门，专门处理生态保护的事宜。

❷是否以发展目标为导向，助力企业发展战略的实现，如增设研发部门，将科研创新作为核心竞争力。

❸是否满足专业化分工和协作要求，助力企业提高生产效率，如生产企业根据专业化分工设置计划部、生产部、销售部等职能机构。

❹是否明确界定了各机构和岗位的权责对等性，如避免权责交叉重叠、有权没有责等

现象。

内部机构运行的高效性主要体现在：一是内部各机构的职责分工在市场环境变化时是否能及时做出调整，如企业面临重要事件或重大危机时，各部门是否体现出职责分工的协调性。二是各部门之间的权力制衡机制是否有效，如是否出现机构权力过大、权力架空或各部门之间权力失衡等现象。三是信息沟通在内部各机构之间是否及时顺畅流通，如信息沟通在内部各机构之间是否出现阻塞、滞后、舍近求远等现象。

3.对子公司的管控

企业拥有子公司的，应当建立科学的投资管控制度，通过合法有效的形式履行出资人职责、维护出资人权益，重点关注子公司特别是异地、境外子公司的发展战略、年度财务预决算、重大投融资、重大担保、大额资金使用、主要资产处置、重要人事任免、内部控制体系建设等重要事项。

>> **案例 2-4**　　　　　　**珠海格力电器对控股子公司的管理控制**

珠海格力电器股份有限公司董事会2021年4月颁布的内部控制制度对控股子公司的管理控制规定如下：

……

第十三条　按照《深圳证券交易所上市公司规范运作指引》等规定，公司执行对控股子公司的控制政策及程序，并督促各控股子公司建立内部控制制度。

第十四条　公司对控股子公司的管理控制包括下列控制活动：

（一）建立对各控股子公司的控制制度，明确向控股子公司委派的董事、监事及重要高级管理人员的选任方式和职责权限等。

（二）依据公司的经营策略和风险管理政策，督导各控股子公司建立起相应的经营计划、风险管理程序。

（三）公司下属各分、子公司应根据重大事项报告制度和审议程序，及时向总部分管负责人报告重大业务事项、重大财务事项以及其他可能对公司股票及其衍生品种交易价格产生重大影响的信息，并严格按照授权规定将重大事项报公司董事会审议或股东大会审议。

（四）各分、子公司应及时地向公司投资管理部报送其董事会决议、股东大会决议等重要文件，通报可能对公司股票及其衍生品种交易价格产生重大影响的事项。

（五）公司财务部门应定期取得并分析各分、子公司的月度报告，包括营运报告、产销量报表、资产负债报表、利润表、现金流量报表、向他人提供资金及提供担保报表等。

（六）公司企业管理部和人力资源部应结合公司实际情况，建立和完善对各分、子公司的绩效考核制度。

第十五条　公司的控股子公司同时控股其他公司的，其控股子公司应按本制度要求，逐层建立对各下属子公司的管理控制制度。

……

资料来源：珠海格力电器股份有限公司董事会.格力电器：珠海格力电器股份有限公司内部控制制度[EB/OL]．（2021-04-29）.https://vip.stock.finance.sina.com.cn/corp/view/vCB_AllBulletinDetail.php?gather=1&id=7188290.

（二）组织架构的评估调整

企业在对治理结构和内部机构进行全面梳理的基础上，应当定期对组织架构设计与运行的效率和效果进行全面评估，发现组织架构设计与运行中存在缺陷的，应当进行优化调整，以确保企业的组织架构始终高效运行。企业组织架构调整应当充分听取董事、监事、高级管理人员和其他员工的意见，按照规定的权限和程序进行决策审批，并及时将调整结果以适当形式通告全体员工。

组织架构的调整形式包括：一是股权结构调整。通过引入其他法人和自然人投资者，优化公司股权治理结构，避免股权过于高度集中、大股东控制等风险。二是治理结构调整。通过治理结构优化调整，实现董事会决策权、经理层执行权、监事会监督权三权分立、相互制衡、相互监督和相互协调的治理结构模式。三是内部机构调整。通过企业业务流程再造，打破原职能化管理模式，形成项目化运作的组织架构模式。

第二节　发展战略

一、发展战略概述

（一）发展战略的本质

1980年，美国著名的战略管理学家迈克尔·波特在其著作《竞争战略》一书中提出了三种基本竞争战略：成本领先战略、差异化战略、集中化战略。企业竞争战略解决的核心问题是：通过确定顾客需求、竞争者产品及本企业产品这三者之间的关系，奠定本企业产品在市场上的特定地位并维持这一地位。于是，在传统的竞争战略思想指导下，同一领域的企业之间是通过打价格战、广告战、促销战、服务战等手段，建立自身竞争优势，打败竞争对手，取得快速的发展，结果却是与愿望相背离，过度地打击对手并未使自己变得更好，而是企业都陷入低利润、无利润或者亏损，长期成长缓慢、停滞不前，甚至走向衰退等状况，出现双败、多败的格局。人们认识到，企业要生存下去、要发展、要获利，战略的制定与实施并不只是打败竞争对手，竞争战略也只是企业战略体系中的业务层次战略，企业战略体系应当解决的是企业如何实现发展的整体性、长期性、基本性问题，应当以整合资源和创造价值为目标，谋求企业的成长、壮大。

企业发展战略就是一定时期内对企业发展方向、发展速度与质量、发展点及发展能力的重大选择、规划及策略。它解决的是企业的发展问题，帮助指引企业的长远发展方向，明确发展目标，指明发展点，并确定企业需要的发展能力，实现企业快速、健康、持续发展。

企业发展战略包括愿景、战略目标、业务战略和职能战略四个构成部分。其中：

（1）愿景。它是企业发展的起点，为企业指明了发展方向，解决企业未来要发展成为什么样子。

（2）战略目标。它是企业发展的要求，明确了企业的发展速度与发展质量，解决企业未来以什么样的速度与质量来实现发展。

（3）业务战略。它明确了企业的战略发展点，解决企业未来从哪些发展点来保证发展速度与质量。要在哪些产业、哪些区域、哪些客户、哪些产品发展，怎样发展。其包含了

产品战略、客户战略、区域战略和产业战略等企业发展的手段。

（4）职能战略。它是企业发展的支撑，确定了企业的发展能力，解决企业未来需要哪些发展能力作为支撑。需要在市场营销、技术研发、生产制造、人力资源、财务投资等方面采取什么样的策略和措施以支持企业愿景、战略目标、业务战略的实现。这四个上下相互支撑的组成部分，形成了能够解决企业发展问题的发展战略框架。

了解发展战略的本质，有利于企业对发展战略的制定与实施建立有效的内部控制管控体系。

（二）发展战略的定义

《企业内部控制应用指引第2号——发展战略》所称发展战略，是指企业在对现实状况和未来趋势进行综合分析和科学预测的基础上，制定并实施的长远发展目标与战略规划。发展战略事关企业未来发展方向，是企业实现发展的灵魂和纲领。企业要想求得长期生存和持续发展，关键在于制定并有效实施适应外部环境变化和自身实际情况的发展战略。

企业制定和实施发展战略，具有十分重要的意义，具体表现在：

1.发展战略可以为企业找准市场定位

发展战略着力解决的问题有：企业为社会提供什么样的产品或服务、以什么样的方式满足客户和市场需求、如何充分利用内外部资源保持持续竞争力、如何更好更快地迈进行业前列等。制定正确的发展战略，能够帮助企业在激烈的市场竞争环境中准确定位，获得竞争优势，不断发展壮大。

2.发展战略是企业执行层行动的指南

发展战略指明了企业的发展方向、目标与实施路径，是企业发展的远景目标。企业执行层只有以科学合理的发展战略作为行动的指南，才不会在日常经营管理和决策时迷失方向，才能知道哪些事是应当全力以赴去做的"正确的事"。

3.发展战略为内部控制设定了最高目标

发展战略和内部控制二者联系紧密，相互影响。一方面，发展战略为企业内部控制指明了方向。在内部控制的五个目标中，如何通过强化风险管控促进企业实现发展战略是内部控制的最高目标，也是终极目标，影响着内部控制其他四个目标的制定。另一方面，内部控制为企业实现发展战略提供了坚实保障。内部控制是实现发展战略中各个小目标以及各环节的具体管理措施，以达到实现企业内部管理的科学化，其决定着发展过程的科学性。发展战略和内部控制二者协调配合，能够共同实现企业快速稳定发展。

二、制定与实施发展战略中的主要风险

企业发展战略的制定、实施、调整三个环节至少需要关注下列风险：

（1）缺乏明确的发展战略或发展战略实施不到位，可能导致企业盲目发展，难以形成竞争优势，丧失发展机遇和动力。

（2）发展战略过于激进，脱离企业实际能力或偏离主业，可能导致企业过度扩张，甚至经营失败。

（3）发展战略因主观原因频繁变动，可能导致资源浪费，甚至危及企业的生存和持续发展。

具体而言，风险点主要有以下几个：

（1）企业是否建立专门的战略制定机构，战略制定机构的成员是否具备较强的综合素质和实践经验，战略制定机构职责是否明确、是否有明确约定的议事规则。

（2）企业发展目标的确定是否以企业使命为依据，并综合考虑外部环境、内部资源和管理层价值观等因素。发展战略目标是否明确、是否突出主业、是否过于激进或保守。发展战略目标的实现是否具备可行性。发展战略目标的确定是否有审议程序。

（3）企业编制的战略规划是否明确各阶段具体目标、工作任务和实施途径。发展战略的确定是否有审议批准程序。

（4）企业发展战略的实施是否落实到各责任单位，是否有监控、评估措施确保发展战略的实施到位。

（5）企业发展战略实施是否有配套保障措施。

（6）企业是否存在频繁、盲目调整发展战略的情况，优化调整与转型发展战略是否履行原既定程序。

>> **案例2-5**　　　　　　　　　**JJ酱油的多元化战略**

曾被誉为"中国酱油第一股"的JJ食品，创建于1996年，于2012年1月6日在深交所中小板上市，是一家集研发、生产、营销于一体的大型调味食品上市企业。酱油和食用油是其收入和利润的主要来源。

但自2012年至2019年，JJ食品收入并不理想。2012年至2019年，其实现的营业收入分别为16.57亿元、16.78亿元、16.85亿元、17.55亿元、18.87亿元、18.91亿元、17.88亿元、20.40亿元，8年时间里，营业收入增长的数据为3.83亿元。相比较，同行业的海天味业，其在2014年2月11日上市，在之后的6年时间里，其营业收入从2014年的98.17亿元，上升到2019年的197.97亿元，是JJ食品营业收入的9.70倍。JJ食品从市值方面来看，与同行业公司相比也有天壤之别。截至2021年1月25日，JJ食品的市值为66.59亿元，而海天味业的市值则高达6 756亿元，双方相差约100倍。

业内人士坦言，JJ食品近几年在酱油板块没有太多增长，错失了良好的市场发展机遇。更多的是因为其采取多元化策略，包括面条、食用油都在做，但是整体进展并不顺利，变成了主业不强，副业太弱的局面。"胡乱"的多元化战略是JJ食品从主流酱油圈败走的主因。

自2015年开始，JJ食品就开始寻求多元化。2015年5月，JJ食品向云厨电商增资5 000万元以获得其51%的股权，从事鲜肉、冷却肉配送和零售日用品，却始终不能盈利。2017年12月JJ食品以零元价格将云厨电商51%的股权转让给另一股东陈某，等于5 000万元打了水漂。之后，JJ食品还拟收购辣妹子食品股份有限公司100%的股权，结果失败。斥资48亿元收购大连远洋渔业金枪鱼有限公司，结果失败。几番折腾之后，JJ食品在主营业务——调味品市场上逐渐掉队。

2020年12月23日、2021年1月19日在披露的投资者关系活动记录中，JJ食品名誉董事长杨某坦言，JJ食品上市后发展缓慢，主要是因为2013年以来其个人投资上的失误，干了不擅长的事情，导致公司的债务危机，然后恶性循环，错过了发展时机。

JJ食品选择低端化战略，导致其经销渠道萎缩，也是其经营失败的原因之一。JJ食品上市7年多，经销商的数量依旧保持在1 000多家。海天味业的经销商却从2 000多家发展到6 000家左右，从经销商数量的增幅可以看出JJ食品的业绩滞后。分心经营，拖累业绩，公司不修炼主业，谋求多元化战略，大肆增资并购，造成亏损，让本来根基不太扎实的JJ食品在调味品市场走得越来越艰难。

资料来源：环球网.加加食品"多元化"战略失败 低端产品战略搞砸品牌[EB/OL].（2021-01-26）. http://www.muslem.net.cn/hongguan/2021/01/26/24913.html.

三、发展战略制定的内部控制要求与措施

（一）建立和健全发展战略制定机构

1.设立战略委员会

企业应当在董事会下设立战略委员会，或指定相关机构负责发展战略管理工作，履行相应职责。战略委员会对董事会负责，委员包括董事长和其他董事。

战略委员会委员的任职资格和选任程序应符合有关法律法规和企业章程的规定。战略委员会主席应当由董事长担任；委员中应当有一定数量的独立董事，以保证委员会更具独立性和专业性。必要时，战略委员会还可聘请社会专业人士担任顾问，提供专业咨询意见。战略委员会委员应当具有较强的创新能力、较高的综合素质和丰富的实践经验。比如，熟悉公司业务经营运作特点，具有市场敏感性和综合判断能力，了解国家宏观政策走向及国内外经济、行业发展趋势等。

战略委员会应当明确议事规则。为确保战略委员会议事过程透明、决策程序科学民主，企业应当对战略委员会会议的召开程序、表决方式、提案审议、保密要求和会议记录等作出明确规定。

2.战略委员会的职责

战略委员会主要是对公司长期发展战略和重大投资决策进行研究并提出建议。具体包括：对公司的长期发展规划、经营目标、发展方针进行研究并提出建议；对公司的产品战略、市场战略、营销战略、研发战略、人才战略等经营战略进行研究并提出建议；对公司重大战略性投资、融资方案进行研究并提出建议；对公司重大资本运作、资产经营项目进行研究并提出建议；对发展战略的实施情况进行监督等。

（二）发展战略制定的流程与管控内容

1.综合分析影响发展战略的内外部因素

企业外部环境、内部资源等因素，是影响发展战略制定的关键因素。只有对企业所处的外部环境和拥有的内部资源展开深度分析，才能制定出科学合理的发展战略。

（1）分析外部环境

外部环境分析包括：企业所处的宏观环境、行业环境及竞争对手、经营环境等。着重分析环境的变化和发展趋势及其对企业发展战略的方向、总体目标、方针、重点的选择、竞争优势、业绩的实现等的重要影响，以使企业抓住发展机会，避开环境威胁。

❶ 宏观环境分析。一般来说，宏观环境因素可以概括为以下四类：政治和法律环境、经济环境、社会和文化环境、技术环境。宏观环境分析也被称为"PEST分析"。宏观环境因素分析如图2-8所示。

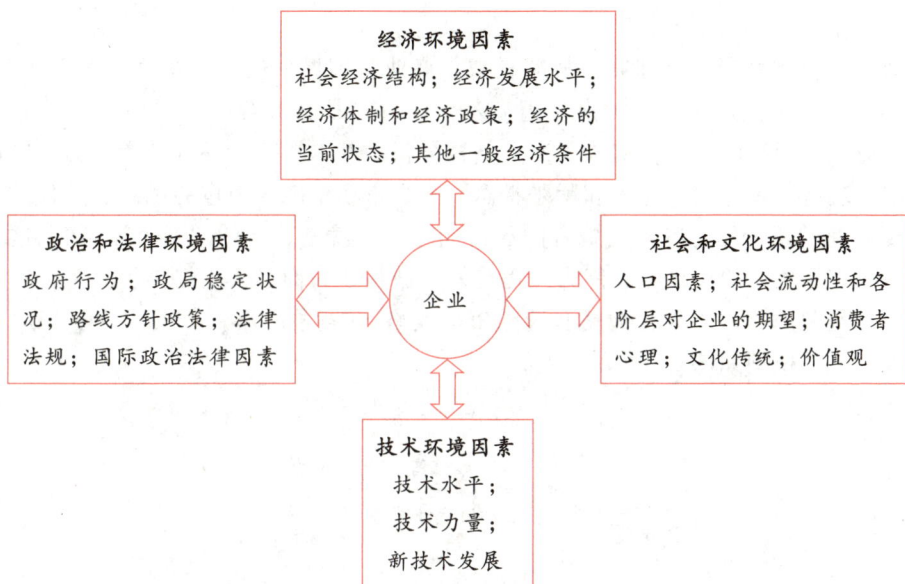

图2-8　宏观环境因素分析图

下面对这些内容逐一概括介绍：

A. 政治和法律环境。其是指那些制约和影响企业的政治要素和法律系统，以及其运行状态。政治环境包括国家的政治制度、权力机构、颁布的方针政策、政治团体和政治形势等因素。法律环境包括国家制定的法律、法规、法令以及国家的执法机构等因素。政治和法律环境是保障企业生产经营活动的基本条件。在一个稳定的法治环境中，企业能够真正通过公平竞争，获取自己正当的权益，并得以长期稳定地发展。国家的政策和法规对企业的生产经营活动具有控制、调节作用，同一个政策或法规，可能会给不同的企业带来不同的机会或制约。

B. 经济环境。其是指构成企业生存和发展的社会经济状况及国家的经济政策，包括社会经济结构、经济发展水平与状况、经济体制、宏观经济政策和其他经济条件等要素。与政治和法律环境相比，经济环境对企业生产经营的影响更直接、更具体。

C. 社会和文化环境。其是指企业所处环境中的社会结构、社会风俗和习惯、信仰和价值观念、行为规范、生活方式、文化传统、人口规模与地理分布等因素的形成和变动。社会和文化环境对企业生产经营的影响也是不言而喻的。例如，人口规模、社会人口年龄结构、家庭人口结构、社会风俗对消费者消费偏好的影响是企业在确定投资方向、产品改进与革新等重大经营决策时必须考虑的因素。社会和文化环境因素的范围甚广，主要包括人口因素、社会流动性、消费心理、生活方式变化、文化传统和价值观等。

D. 技术环境。其是指企业所处环境中的科技要素及与该要素直接相关的各种社会现象的集合，包括国家科技体制、科技政策、科技水平和科技发展趋势等。在科学技术迅速发展变化的今天，技术环境对企业的影响可能是创造性的，也可能是破坏性的，企业必须要预见这些新技术带来的变化，并在战略管理上做出相应的战略决策，以获得新的竞争优势。

❷ 行业环境及竞争对手分析。行业环境及竞争对手分析最常用的工具是五力分析模型，用以确定企业在行业中与同行业竞争对手相比的竞争优势，以及行业可能达到的最终

资本回报率。

五力分析模型由当今全球第一战略权威、商业管理界公认的"竞争战略之父"、美国哈佛商学院教授迈克尔·波特提出。迈克尔·波特在其1980年出版的《竞争战略》一书中，从产业组织理论的角度，提出了产业结构分析的基本框架——五种竞争力。它们分别是行业中与现有对手之间的竞争和紧张状态、来自市场中新生力量的威胁、替代的商品或服务、供应商的还价能力以及消费者的还价能力，这就是著名的"五力模型"。这五种竞争驱动力决定了企业的最终盈利能力。迈克尔·波特还为商界人士提供了三种卓有成效的战略：成本优势战略、差异化战略和缝隙市场战略。《竞争战略》一书改变了CEO的战略思维。五力分析模型如图2-9所示。

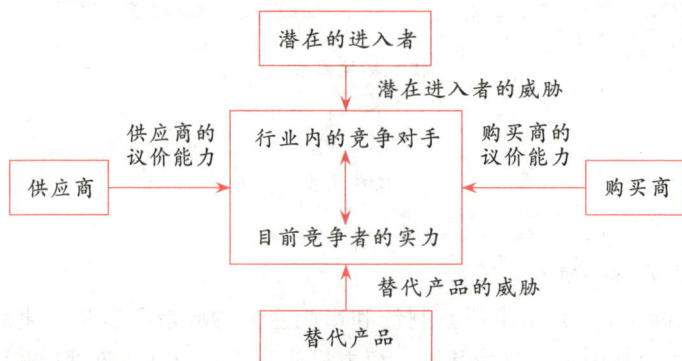

图2-9　五力分析模型

❸ 经营环境分析。经营环境分析侧重于对市场及竞争地位、消费者消费状况、融资者、劳动力市场状况等因素的分析。经营环境比宏观环境和行业环境更容易为企业所影响和控制，也更有利于企业主动应对其带来的机会和威胁。

（2）分析内部资源

内部资源是企业发展战略的重要制约条件。内部资源分析包括：企业资源、企业能力、核心竞争力等，以识别出企业与同行业中的竞争对手相比所拥有的优势和劣势。

❶ 企业资源分析。其主要包括对企业现有资源的数量和利用效率，以及资源的应变能力等方面的分析，以明确形成企业核心能力和竞争优势的战略性资源。

❷ 企业能力分析。其主要包括对企业研发能力、生产能力、营销能力、财务能力、组织管理能力等方面的分析，以了解企业能否适应发展战略带来的各种机遇和挑战，以及是否有能力发现让竞争对手无法企及的新机会和新领域。

❸ 核心竞争力分析。核心竞争力是指能为企业带来相对于竞争对手存在竞争优势的资源和能力，能够有助于企业构建核心竞争力的资源主要包括稀缺资源、不可模仿的资源、不可替代的资源、持久的资源等。

2.科学制定发展战略目标并研究论证

发展目标是企业发展战略的核心和基本内容，是在最重要的经营领域对企业使命的具体化，表明企业在未来一段时期内所要努力的方向和所要达到的水平。

企业发展目标的制定应当以企业使命为依据，并综合考虑企业外部环境、内部资源和管理层的价值观等因素。发展目标通常包括盈利能力、生产效率、市场竞争地位、技术领先程度、生产规模、组织结构、人力资源、用户服务、社会责任等。在制定企业发展目标过程中，应当重点关注以下主要内容：

（1）制定发展目标时应当突出主业，集中精力做精做强主业，不断增强核心竞争力，在行业发展、产业发展中发挥引领带头作用。

（2）制定发展目标时不能过于激进，也不能过于保守。如果发展目标过于激进，盲目追逐市场热点，会脱离企业实际，内部风险管理能力跟不上，容易导致企业过度扩张或经营失败。如果发展目标过于保守，会丧失发展机遇和动力，导致发展滞后，被市场淘汰。

（3）应当组织多方面的专家和有关人员对发展目标的方向正确性、可行性、目标明确性、内容协调性等进行论证，在广泛征求意见的基础上确定。

3.制定战略规划

企业应当根据发展目标制定战略规划。战略规划是为了实现发展目标而制定的具体规划。战略规划应当明确企业发展的阶段性和发展程度，确定每个发展阶段的具体目标、工作任务和实施路径。

战略规划的制定有别于企业日常管理。战略规划的目标需要通过日常管理来实现，战略规划是沟通企业发展战略目标与企业日常管理的桥梁。

4.严格审议和批准发展战略

董事会应当严格审议战略委员会提交的发展战略方案，重点关注发展战略的全局性、长期性和可行性。具体包括：发展战略是否符合国家行业发展规划和产业政策；发展战略是否符合国家经济结构战略性调整方向；发展战略是否突出主业，有助于提升企业核心竞争力；发展战略是否具有可操作性；发展战略是否客观全面地对未来商业机会和风险进行分析预测；发展战略是否有相应的人力、财务、信息等资源保障等。

董事会在审议方案中如果发现重大问题，应当责成战略委员会对方案作出调整。企业的发展战略方案经董事会审议通过后，报经股东（大）会批准实施。

>> **案例2-6** 　　　　　　**格力空调的战略发展阶段**

好空调，格力造。成立于1991年的珠海格力电器股份有限公司是当前全球最大的集研发、生产、销售、服务于一体的专业化空调企业。格力的经营理念是：制造最好的空调奉献给广大消费者。格力的管理理念是：创新永无止境。格力空调的战略发展历经以下几个阶段：

（一）创业阶段

1991年—1993年，新成立的格力电器，只有一条年产量不超过2万台窗式空调的生产线，但格力人在朱江洪董事长的带领下，克服创业初期的种种困难，主要抓产品，开发了一系列适销对路的产品，抢占了市场先机，初步树立了格力品牌形象，为公司后续发展打下了良好的基础。

（二）发展阶段

1994年—1996年，格力电器主要抓质量，提出了"出精品、创名牌、上规模、创世界一流水平"的质量方针，实施了"精品战略"，建立和完善质量管理体系，出台了"总经理十二条禁令"，推行"零缺陷工程"。几年的狠抓质量工作，使格力产品在质量上实现了质的飞跃，奠定了格力产品在质量上的竞争优势，创出了"格力"这一著名品牌，在消费者中树立了良好的口碑。1994年，董明珠总裁开始主管销售工作，开启新的营销模式，1995年格力空调的产销量一举跃居全国同行第一。

第（一）、（二）阶段格力电器的战略特点是：以抓质量为中心，实施精品战略；采取"农村包围城市"战略，主攻二三线城市市场；首创"淡季贴息返利"和"年终返利"营销模式，被誉为"格力模式"。

（三）壮大阶段

1997年—2001年，格力电器狠抓市场开拓，董明珠总裁独创了"区域性销售公司"这一全新营销模式来占据市场。与此同时，格力的生产能力不断提升，形成规模效益，并通过强化成本管理，为公司创造最大利润。自此产量、销量、销售收入、市场占有率一直稳居国内行业领头地位，公司效益连年稳步增长。

第（三）阶段格力电器的战略特点是：推行长期空调专业化战略；市场巩固二三线城市，拓展一线城市；坚持技术创新，不断提升和完善产品。

（四）国际化阶段

2001年—2005年，格力电器提出了"争创世界第一"的发展目标，在管理上不断创新，引入六西格玛管理法，推行卓越绩效管理模式，加大拓展国际市场的力度，向国际化企业发展。2005年，格力电器家用空调销量突破1 000万台（套），实现销售世界第一的目标。

（五）创全球知名品牌阶段

2006年，格力电器提出"打造精品企业、制造精品产品、创立精品品牌"战略，努力实践"弘扬工业精神，追求完美质量，提供专业服务，创造舒适环境"的崇高使命，朝着"缔造全球领先的空调企业，成就格力百年的世界品牌"的愿景奋进。2006年3月、2008年4月，巴基斯坦、越南格力空调生产线相继正式投入使用。2011年7月，格力电器美国分公司在美国加利福尼亚州工业市正式成立。

第（四）、（五）阶段格力电器的战略特点是：加快国际化战略，推进自有品牌和海外生产基地建设；大力扩大产能，形成全国生产布局；坚持核心技术研发，抢占制高点。

格力空调能走到今天，凭借的是不断地打破局限、挑战自我，凭借的是因时而不断改变发展战略的策略。

资料来源：个人图书馆.格力电器成功的发展历程[EB/OL].（2020-07-26）. https://www.360doc.com.

四、发展战略实施的内部控制要求与措施

科学制定发展战略是一个复杂的过程，而实施发展战略更是一个系统工程。企业应当加强对发展战略实施的统一领导，制订详细的年度工作计划，通过编制全面预算，将年度目标进行分解、落实，确保企业发展目标的实现。此外，还要加强对发展战略的宣传培训，通过组织结构调整、人员安排、薪酬调整、财务安排、管理变革等配套措施，保证发展战略的顺利实施。

（一）明确发展战略实施的领导主体

企业经理层作为发展战略制定的直接参与者，往往比一般员工掌握更多的战略信息，对企业发展目标、战略规划和战略实施路径的理解和体会也更加全面深刻，应当担当发展战略实施的领导者。依据"统一领导、统一指挥"的原则，发挥企业经理层在资源分配、

内部机构优化、企业文化培育、信息沟通、考核激励相关制度建设等方面的协调、平衡和决策作用，确保发展战略的有效实施。

(二) 通过年度工作计划、全面预算等方式分解落实发展战略

发展战略制定后，企业经理层应着手将发展战略逐步细化，确保发展战略的落实。具体工作内容包括：

（1）根据战略规划制定年度目标，制订各单位的年度工作计划。

（2）按照上下结合、分级编制、逐级汇总的原则编制全面预算，将发展目标分解并落实到产销水平、资产负债规模、收入及利润增长幅度、投资回报、风险管控、技术创新、品牌建设、人力资源建设、制度建设、企业文化、社会责任等可操作层面，确保发展战略能够真正有效地指导企业各项生产经营管理活动。

（3）将年度预算细分为季度、月度预算，通过实施分期预算控制，促进年度预算目标的实现。

（4）建立发展战略实施的激励约束机制，将各责任单位年度预算目标完成情况纳入绩效考评体系，切实做到奖惩分明，以促进发展战略的有效实施。

(三) 配套发展战略实施的保障措施

1. 发展战略的宣传工作

企业应当重视发展战略的宣传培训工作，为推进发展战略实施提供强有力的思想支撑和行为导向，培育与发展战略相匹配的企业文化。具体实施方式有：

（1）表率。在企业董事、监事和高级管理人员中树立战略意识和战略思维，充分发挥其在战略制定与实施过程中的模范带头作用。

（2）传递。通过采取内部会议、培训、讲座、知识竞赛等多种行之有效的方式，把发展战略及其分解落实情况传递到内部各管理层级和全体员工，营造战略宣传的强大舆论氛围。

（3）沟通。企业高管层要加强与广大员工的沟通，使全体员工充分认清企业的发展思路、战略目标和具体举措，自觉将发展战略与自己的具体工作结合起来，促进发展战略的有效实施。

2. 组织结构的优化调整

企业必须在发展战略制定后，尽快调整企业组织结构、业务流程、权责关系等，以适应发展战略的要求，从而获得战略上的主动权。与发展战略相适应的组织结构调整工作主要包括：

（1）正确分析企业目前组织结构的优势和劣势，设计开发出能够适应发展战略需要的组织结构模式。

（2）通过管理层次的划分、相应权责利的分配，明确确保发展战略实现的工作岗位。

（3）为组织结构中的关键岗位选择合适的人员，保证战略意图得以有效贯彻实施。

3. 内外部资源的整合

企业在战略实施过程中，只有对拥有的有限资源进行优化配置，达到战略与资源的匹配，才能充分实现战略。主要内容有：

（1）人力资源整合。其一般包括：各个岗位员工的配备；关键岗位重要员工的选择；

战略实施人才及技术的储备；人才队伍的合理搭配；绩效与员工收入相挂钩的激励机制。

（2）财力和物力整合。其一般包括：按对整个发展战略的重要性设置各单位、各项目对财力和物力分配的优先权；采用预算的形式协同各财力和物力资源使用单位的财力和物力资源的分配。

五、发展战略调整的内部控制要求与措施

（一）监控发展战略的实施

企业战略委员会应当关注企业内外部环境的不断变化对发展战略的影响，并加强对发展战略实施情况的监控，定期收集和分析相关信息，对于明显偏离发展战略的情况，应当及时报告董事会。

（二）评估发展战略的实施效果

企业应当加强对战略实施的事中和事后评估。事中评估是对实施中发展战略的执行能力和执行效果进行评估，是战略调整的重要依据。事后评估是对发展战略实施后整体效果的概括性分析评估，为新一轮的发展战略制定提供信息、数据和经验。

（三）根据监控情况持续优化调整发展战略

发展战略明确了企业长期发展目标，在一定时期内应当保持相对稳定。但是，当企业外部环境中经济形势、产业政策、技术进步、行业状况以及不可抗力等因素发生重大变化，或企业内部管理发生较大变化，对发展战略实现带来较大影响，确实需要对发展战略作出调整的，应当按照规定权限和程序优化调整发展战略，或者选择新的生存与发展模式进行战略转型。

——— 第三节　人力资源

一、人力资源概述

（一）人力资源的本质

"人力资源"前身被称为"人事管理"，其传统职能就是为员工支付薪资福利、招聘和解聘人员。"人力资源"这一概念最早是在1954年由现代管理学之父彼得·德鲁克在其著作《管理的实践》中首先提出并加以明确界定。他认为，"人力资源是所有资源中最有生产力，最多才多艺，也是最丰富的资源，它最大的优势在于具有协调、调和、判断和想象的能力。它与其他资源最大的区别就在于人能充分地利用自我，发挥自身长处，对于工作有绝对的自主权，人的发展无法靠外力来完成，往往必须从内部产生。""人力资源是一种特殊的资源，必须经过有效的激励机制才能开发利用，并给企业带来可见的经济价值。"这个界定对人力资源的认识非常充分和正确。

20世纪60年代，美国经济学家西奥多 W.舒尔茨和加里·贝克尔提出了现代人力资本理论，开辟了关于人类生产能力的崭新思路。该理论认为物质资本指物质产品上的资本，包括厂房、机器设备、原材料、土地、货币和其他有价证券等；而人力资本则是体现在人身上的资本，即对生产者进行教育、职业培训等的支出及其在接受教育时的机会成本等的

总和，表现为蕴含于人身上的各种生产知识、劳动与管理技能以及健康素质的存量总和。人力资本理论注重投资与回报之间的互动关系，将企业中的人作为资本来进行投资与管理，并根据不断变化的人力资本市场情况和投资收益率等信息，及时调整管理措施，从而获得长期的、高水平的价值回报。该理论的提出使得人力资源的概念更加深入人心。

20世纪70、80年代，进入后工业化社会以后，企业中员工的素质和需求发生了变化，具有相当知识和技能的员工大量出现，经济需求不再成为人们的唯一需求，曾经被视为纯粹生产资料的劳动力即企业的员工逐步显露出人性固有的复杂性和需求多样性。伴随着人事管理理论和实践与后工业化时代员工管理的不相适应，人力资源管理理论不断成熟，并在实践中得到进一步发展，为企业所广泛接受，使人事管理开始向人力资源管理转变。这种转变正如彼得·德鲁克所说："传统的人事管理正在成为过去，一场新的以人力资源开发为主导的人事革命正在到来。"

进入20世纪90年代，人们更多地探讨人力资源管理如何为企业的战略服务，人力资源部门的角色如何向企业管理的战略合作伙伴转变，成为帮助企业创新、维护组织能力的部门。确保企业战略目标的实现，是企业的一系列人力资源政策以及相应管理活动的出发点。根据企业发展战略的要求，有计划地对人力资源进行合理配置，通过对企业中员工的招聘、培训、使用、考核、激励、调整等一系列过程，调动员工的积极性，发挥员工的潜能，为企业创造价值，给企业带来效益，这是现代人力资源管理的工作内容。现今时代，人力资源变得越来越重要，对于企业来说，竞争对手可以模仿企业的资金渠道、战略和技术，却不能模仿企业中的人。

了解人力资源管理的演变，有利于企业对人力资源管理的引进与开发、使用与退出建立有效的内部控制管控体系。

（二）人力资源的定义

《企业内部控制应用指引第3号——人力资源》所称人力资源，是指企业组织生产经营活动而录（任）用的各种人员，包括董事、监事、高级管理人员和全体员工。美国COSO报告认为，人是内部控制要素——控制环境中一个最活跃的控制因素，科学的人力资源管理政策是确保内部控制良好运行的基石。企业在其组织架构和战略目标确定之后，应当加强人力资源建设，优化人力资源整体布局，形成科学的人力资源管理制度和体制，全面提升企业的核心竞争力，充分发挥人力资源对实现发展战略的作用。

人力资源管理对企业发展的作用表现在：

1.增强企业活力

企业利用用人自主权，通过公开、公平、公正的用人原则，引进需要的人，淘汰冗余的人，建立干部能上能下，员工能进能出的灵活竞争机制，能够充分调动全体员工的积极性，发挥员工的潜能和创造性，为企业创造价值，确保企业战略目标的实现。

2.提升企业核心竞争力

古今中外，国与国之间、企业与企业之间的竞争，归根结底是人力资源的竞争。优秀人才已经成为市场激烈竞争中最重要的战略资源。良好的人力资源管理能够建立一支结构合理、分工明确、运行有效、积极向上的优秀人才队伍，使企业在竞争中保持长久的发展趋势。

3.实现发展战略的根本动力

在发展战略和人力资源管理两者的关系中，发展战略决定了人力资源政策，良好的人力资源政策又对发展战略具有积极的促进作用。企业有了良好的人力资源制度和运行机制，才能制定出科学正确的发展战略，才能最大限度地激发专业技术人员的创造力，才能凝聚全体员工为实现发展战略不懈奋斗，最终确保发展战略有效贯彻落实。

（三）人力资源管理的对象

1.高管人员

高管人员包括决策层和执行层，是企业人力资源管理的重要领域。决策层由董事长和董事会成员构成，是决定企业发展战略的关键管理人员。决策层团队应具有战略眼光，具备对国内、国际形势和宏观政策的分析判断能力，具备对同行业、本企业的优势的敏锐准确认知。执行层即经理层，"执行力"是对经理层的首要要求，企业的发展战略需要通过经理层有力地贯彻实施才能实现。

2.专业技术人员

核心技术是企业赖以生存与发展的关键所在。专业技术人员是企业核心技术的创造者和维护者，从某种程度上讲，专业技术人员掌握了企业生存与发展的命脉。

3.一般员工

一般员工是企业人力资源的主体，是企业发展的动力。具备岗位匹配能力、爱岗敬业、忠诚奉献、积极进取等是对一般员工的要求。

（四）人力资源管理的四个环节

企业人力资源的管理分为引进、开发、使用和退出四个环节。

企业人力资源的引进应实现人力资源的合理配置和布局，使企业拥有一支优秀的团队。其主要应满足三方面要求：一是人力资源的质量、数量和结构符合其特定的生产资料和生产技术条件的要求；二是在实现企业目标的同时，兼顾满足员工个人利益的要求；三是人力资源与未来企业发展各阶段的动态适应要求。

企业人力资源开发是指对人的智慧、知识、经验、技能、创造性、积极性进行发掘、培养、发展和利用的一系列活动，是使人力资源保值、增值的工作。企业人力资源部门可以通过岗前、在岗、离岗长效培训等形式，对员工的职业技能、职业品质和员工潜能等进行开发，促进全体员工的知识、技能持续更新，服务效能不断提升，达到人的投资增值，帮助企业实现发展目标。

对于人力资源的使用，企业应当使每一个岗位的员工恪尽职责、充分发挥其作用，切实做到人尽其才，避免出现"干多干少一个样""只坐船不划桨"等损害全体员工利益的不良现象。企业应当通过创新激励保障机制，激发员工干事创业的积极性。建立以绩效为核心的分配激励制度，使员工的薪酬水平与业绩贡献相匹配，形成"凭贡献、讲业绩、论才干"的科学分配制度。在坚持效率优先、兼顾公平原则的基础上，体现竞争性、公平性和激励性，以此充分调动员工的积极性，进而带动整个企业绩效的提升。

建立人力资源退出机制是实现企业发展战略的必然要求。人力资源退出是指企业为在生产经营中，持续实现人员与岗位的匹配、能力与绩效的匹配、绩效与薪酬的匹配，以定期的绩效考核结果为依据，对那些达不到要求的人员，依据程度的不同，采取降职、调岗、离职培训、解雇和退休等人力资源管理方式。科学的人力资源退出机制，有利于建立能上能下，能进能出的人力资源体系，用好、盘活现有人才。人力资源退出机制能使员工感受到市场竞争压力，从而激发其内在动力，有利于保持企业的活力。通过各种退出途径，能够让不适合企业战略或流程的员工直接或间接退出，让更优秀的人员充实相应岗位，以实现企业人力资源的优化配置。

二、人力资源管理中的主要风险

企业人力资源管理的引进、开发、使用和退出四个环节至少需要关注下列风险：

1. 人力资源缺乏或过剩、结构不合理、开发机制不健全，可能导致企业发展战略难以实现

具体而言，风险点主要有以下几个：

（1）企业制定的人力资源总体规划、发展目标和能力框架要求是否支持企业发展战略的实现。对人力资源现状的统计是否真实客观，对未来人力资源需求的预测是否科学合理。

（2）企业年度人力资源需求计划的制订是否与生产经营实际需要相匹配，并根据生产经营情况及时调整。

（3）企业是否依据人力资源能力框架要求，明确各岗位的职责权限、任职条件和工作要求等。员工是否有足够的知识、经验和能力来履行岗位职责。

（4）员工的引进计划是否履行了审核程序，引进流程是否规范，引进的条件设置、专业技术要求等是否符合国家法律法规的有关要求，选聘人员是否符合岗位要求。企业确定选聘人员后，是否依法签订劳动合同。

（5）企业是否建立新选聘人员的试用期和岗前培训制度，并对新选聘人员正式上岗有明确的制度要求。

（6）企业是否建立员工培训长效机制，员工培训的内容是否满足企业战略发展和员工自身发展的需要，促进全体员工的知识、技能持续更新，不断提升。

2. 人力资源激励约束制度不合理、关键岗位人员管理不完善，可能导致人才流失、经营效率低下或关键技术、商业秘密和国家机密泄露

具体而言，风险点主要有以下几个：

（1）企业是否建立了完善的人力资源激励约束机制，并以业绩考核结果作为确定员工薪酬、职级调整和解除劳动合同等的重要依据。

（2）企业的业绩考核指标体系是否科学合理，是否与员工的贡献相协调。

（3）企业制定的薪酬标准是否符合国家有关规定，员工薪酬的核算是否准确。

（4）企业是否制定了各级管理人员和关键岗位员工定期轮岗制度。

（5）企业是否与掌握或涉及关键技术、知识产权、商业秘密或国家机密的工作岗位的员工签订岗位保密协议，明确保密义务。

3. 人力资源退出机制不当，可能导致法律诉讼或企业声誉受损

具体而言，风险点主要有以下几个：

（1）企业建立的员工退出机制是否符合国家有关法律法规，并符合企业实际。

（2）企业是否能及时发现不能胜任的员工，及时采取降职、调岗、离职培训、解雇和退休等人力资源管理方式。

（3）员工是否了解企业的员工退出机制，明确退出的条件、程序以及自己的权利和责任。

（4）企业是否依法建立了关键岗位人员离职前工作交接或离任审计的制度。

（5）企业是否建立人力资源退出辅助机制，如培训机制、补偿机制等，有效消除人力资源退出可能造成的不良影响。

>> 案例2-7　　　　　　　　UTS公司的人力资源管理风险

UTS公司成立于1991年，是一家专门从事现代通信领域前沿技术和产品的研究、开发、生产、销售的国际化高科技通信公司。但UTS公司真正开始进入公众视野是源于PHS技术，也就是大众熟知的"小灵通"。UTS公司于2000年在美国纳斯达克上市，当年营业额仅0.76亿美元。上市后UTS公司抓住了电信改革后中国电信和中国网通进军移动通信市场的需求和机遇，大力发展小灵通业务，从此进入了"无竞争"的细分市场，其销售额在7年内增长过百倍，公司的员工数量也在急剧膨胀，从2000年的500人增长到2007年的7 000多人。UTS公司在人力资源管理方面的人力资源缺乏或过剩、结构不合理、开发机制不健全、人力资源激励约束制度不合理、关键岗位人员管理不完善，人力资源退出机制不当等风险也显现出来，主要表现在：

UTS公司的高管多为技术人员出身，"制度管理公司"的概念相对薄弱，在人力资源的引进、开发、使用、退出等主要环节没有建立健全相应的开发机制、激励约束机制和退出机制。业务的飞速增长导致聘任的员工不能完全胜任。由于绩效评判体系不合理导致UTS公司部分关键技术人员流失。又如UTS公司的财务人员缺乏必要的专业训练，财务报告多次出现违规和虚假等问题。UTS公司后来还发现公司出纳张某并不具备会计从业资格，却因为与财务经理是亲属关系就进入公司上岗工作。随着公司小灵通业务的急剧萎缩与战略转型的受挫，公司很多员工纷纷跳槽，少数业务骨干还带走了一些公司客户、技术秘密和商业秘密给公司的竞争对手，给UTS公司造成了很大的损失，其销售业绩与财务状况不断恶化，并于2012年被纳斯达克摘牌而黯然退市。

三、人力资源管理的引进与开发的内部控制要求与措施

人力资源管理的引进与开发的内部控制要求与措施如下：

（一）制订人力资源总体规划和年度人力资源需求计划

企业人力资源管理部门应根据企业发展战略目标和发展战略规划，结合人力资源现状和未来需求预测，建立人力资源发展目标，制定人力资源总体规划和能力框架体系，以优化人力资源整体布局，实现人力资源的合理配置。在此基础上，结合生产经营实际需要，制订年度人力资源需求计划。完善人力资源引进制度，规范工作流程。按照计划、制度和程序组织人力资源引进工作。

（二）高管人员的引进与开发

高管人员的引进与开发的内部控制要求与措施应对不能在较短的招聘时限内遴选出符合企业需要的人选、试用期制度流于形式等风险重点进行管控。

高管人员的引进流程如下：

（1）企业人力资源管理部门拟订高管人员引进计划，明确高管人员的引进条件和岗位工作要求，并提交董事会审议通过。

（2）通过公开选拔、竞争上岗和组织选拔等能够体现公开、公平、公正、择优的引进方式组织招聘，并由董事会对符合条件的拟聘人员进行面试考察。重点考察拟聘人员的价值取向、责任意识、战略思维、全局性思维、谋划重大事项能力、解决复杂问题能力、综合分析判断能力、对本企业所在行业及其在行业发展中的定位和优势有足够认识、广阔的心胸、奉献精神等综合素养，在此基础上确定拟任用人员。

（3）按照任前公示制度，将拟任用人员信息进行公示，经试用期考察合格后，由人力资源部门聘任，签订劳动合同。

高管人员的任用措施包括：

（1）试用期制度。对试用的高管人员的岗位胜任能力和履职水平严格考察，判断其是否符合岗位要求。试用期满考核合格后，方可正式上岗。

（2）培训制度。按照高管人员从事的工作内容及岗位职责要求，高管人员的培训与开发注重企业家精神、创新思维、战略决策、领导能力以及公共关系等方面的内容，以提升高管人员的岗位胜任能力和履职水平。

（3）注重激励和约束相结合，为高管人员创造良好的创业干事环境，充分发挥其才能，使其真正成为企业的核心领导者。

（4）高管人员的聘用应实行近亲属回避制度。

（三）专业技术人员的引进与开发

专业技术人员的引进与开发的内部控制要求与措施应对不能在较短的招聘时限内遴选出符合企业需要的专业技术人选、企业培养的核心专业人才流失等风险重点进行管控。

专业技术人员的引进由企业人力资源管理部门根据技术岗位需求和要求制订专业技术人员的招聘计划，通过外部招聘方式发布招聘信息，经过公开、公平、公正、择优的初审、初试、复试等招聘环节，确定合格的人选，签订劳动合同；也可直接上门诚聘心仪人才。专业技术人员的引进应当意识到专业技术人员是企业的核心竞争力，尤其是核心专业技术人员，是同行业竞争对手争夺的对象。引进中应注重：

（1）前瞻性，合理储备人才。

（2）在考察专业技术人员专业素质、科研能力的同时，注意考察其对企业价值观和文化的认同感、道德素质、协作精神、事业心、使命感等方面。

（3）为专业技术人员创造个人职业发展和自身能力提高的条件。

（4）注意与涉密专业技术人员签订保密协议。

专业技术人员的培训与开发措施包括：

（1）树立尊重知识、尊重人才、尊重个性、不论资排辈的企业文化，创造良好的工作环境和条件。

（2）按照专业技术人员从事的工作内容及岗位职责要求，专业技术人员的培训与开发应注重知识持续更新，紧密结合企业技术攻关及新技术、新工艺和新产品开发等专题继续教育，帮助专业技术人员不断补充、拓宽、深化和更新知识。

（3）建立良好的专业人才激励约束机制，努力做到以事业、待遇、情感留人。

（四）一般员工的引进与开发

一般员工的引进与开发的内部控制要求与措施应对因为薪酬相对较低出现的对立情绪导致的一般员工不稳定性、企业归属感和责任感不强等风险重点进行管控。

一般员工主要在企业生产经营的一线，通常具有招聘数量大、流动性强等特点。企业人力资源管理部门应当根据年度人力资源需求计划和生产经营实际需要，以公开招聘方式引进一般员工。引进中应当注意：

（1）招收诚实守信、具有一定技能、能够独立承担工作任务、能够确保产品和服务质量的员工。

（2）最低工资、保险保障标准方面严格执行国家政策、法规要求。

（3）岗前培训，使一般员工明确岗位职责，具备上岗条件和技能。

（4）创造良好的工作环境。

一般人员的培训与开发措施包括：

（1）培育尊重知识、尊重人才的优秀企业文化，培养工匠精神，树立"工人专家""模范工匠"，鼓励基层员工钻研业务。

（2）按照一般员工从事的工作内容及岗位职责要求，一般员工的培训与开发应注重岗位知识技能、执行力、人际沟通等方面，以带动企业人力资源总体素质能力的提升。

（3）打通不同级别岗位之间的晋升通道，在员工和岗位之间形成科学有序的良性流通机制。

>> **案例2-8**　　　　**H公司营销团队的人力资源管理——招聘、培训**

一、员工招聘

H公司（以下简称H）更热衷于用校园招聘的方式进行营销团队人才的选拔。

H校园招聘流程分以下几步：一是校园推介会。每年的11—12月份，H都要在全国高校密集的城市举行推介会。H希望第一时间把优秀毕业生都网罗在H旗下。二是笔试。笔试的内容主要是专业知识和个人素质测试。目的是考察应聘者对基本专业知识的掌握程度和应聘者的个人素质，包括智商、情商、个人素养等。三是面试。面试的内容涉及专业知识、个人的知识面和个人素质。H希望挑选有理想、能吃苦，能够尊重别人且自重、谦虚、能容纳别人的人加入他们的团队。四是公司考察和宴会。面试合格的应聘者会被招聘人员组织参观H在本地的公司，或者被邀请到一家星级饭店洽谈。在此过程中，应聘者可以深入了解H，H也希望吸引到优秀学子加盟H，之后，双方现场签订协议。

二、员工培训

H的培训有如下特征：

（1）使培训成为一种习惯。

（2）培训系统化。公司除了建立内部培训师队伍，还拥有外部智力支持机构和培训师队伍。

（3）使培训成为一种投资。培训是H寻求发展的一笔投资。H每一年的培训费用高达数亿元。H将培训列入预算。

（4）自己编写培训教材。其主要有《H新员工文化培训专题教材》《优秀客户经历模型》，还有有关H产品和技术的各种培训材料。教材编写从实际案例中提炼出思想，使得教材方便于教学。

（5）培训的效果有严格考核评估。H十分重视培训效果的检视、考核和评估。

另外，培训的结果与晋升、加薪相挂钩，纳入组织考评体系。

H主要有三种培训：上岗培训、岗中培训、下岗培训。

（1）上岗培训。接受上岗培训的人主要是应届毕业生，培训过程跨时长、内容丰富、考评严格。其主要包括：军事训练、企业文化、车间实习和技术培训与营销理论和市场演习等三个部分。

（2）岗中培训。对于市场人员来说，H内部形成了一套完整的针对个人的成长计划，有计划地、持续地对员工进行充电，让员工能够及时了解通信技术的最新进展、市场营销的新方法和公司的销售策略。其主要培训形式有：在职培训与脱产培训相结合、自我开发与教育开发相结合、传统培训与网络培训相结合。

（3）下岗培训。H会给不适合本岗位的销售人员提供下岗培训。其主要内容是岗位所需的技能与知识。如果员工经过培训还是无法适合原岗位，H则会给这些员工提供新职位的技能与知识培训，继续帮助他们成长。

四、人力资源管理的使用与退出的内部控制要求与措施

（一）建立与实施绩效考评制度，充分调动员工工作的积极性

1.绩效考评的定义

绩效考评是指企业在既定的战略目标下，应用各种科学的定性和定量的方法，对员工的工作行为及取得的工作业绩进行评定，并运用评定的结果对员工将来的工作行为和工作业绩产生正面引导的过程和方法。绩效考评在人力资源管理实务中居于核心地位，绩效考评的目的不仅仅是为付给员工合理的劳动报酬提供依据，更重要的是发挥员工个人的能力和创造性，达到员工个人发展目标与企业发展目标的一致。成功的绩效考评体系，是现代人力资源管理不可或缺的一个组成部分。

企业建立绩效考评制度的意义体现在：

（1）绩效考评将中长期的目标分解成年度、季度、月度指标，不断督促员工实现、完成，达到通过有效的绩效考评帮助企业实现目标的目的。

（2）在整个绩效考评管理环节，包括设定绩效目标、绩效考评体系与方法，明确绩效考评标准，业务评估（包括业绩、技能、行为），绩效面谈，绩效改进，再制定目标的循环，能够不断的发现问题、改进问题。

（3）薪酬与绩效在人力资源管理中，是两个密不可分的环节。员工薪酬一般分为两部分：固定工资和绩效工资，绩效正是通过绩效工资予以体现，对员工进行绩效考评也必须要表现在薪酬上，否则绩效和薪酬都失去了激励的作用。

（4）通过绩效考评，将员工聘用、职务升降、培训发展、劳动薪酬相结合，使得企业激励机制得到充分运用，有利于企业的健康发展；同时对员工本人，也便于其建立不断自我激励的心理模式。

2.绩效考评流程

绩效考评的一般流程如图2-10所示。

```
┌─────────────────────────────────────┐
│ 设定绩效目标、绩效考评体系与方法 │
└─────────────────────────────────────┘
                  ↓
        ┌─────────────────────┐
        │   明确绩效考评标准   │
        └─────────────────────┘
                  ↓
        ┌─────────────────────┐
        │ 业务评估（包括业绩、 │
        │   技能、行为）       │
        └─────────────────────┘
                  ↓
        ┌─────────────────────┐
        │ 员工反馈、面谈、分析 │
        └─────────────────────┘
           ↓              ↓
┌──────────────────┐  ┌──────────────────────────────┐
│ 薪酬及资金分配   │  │ 职务调整、培训、职业规划、退出 │
└──────────────────┘  └──────────────────────────────┘
```

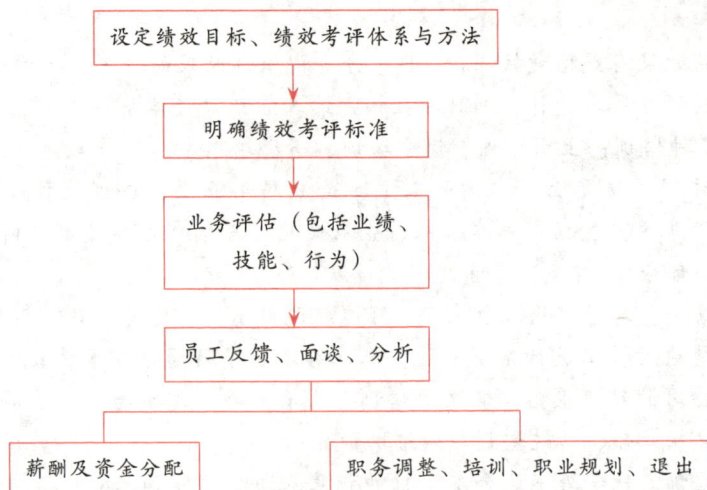

图2-10　绩效考评的一般流程

绩效考评的一般流程中绩效目标的设定应当吻合企业长远战略目标，既要有挑战性，又是被考评者通过主观努力可以达到的，以此来引导和激励员工实现企业目标。在此基础上，设置科学的绩效考评指标体系，选择合理、适用的绩效考评方法进行绩效考评。明确绩效考评评价标准主要是解决"评价什么""被评价者怎样做，做多少"的问题，即从哪些方面衡量或评价工作、各个指标上分别应该达到什么样的水平。通过业务评估，员工可以与上级之间有正式沟通的机会，管理者可以及时了解员工的实际工作状况和深层次原因，员工可以清楚地了解管理者的管理思路和计划，可以清楚企业对自己的正式评价，估计自己在组织中的位置和作用，还可以清楚地知道企业对自己的期望，明白自己的不足，绩效考评指明了员工前进的方向。同时，通过绩效考评可以及时发现绩效管理政策中的不足和问题，也为企业改进绩效管理政策提供了依据。

3.绩效考评方法

（1）KPI绩效考核法

KPI绩效考核法，又称"关键业绩指标"考核法，是把企业的战略目标分解为可运作的远景目标的一种工具，是企业绩效管理系统的基础。KPI绩效考核首先明确企业的战略目标，在企业会议上利用头脑风暴法和鱼骨分析法找出企业的业务重点，也就是企业价值评估的重点。然后，再用头脑风暴法找出这些关键业务领域的关键业绩指标（KPI），即企业级KPI。接下来，各部门的主管需要依据企业级KPI建立部门级KPI，并对相应部门的KPI进行分解，确定相关的要素目标，分析绩效驱动因素（技术、组织、人），确定实现目标的工作流程，分解出各部门级的KPI，以便确定评价指标体系。各部门人员再一起将KPI进一步细分，分解为更细的KPI及各职位的业绩衡量指标。这些业绩衡量指标就是考评员工的要素和依据，使全体员工朝着企业战略目标努力。指标体系确立之后，还需要设定评价标准。最后，必须对关键绩效指标进行审核，跟踪和监控这些关键绩效指标是否可以操作等。KPI是现代企业中备受重视的业绩考评方法，强调抓住企业运营中能够有效量化的指标，提高了绩效考评的可操作性与客观性。KPI可以使部门主管明确部门的主要责任，并以此为基础，明确部门员工的业绩衡量指标，使业绩考评建立在量化的基础之上。

（2）目标管理法

目标管理法是现代许多企业采用的方法，管理者通常很强调利润、销售额和成本这些能带来成果的结果指标。在目标管理法下，每个员工都有若干具体的指标，这些指标是其工作成功开展的关键目标，它们的完成情况可以作为评价员工的依据。目标管理法将企业目标通过层层分解下达到部门以及个人，强化了企业监控与绩效考评的可执行性。

（3）平衡记分卡

平衡记分卡是从财务、顾客、内部业务过程、学习与成长四个方面来衡量绩效。平衡记分卡一方面考核企业的产出（上期的结果），另一方面考核企业未来成长的潜力（下期的预测）；再从顾客角度和内部业务角度两方面考核企业的运营状况参数，充分把公司的长期战略与公司的短期行动联系起来，把远景目标转化为一套系统的绩效考评指标。平衡记分卡是从企业战略出发，不仅考核当前的情况，还考核将来；不仅考核结果，还考核过程，适应了企业战略与长远发展的要求。

（4）360°考核法

360°考核法又称交叉考核，即将原本由上到下、由上司评定下属绩效的旧方法，转变为全方位360°交叉形式的绩效考评。在考核时，通过同事评价、上级评价、下级评价、客户评价以及个人评价来评定绩效水平。交叉考核，不仅是绩效评定的依据，更能从中发现问题并进行改革提升。找出问题原因所在，并着手拟订改善工作计划。360°考核法有利于克服单一评价的局限，增强和提高绩效考评的可信度和效率。

（5）关键事件法

关键事件法是一种通过员工的关键行为和行为结果来对其绩效水平进行绩效考评的方法，一般由主管人员将其下属员工在工作中表现出来的非常优秀的行为事件或者非常糟糕的行为事件记录下来，然后在考核时点上（每季度或者每半年）与该员工进行一次面谈，根据记录共同讨论以对其绩效水平做出考核。关键事件法能够为解释绩效评价结果提供一些确切的事实证据，能确保在对下属人员进行绩效考评时，所依据的是员工整个考核期的表现，而不是员工在最近时期的有关绩效状况倾向。

（6）交替排序法

交替排序法是一种较为常用的排序考核法。其原理是：在群体中挑选出最好的或者最差的绩效表现者，较之于对其绩效进行绝对考核要简单易行得多。因此，交替排序的操作方法就是分别挑选出"最好的"与"最差的"，然后挑选出"第二好的"与"第二差的"，这样依次进行，直到将所有的被考核人员排列完为止，从而以优劣排序作为绩效考评的结果。交替排序法可以清晰地看到员工的不足，有利于绩效面谈和改进。

（7）主管述职评价

述职评价是由岗位人员作述职报告，把自己的工作完成情况和知识、技能等反映在报告内的一种考核方法。其主要针对企业中高层管理岗位的考核。述职报告可以在总结本企业、本部门工作的基础上进行，但重点是报告本人履行岗位职责的情况，即该管理岗位在管理本企业、本部门完成各项任务中的个人行为，本岗位所发挥作用的状况。主管述职评价内容详细，能为考核者提供重要的依据。

（二）制定与业绩考核挂钩的薪酬制度，充分发挥激励约束机制

薪酬制度是企业整体人力资源管理制度与体系中的重要组成部分，是企业吸引、引导、开发、留住人才的重要手段。建立科学有效的激励机制能够让员工发挥出最佳的潜能，为企业创造更大的价值。与业绩考核挂钩的薪酬制度是以对员工绩效的有效考核为基础，实现将工资与考核结果相挂钩，以绩取酬，利用绩效工资对员工进行调控，认为绩效的差异反映了个人在能力和工作态度上的差异，通过对绩优者和绩劣者收入的调节，影响员工的心理和行为，以刺激员工，鼓励员工追求符合企业要求的行为，激发每个员工的积极性，努力实现企业目标。

与传统工资制相比，绩效工资制的主要特点：一是有利于员工工资与可量化的业绩挂钩，将激励机制融于企业目标和个人业绩的联系之中；二是有利于工资向业绩优秀者倾斜，提高企业效率和节省工资成本；三是有利于突出团队精神和企业形象，增大激励力度和雇员的凝聚力；四是绩效工资占总体工资的比例较高，增强了企业付薪的有效性。

企业建立与业绩考核挂钩的薪酬制度，应当使员工的薪酬水平与业绩贡献相匹配，遵循按劳分配、效率优先、兼顾公平的原则。同时，还应做到体现竞争性、公平性和激励性。

岗位绩效工资实施流程为：

（1）通过对岗位进行分析与评价，决定岗位聘任的条件、岗位职责要求。

（2）根据岗位分析与评价的结论构建岗位绩效工资标准。

（3）员工聘任上岗后，根据绩效评估结果确定其岗位绩效工资。

（4）在岗位绩效工资执行中挖掘问题，据以修正绩效工资制度，再反馈到岗位分析与评价环节，重新构建合理的岗位绩效工资标准。

（三）在人力资源使用中压担子、搭梯子，激励员工迎接挑战、奋发进取

企业在人力资源使用过程中要敢于适度地给员工压担子，有计划地安排他们去经受锻炼，激励员工奋发进取，促进员工快速成长。对于优秀员工要及时发现培养，通过个别谈话、查阅资料、实地走访、征求意见等方式，摸清优秀员工的专业、特长、能力和政治品质，做到精准识别，重点培养。不以学历、年龄、资历来衡量领导岗位适应度、能力素质，打破"讲资历""看排辈"的不良风气，坚持依事择人，对照事业需求大胆提拔重用，真正选拔出优秀人才，把德才兼备、兢兢业业、具备工作激情的员工选拔到合适的领导工作岗位上来，做到人尽其才、才尽其能。

此外，在人力资源使用过程中，企业应当做到制定各级管理人员和关键岗位员工的轮岗制度，明确轮岗范围、轮岗周期、轮岗方式等，形成相关岗位员工的有序持续流动，全面提升员工综合素质，保持工作的激情与新鲜感。

（四）建立科学的人力资源退出机制

人力资源退出机制是人力资源管理系统中的必要环节。人力资源只进不出，就会造成人力资源滞胀，严重影响企业有效运行。实施人力资源退出，可以对员工产生压力，但同时压力又会产生动力，有利于发挥员工的积极性，保证企业人力资源团队的精干、高效和富有活力。成功的企业除了要留住核心员工之外，还要有能力并且愿意解雇对企业的生产率造成不利影响的员工。

企业人力资源退出机制实施需要做到以下几方面：

1.理念先行

要在观念上将人力资源退出机制纳入人力资源管理系统和企业文化之中，才能使人力

资源退出从计划到操作、从理论到实施成为可能，才能获得员工的理解与支持。人力资源工作者需要利用多种渠道、多种方式，不断宣传人才市场化、社会化的思想，鼓励人才遵循市场规律合理流动，使员工树立正确的就业观念，认识到企业建立人力资源退出机制的原因和必要性，从而使员工理解企业行为。

2.建立科学的人力资源评价体系，明确人力资源退出标准

只有建立科学合理的人力资源评价体系才能有效地实践人力资源退出机制。科学合理的人力资源评价体系有利于正确引导企业员工确定努力的方向，同时也可以将人力资源退出机制公开化、程序化、规范化、合法化，有效消除人力资源退出可能造成的不良影响。人力资源退出标准包括：无法胜任工作者、无法适应发展战略者、无法适应企业文化者等。明确退出标准，使员工退出时在感情上能够接受，企业的退出机制也好操作。

3.构建多样化的人力资源退出方式

人力资源退出方式的构建是成功实践人力资源退出机制的重要保证。人力资源退出的方式主要有以下几种：

（1）自愿离职。如员工主动辞职。

（2）非自愿离职。如企业解聘、裁员。

（3）退休。如员工到龄退休、员工因病或伤丧失劳动能力提前退休。

（4）离岗。当员工缺乏岗位业务能力、身体原因等，经绩效考评不能胜任岗位要求，应当及时暂停其工作，退出岗位。离岗包括三种基本形式：离岗培训、离岗转岗、离岗待命。

对暂时退出岗位的员工，企业可以在退出与解雇之间设置一个缓冲带，组织有针对性的教育和培训，教育培训结束后如果达到企业的要求就继续回到组织中工作。如果通过培训，仍然不适应岗位工作，再让其退出。

4.构建人力资源退出辅助机制

（1）法律机制。人力资源退出一定要建立在遵守法律法规的基础上，严格按照法律规定进行操作。一方面，退出方法要根据相关法律的规定制定，要有书面材料记录员工相关行为，使员工退出具有充分证据；另一方面，在实施退出时，要注意和劳动部门做好沟通，并按《中华人民共和国劳动法》的规定，给予退出员工相应补偿金额。

（2）补偿机制。按照劳动法、劳动合同法等法律法规及企业的人员退出政策的规定支付给退出员工补偿金、辞退金等经济待遇，帮助退出员工维持生活、培训、重新找到工作等。

（3）沟通与心理咨询。对退出的员工及时进行辅导，减轻他们的压力，缓解或消除他们的抵触情绪，体现退出机制人性化、柔性化。

（五）建立人力资源计划执行情况评估机制，不断优化人力资源管理

企业除了加强人力资源管理和规划，建立完善的人力资源管理制度外，还应当定期对其制订的年度人力资源计划执行情况进行评估，总结人力资源管理经验，分析存在的主要缺陷和不足，及时改进和完善人力资源政策，促进企业整体充满生机和活力，为企业长远战略和价值提升提供充足的人力资源保障。

▷▷ 案例2-9　　　　H公司营销团队的人力资源管理——使用、激励

一、制度化用人与绩效考核

H公司（以下简称H）会把经过培训具备了基本素质的营销人员直接派往H分布在

全球各地的分公司或办事处，让他们在市场一线展示自己的才华和接受实践的改造。H市场一线人员的工作年限一般不会超过3年，因为3年的时间足以让营销人员了解H产品与其他公司产品的优劣。

H对营销人员的绩效管理强调以责任结果为价值导向，力图建立一种自我激励、自我管理、自我约束的机制，通过管理者与员工之间持续不断地设立目标、辅导、评价、反馈，实现绩效改进和员工能力的提升。

H针对不同内容都有自己的考评标准，并具有规范化和系统化特点，可操作性特别强。考核过程也是全面的、系统的。营销人员首先要提交考核申请，考评人分两次对申请人进行考核。第一次考核是考核对象与考评人的沟通，考评人是考核对象的直接上级。与直接上级的沟通内容有：共同确定工作计划，请教上级和自我评价。第二次考核是对第一次考核的审核，审查第一次考核是否符合规范及其可信度等。两次考核结束后最后还要接受市场部门的监督与认证。

H采用的是季度考核、年度总评的方式以及日报、周报、月报、季报和与之相适应的阶段性考核，保证了员工的"阶段性成就欲望不断得到满足"。完善的制度、严格的考核保证H制度化用人战略的实施，为H打造营销铁军提供了制度保障。

二、有效激励

在H，一个优秀的营销人员不只可以得到H"大手笔"的物质激励，还可以得到精神激励。物质和精神上的激励保证了H的营销团队永远精力充沛，在战场上充满了战斗力。

成功没有捷径，从招聘人才、培训人才、使用人才到激励人才的每一个环节都需要企业付出心血。

（六）高管人员使用与退出的针对性内部控制要求与措施

对高管人员的退出实施离任审计，在一定程度上能够有效管控因高管人员自身的道德风险、能力风险及企业制度缺乏有效的监督约束风险所导致的高管人员利用手中权利谋求个人私利，做出危害企业的事情。

高管人员的离任审计是对高管人员整个任职期间所承担经济责任履行情况所进行的审查、鉴证和总体评价活动。这一活动，对于引导和规范高管人员的经营思想和经营行为、维护高管人员的合法权益和揭露非法行为以及深化经济体制改革、建立完善现代企业制度，都具有重要的意义。同时，通过离任审计，客观评价高管人员在任期内经济责任履行情况，可以为组织人事部门正确、科学地考核和任用干部提供重要而具体的依据。

（七）专业技术人员使用与退出的针对性内部控制要求与措施

针对专业技术人员流失，以及由此带来的技术、商业机密泄密风险，主要内部控制要求与措施包括：

（1）营造容纳人才共同创造价值的企业文化和环境，做到以事业、待遇、情感留人。

（2）对于掌握或涉及产品技术、市场、管理等方面关键技术、知识产权、商业秘密或国家机密的工作岗位的员工，企业要按照国家有关法律法规并结合企业实际情况，建立健全相关规章制度，加强日常管理。与退出的专业技术人员约定相关保密责任和竞业限制期限，防止企业的核心技术、商业秘密和国家机密被泄露，按照《劳动合同法》对有保密和限制竞业竞争义务的退出技术人员进行补偿，监督其行为，避免发生有损企业利益的事件。

（3）建立核心人才梯队，以便及时补充流失核心人才的岗位。

> **案例2-10**　　　　　　**工程师泄露核心技术文档被判刑**

2002年至2017年1月，黄某就职于Z通讯公司，担任过射频工程师、无线架构师等职务。2008年4月至2016年10月，王某就职于Z通讯公司某研究所，担任过部门研发工程师等职务。

2014年，黄某接受了某研究所XG有源天线原型机的技术外包项目，黄某将项目挂靠在B公司，与该研究所先后签订了4份合同，合同总金额为235万元。黄某将该项目交给王某负责技术落地，研发完成后按合同约定，分阶段向研究所交付了一台XG有源天线原型机和相关技术文档，并在2015年到2017年期间，分5次收取了235万元。经鉴定，王某交付和发送的技术文档，与Z通讯公司的文档具有同一性，这些文档属于不为公众所知悉的技术信息。Z通讯公司制定了多个保密制度，与员工签订《保密协议》《信息安全承诺书》，并对这些技术信息采取了保密措施。这些信息的评估值为人民币430万元。

2019年6月，黄某、王某因涉嫌侵犯商业秘密罪被检察院提起公诉。法院判决被告人黄某、王某构成侵犯商业秘密罪。Z通讯公司考虑黄某在Z公司工作10余年，系公司通信技术领域的专家级人才，在工作期间为公司做出了很大贡献，2017年离职创业后没有使用到Z公司的技术，黄某悔罪并赔偿损失，公司对其谅解。黄某创办的公司得以继续经营。该案为国内首宗涉XG技术侵犯知识产权犯罪案。

资料来源：尚黎阳，韦磊，何丽华.两名工程师泄露5G核心技术文档，被判有期徒刑三年缓刑四年[EB/OL].（2020-04-24）.https://www.thepaper.cn/newsDetail_forward_7119202.

——— 第四节　社会责任

一、社会责任概述

（一）社会责任的本质

企业社会责任是指企业在创造利润、对股东和员工承担法律责任的同时，还要承担对消费者、社区和环境的责任，企业的社会责任要求企业必须超越把利润作为唯一目标的传统理念，强调在生产过程中对人的价值的关注，强调对环境、消费者、对社会的贡献。企业社会责任是企业通向可持续发展的重要途径，它符合社会整体对企业的合理期望，不但不会分散企业的精力，反而能够提高企业的竞争力和声誉。

企业社会责任的提出，可追溯至19世纪末20世纪初。此时，第一次企业并购浪潮加快了欧美现代大公司发展的步伐。大型公司数量的急剧增长，不仅引发了市场竞争，大型公司所形成的两权分离特征、代理阶层控制现象，及其不断增强的对国内、国际的重大影响力，使人们更多地探讨企业除股东价值最大化之外的其他目标和义务，即道德和责任问题。在对美国现代公司特征进行考察的基础上，美国学者约翰·莫里斯·克拉克于1916年提出"迄今为止，大家并没有认识到社会责任中部分是企业的责任"。1923年，美国学者欧利文·谢尔顿在美国进行企业管理考察时首先提出了"企业社会责任"

概念，在其《管理的哲学》一书中，谢尔顿把企业社会责任与公司经营者满足产业内外各种人类需要的责任联系起来，并认为企业社会责任有道德因素在内。1953年，美国学者霍华德·R.鲍恩在其出版的《企业家的社会责任》一书中给出了企业社会责任的最初定义，即"商人有义务按照社会所期望的目标和价值，来制定政策、进行决策或采取某些行动"。这个定义正式提出了企业及其经营者必须承担社会责任的观点，开创了企业社会责任研究的领域，企业社会责任在理论和实践上进入了真正的发展时期。霍华德·R.鲍恩因此被誉为"企业社会责任之父"。1960年，美国学者戴维斯强调"责任铁律"，即"商人的社会责任必须与他们的社会权力相称"。基于这个观点，戴维斯认为企业"对社会责任的回避将导致社会所赋予权力的逐步丧失"，因此，社会责任是指"企业考虑或回应超出狭窄的经济、技术和立法要求之外的议题，实现企业追求的传统经济目标和社会利益"。进入20世纪60年代以后，世界各国更加重视劳工保护、消费者权益、环境保护，同时民间的非政府组织（NGO）蓬勃兴起，也使得各国政府和社会公众对企业社会责任的关注大大提高。1971年，美国经济发展委员会在名为《工商企业的社会责任》的报告中指出："企业应该为美国人民生活质量的提高做出更多贡献，而不仅仅是提供更多的产品及服务"。这份报告详细阐述了"三个中心圈"的企业社会责任：内圈代表企业的基本责任，即为社会提供产品、工作机会并促进经济增长的经济职能；中间圈是指企业在实施经济职能时，对其行为可能影响的社会和环境变化要承担责任，如保护环境、合理对待雇员、回应顾客期望等；外圈则包含企业更大范围的促进社会进步的其他无形责任，如消除社会贫困和防止城市衰败等。

从20世纪90年代开始，为了促进企业履行社会责任，明确企业社会责任的标准，一些国际组织着手起草企业社会责任的国际标准。影响较大的有：

（1）SA8000。1997年10月，总部设在美国的社会责任国际组织制定了SA8000社会责任国际标准，它是全球首个道德规范国际标准，并于2001年12月发布SA8000修订版。

（2）《全球契约》。1999年1月，在瑞士达沃斯世界经济论坛年会上，时任联合国秘书长安南首次阐述了开展"全球协议"行为构想，该协议共九条原则，涉及尊重人权、禁用童工和强迫劳动、消除工作场所歧视以及环境保护等内容，2004年又增加了反腐败原则。

（3）ISO26000。2004年6月，国际标准化组织启动企业社会责任国际标准ISO26000制定工作，于2010年11月向全球发布《社会责任指南标准：ISO26000》。

我国2018年10月修订的《中华人民共和国公司法》也首次将"公司承担社会责任"写入法律条文中。2008年1月，国资委发布《关于中央企业履行社会责任的指导意见》，建议并要求有条件的企业要定期发布社会责任报告，同年12月，沪深两地交易所同时鼓励上市公司在2008年年报中主动向社会提供企业社会责任报告。深交所要求深证100指数企业必须对外披露社会责任报告。

总的来说，企业社会责任是企业应该承担的以利益相关者为对象，包含经济责任、法律责任和道德责任在内的一种综合责任。利益相关者包括：股东、员工、消费者、客户、政府、社区团体等。了解社会责任的本质，有利于企业对所承担的社会责任建立有效的内部控制管控体系。

（二）社会责任的定义

《企业内部控制应用指引第4号——社会责任》所称社会责任，是指企业在经营发展过程中应当履行的社会职责和义务，主要包括安全生产、产品质量（含服务）、环境保护、资源节约、促进就业、员工权益保护等。指引中的企业社会责任是建立在经济责任基础上的其他社会责任。

企业履行社会责任的意义体现在以下几方面：

1.企业在价值创造中履行社会责任，可以实现价值最大化目标

企业在生产过程中重视安全生产、产品质量、保护环境、资源节约，促进就业、员工权益保护，是直接为社会发展做出了贡献。通过税收、红利、工资和产品等形式为国家、股东、员工以及消费者提供财富，也是在履行社会责任。企业履行社会责任，可以帮助企业规避监管风险，赢得品牌和声誉，赢得公信力和商机，得到社会尊敬，实现企业价值最大化目标。

2.企业履行社会责任可以提高经济效益

事实证明，履行社会责任的企业不仅不会削弱企业竞争力，反而会有助于改善企业形象，得到消费者的褒奖，获得消费者的货币选票，从而吸引更多的客户，提高企业的经济效益，为企业持续经营提供发展空间。反之，不重视社会责任的企业将遭到公众（消费者）抵制，受到市场惩罚，给企业造成利润损失。

3.企业履行社会责任可以实现可持续发展

履行社会责任是企业提升发展质量的重要标志。如果企业做不到安全生产，事故频繁，人员伤亡，必然会停产甚至关闭；如果企业产品质量低劣，损害消费者利益，必将失去市场，导致破产；如果企业以污染环境、浪费资源为代价追逐利润，必然殃及后代。企业只有重视和履行社会责任，从根本上改变发展方式，才能提升发展质量，实现可持续发展。

4.企业履行社会责任可以打造和提升企业形象，提升品牌美誉度

如果一个企业切实履行其应肩负的社会责任，做到安全生产、产品质量及环境保护符合国家质量标准、节约资源，促进社会就业等，能够真正提高企业形象，赢得社会的认可度。良好的声誉和形象，可以提升企业的品牌形象；可以提升企业的竞争力，为企业带来长远的经济效益；可以获得所有利益相关者对企业的良好印象，增强投资者信心，更加容易吸引到企业所需要的优秀人才，并且留住人才；更有利于中国企业国际化，参与国际竞争，融入经济全球化的浪潮。

二、社会责任管理中的主要风险

企业履行社会责任方面需关注的主要风险：

1.安全生产措施不到位，责任不落实，可能导致企业发生安全事故

具体而言，风险点主要有以下几个：

（1）安全主体责任不落实的风险。表现为：安全生产规章制度流于形式；安全生产机构形同虚设；企业安全人员配备不足。

（2）企业安全资金投入不足的风险。表现为：企业未按规定提取和使用安全生产费用，没有制订安全投入计划和预算；特种设备未定期检验，生产风险加大。

（3）企业员工缺乏安全意识的风险。表现为：企业负责人对安全生产工作重视不够，不清楚自己的法定职责；安全生产管理人员不具备与所从事的生产经营活动相适应的安全生产知识和管理能力；特种作业人员未经专门的安全作业培训，未取得特种作业操作资格证即上岗作业。

（4）安全隐患排查的风险。企业隐患排查工作不力，未建立隐患排查工作制度。

（5）安全应急预案的风险。企业缺乏安全事故发生应急预案，应急救援预案未经演练，可操作性差，事故发生后，迟报、谎报、瞒报，给管理部门的调查处理造成困难。

2.产品质量低劣，侵害消费者利益，可能导致企业巨额赔偿、形象受损，甚至破产

具体而言，风险点主要有以下几个：

（1）产品瑕疵导致的产品质量风险。表现为：虽然产品本身并不存在危及人身安全、财产安全的问题，但产品不具备良好的特征和特性，不符合明示的产品标准，或与产品说明不符，在适用性、可靠性、维修性、经济性等方面存在质量瑕疵，导致消费者不认可、不接受，甚至会带来法律诉讼或经济纠纷。

（2）产品缺陷导致的产品质量风险。表现为：产品存在设计缺陷、制造缺陷及指示缺陷，导致产品缺乏合理的安全性，危及使用者人身安全、财产安全。

（3）产品售后服务的风险。表现为：企业不能提供良好的售后服务，损害了产品在消费者心目中的整体形象，导致客户流失、失去产品市场，给企业带来无法估量的损失。

3.环境保护投入不足，资源耗费大，造成环境污染或资源枯竭，可能导致企业巨额赔偿、缺乏发展后劲，甚至停业

具体而言，风险点主要有以下几个：

（1）环境法律法规、行业政策的限制风险。我国政府始终重视环境保护，对环境治理力度逐渐加大，《中华人民共和国环境保护法》《中华人民共和国清洁生产促进法》等一系列法律法规的出台，"生态文明""可持续发展"等理念的提出，2019年7月两办印发的《党政主要领导干部和国有企事业单位主要领导人员经济责任审计规定》中将生态文明建设、生态环境保护作为主要领导干部经济责任审计内容，都对企业的环保责任提出更高的要求，一些不规范的企业经营面临停产或被高额罚款的风险。

（2）绿色消费的推崇、绿色贸易壁垒的设置风险。人们环保意识的提高推动了绿色消费、绿色贸易，企业如果不在产品质量、生产工艺各方面重视环保，面临的是被市场和消费者抛弃的风险。

（3）企业所属行业的特点、生产技术、管理水平的限制引起的环境风险。当企业属于污染产业，如造纸业、化工业、煤炭业等，就可能有潜在的环境风险。同时，当企业由于自身的经济条件所限，无法及时进行技术升级、设备更新，或由于企业管理能力的限制，导致发生环境事故，可能面临巨额赔偿、罚款，甚至关停的风险，影响企业形象，影响企业经济利益。

4.促进就业和员工权益保护不够，可能导致员工积极性受挫，影响企业发展和社会稳定

具体而言，风险点主要有以下几个：

（1）促进就业方面的风险。一是法律风险。企业因违反相关法律法规，形成事实上的就业歧视，招致投诉的风险。二是招聘失败风险、人才过剩风险。企业招聘不到需要的员

工，会损失招聘费用、增加额外招聘费用，且带来不必要纠纷和损失。企业人才引进计划与企业发展阶段的脱节，会导致人才过剩，增加企业的运营成本。

（2）保护员工合法权益方面的风险。一是侵犯员工民主权利的风险。企业经营者有意淡化、回避或不能正常落实员工代表大会制度，侵犯员工民主的权利。二是侵犯员工人身权益的风险。如员工生产作业环境和居住条件恶劣，对员工进行侮辱、体罚、非法搜身，甚至殴打，伤害员工的身心健康，严重践踏员工人格尊严。三是薪酬管理风险。企业未能提供合理的薪酬保证劳动力的再生产。四是员工发展风险。企业未能向员工提供公平科学的培训和晋升机制。这些风险会导致员工的工作积极性受挫，选择离职，影响企业发展。

5.企业产学研用结合方面的风险

风险点主要有以下几个：

（1）研发风险。企业研究与开发项目失败，承担巨额研发费用损失。

（2）市场风险。企业技术研发选题偏离市场，导致技术成果不能实现转化。

（3）利益分配风险。企业与科研院校合作研发，如果收益分配不合理，导致收益分配风险、技术成果分配风险。

6.企业支持慈善事业方面的风险

风险点主要有以下几个：

（1）企业未能按照事先承诺的金额、方式兑现捐赠，或企业支持慈善的方式未能取得社会的认可，导致影响企业形象，失去消费者和市场。

（2）企业支持慈善的信息渠道不畅通，导致消费者误解，产生负面社会影响，影响企业正常运营。

> **案例2-11**　　　　　　　　**社会责任缺失的P商人**

人民日报说过，如果企业不能承担起社会责任、没有使命感，即便做得再大，我们也不需要，在中国没有所谓的大而不倒。然而官媒的劝告对P商人却没起作用。

不可否认P商人有商业头脑，但国家红利以及政策的支持，才是其成功的根本原因。P商人的出生背景其实相当的平凡，家里根本没有任何的资产可言，后来因为赶上改革开放的浪潮，才能够在中国赚这么多的钱。对此P商人曾经也在媒体面前公开地表示了自己确确实实受到了国家政策非常大的帮助。可P商人在创业成功后，没有饮水思源，近些年不断变卖国内资产，拿着从国内市场赚到的钱，去帮助国外市场做建设。在武汉疫情、河南洪灾之时，P商人只是在社交媒体上说了两个字"加油"，没有很突出的其他行为。相比之下，他却在美国搞起了"慈善"，接连向哈佛等高校捐赠资金，累计多达1.5亿美元。

在P商人的带领下，其公司旗下附属公司还不断出现违法行为、偷税漏税问题。公开资料显示：其名下的公司××置地，存在偷税漏税行为；其旗下的多家物业公司存在私自调整电费价格、对用户们加收电费的违法行为，侵犯了商户们的正当权益，影响了商户们的正常经营。对于违法行为，经相关部门查证，违法事实确凿，被多地监管部门予以严重处罚。

"利于国者爱之，害于国者恶之"——晏婴。一名优秀的民族企业家应当是苟利国家，不求富贵，应当承担起自己所应承担的社会责任，否则，不能称之为一名企业家。

三、企业社会责任的内部控制要求与措施

(一) 企业履行社会责任的总体要求

1.企业负责人要高度重视

企业履行社会责任，很大程度上取决于企业负责人的意识和态度。因此，企业负责人应当高度重视这项工作，树立社会责任意识，把履行社会责任提上企业重要议事日程，经常研究和部署社会责任工作，加强社会责任全员培训和普及教育，不断创新管理理念和工作方式，努力形成履行社会责任的企业价值观和企业文化。

2.建立和完善履行社会责任的体制和运行机制

社会责任一定要融入企业的核心价值体系和商业模式中，才能行之久远。具体措施有：

(1) 将履行社会责任融入企业可持续性的发展战略。企业社会责任必须有机融入到企业战略体系才能成功推进。

(2) 将履行社会责任落实到生产经营的各个环节。社会责任贯穿于企业生产经营的全过程，从而实现与企业利益相关者的不断互动。

(3) 明确社会责任的归口管理部门。企业应当建立服务和促进企业全方位履行社会责任相应的组织机构与运行程序，通常包括组织机构、人员的职责、权限和相互关系的安排。

(4) 建立预算安排和执行过程的监督检查，通过全面预算的管控实现企业高效地履行社会责任。

(5) 建立和完善企业社会责任指标统计和考核体系，建立促进企业履行社会责任的激励与约束机制。

3.建立责任危机处理机制

在出现履行社会责任危机时，企业应主动对利益相关者群体和媒体说明真相，与公众真诚对话，公开检讨，做出承诺，以求得公众的谅解和支持。对某些社会尚未意识到的但可能发生的相关问题主动采取补救措施。及时将对问题的反应和对公众的承诺付诸于实际行动，解决问题，减少损失和负面影响。

4.建立企业社会责任报告制度

发布社会责任报告，是企业履行社会责任的重要组成部分。发布企业社会责任报告，让利益相关者知晓自己在社会责任领域所做的工作、所取得的成就，可以增强企业的战略管理能力，使企业深入审视企业与社会的互动关系，全面提高企业服务能力和水平，提高企业的品牌形象和价值。企业发布的社会责任报告，应当认真执行政府监管部门和社会行业组织的要求，应当覆盖企业已履行的所有社会责任，同时，应当经过独立第三方外部评价，以提高社会责任报告的可信度。

(二) 安全生产的内部控制要求与措施

1.建章建制、建立健全安全生产管理机构和落实安全生产责任制

具体措施有：

(1) 建章建制。企业应当依据国家有关安全生产方面的法律法规的规定，结合本企业生产经营的特点，建立健全安全生产方面的规章制度、操作规范和应急预案。

（2）建立安全生产管理机构。企业建立专门负责安全生产监督管理的内设机构，配备专职安全生产管理人员。明确安全生产管理机构的职责，包括：落实国家有关安全生产的法律法规，组织生产经营单位内部的各种安全检查活动，负责日常安全检查，及时整改各种事故隐患，监督安全生产责任制的落实等。企业应当根据生产经营的危险性、规模大小等综合因素来确定是否设立安全生产管理机构和配备人员。即便不设立专职安全生产管理机构，也必须设置专职或兼职安全生产管理人员来负责安全生产工作。

（3）落实安全生产责任制。企业应当结合安全生产的要求，每一项安全生产工作都有且只有一个角色处于主责地位，保证事有所属，人尽其责。

2.加大安全生产投入和经常性维护管理

具体措施有：

（1）加大安全生产投入。企业应当通过预算安排等手段，同时加强监督检查，保证必要的安全生产投入，减少或杜绝发生安全事故及职业病、人员伤亡和财产损失等，保证生产的正常和连续进行，发挥其最大的经济效益。

（2）经常性维护管理。组织开展生产设备的经常性维护管理，及时排除安全隐患，切实做到安全生产。

3.开展员工安全生产教育，实行岗位资格认证制度

具体措施有：

（1）员工安全生产教育。通过经常化、制度化的思想教育、法规教育、安全技术教育等培训教育，让员工树立"安全第一、预防为主"的思想，提高他们防范灾害的技能和水平。

（2）岗位资格认证制度。生产经营单位的主要负责人和安全生产管理人员，肩负着企业安全生产管理的重要责任，必须具备与本单位所从事的生产经营活动相应的安全生产知识和管理能力，应该由主管部门对其安全生产知识和管理能力考核合格后方可任职；对于特殊作业人员和特殊资质要求的生产岗位，必须依法实行资格认证制度，持证上岗，避免发生安全事故。

4.建立安全生产事故应急预警和安全生产报告机制

具体措施有：

（1）安全生产事故应急预警。企业要针对实际，制定和完善应急救援体系。建立专门的应急指挥部门，配备专业队伍和必要的专业器材等，加强对重大危险源的监控，制定各类型针对性的应急救援预案，并强化演练。发生安全生产事故时做到临危不乱，按照预定程序处理事故，减少事故损失。

（2）安全生产报告机制。企业应按照国家有关规定及时报告安全生产事故，不得迟报、谎报和瞒报。建立规范的安全生产事故报告和调查处理制度。事故发生后，事故现场有关人员应当立即向本单位负责人报告，单位负责人应当于1小时内向事故发生地县级以上人民政府安全生产监督管理部门和负有安全生产监督管理职责的有关部门报告。

（三）产品质量的内部控制要求与措施

1.建立健全产品质量标准体系

企业应当根据国家法律法规的规定，结合企业产品特点，按国际或国内质量管理和质量保证系列标准，比如ISO9000系列国际通用质量管理体系认证，制定并完善产品质量标

准体系，包括生产设备条件、生产技术水平、原料组成、产品规格、售后服务等，努力为社会提供优质、安全、健康的产品和服务，对社会和公众负责。

2.严格质量控制和检验制度

产品从原材料进厂到产品销售等各个环节和流程，都必须有严格的质量控制标准作保证。采购环节定期对供货商的供货质量状况进行评估。加强对员工的质量意识和操作技能的教育培训，规范操作流程。加强产品质量控制记录和成品检验。定期召开产品质量分析会，查找产品质量存在的问题及原因，研究改进措施等。

3.加强产品售后服务

企业通过优质的售后服务，使企业与客户、消费者之间的关系更加紧密，树立企业形象，提高产品信誉，扩大产品影响，培养客户的忠诚度。

>> 案例2-12　　　　　　　　太重集团塔架托起航天发射

太重是新中国自行设计、建造的第一座重型机器厂，属于国家特大型骨干企业。1998年太原重工股份有限公司成为重机行业第一家上市公司。

太重集团服务领域广、产品门类多，其中最负盛名之一的产品是"发射塔架"。航天火箭发射塔架作为火箭发射升空前的最后"驻留地"，是具备箭体防护、燃料加注、测试检查、能源保障、智能监控等功能的综合性火箭平台，其对于航天事业来说非常重要。如今，在我国4个卫星发射中心矗立的11座发射塔架中，有10座都出自太重之手，在这一领域，太重能满足任何条件下航天事业对发射塔架的所有需求，是中国最大的航天发射装置生产基地。从中国第一颗人造地球卫星"东方红"号到具有划时代意义的一箭双星，从探月工程"嫦娥号"到"神舟号"系列载人飞船，在航天事业不断发展的40多年间，太重的发射塔架承担了我国全部的火箭发射任务。

"工欲善其事，必先利其器"。太重集团技术实力雄厚，拥有重大技术装备自主研发和工程总承包能力，建有国家级技术中心和博士后工作站。太重对产品质量追求卓越，早在1981年太重就开始推行全面质量管理，1997年通过了质量管理体系认证；通过加强对产品实物质量的监督控制以及强化质量考核和激励作用等措施，不断提高职工质量意识，规范质量管理行为；针对生产制造过程和用户反馈的信息，制订质量改进计划实施质量改进。太重优质的产品赢得了世界各地客户的美誉。

资料来源：根据太原重工股份有限公司官网资料整理。

（四）环境保护与资源节约的内部控制要求与措施

1.发展方式实现清洁生产和循环经济

企业应当加大对环保工作的人力、物力、财力的投入和技术支持，按照国家有关清洁生产的规定和指标体系的要求，不断改进工艺流程，加强节能减排，降低能耗和污染物排放水平，实现清洁生产。循环经济是把清洁生产和废弃物的综合利用融为一体的经济。企业在生产中应加强对废气、废水、废渣的自行回收、利用和处置等综合治理，推动生产、流通和消费过程中对资源的减量化、再利用、资源化，以最小的资源消耗、最少的废物排放和最小的环境代价来换取最大的经济效益。

2.依靠科技进步和技术创新着力开发利用可再生资源

企业应当不断增强自主创新能力，通过技术进步推动替代技术和发展替代产品、可再生资源，降低资源消耗和污染物排放，实现低投入、低消耗、低排放和高效率，有效实现资源节约和环境保护。

3.建立环境保护和资源节约监测考核体系

企业应当按照国家有关环境保护与资源节约的规定，结合本企业实际情况，建立环境保护与资源节约规章制度；建立环境保护和资源节约的监控制度，定期监督检查，发现问题，及时采取措施予以纠正；建立并完善监测考核体系，强化日常监控；建立和完善激励与约束机制，落实岗位责任制；建立应急机制，及时报告和处理，并依法追究相关责任人的责任。

（五）促进就业与员工权益保护的内部控制要求与措施

1.提供公平的就业机会

企业应结合实际需要，在满足自身发展的情况下，公开招聘、公平竞争、公正录用，为社会提供尽可能多的就业岗位，为国家和社会分忧解难。录用员工时，不因民族、性别、宗教信仰等而歧视，保证劳动者依法享有平等就业和自主择业的权利。

2.招聘德能兼备、符合企业要求的员工

严格审查应聘员工的基础信息、现存劳动关系信息，确保招聘到思想品德、业务能力、沟通能力等符合企业要求的员工。

3.建立并完善科学的员工培训和晋升机制

企业应当保证员工及时获得各阶段必要的知识、技能储备，保证晋升机制的公平、公正，以公平竞争和优越的机会吸引大批有能力的员工竭诚为企业服务。

4.建立科学合理的员工薪酬增长机制

企业应当遵循按劳分配、同工同酬的原则，结合内外部因素和员工自身表现等，建立科学有效的薪酬正常增长机制，最大限度地激发员工的工作热情和敬业精神。企业应当及时足额为员工缴纳各类保险，不得无故拖欠和克扣。

5.维护员工的身心健康

企业应当关心员工的身体健康，保障员工得到充分的休息和其休假权利的行使，广泛开展娱乐休闲活动。坚持职工代表大会的召开和工会的组织建设，保证员工与企业上层的信息沟通畅通，帮助员工减压。加强预防、控制和消除职业病危害工作，贯彻落实国家有关职业卫生的法律法规，定期对劳动者进行体检，建立职业健康档案等，确保员工身心健康。

> **案例2-13　　　　　　　　白象方便面的社会责任**
>
> 白象食品股份有限公司正式创建于1997年，是一家以生产销售优质面制品为主、以提升人民美好生活为宗旨的综合性食品企业。白象食品在全国10个省布局12个优质面制品生产基地，旗下设有分子公司20余家。
>
> 好味道和好品质是白象一直坚持的初心和发展的宗旨。白象方便面自成立以来，一直坚守自己的品质，没有发生过食品安全问题。根据食品安全信息显示，白象产品被抽检60多次，结果均合格。白象投资的公司以及分公司被抽检300次，结果仍然合格。白象因骨汤方便面在中国乃至全球率先提出"营养型方便面"概念，并开发出新型的骨汤工业化恢复专利技术，为产品建立了牢固的壁垒。白象的品牌口号是："幸福，就是一碗真材实料的好面"。

白象食品积极参与福利事业，吸纳残疾人就业。在白象，残疾员工都有一个响亮的共同名字，叫"自强员工"，以体现他们身残志坚、独立自强的精神。在白象，"自强员工"与正常员工同工同酬，平等享受一切福利待遇。除此之外，白象每年定期组织全员体检、助残日及节日关怀、员工生日会等各项文娱活动，在满足"自强员工"物质需求的同时，丰富其精神生活，让他们快乐地工作、生活。白象还是泡面四巨头中唯一没有外资注入的企业。

白象食品积极参与救灾，不止一次被央媒点赞。在郑州暴雨当天，白象员工自发将位于世贸大厦办公室的方便面、水等食物拿出来，在社交媒体上发布互助信息：如果你在世贸大厦附近被大雨困住，可以来白象，有热水、泡面、休息的地方供应。这次暴雨救灾，白象捐了500万元。

白象食品独立运营，帮扶残疾人，在经营困难时肩负起企业的责任和担当。白象食品有品质，有情怀，有国家大义。

资料来源：根据新浪微博、央视新闻、财报网的报道整理。

（六）企业产学研用结合的内部控制要求与措施

1.重视产学研用结合

企业应当充分运用市场机制和手段，积极开展与高校和科研院所的战略合作，联合创建研发和产业化基地，实行优势互补，激发科研机构的创新活力。重视和加强与高校和科研院所的人才培养和交流，加速科技成果的转化和产业化，引导技术创新应用到企业创造社会财富过程中，使企业获得持续创新的能力。产学研用结合的最终落脚点是促进应用型人才的培养，确保企业发展中急需的人才不断得到补充。

2.确定不同产学研合作方式下的利益分配模式，实现风险和收益匹配

不同产学研合作方式有：委托开发模式、合作开发模式、共建实体模式。相应的利益分配模式有：固定报酬模式+利益共享模式、"入门费"+销售额提成模式、按股分利模式。

（七）企业支持慈善事业的内部控制要求与措施

（1）预算控制慈善支出，防止盲目或不计成本，影响企业的正常运行。

（2）对于突发性的社会事件的捐赠，如地震捐款、疫情防控等，企业应从事件的严重程度和企业的承受能力出发，经过评估和管理层研究决策，决定捐赠额度。

（3）加强对慈善实施过程和结果的监督考核，防止慈善行为失败。

（4）建立慈善事业信息沟通机制，通过公开渠道公布企业慈善行为，防止外界误解导致负面影响。

（5）将慈善行为与企业发展目标有机联系起来，把参与慈善活动作为企业创新产品和服务的潜在市场，积极支持慈善事业，扶助社会弱势群体，用实际行动践行企业公民的社会责任与义务。

>> **案例2-14**　　**山西J能源集团公司2021年度社会责任报告**

2022年4月27日，山西J能源集团公司董事会按照深圳证券交易所《上市公司规范运作指引》和《上市公司社会责任报告披露要求》等相关规定，发布山西J能源集团公司2021年度社会责任报告，报告中提出了社会责任工作的宗旨、理念和基本思路，并从

以下九个方面报告其社会责任履行情况：

（1）股东和债权人权益保护；

（2）职工权益保护；

（3）反商业贿赂专项工作；

（4）环境保护与可持续发展；

（5）供应商、客户、消费者权益保护；

（6）安全生产情况；

（7）公共关系及社会事业；

（8）精准扶贫工作；

（9）公共传媒。

我们从中可以看到山西J能源集团公司用实际行动践行了企业的社会责任与义务。

山西J能源集团公司社会责任工作的宗旨是：发展企业、奉献社会、造福员工。

山西J能源集团公司社会责任工作的理念是：以奋斗者为本、长期艰苦奋斗。

山西J能源集团公司社会责任工作的思路是（部分内容）：坚持履行社会责任与推动改革发展相结合，把履行社会责任作为推进企业可持续发展、提高综合竞争力的重要内容，深化改革变革，优化产业布局，转变发展方式，全方位推动高质量发展。坚持履行社会责任与企业发展实际相适应，突出重点，理清思路，分步推进，切实保障履行社会责任的成效。坚持履行社会责任与构建和谐企业相统一，把保障企业安全生产、维护员工合法权益、帮助员工解决实际问题放在重要位置，营造和谐的劳动关系，促进员工全面发展，实现企业与职工、企业与社会的和谐发展。

对于报告中的社会责任履行情况，我们摘取环境保护与可持续发展、安全生产履行情况两部分内容综述：

1.山西J能源集团公司环境保护与可持续发展履行情况。报告分六方面详细报告：

（1）提高认识，强化理念。

（2）从严管理，扎实履责。

（3）投入资金，升级技术。

（4）积极防治，减少排放。具体措施包括：废水处理设施、废气治理设施、固定废物治理处置、危险废物处置、放射源（含射线装置）管理、噪声治理。水质指标、烟气排放指标、噪声排放指标等均达到标准。

（5）环保存在的问题及整改情况。

（6）职业病防治健康管理开展情况。

2.山西J能源集团公司安全生产履行情况。报告分七方面详细报告：

（1）安全生产总体情况。

（2）安全制度体系建设情况。

（3）煤矿双重预防安全管理体系情况。

（4）安全资金投入情况。

（5）职工安全生产教育培训情况。

（6）应急预案管理体系情况。

（7）深化安全生产专项整治三年行动集中攻坚情况。

第五节 企业文化

一、企业文化概述

（一）企业文化的本质

企业文化的提出源于日本经济发展奇迹而引起的美日比较管理学研究热潮。第二次世界大战后的日本，国民穷困不堪，20世纪50年代其开始引进美国现代管理方法，60年代实现了经济起飞，70年代在平稳度过两次石油危机后再次创造了高速增长的经济奇迹，进入80年代之后大有取代美国经济霸主地位的趋势。反观20世纪70年代初石油危机下的美国，渴望通过产品竞争力来摆脱困境，却遇到了日本产品的挑战并处于劣势，这极大地刺激了美国理论和管理界研究日本、反思自我的热情。

1981年—1984年，美国出版了5本标志企业文化诞生的著作，它们是《Z理论——美国企业如何迎接日本的挑战》《日本企业管理艺术》《公司文化——现代企业的精神支柱》（又译《企业文化》）《寻求优势——美国最成功公司的经验》（又译《成功之路》）、《美国企业精神——未来企业经营的八大原则》。管理界的研究者发现：日本企业强大竞争力的根源不在于员工个人能力的卓越，而在于其强大的"团队合力"。他们发现，如果将日本最优秀的员工与欧美最优秀的员工相比，日本企业的员工并不出色，但是如果将企业与企业相比，日本明显占有优势，其中，起关键作用的便是弥漫于日本企业中的那种"企业精神"。尽管人本管理思想萌芽于美国，但开花结果却在日本。日本企业界提出的人是企业的主人、全员管理以及终身雇佣制、年功序列工资制等，成为日本管理模式的支柱，从制度上稳定了职工队伍，效果上也赢得了员工对企业、对国家的忠诚心以及献身精神和高度的责任感。这种全新的企业管理思想，使企业保持着勃勃生机和无限的创造力。美国管理学家理查德·帕斯卡尔和安东尼·阿索斯在《日本企业管理艺术》一书中也详尽地描述了日本企业如何重视"软性的"管理技能，而美国的企业则过分依赖"硬性的"管理技能，倾向于组织结构、战略计划、规章制度等硬性方面的管理。该书最出名的部分就是它的核心概念——管理中的七个要素：7S结构，即战略Strategy、结构Structure、技能Skills、人员Staff、共享价值观Shared values、体制Systems和作风Style。

1985年，企业文化作为一门学科被提了出来。日本从文化的深层次去实现企业管理的变革，重视人的管理，重视人的价值观的作用，让价值观在企业管理中发挥着凝聚员工意志的作用，软性地约束人们的行为。企业管理需要有"硬"的作用，更需要"软"的管理力的作用。成功企业之所以取得成功，不在于它们的资金、技术、设备、建筑物、销售网络等硬件，而在于有致力于人的发展的企业文化。

企业文化的核心要素是价值观、经营理念和企业精神。其内容为：

（1）企业价值观。企业价值观是指企业及其员工的价值取向，是企业在追求经营成功过程中所推崇的基本信念和奉行的目标。简而言之，企业价值观就是企业决策者对企业性质、目标、经营方式的取向作出的选择，是为员工所接受的共同观念，是长期积淀的产物，企业价值观是企业员工所共同持有的、支持员工精神的主要价值观。企业价值观是把所有员工联系在一起的纽带，是企业生存、发展的内在动力，是企业行为规范制度的基础。

（2）经营理念。经营理念是一个企业特有的从事生产经营和管理活动的方法论。它是指导企业行为的基础。在激烈的市场竞争环境中，面临着多种矛盾和多种选择，要求企业有一个科学的方法论来指导，有一套逻辑思维的程序来决定自己的行为，这就是企业的经营理念，是企业一切行为的逻辑起点。

（3）企业精神。企业精神是指企业员工所具有的共同内心态度、思想境界和理想追求。它表达着企业的精神风貌和企业的风气。企业精神是企业文化的一项重要而复杂的内容。企业精神以价值观念为基础，以价值目标为动力，对企业经营理念、管理制度、道德风尚、团体意识和企业形象起着决定性作用。可以说，企业精神是企业的灵魂。

企业文化是具有个性特征的，每个企业的企业文化是其在长期发展过程中形成的经营哲学与企业价值观，是其独有的文化沉淀，很难被其他企业与竞争对手模仿。此外，构成企业文化的行为规范并不仅仅依赖于书面形式。美国哈佛大学教育研究院的教授泰伦斯·迪尔和麦肯锡咨询公司顾问艾伦·肯尼迪在1981年7月出版的《企业文化——企业生存的习俗和礼仪》一书中用丰富的例证指出：杰出而成功的企业都有强有力的企业文化，为全体员工共同遵守，但往往是自然约定俗成的而非书面的行为规范，并有各种各样用来宣传、强化这些价值观念的仪式和习俗。

了解企业文化的本质，有利于企业构建积极向上的优秀企业文化。

（二）企业文化的定义

《企业内部控制应用指引第5号——企业文化》所称企业文化，是指企业在生产经营实践中逐步形成的、为整体团队所认同并遵守的价值观、经营理念和企业精神，以及在此基础上形成的行为规范的总称。

企业重视和加强企业文化建设的意义体现在以下几方面：

1.企业文化建设可以为企业提供精神支柱

企业文化是企业的灵魂，也是企业发展和生存的内生动力，在企业健康持续稳定发展中，发挥着独特且不可替代的重要作用。培育积极向上的优秀企业文化，当企业遭遇重大困难情况时，企业高级管理人员和全体员工能够同心戮力，目标一致，充分发挥主观能动性，使企业不致被击倒，重新站起来，并抓住发展机遇，为企业创造最大价值，实现跨越式发展。

2.企业文化建设可以提升企业的核心竞争力

企业文化是企业核心竞争力的重要因素。通常认为，拥有核心竞争力的企业具有以下特征：具有良好市场前景的关键技术、真实稳健的财务状况、内外一致的企业形象、真实诚信的服务态度、团结协作的团队精神、以客户为中心的经营理念、公平公正善待员工、鼓励员工开拓创新的激励机制等。所有这些特征，几乎都与企业文化有关。

3.企业文化建设可以为内部控制有效性提供有力保证

企业内部控制各项政策和程序的生命力在于执行落实。如果没有优秀的企业文化，企业高级管理人员和全体员工的思想及意志就不能统一，就不能激发其潜力和工作热情，就不能培育员工对企业的归属感、认同感，就不能形成卓越的执行力。因此，企业文化是企业建立和完善内部控制的重要基础与有力保证。

二、企业文化管理中的主要风险

企业文化建设需关注的主要风险：

1.缺乏积极向上的企业文化，可能导致员工丧失对企业的信心和认同感，企业缺乏凝聚力和竞争力

积极向上的企业文化可以强化团体意识，企业员工之间能够形成强大的凝聚力和向心力，每个员工都感到自我价值的实现，从而形成强大的激励，把企业看成是自己的命运共同体，与整个企业步调一致，把"企业就是我的家"之情变成行动动力，增强企业的凝聚力和竞争力。

2.缺乏开拓创新、团队协作和风险意识，可能导致企业发展目标难以实现，影响可持续发展

当一个企业缺乏开拓创新、团队协作和风险意识，便会产生可持续经营风险。如果不及时控制和规避，会导致企业内部决策效率低下、组织涣散等，使企业遭受巨大经济损失，最终可能使企业走向衰败甚至灭亡。像原中航油新加坡分公司总裁陈久霖擅自扩大业务范围，从事场外期货投机交易，没有风险意识，漠视风险管控，最终给国家带来巨大经济损失。

3.缺乏诚实守信的经营理念，可能导致舞弊事件的发生，造成企业损失，影响企业信誉

如果企业缺乏用诚实守信的经营理念来约束企业领导者和员工的行为，就可能导致严重的经济舞弊事件的发生，影响企业的形象和声誉，造成不可挽回的后果和损失。像受到证监会处罚的康得新、康美药业财务造假案就是鲜明的例子。

4.忽视企业间的文化差异和理念冲突，可能导致并购重组失败

企业在并购中除了存在着融资、债务和法规等风险因素以外，还存在着不同企业的文化差异和理念冲突，被并购企业无法认同和适应新企业的企业文化，从而带来消极抵触情绪，对并购重组产生负面影响。

>> **案例2-15**　　　　**明基收购西门子："闪败"于文化"冲突"**

据国际并购联盟的相关数据显示，中国企业海外并购案例失败率高达70%，而其中大多是由于文化整合不善造成的。实现企业的发展与文化整合的有效一致也成了我国企业在开疆扩土的过程中需要逾越的障碍。明基集团（以下简称明基）并购西门子手机业务就是因企业文化整合上的不力而失败的收购案例。

2005年时，明基已经是世界第一大手机代工厂商，不过明基董事长李某依然希望拥有自己的自主品牌，但单靠明基的力量还不具备可行性。因此，并购一家与之相关的知名的国际品牌就成为明基的首选。西门子手机和摩托罗拉谈判失败给明基创造了机会。2005年6月8日，明基正式宣布并购西门子手机业务。当时，这曾被外界视为非常划算的一笔交易，明基分文未出，西门子手机业务还另外补贴2.5亿欧元给明基。明基还获得

西门子在GSM、GPRS、3G领域的核心专利技术，但西门子手机日亏损达120万欧元也给明基带来了巨大的负担。

在并购之后对目标企业的整合往往考验着企业的执行力。尽管明基已经为接受西门子做好了充分的准备，但事后企业的整合特别是两家企业的文化调和一直没有达到想象中的状态。原因如下：

1.西门子的"慢"文化与明基的"快"文化存在着较大的差异，整合难度较大

作为欧洲知名的大型企业，西门子一直以其强健的企业文化著称。而明基作为一个新兴企业，在吸收甚至改变西门子的文化上显得势单力薄。在战略上，西门子追求高质量、高品质的产品，关注创新；而以代工出身的明基则更关注产品的设计和顾客的需求。在管理上，明基是创业型组织的管理模式，强调创新和速度；而西门子则是管理型组织，更强调规范和程序。在运营管理上，西门子强调程序和规章的完整性，明基则更有灵活性。因此，这样两个几乎相悖的企业文化碰撞在一起，一个是快速、弹性、机会型，一个是稳健、规范、完美型，双方的企业体系和社会体系相差太远。

2.整合过程受到当地政治、文化和法律的一些影响

直接的文化与体制冲突风险加大了整合成本，如对本地劳工强有力的保护体系和各种组织力量的干扰，明基陷入3 000名德国员工的高薪酬水平无法降低、囿于当地法律限制无法裁员减负的困境就是很好的证明。就连明基董事长李某自己也感叹："亚洲的消费型、成长型品牌，要收购融合一个欧洲'汽车文化'式的老品牌，困难超乎想象。"

企业文化就像是个隐形的纽带贯穿于企业发展的每个环节，在跨国并购中，企业文化的冲突是融合还是独立，企业有着自己的选择和考虑，但无论如何，这都将是一条布满荆棘的险途。

资料来源：珠海市对外经济合作企业协会微信公众号.文化磨合决定收购成败？从软实力说起[EB/OL].(2016-07-15）.https://finance.sina.cn/.

三、优秀企业文化的建设

（一）塑造企业核心价值观

企业核心价值观是企业在经营过程中坚持不懈、努力使全体员工都必须信奉的信条，体现了企业核心团队的精神，也是企业家身体力行并坚守的理念。企业文化建设始于核心价值观的精心培育，终于核心价值观的维护、延续和创新。为此，企业特有的核心价值观塑造应当：

1.着力挖掘自身文化

从企业特定的外部环境和内部条件出发，把共性和个性、一般和个别有机地结合起来，总结出本企业的优良传统和经营风格，挖掘整理出本企业文化底蕴，在企业精神提炼、理念概括、实践方式上体现出鲜明的特色，形成既具有时代特征又独具魅力的企业文化。

2.着力博采众长

坚持以我为主、博采众长、融合创新、自成一家的方针，广泛借鉴国内外先进企业的优秀文化成果，大胆吸取世界新文化、新思想、新观念中的先进内容，取其精华，去其糟粕，为我所用。

3.根据塑造形成的企业核心价值观指导企业的实际行动

企业的核心价值观和精神理念要深入每一位员工的头脑中，体现在员工的日常行为和工作行为中，并结合公司战略与目标，融入企业的行为与制度层面的建设，让每位员工将核心价值观做到内化于心、外化于行，使制度约束成为自觉行为。

（二）打造以主业为核心的品牌

品牌价值的核心是信誉。企业产品或劳务的品牌与企业的整体形象联系在一起，是企业的"标识"。品牌之所以能够增值，主要来自于消费者心中形成的关于其载体的印象。在市场竞争中，企业无不重视其产品或劳务品牌的建设，打造以主业为核心的品牌，是企业文化建设的重要内容。企业应当将核心价值观贯穿于自主创新、产品质量、生产安全、市场营销、售后服务等方面的文化建设中，着力打造源于主业且能够让消费者长久认可、在国内外市场上彰显强大竞争优势的品牌。

（三）充分体现以人为本的理念

"以人为本"是企业文化建设应当信守的重要原则。在企业文化建设过程中企业应当：

（1）牢牢树立以人为本的思想。真诚依靠全体员工办企业，尊重人的个性、关注人的价值、尊重知识、尊重人才、尊重创造，用美好的愿景鼓舞人，用宏伟的事业凝聚人，用科学的机制激励人，用优美的环境熏陶人。

（2）努力为全体员工规划好职业生涯。为员工的发展提供公平公正的环境、搭建发展平台、提供发展机会，挖掘其创造潜能，增强其主人翁意识和社会责任感，激发其积极性、创造性和团队精神，让员工有荣誉感、成就感。

（3）努力为全体员工创造良好的生活环境，让员工有归属感，有家的温暖。

（4）努力使全体员工了解企业文化建设的内容，认同企业的核心理念，形成企业内部发展的合力。

> **案例2-16**　　　　　　　　　　**稻盛和夫的经营哲学**
>
> 稻盛和夫是日本最著名的企业家之一，被誉为日本的"经营之圣"。他先后创办了科技企业京瓷株式会社和电信运营商KDDI，两家公司相继成为了世界五百强企业。2010年，78岁的稻盛和夫接受时任日本首相的鸠山由纪夫的邀请，拯救濒临破产的日本航空。仅用一年多的时间，他就将日本航空扭亏为盈。无数的人问过稻盛和夫的经营之道，做出两个世界五百强企业的人到底有什么绝妙的高招。而其在公开演讲和出版的图书中总结，无非是两件事："专注"和"利他"。
>
> 阿米巴经营模式，是稻盛和夫经营哲学中的"术"。在京瓷工作期间，稻盛和夫采取的管理模式被称为阿米巴经营模式，它讲究长期行为，不给个人奖励，将组织划为小单元，每个单元自主设定目标，每一位员工都扮演重要角色，主动参与企业经营。阿米巴经营模式赋予每一位员工老板的角色，让各层级员工尽可能地延展自己所能触及的范围，最大限度地打破官僚层级的束缚，让每一位员工具备责任感和使命感。正是由于企业的全体员工同时具备了责任感和使命感，才能够充满激情地投身到参与企业经营活动，并为了共同的目标相互团结成一个牢固且斗志昂扬的集体，将实现高收益经营成为可能。稻盛和夫一直是身先士卒前往一线，与自己的员工一起保持对技术和未来的专注。看着一个五六十岁的"小老头"每天陪自己埋头苦干的年轻人们从其中所体会到的

感召力是无以言表的。

始终将员工利益放在第一位也是这位老人多次在公开场合演讲的主题之一。稻盛和夫认为企业、股东、投资者的利益，都需要为员工利益让步。因为只有员工的幸福感有保障，他们才能真正和企业团结一心，拥有一样的价值观，共同的经营理念和工作目标，做到身心一致。稻盛和夫确实是这样去做的，他的员工们也确实回应了他的心意。20世纪70年代日本受经济危机冲击时，稻盛和夫冻结了所有员工的加薪计划，日本工会和社会人士群起而攻之。正是京瓷自己的员工，全员表态，强烈支持稻盛和夫制定的策略。这是打工人集体"跪舔"老板吗？当然不是，是因为京瓷的员工知道自己一直过得不错是拜谁所赐，所以他们相信这样的安排就是最好的，是为了让他们和公司都能活下去。事实证明稻盛和夫当时的决定是对的。事后企业发展增速恢复后，京瓷也对当初冻结的薪酬计划做出了一些相应的补偿。

稻盛和夫的故事确实传奇，他的人生就是一座富矿，但他并不神化自己的成功。他在经营管理、哲学领域的探索，总结出来的思想精华为后来者拾薪举灯。

资料来源：佚名. "经营之神"稻盛和夫的管理哲学[EB/OL].（2022-09-02）.https://www.sohu.com/a/581850233_121226533.

（四）强化企业文化建设中的领导责任

建设优秀的企业文化，领导是关键。企业领导是企业文化的倡导者、执行者和管理者。董事、监事、经理和其他高级管理人员应当在企业文化建设中发挥主导和垂范作用，以自身的优秀品格和脚踏实地的工作作风，带动影响整个团队，共同营造积极向上的企业文化环境。应当促进文化建设在企业内部各层级的有效沟通，加强企业文化的宣传贯彻，确保全体员工共同遵守，形成企业文化规范。

（五）重视企业并购重组中的文化整合

企业应当重视并购重组后的企业文化建设，平等对待被并购方的员工，促进并购双方的文化融合。做好以下方面的工作：

1. 做好被并购方以及所在国家的文化评估

在签订并购协议之前企业就应通过组建调查团队，采用合理、系统和科学的方法，对并购目标的国家文化、企业历史和发展战略等深层次问题进行调查与分析，然后再与自身的企业文化以及整合后的企业文化进行匹配。如果分析之后确定实施并购，那就应该继续充分研究双方的文化差异和共同点。求同存异，优势互补，实现企业文化的有效对接，促进企业文化的整合与再造，确保企业并购真正成功。

2. 企业并购完成后，组织架构设计环节应当特别注重文化整合

如果是吸收合并方式，无论是治理结构层面，还是内部机构设置层级上，都要强调一起工作的各参与并购企业员工的融合，多沟通、多理解、多包容，创新企业文化，培育共同价值观，建设中外融合、兼容并蓄的企业文化。如果是控股合并方式，要在坚持共性的前提下体现个性化。以统一的企业精神、核心理念、价值观念和企业标识规范集团文化，保持集团内部文化的统一性，增强集团的凝聚力、向心力。同时允许子公司企业在统一性指导下培育自身特色文化，尊重其个性发挥。

3. 培养一批具备跨文化整合能力的国际管理人才

国际管理人才要具有跨国公司管理的背景和经验，善于管理具有不同文化背景的企

业。人才渠道采用外部吸纳与内部培养相结合，外部吸纳能快速见效，但内部培养才是持续有效的根本。此外，管理人才方面实施人才本土化的策略，可以最大限度地克服由于文化背景和语言思维上的差异引起的种种障碍，并且也可利用这些人员良好的人际关系，顺利打开市场，拓宽销售渠道。

≫案例 2-17　　　　　　　　海尔集团的核心价值观

海尔创立于 1984 年。一直以来，海尔始终以创造用户价值为目标，一路创业创新，历经名牌战略、多元化发展战略、国际化战略、全球化品牌战略四个发展阶段，2021 年进入第五个发展阶段——网络化战略阶段，海尔目前已发展为全球白色家电第一品牌。

海尔的愿景和使命是致力于成为行业主导、用户首选的第一竞争力的美好居住生活解决方案服务商。海尔通过建立人单合一双赢的自主经营体模式，对内，打造节点闭环的动态网状组织；对外，构筑开放的平台，成为全球白电行业领先者和规则制定者，全流程用户体验驱动的虚实融合领先者，创造互联网时代的世界级品牌。

一个企业能走多远，取决于企业是否有适合自己的价值观，这是企业战略落地，抵御诱惑的基石。海尔的核心价值观是：

1. 是非观：永远以用户为是，以自己为非——海尔创造用户的动力

海尔人永远以用户为是，不但要满足用户需求，还要创造用户需求；海尔人永远自以为非，只有自以为非才能不断否定自我，挑战自我，重塑自我，实现以变制变、变中求胜。这两者形成海尔可持续发展的内在基因特征：不因世界改变而改变，顺应时代发展而发展。

这一基因加上每个海尔人的"两创"（创业和创新）精神，形成海尔在永远变化的市场上保持竞争优势的核心能力特征：世界变化愈烈，用户变化愈快，传承愈久。

2. 发展观：创业创新的两创精神——海尔文化不变的基因

海尔不变的观念基因既是对员工个人发展观的指引，也是对员工价值观的约束。"永远以用户为是，以自己为非"的观念基因要求员工个人具备两创精神，即创业精神和创新精神。创业精神即企业家精神，海尔鼓励每个员工都应具有企业家精神，从被经营变为自主经营，把不可能变为可能，成为自己的 CEO。创新精神的本质是创造差异化的价值。差异化价值的创造来源于创造新的用户资源。

两创精神的核心是强调锁定第一竞争力目标。目标坚持不变，但为实现目标应该以开放的视野，有效整合、运用各方资源。

3. 利益观：人单合一双赢——海尔永续经营的保障

海尔是所有利益相关方的海尔，其利益相关方主要包括员工、用户、股东以及其他利益相关方。网络化时代，海尔与分供方、合作方共同组成网络化的组织，形成一个个利益共同体，共赢、共享、共创价值。只有海尔这个开放的平台生态圈中所有利益相关方持续共赢，海尔才有可能实现永续经营。为实现这一目标，海尔不断进行商业模式创新，逐渐形成和完善具有海尔特色的人单合一双赢模式，"人"即具有两创精神的员工；"单"即用户价值。每个员工都在不同的自主经营体中为用户创造价值，从而实现自身价值，企业价值和股东价值自然得到体现。

人单合一双赢模式为员工提供机会公平、结果公平的机制平台，为每个员工发挥两

四、企业文化的评估

企业文化应当保持相对稳定，但是当企业内外部环境和条件发生变化时，企业的发展战略可能调整，这时，企业文化应当针对新制定的战略作出及时变革，与企业发展战略动态协调，实现文化的创新与发展。企业文化评估是企业文化建设与创新的重要环节。

（一）构建企业文化评估体系

企业应当建立企业文化评估制度，明确评估的内容、程序和方法，落实评估责任制，避免企业文化建设流于形式。

1.评估内容

企业应当定期对企业文化建设工作以及取得的进展和实际效果进行检查及评估，着力关注以下主要内容：董事、监事、经理和其他高级管理人员在企业文化建设中的责任履行情况；全体员工对企业核心价值观的认同感；企业经营管理行为与企业文化的一致性；企业品牌的社会影响力；参与企业并购重组各方文化的融合度；员工对企业未来发展的信心等。

2.评估原则

企业应当把握以下原则：

（1）全面评估与重点评估相结合，突出关键指标，注重评估指标的导向性、可操作性。

（2）定性与定量相结合，注重评估方法的科学性，注重评估标准的适当性。

（3）内部评价与外部评价相结合，注重评估结果的有效性。

引导企业自我改进、自我完善，使企业文化真正融入企业和员工的实际工作中。借助专业机构力量，提升文化评估专业水平和公信力。

（二）重视评估结果运用，推进企业文化创新

企业应当重视企业文化的评估结果，巩固和发扬成果，针对评估过程中发现的问题，研究影响企业文化建设的因素，分析深层次的原因，及时采取措施加以改进。企业文化建设如果没有创新，就没有活力。企业文化创新应坚持实事求是，兼顾全球化视角、我国国情和行业、企业实际发展，结合企业发展战略调整以及企业内外部政治、经济、技术、资源等因素的变化，着力在价值观、经营理念、管理制度、品牌建设、企业形象等方面持续推动企业文化创新，保持蓬勃的生命力，适合企业战略的发展变化，推动企业可持续发展。

━━━━━━━━━━【本章岗课赛证融通训练】

【不定项选择题】（每题至少有一个正确答案，请将正确答案填在括号内）

1.远博广告公司建立了比较完善的内部控制系统。下列各项中，属于该公司控制环境

要素的有（　　）。

A.董事会对内部控制的制定及其绩效施以监控

B.公司致力于吸引、发展、留任从事广告策划、设计、制作和营销等业务的优秀人才

C.员工践行诚信为本、客户至上的价值观

D.公司在内部控制全过程的各个环节实行透明、对等的权责分配方法

2.先锋公司主要从事电力、燃气等的生产供应和能源基础设施的投资、建设和管理。自成立以来，该公司制定和实施了有利于公司可持续发展的人力资源政策。坚持将职业道德修养和专业胜任能力作为选拔和聘用员工的重要标准，切实加强员工培训和继续教育，不断提升员工素质，保证了该公司规范高效运营。同时加强法制教育，增强董事、监事、经理及其他高级管理人员和员工的法治观念，严格依法决策、依法办事、依法监督。根据我国《企业内部控制基本规范》，先锋公司的上述做法涉及的内部控制要素是（　　）。

A.信息与沟通　　　　B.控制活动　　　　C.风险评估　　　　D.内部环境

3.畅通地铁召开2020年第一次临时股东大会，同意设立战略决策委员会，并以90%的得票率通过《董事会下设战略决策委员会的议案》。战略决策委员会的主要职责包括（　　）。

A.制定公司长期发展战略

B.监督、核实公司重大投资决策

C.制定董事、监事与高级管理人员考核的标准，并进行考核

D.制定、审查董事、监事、高级管理人员的薪酬政策与方案

4.广恒公司是一家主要从事移动通信设备生产和相关服务的跨国公司，在20世纪90年代，广恒公司并没有考虑清楚自己要做什么类型的互联网公司，也不清楚互联网公司的内涵是什么，更不清楚怎么干。其先后设立了游戏平台、在线音乐商店、邮件服务平台。管理层战略方面的不断调整让用户对广恒公司的业务无法产生清晰的理解和记忆。根据《企业内部控制应用指引第2号——发展战略》。广恒公司在制定和实施发展战略方面存在的主要风险有（　　）。

A.缺乏明确的发展战略　　　　　　　　B.发展战略过于激进

C.发展战略因主观原因频繁变动　　　　D.缺乏团队协作和风险意识

5.上市公司康美药业的大股东康美实业投资控股有限公司的实控人是马某，其任公司董事长兼总经理。其妻许某为康美药业的第七大股东，持股1.97%，并任职公司副董事长兼副总经理。马某夫妇的一股独大使得公司缺乏科学决策、良性运行机制和执行力，导致公司步履维艰，难以实现发展战略。从内部控制角度来看，康美药业的风险主要来自于（　　）。

A.组织架构　　　　B.人力资源　　　　C.资金活动　　　　D.财务报告

6.华为公司认为认真负责和管理有效的员工是华为最大的财富，可见人力资源的重要性。下列关于人力资源的说法中，正确的有（　　）。

A.良好的人力资源管理制度和机制是增强企业活力的内在源泉

B.良好的人力资源管理制度和机制是提升企业核心竞争力的重要基础

C.良好的人力资源管理制度和机制是实现企业发展战略的根本动力

D.人力资源的本质是企业组织中各种人员所具有的脑力和体力的总和，能够对财富创造起贡献作用

7.移动互联网技术的日新月异在给零售业带来巨大发展契机的同时，也向传统的零售模式发起了挑战。20××年SN电器董事长提出了SN云商模式，可以概括为"店商＋电商＋零售服务商"。次年，零售业巨头SN电器正式发布公告，更名为"SN云商集团股份有限公司"，并正式发布其"云商零售模式"。该公司的战略转型考虑了宏观环境分析中的（　　　　）。

A.政治和法律因素　　B.经济因素　　　　　　C.技术因素　　　　　　D.社会和文化因素

8.甲公司是一家集团企业，主要从事化工、电力、市政、建筑、环保等工程建设、服务及相关业务。该公司拥有23家全资二级子公司，8家控股二级子公司，主要通过各子公司开展业务。各个子公司独立经营，并保留其原本的企业名称，集团公司较少参与其子公司的市场战略。根据上述信息可以判断，甲公司采用的组织结构是（　　　　）。

A.U型组织结构　　　B.M型组织结构　　　C.H型组织结构　　　D.矩阵型组织结构

9.乙公司作为国内领先的金融科技企业，秉持"用金融科技创新公益，让公益更有生命力"的理念，践行企业社会责任，推动普惠金融发展。下列关于社会责任的说法中，正确的是（　　　　）。

A.企业的社会责任就是做慈善活动

B.企业的社会责任可以为社会发展做出贡献

C.企业的社会责任包括安全生产、产品质量、环境保护与资源节约、促进就业与员工权益保护

D.将社会责任融入产品也会为企业带来额外收益

10.丙公司的企业文化是：顾客第一，诚实、注意和睦、公私分明，放眼世界、努力改进经营管理、发明新技术。下列关于企业文化的说法中，正确的有（　　　　）。

A.企业文化是企业的灵魂，是推动企业发展的不竭动力

B.切实做到经济效益与社会效益、短期利益与长远利益、自身发展与社会发展相互协调，实现企业与员工、企业与社会、企业与环境的健康和谐发展

C.企业文化的相融性体现在它与企业环境的协调和适应性方面。企业文化反映了时代精神，它必然要与企业的经济环境、政治环境、文化环境以及社区环境相融合

D.优秀的企业文化往往在继承中创新，随着企业环境和国内外市场的变化而改革发展，引导大家追求卓越，追求成效，追求创新

【圆桌讨论】

【资料一】20××年12月16日，一家国际著名调查机构发布做空上市公司HS乳业公司（以下简称HS乳业）的报告，指出HS乳业在苜蓿草和产奶量等方面数据造假。随后，业内人士也发现了HS乳业多处编制财务报告的内控缺陷。

HS乳业频繁出现财务报告虚假与不实问题，与其内部治理结构的缺陷不无关联。HS乳业自上市以来，董事会主席兼CEO的张某始终维持公司最大股东身份，对公司具有绝对的控制和管理权力，掌控公司所有重大事项的决策权，并直接负责公司所有业务的运营和管理。HS乳业未设置监事会，监事会的职能主要由审计委员会以及独立董事履行。HS乳业的独立董事中，王某和李某都曾是TB会计师事务所的合伙人，而HS乳业一直以来聘用TB事务所进行外部审计，会计师事务所的合伙人任职客户公司重要岗位，

削弱了注册会计师的独立性，HS乳业的独立董事及其聘用的会计师事务所都没有严格履行其对公司财务报告审核监督的责任。HS乳业的审计委员会由3名独立非执行董事组成。年报公布的审计委员会两次会议纪要显示，审计费用以及年度和半年度的财务报告审计均被顺利通过，并未发现财务报表和审计过程中存在的诸多问题，审计委员会并没有尽到应尽的职责。

讨论主题清单：

1. 阅读《企业内部控制应用指引第1号——组织架构》，分析HS乳业公司组织架构存在的主要风险。

2. 根据上述资料，分析HS乳业公司内部治理结构责权利相互制衡制度体系存在的主要缺陷。

3. 结合本章知识，谈谈对组织架构本质的理解，以及对组织架构设计原则的理解。

4. 结合本章知识，谈谈如何进行上市公司治理机构的设计、如何进行组织内部机构的设计。

讨论形式：

采用六人一组的方式进行小组式讨论，小组提交讨论分析报告提纲，并选派小组代表发言，进一步讨论、总结。

讨论总结：

归纳总结各小组发言人的主要观点和亮点，进一步指出对案例素材扩展思考和分析的焦点问题。

【资料二】 通过以下几则案例，谈谈对企业内部控制中内部环境建设的理解：

1. 主营单晶硅、多晶硅太阳能电池产品研发和生产的YQ公司是一家由董事长兼总经理李某一手创办并控制的家族式企业。20××年11月YQ公司挂牌上市。在资本市场获得大额融资的同时，YQ公司开始了激进的扩张之路。从横向看，为了扩大市场份额，YQ公司在欧美多个国家投资或设立子公司；从纵向看，YQ公司布局光伏全产业链，实施纵向一体化发展战略，由产业中游的组件生产，延伸至上游的硅料和下游的电站领域。YQ公司还大举投资房地产、炼油、水处理和LED显示屏等项目。

2. TZ公司的创始人兼CEO王某是搞技术出身，对产品至上有着独特情怀，赛马机制一直是其团队竞争发展的管理模式。产品在开发时由两个团队分头去做，谁的产品好就用谁的，产品未被选用的团队会被公司淘汰。这一管理模式带来诸多问题，如研发过程中两个团队恶性竞争、人才流失严重、被选用的团队为防以后被淘汰而滋生腐败动机等。"重结果，轻人才"的文化氛围大大地降低了员工的归属感，难以形成凝聚力、向心力，离职员工对TZ公司负面评价很多。

3. 面对突如其来的新冠疫情，在中国宝武的领导下，中国宝武武汉总部彰显央企使命担当，众志成城、齐心协力，不讲条件、不惜代价、不计成本，与时间赛跑、为生命供氧，为全市56家医院供应医用氧，累计供应液态医用氧5295立方米，折合气态423万立方米，送氧槽车510车，紧急采购9009支氧气瓶供应各大医院，保障全市一半以上医院"救命氧"的供应。提供一个大型体育中心改建为方舱医院，提供一家四星级宾馆、一所大型高校的4个校区、一个党校校区作为集中隔离点。组建下沉社区党员工作队21支、党员360人，到社区参与"疫情防控志愿者"服务1286人；2308名党员下沉社区开展疫情志愿防控，助力武汉抗疫。

4.在以人为本的时代，成功的企业之所以取得成功，不在于资金、技术、设备等硬件，而在于其有着致力于人的发展的企业文化。"CSCEC"是中国建筑工程总公司的企业logo，源自公司英文名称 CHINA STATE CONSTRUCTION ENGINEERING CORPORATION 的缩写。中建的企业logo有三层寓意：

（1）整体造型方正、坚实，象征建筑的基石、诚信的品格以及国内外市场一体化的运营实力。

（2）CSCEC标识的艺术组合，喻示公司开拓、创新的进取精神，奉献社会、造福人类的信心，打造过程精品、提供优质工程的质量意识，跨越五洲、业主至上的服务理念。

（3）大海一样深邃的蓝色，展示中国建筑宽广的胸怀，描绘出充满希望与活力的美好未来。

讨论主题清单：

1.阅读《企业内部控制应用指引第2号——发展战略》，分析YQ公司上市后存在的发展战略风险。从内部控制角度，谈谈你对企业发展战略制定的理解。

2.阅读《企业内部控制应用指引第3号——人力资源》，分析TZ公司存在的人力资源风险。从内部控制角度，谈谈你对企业专业技术人员人力资源管理的引进、开发、使用、退出四个环节管理控制要点的理解。

3.阅读《企业内部控制应用指引第4号——社会责任》，结合本案例，谈谈企业为什么应当履行社会责任，企业应当履行哪些社会责任。

4.阅读《企业内部控制应用指引第5号——企业文化》，收集中国建筑工程总公司在企业文化建设中关于企业使命、企业愿景、企业价值观、企业精神、企业标识等的相关资料。同时，结合本章知识，谈谈你对企业文化建设对企业发展意义的理解。

讨论形式：

采用六人一组的方式进行小组式讨论，小组提交讨论分析报告提纲，并选派小组代表发言，进一步讨论、总结。

讨论总结：

归纳总结各小组发言人的主要观点和亮点，进一步指出对案例素材扩展思考和分析的焦点问题。

③ 第三章
风险评估

━━━━━━━━━━【知识目标】

1.明确风险的定义及构成要素

2.明确风险管理的定义、特征及目标

3.理解目标设定的含义，掌握战略目标和业务层面目标设定的内容

4.掌握风险组合观、风险偏好与风险承受度的内容

5.理解风险识别的含义，掌握风险识别两个环节的内容，熟悉风险识别的方法

6.理解风险分析的含义，掌握风险分析的内容，熟悉风险分析的方法

7.理解风险应对的含义，掌握风险应对的策略，理解风险策略选择应注意的问题

━━━━━━━━━━【能力与素养目标】

1.能准确理解风险管理的定义、特征及目标

2.能准确掌握风险组合观、风险偏好与风险承受度的内容

3.能准确理解目标设定、风险识别、风险分析、风险应对的含义及其相互关系

4.能初步根据企业具体情况进行目标设定，并运用风险识别、风险分析方法进行风险评估

5.能初步根据风险评估结果选择适当的风险应对策略

6.具有防微杜渐的风险意识，积极乐观、迎难而上的职业态度

7.具有审时度势的职业判断，脚踏实地、百折不挠的职业行为

━━━━━━━━━━【本章知识架构】

章名	节名	一级标题
风险评估	风险管理概述	风险的定义及构成要素
		风险管理的演进及定义
	目标设定	目标设定的含义
		战略目标的设定
		业务层面目标的设定
		风险组合观、风险偏好与风险承受度
	风险识别	风险识别的含义
		风险识别的两个环节
		风险识别的方法
		风险清单举例（运营风险清单局部）

章名	节名	一级标题
风险评估	风险分析	风险分析的含义
		风险分析的内容
		风险分析的方法
	风险应对	风险应对的含义
		风险应对策略
		风险应对策略的选择应注意的问题

【本章导学案例】

从中航油事件看企业风险管理

中国航油（新加坡）股份有限公司（以下简称中航油新加坡公司）成立于 1993 年，是中央直属大型国企中国航空油料控股公司的海外子公司，2001 年在新加坡交易所主板上市，成为中国首家利用海外自有资产在国外上市的中资企业。在总裁陈久霖的带领下，中航油新加坡公司从一个濒临破产的贸易型企业发展成工贸结合的实体企业，业务从单一进口航油采购扩展到国际石油贸易，净资产从 1997 年起步时的 21.9 万美元增长到 2003 年的 1 亿多美元，总资产近 30 亿元。2002 年和 2004 年两度被新交所评为"最具有透明度的上市公司"。但 2004 年以来风云突变，中航油新加坡公司在高风险的石油衍生品期权交易中蒙受巨额亏损而破产，成为继巴林银行破产以来最大的投机丑闻。

中航油新加坡公司从 2003 年 3 月底开始从事石油投机性期权交易，陈久霖买了"看跌"期权，最初涉及 200 万桶石油。但是没想到国际油价一路攀升。

2004 年第一季度油价攀升，公司潜亏 580 万美元，陈久霖期望油价能回跌，决定延期交割合同，交易量也随之增加。

2004 年第二季度随着油价持续升高，公司账面亏损额增加到 3 000 万美元左右，陈久霖决定再延后到 2005 年和 2006 年交割，交易量再次增加。

2004 年 10 月份油价再创新高，而公司的交易盘口已达 5 200 万桶。为了补加交易商追加的保证金，公司耗尽 2 600 万美元的营运资本、1.2 亿美元的银团贷款和 6 800 万元的应收账款资金，账面亏损高达 1.8 亿美元，另需额外支付 8 000 万美元的保证金，资金周转出现严重问题。10 月 10 日，向集团公司首次呈报交易和账面亏损。10 月 20 日，获得集团公司提前配售 15% 的股票所得的 1.08 亿美元资金贷款。10 月 26 日和 28 日，11 月 8 日至 25 日，公司的衍生商品合同连续遭逼仓。12 月 1 日，亏损达 5.5 亿美元，为此公司向新加坡证券交易所申请停牌，并向当地法院申请破产保护。

中航油新加坡公司在陈久霖"强人治理"的文化氛围中，内控制度的威力荡然无存，这是中航油事件发生的根本原因。之后，在新加坡普华永道会计师事务所提交的第一期调查报告中，认为中航油新加坡公司的巨额亏损由诸多因素造成，其中包括：缺乏推行基本的对期权投机的风险管理措施；对期权交易的风险管理规则和控制，管理层也没有做好执行的准备等。在此对中航油新加坡公司的风险管理进行简要分析：

1.目标设定

在总裁陈久霖的推动下，中航油新加坡公司从2001年上市伊始就开始涉足石油期货。在取得初步成功之后，中航油新加坡公司管理层在没有向董事会报告并取得批准的情况下，无视国家法律法规的禁止，擅自将企业战略目标移向投机性期货交易。这种目标设立的随意性，以及对目标风险的藐视，最终使企业被惊涛骇浪所淹没。

2.事项识别

中航油新加坡公司违规之处有三点：一是做了国家明令禁止做的事；二是场外交易；三是超过了现货交易总量。中航油新加坡公司从事的石油期权投机是我国政府明令禁止的。在中航油新加坡公司事件中，如果公司的管理层能及时认清形势，在赚取巨额利润时，清醒地意识到可能产生的风险，或许就不会遭到如此惨痛的打击。

3.风险评估

中航油新加坡公司从事的场外石油衍生品交易，具有高杠杆效应、风险大、复杂性强等特点，但由于内部没有合理定价衍生产品，大大低估了所面临的风险，再加上中航油新加坡公司选择的是一对一的私下场外交易，整个交易过程密不透风，因此中航油新加坡公司承担的风险要比场内交易大得多。中航油没有意识到风险的存在以及危害力度之大。

4.风险反应

在油价不断攀升导致潜亏额疯长的情况下，中航油新加坡公司的管理层连续几次选择延期交割合同，期望油价回跌，交易量也随之增加。一次次"挪盘"把到期日一次次往后推，这样导致的结果便是使风险和矛盾滚雪球似地加倍扩大，最终达到无法控制的地步。一般看涨期权的卖方都会做一笔反向交易，以对冲风险、减小损失的可能性，虽然中航油新加坡公司内部有一个专业的风险控制队伍，但并没有做反向对冲交易。

中航油新加坡公司因从事衍生品业务，导致5.5亿美元巨亏，引发各方关注。事后调查发现，公司有完整的风险管理规章制度，《风险管理手册》是由国际"四大"之一的安永会计师事务所制定的，在风险管理委员会设置、风险控制流程等各方面制度都比较完备。按照规定，公司的风险管理基本结构是从交易员，到风险管理委员会，到内审部，到首席执行官，再到董事会层层上报。每名交易员亏损20万美元时，要向风险管理委员会报告和征求意见；亏损达35万美元时向首席执行官汇报和征求意见，在得到其同意后才能继续交易；亏损50万美元时，必须斩仓。中航油新加坡公司总共有10位交易员，如果严格按照《风险管理手册》执行，损失的最大限额应是500万美元，但遗憾的是公司这些制度并未得到有效执行，公司内部风险管理内控系统形同虚设，最终给公司造成了超过5亿美元的灾难性损失。

资料来源：张建平.内部控制案例[M].大连：东北财经大学出版社，2021.

第一节 风险管理概述

一、风险的定义及构成要素

（一）风险的定义

19世纪，西方古典经济学派提出了风险的概念。此后，许多学者对风险概念作出了不同解释。主要观点有以下几种：

（1）风险是损失或损害的可能性。这种可能性包括发生损失的可能性和不发生损失的可能性两种结果。

（2）风险是损失的不确定性。这种观点更为强调主观的不确定性，即自然灾害和意外事故造成的损失本身是确定的，"不确定性"是指由于个人的经验、精神和心理状态等的不同，而对事故造成的损失在认识或估计上的差别。

（3）风险是实际结果与预期结果的偏差。这种观点强调风险是客观的不确定性，即风险是在给定情况下和特定时间内的、那些可能发生的结果间的差异。如果肯定只有一个结果发生，则差异为零，风险为零；如果有多种可能结果，则有风险，且差异越大，风险越大。

（4）风险是可度量的不确定性。由此可见，风险的基本特征是不确定性。

COSO委员会1992年发布的《内部控制——整合框架》中认为，风险是任何可能影响目标实现的负面因素，所有企业，无论规模、结构和行业性质，都面临着诸多来自内部和外部的风险，影响既定目标的实现。COSO委员会在2004年发布的《企业风险管理——整合框架》中指出，所有主体都面临不确定性，管理层所面临的挑战就是在为增加利益相关者价值而奋斗的同时，要确定承受多大的不确定性。不确定性可能破坏或者增加价值，因而它既代表风险，也代表机会。COSO委员会2017年重新定义了风险，认为风险是事项发生并影响实现战略和经营目标的可能性。其中事项不仅是常规事务，而且包含更广泛的内容，如企业治理和运营架构、地缘政治、社会影响及合同谈判等。

我国国务院国有资产监督管理委员会2006年发布的《中央企业全面风险管理指引》中将企业风险定义为"未来的不确定性对企业实现其经营目标的影响"，并以能否为企业带来盈利等机会为标志，将风险分为纯粹风险（只有"带来损失"一种可能性）和机会风险（"带来损失"和"盈利"的可能性并存）。这个定义需要从以下四个方面来理解：

（1）企业风险与企业战略相关。企业风险是影响企业实现战略目标的各种因素和事项，公司经营中战略目标不同，企业面临的风险也就不同。

（2）风险是一系列可能发生的结果，而不能简单地理解为最有可能的结果。理解和评估风险时，"范围"这个概念对应了众多的不确定性。

（3）风险既具有客观性，又具有主观性。风险是事件本身的不确定性，是在一定具体情况下的风险，可以由人的主观判断来选择不同的风险。

（4）风险往往与机遇并存。在许多情况下，风险孕育着机会，有风险是机会存在的基础，应当学会把握风险可能带来的机遇。

（二）风险的构成要素

风险由风险因素、风险事件（事故）、损失三个基本要素构成。

1.风险因素

风险因素是指促使某一风险事件发生，或增加其发生的可能性，或提高其损失程度的原因或条件。它是风险事件发生的潜在原因，是造成损失的内在或间接原因。例如，易燃易爆材料的存储、有关人员的疏忽、消防设备的失效是导致建筑物火灾的重要因素等。

风险因素根据其性质，可以分为有形风险因素和无形风险因素。如水源或空气污染是损害人们健康的有形风险因素。无形风险因素分为道德风险因素和心理风险因素。如个人不诚实、不正当或不轨企图促使风险事件发生；司机在驾驶过程中由于注意力分散增加了车祸发生的风险。

2.风险事件（事故）

风险事件是指造成损失的偶发事故。风险一般只是一种潜在的危险，它只有通过风险事件的发生才能导致损失。也就是说，风险事件是导致损失的直接原因，是风险与损失的媒介物。风险事件发生的根源主要有自然力作用、社会经济变动、人的行为等。火灾、洪水、车祸等都是导致财产损失的风险事件。

3.损失

在风险管理中，损失包括两个方面的内容：一是非故意的、非预期的和非计划的；二是经济价值（即能以货币衡量的价值）的减少，两者缺一不可。损失可分为直接损失和间接损失两种类型。直接损失是指风险事件导致的财产损毁和人身伤害，这类损失又称为实质损失；间接损失则是指由直接损失引起的其他损失，即派生损失，包括额外费用损失、收入损失和责任损失等。间接损失有时大于直接损失。

4.风险因素、风险事件（事故）、损失三者之间的关系

三者之间的关系可概括为：风险因素、风险事件和损失相互依存、相互作用，风险因素引起风险事件发生或增加其发生的概率；风险事件的发生造成损失；损失的发生使风险因素和风险事件得以呈现或暴露，使风险最终形成。

二、风险管理的演进及定义

（一）风险管理的演进

18世纪，法国著名的"经营管理之父"法约尔首次把风险的管理列为企业管理的重要职能。其目标在于通过对风险进行认识，之后能够采取一定的具体措施来降低企业风险发生的频率以及损失的大小。

风险管理于20世纪30年代在美国兴起。1929年－1933年世界性经济危机爆发，美国约有40%左右的银行和企业受到影响而破产，经济倒退了约20年。美国企业为应对经营上的危机，许多大中型企业都在内部设立了有关组织机构——保险管理部门，负责安排企业的各种保险项目。当时风险管理的方式主要依赖保险手段。二战以后，随着人类大量开发利用新技术、新材料和新能源，社会经济得到了全面发展的同时，也给社会带来了新的风险。这种威胁促使美国企业对风险管理开始走向科学化，并逐步积累了丰富的经验。

风险管理正式形成于20世纪50年代。1953年8月3日，美国通用汽车公司的自动变速装置失火，造成5 000万美元的巨额损失，这场灾难震动了美国的企业界和学术界，成为风险管理科学发展的契机。美国各研究机构加强了对风险管理理论的研究，同时，美国的大中企业也纷纷设立风险管理部门及风险经理职务，专门从事风险管理实践工作。风险管理发展成为一门学科，风险管理一词首先在美国正式形成。

20世纪70年代以后，风险管理在全世界范围内得到传播。随着企业面临的风险变得复杂多样和风险费用的增加，美国、英国、法国、德国、日本等国家先后建立起全国性和地区性的风险管理协会，从事风险管理理论与实践的研究。1983年在美国召开的风险和保险管理协会年会上，世界各国专家学者共同讨论并通过了"101条风险管理准则"，成为各国风险管理的一般准则，标志着风险管理进入了一个新的发展阶段。1986年，由欧

洲11个国家共同成立的"欧洲风险研究会"将风险研究扩大到国际交流范围。同年10月，风险管理国际学术讨论会在新加坡召开，风险管理已经由环大西洋地区向亚洲太平洋地区发展。

我国风险管理研究与实践起步较晚，中国大部分企业缺乏对风险管理的认识，也没有建立专门的风险管理机构。直到20世纪80年代中期，一些学者将风险管理和安全系统工程理论引入中国，使其在理论与实践领域得到较快发展。2006年6月，我国国务院国有资产监督管理委员会印发《中央企业全面风险管理指引》（国资发改革〔2006〕108号），要求中央企业根据自身实际情况开展全面风险管理工作。《中央企业全面风险管理指引》是我国第一个权威性的风险管理框架，标志着我国的风险管理理论和实践进入了一个新的历史阶段，对于中央企业建立健全风险管理长效机制，防止国有资产流失，促进企业持续、健康、稳定发展，保护投资者利益，都具有积极的意义。2019年10月，我国国务院国有资产监督管理委员会印发《关于加强中央企业内部控制体系建设与监督工作的实施意见》，其为我国国有企业构建严格、规范、全面、高效的内控体系提供了有效指引，督促国有企业基于内部控制、风险管理、合规管理的具体要求，以制度建设为前提，构建职责清晰、有效制衡的组织体系，充分发挥内控体系对企业风险防控、高质量发展的重要保障作用。

（二）风险管理的定义、特征及目标

1. 风险管理的定义、特征

关于风险管理的概念，不同的研究者、研究机构基于不同的角度给出了不尽相同的定义。

早期比较有影响的风险管理定义由美国学者威廉姆斯和汉斯在1964年出版的《风险管理和保险》中提出：风险管理是通过对风险的识别、衡量和控制，以最小的成本使风险损失降到最低程度的管理方法。

2004年9月，美国COSO委员会发布的《企业风险管理——整合框架》中指出："企业风险管理是一个过程。这个过程受董事会、管理层和其他人员的影响。这个过程从企业战略制定一直贯穿到企业的各项活动中，用于识别那些可能影响企业的潜在事件并管理风险，使之在企业的风险偏好之内，从而合理确保企业取得既定的目标"。

2006年6月，我国国资委印发的《中央企业全面风险管理指引》对风险管理的定义是："全面风险管理，指企业围绕总体经营目标，通过在企业管理的各个环节和经营过程中执行风险管理的基本流程，培育良好的风险管理文化，建立健全全面风险管理体系，包括风险管理策略、风险理财措施、风险管理的组织职能体系、风险管理信息系统和内部控制系统，从而为实现风险管理的总体目标提供合理保证的过程和方法。"

这一定义体现了企业风险管理的主要特征，包括以下五个方面：

（1）战略性。风险管理主要运用于企业战略管理层面，站在战略层面整合和管理企业层面风险是全面风险管理的价值所在。

（2）全员性。企业全面风险管理是一个由企业治理层、管理层和所有员工参与，旨在把风险控制在风险容量以内，增进企业价值的过程。只有将风险意识转化为全体员工的共同认识和自觉行动，才能确保风险管理目标的实现。

（3）专业性。风险管理由专业人才实施专业化管理。

（4）二重性。企业全面风险管理的商业使命表现在：损失最小化管理；不确定性管理；绩效最优化管理。当风险损失不能避免时，尽量减少损失至最小化。风险损失可能发生可能不发生时，设法降低风险发生的可能。风险预示着机会时，化风险为增进企业价值的机会。全面风险管理既要管理纯粹的风险，也要管理机会风险。

（5）系统性。企业健全的全面风险管理体系应当包括：风险管理策略、风险理财措施、风险管理的组织职能体系、风险管理信息系统和内部控制系统。从而为实现风险管理的总体目标提供合理保证。

2.风险管理的目标

传统的风险管理目标是转移或避免风险，重点放在对公司行为的监督和检查上，一般与实现公司战略目标没有关系。全面风险管理则紧密联系企业战略，为实现公司总体战略目标寻求风险优化措施。我国《中央企业全面风险管理指引》设定了如下风险管理总体目标：

（1）确保将风险控制在与公司总体目标相适应并可承受的范围内；

（2）确保内外部，尤其是企业与股东之间实现真实、可靠的信息沟通，包括编制和提供真实、可靠的财务报告；

（3）确保遵守有关法律法规；

（4）确保企业有关规章制度和为实现经营目标而采取的重大措施的贯彻执行，保障经营管理的有效性，提高经营活动的效率和效果，降低实现经营目标的不确定性；

（5）确保企业建立针对各项重大风险发生后的危机处理计划，保护企业不因灾害性风险或人为失误而遭受重大损失。

我国《企业内部控制基本规范》第五条规定，"风险评估是企业及时识别、系统分析经营活动中与实现内部控制目标相关的风险，合理确定风险应对策略"。可见，风险评估包括了风险管理的全过程，即由目标设定、风险识别、风险分析和风险应对构成。下面分节介绍相关内容。

第二节 目标设定

一、目标设定的含义

企业目标是由企业最高决策层在企业使命指导下，制定的预期欲达到的规划或者目的。一个企业只有目标明确，才有前进的方向，才有凝聚力、战斗力，企业才能逐步发展壮大。《企业内部控制基本规范》第二十条规定，"企业应当根据设定的控制目标，全面系统持续地收集相关信息，结合实际情况，及时进行风险评估"。由此可见，目标设定是企业在识别和分析实现目标的风险并采取行动来管理风险之前，采取恰当的程序去设定目标，确保所选定的目标支持和切合企业的发展使命，并且与企业的风险承受能力相一致。目标设定是风险评估的起点，是风险识别、风险分析和风险应对的前提。必须先有目标，管理当局才能识别影响目标实现的潜在事项。

《企业内部控制基本规范》第三条规定，"内部控制的目标是合理保证企业经营管理合法合规、资产安全、财务报告及相关信息真实完整，提高经营效率和效果，促进企业实现发展战略"。在五大控制目标中，战略目标是最高层次的目标，经营目标、合规目标、资产目标与报告目标是建立在战略目标基础上的业务层面目标。

企业目标分为三个层次：战略目标、业务层面目标和风险承受能力。企业目标设定流程如图3-1所示。

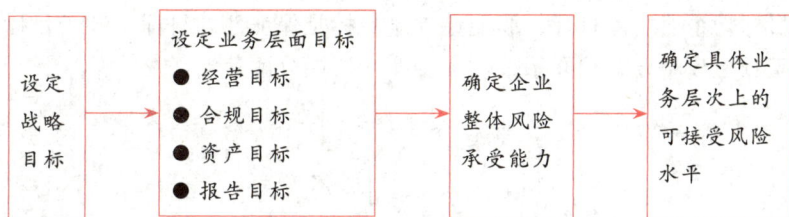

```
┌────────┐     ┌──────────────────┐     ┌────────┐     ┌──────────┐
│        │     │ 设定业务层面目标  │     │        │     │ 确定具体业│
│  设定  │     │ ● 经营目标        │     │ 确定企业│     │ 务层次上的│
│  战略  │────>│ ● 合规目标        │────>│ 整体风险│────>│ 可接受风险│
│  目标  │     │ ● 资产目标        │     │ 承受能力│     │ 水平      │
│        │     │ ● 报告目标        │     │        │     │          │
└────────┘     └──────────────────┘     └────────┘     └──────────┘
```

图3-1　企业目标设定流程

二、战略目标的设定

（一）战略目标的定义

企业战略目标是企业使命的具体化和定量化，是企业的奋斗纲领，是衡量企业一切工作是否实现企业使命的标准，是对企业战略经营活动预期取得的主要成果的期望值，是企业经营战略的核心。企业的战略目标反映了管理者就怎样为所有者和相关利益者创造价值所作的选择，是最高层次的目标，体现了所有者的意志，规定了全体员工努力的方向和程度，并且与企业的使命相关联。与企业使命不同的是，战略目标有具体的数量特征和时间界限，一般为3—5年或更长。战略是为达到其战略目标而采取的行为。企业的战略目标是多元化的，既包括经济目标，又包括非经济目标；既包括定性目标，又包括定量目标。

企业制定合理的战略目标具有重要作用，主要表现为：

（1）战略目标能够实现企业外部环境、内部条件和企业能力三者之间的动态平衡，使企业获得长期稳定和协调的发展。

（2）战略目标能够使企业使命具体化和数量化，使企业的战略任务得以落实。

（3）战略目标为战略方案的决策和实施提供了评价标准和考核的依据。

（4）战略目标能使企业中的各项资源和力量集中起来，减少企业内部冲突，提高管理效率和经济效益。

战略目标具有长远性、方向性和全面性，企业制定了战略目标之后，就必须考虑实现战略目标的各种方案，同时考虑伴随各种方案的风险及其影响程度。

一个既定的战略目标可以通过若干不同的方案来实现，但方案不同所面临的风险就不一样。这样，企业在确定每一个实现战略目标的具体方案时，必须对风险进行评估，分析该方案产生风险的内部、外部因素，发生的概率有多少，企业的承受能力如何等等，这样评估之后，就能正确认识该方案的可行性。

（二）战略目标体系

企业战略目标不止一个，而是由若干目标项目组成的一个战略目标体系。战略目标体系的建立需要所有管理者的参与。整个企业的战略目标体系分解成各个职能部门和低层管理者的明确具体的分目标，在整个企业中就会形成一种以结果为导向的氛围。各个职能部门中每一个员工都奋力完成其职责范围内的任务，从而为企业业绩目标和企业使命的实现做出应有的贡献。下面从纵、横两个方向来分解战略目标体系。

1.从纵向上看，企业的战略目标体系可以分解成一个树形图

企业战略目标体系（纵向）如图3-2所示。图中，在企业使命的基础上制定企业的总战略目标，并且为了保证总战略目标的实现，将其层层分解为各职能性战略目标。可以说，总战略目标是企业主体目标，职能性战略目标是保证性的目标。各子目标都应遵循企业的战略方案且与战略方案相联系，并在企业内层层分解落实。

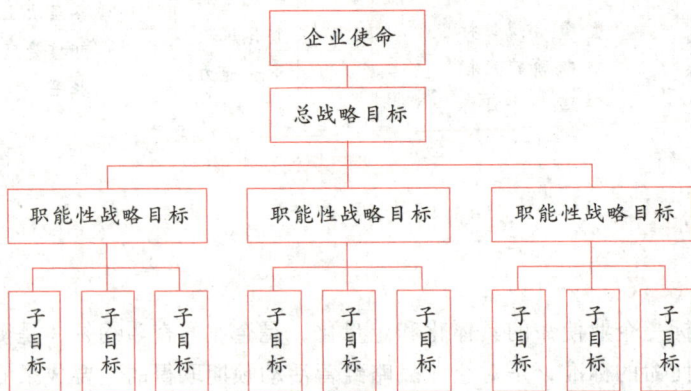

图3-2 企业战略目标体系（纵向）

2.从横向上看，企业的战略目标体系大致可以分成两类

企业战略目标体系（横向）见表3-1。

表3-1 　　　　　　　　　　　　　**企业战略目标体系（横向）**

分类	目标项目	目标项目的构成
业绩目标	收益性指标	资本利润率、销售利润率、资本周转率
	成长性指标	销售额成长率、市场占有率、利润增长率
	稳定性指标	自有资本比率、附加价值增长率、盈亏平衡点
能力目标	企业综合能力	战略决策能力、集团组织能力、企业文化、品牌商标
	研究开发能力	新产品比率、技术创新能力、专利数量
	生产制造能力	生产能力、质量水平、合同执行率、成本降低率
	市场营销能力	推销能力、市场开发能力、服务水平
	人事组织能力	职工安定率、职务安排合理性、直接间接人员比率
	财务管理能力	资金筹集能力、资金运用效率
社会贡献目标	顾客	提高产品质量、降低产品价格、改善服务水平
	企业职工	工资水平、职工福利、能力开发、士气
	股东	分红率、股票价格、股票收益性
	所在社区及其他社会群体	公害防治程度、利益返还率、就业机会、企业形象

（1）满足企业生存和发展的目标。这些目标项目又可以分解成业绩目标和能力目标两类。业绩目标主要包括收益性、成长性和稳定性指标等三类定量指标。能力目标主要包括企业综合能力、研究开发能力、生产制造能力、市场营销能力、人事组织能力和财务管理能力等一些定性和定量指标。

（2）满足与企业有利益关系的各个社会群体的目标。与企业有利益关系的社会群体主要有顾客、企业职工、股东、所在社区及其他社会群体。

案例3-1　　　　　　　　　　S公司的战略目标体系

S公司的战略目标体系如图3-3所示。

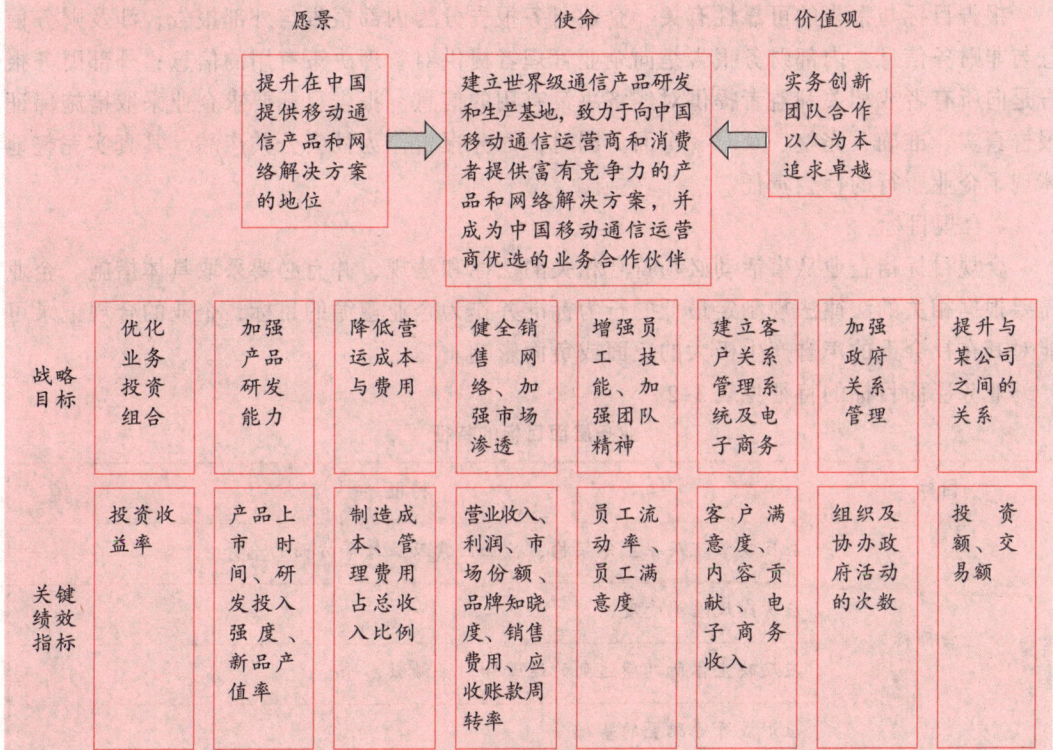

图3-3　S公司的战略目标体系

注：战略目标提供明确的目标导向；关键绩效指标提供可衡量的指标以保证战略目标的实现。

三、业务层面目标的设定

业务层面目标是指企业日常生产经营活动的目标，它是近期目标，一般都是一年内实现的目标，只有实现这些业务层面的目标，才能累积完成战略目标。这也叫做"大目标，小步走"，战略目标是由若干具体业务目标累积而成的，业务层面的目标制约或促进企业战略目标的实现。业务层面的目标可以分为以下四类：经营目标、资产目标、报告目标和合规目标。

1.经营目标

经营目标与企业经营的有效性和效率有关，包括业绩和盈利目标的实现，反映企业运营所处的特定经营环境、行业地位、企业优势和竞争压力等。经营目标来自公司的战略目标和战略计划，并与之紧密联系，是随着具体对象和不同时段制定的，经营目标应针对每个重要业务活动并与其他业务活动保持一致。经营目标明确，并且与子目标衔接恰当，能正确引导企业资源流向，是企业成功的基本前提。企业只有年年完成经营目标，才能保证战略目标的实现。

2.资产目标

资产目标主要是防止资产流失。要确保企业货币资金、实物资产的安全，防止其被挪用、转移、侵占、盗窃。同时保护实物资产，防止其被低价出售，还要充分发挥资产效能，提高资产管理水平。

3.报告目标

报告目标与报告的可靠性有关。企业财务报告分为内部报告与外部报告，涉及财务信息与非财务信息。内部财务报告是向企业管理者提供对管理决策有用的信息；外部财务报告是向所有者或相关利益者提供对经济决策有用的信息。报告目标要求企业采取措施保证报告真实、准确、完整、及时、全面。同时，财务报告作为社会公共产品，其真实完整地体现了企业履行的社会责任。

4.合规目标

合规目标指企业从事活动必须符合相关的法律和法规，并有必要采取具体措施。企业需要根据相关的法律法规制定最低的行为标准并作为企业遵循的目标，企业的合规记录可能对其在社会上的声誉产生极大的正面或负面影响。

业务层面目标的特征见表3-2。

表 3-2   业务层面目标的特征

目标	特征
经营目标	应反映管理层在主体架构、行业因素及业绩等方面的选择
	应考虑风险承受度
	应反映主体所期望达到的运营和财务绩效水平
	应形成资源配置的基础
资产目标	应反映资产在使用价值上的完整性
	应反映资产在价值量上的完整性
	应考虑风险承受度
报告目标	应符合适用的会计准则、外部标准和框架以及管理层的信息需要
	应考虑精确度水平、准确性要求以及重要性水平
	应反映主体的活动
合规目标	应反映外部法律法规及规章
	应考虑风险承受度

四、风险组合观、风险偏好与风险承受度

企业的战略目标设定应在风险承受范围之内，它反映企业的风险理念和管理哲学，也对企业文化与经营风格有影响，往往会指导企业资源的配置，以成功实施战略。在目标设定阶段需要解决风险管理的三个概念：风险组合观、风险偏好和风险承受度。一般来讲，风险偏好和风险承受度是针对公司的重大风险而言的，对企业的非重大风险的风险偏好和风险承受度不一定要十分明确，甚至可以先不提出。

《企业内部控制基本规范》第二十五条规定"企业应当合理分析、准确掌握董事、经理及其他高级管理人员、关键岗位员工的风险偏好，采取适当的控制措施，避免因个人风险偏好给企业经营带来重大损失。"企业风险管理是在机遇和风险中寻求平衡点，以实现企业价值最大化的目标。风险偏好和风险承受度概念提出的意义在于研究企业风险和收益的关系，明确了企业的风险偏好和风险承受度，企业就能够把握在风险和收益之间如何选择平衡点。

1.风险组合观

风险管理要求企业管理者以风险组合的观点看待风险，对相关的风险进行识别并采取措施使企业所承担的风险保持在风险偏好的范围内。对企业内每个部门而言，其风险可能落在该部门的风险容忍度范围内，但从企业总体来看，总风险则有可能超过企业总体的风险偏好范围。因此，应从企业总体的风险组合的观点看待风险。

2.风险偏好

风险偏好即风险态度，指企业在实现其目标的过程中愿意接受的风险的数量。企业在制定战略时，应考虑将该战略的既定收益与企业的风险偏好结合起来，目的是要帮助企业的管理者在不同战略间选择与企业的风险偏好相一致的战略。风险偏好是一个企业运营风格的体现，受到企业利益相关各方价值取向和利益追求方式的影响和调节。例如：应当保持多高的资产负债率？

企业的风险偏好可分为三类：风险厌恶、风险中立和风险追求，由董事会确定。企业的风险偏好会因其目标、文化以及整个商业环境条件的不断变化而有所不同。风险偏好应当处于企业的风险可承受范围之内。

3.风险承受度

风险承受度指在企业目标实现过程中对差异的可接受程度，是企业在风险偏好的基础上设定的对相关目标实现过程中所出现差异的可容忍限度。例如：资产负债率高到什么时候，我们就需要停止投资？

风险承受度包括：整体风险承受能力和业务层面的可承受风险水平。企业可承受的风险水平应尽可能用定量表示，主要决定因素包括：财务实力是否雄厚、运营能力是否高效、企业及品牌声誉是否坚不可摧、企业营运市场的竞争能力、管理者的风险态度等。可承受的风险水平反映了企业增长、风险和报酬之间可接受的平衡。

此外，在确定各目标的风险承受度时，企业应考虑相关目标的重要性，并将其与企业风险偏好联系起来。企业在风险承受能力之内经营，能够使其在风险偏好之内向管理层提供更大的保证，进而对企业实现其目标提供更高程度的保证。可以将风险承

受度作为企业采取行动的预警指标，企业可以设置若干承受度指标，以显示不同的警示级别。

—— **第三节　风险识别**

一、风险识别的含义

风险识别是对企业面临的各种潜在事项进行确认。所谓潜在事项，即风险，是指对来自于企业内部和外部可能影响企业战略的执行和目标的实现的一件或者一系列偶发事项。企业应采用一系列技术来识别有关事项并考虑有关事项的起因，并对企业过去和未来的潜在事项以及事项的发生趋势进行计量，确定是否是机会或者会对企业成功实施战略和实现目标的能力产生负面影响。风险既包括整体业务层面较为重大的风险，也包括单个业务或项目层面的次要风险。

《企业内部控制基本规范》第二十一条规定，"企业开展风险评估，应当准确识别与实现控制目标相关的内部风险和外部风险，确定相应的风险承受度"。《企业内部控制基本规范》第二十七条规定，"企业应当结合不同发展阶段和业务拓展情况，持续收集与风险变化相关的信息，进行风险识别和风险分析，及时调整风险应对策略"。由此可见，风险识别是风险评估的基础，为风险分析和风险应对提供依据。风险识别是一项动态的、连续不断的、系统性的重复过程。风险识别能否全面地识别出企业面临的潜在风险，直接影响风险评估的质量以及内部控制目标的实现。

风险识别所要回答的问题是：存在哪些风险？引起风险的主要原因有哪些？运用哪些方法进行风险识别？如何记录、描述风险？

二、风险识别的两个环节

风险识别过程包括收集风险管理初始信息进行风险辨识和分析引起风险事故的各种因素两个环节：

（1）收集风险管理初始信息进行风险辨识，即广泛地、持续不断地收集与本企业风险和风险管理相关的内部、外部初始信息，包括历史数据和未来预测。查找有无风险，有哪些风险。收集初始信息的职责分工应落实到各有关职能部门和业务单位。

（2）分析引起风险事故的各种因素，即明确风险发生的原因和条件，以及风险的性质。它是风险识别的关键。

（一）收集风险管理初始信息进行风险辨识

企业风险按来源可以划分为外部风险和内部风险。外部风险来自企业经营的外部环境，包括外部环境本身和外部环境的变化对企业目标的影响。自然环境风险、政治风险、市场风险、法律风险与合规风险等是企业常见的外部风险。内部风险来源于企业的决策和经营活动，表现为与外界环境不相适应，或表现在企业本身的经营活动中，是来自企业各个流程和各个部门的风险。战略风险、财务风险、运营风险是企业常见的内部风险。

1.外部风险

（1）自然环境风险。

自然环境风险是指企业由于其自身或影响其业务的其他方造成的自然环境破坏而承担损失的风险。自然环境风险通常表现为：

❶ 企业自身对自然环境造成的直接影响。如烟囱产生的空气污染、垃圾处理场的废物倾倒等产生的环境破坏。

❷ 企业与客户和供应商之间的联系而对自然环境造成的间接影响。如企业的产品达到了使用寿命，产品的处理产生的自然环境问题，比如核废弃物。

（2）政治风险。

政治风险是指完全或部分由政府官员行使权力和政府组织的行为而产生的不确定性。虽然政治风险更多地与海外市场风险有关，但这一定义适用于国内外所有市场。政治风险通常表现为：

❶ 限制投资领域。如A国政府出台法规，限制B国企业对A国的敏感技术领域进行投资。

❷ 设置贸易壁垒。如U国政府制定政策，限制本国高新技术产品（包括半导体、计算机、芯片等）的出口。

❸ 外汇管制规定。如C国政府通过法令对外汇汇出境外进行限制。

❹ 进口配额和关税。如E国政府对我国出口该国的相关产品征收高额进口关税。

❺ 组织结构及要求的最低持股比例。如C国政府要求合资企业中本土企业持股比例不低于50%。

❻ 限制向东道国的银行借款。如W国政府限制本国银行向外资企业提供贷款。

❼ 没收资产。如T公司宣布，将关闭在W国的业务，W国出于国家利益考虑，没收了其在该国的资产。

（3）市场风险。

市场风险是指企业所面对的外部市场的复杂性和变动性所带来的与经营相关的风险，会对企业实现其既定目标（如利润）带来不利影响。依据《中央企业全面风险管理指引》，市场风险通常表现为：

❶ 产品或服务的价格及供需变化带来的风险；

❷ 能源、原材料、配件等物资供应的充足性、稳定性和价格变化带来的风险；

❸ 主要客户、主要供应商的信用情况带来的风险；

❹ 税收政策和利率、汇率、股票价格指数的变化带来的风险；

❺ 潜在竞争者、竞争者及其主要产品、替代品情况带来的风险。

（4）法律风险与合规风险。

法律风险是指企业在经营过程中因自身经营行为的不规范或者外部法律环境发生重大变化而造成不利法律后果的可能性。合规风险指因违反法律或监管要求而受到制裁、遭受金融损失以及因未能遵守所有适用法律、法规、行为准则或相关标准而给企业信誉带来损失的可能性。

法律风险和合规风险两者既有重合，又各有侧重。法律风险侧重于商事活动，主要是依据普适性的法律规定，如《民法典》等，侧重于行为人对民事赔偿责任的承担。合规风险突出表现在监管机关的行政处罚、重大财产损失和声誉损失上，如吊销营业执照许可证、对高管个人责任的追究。侧重于行政责任和道德责任的承担。如某造纸企业向河流排污，受到环保部门处罚，属于合规风险；其排污行为导致某水产养殖中心的鱼死亡，被法院判令经济赔偿，属于法律风险。

依据《中央企业全面风险管理指引》，法律风险与合规风险通常表现为：

❶ 国内外与企业相关的政治、法律环境可能引发的风险；

❷ 影响企业的新法律法规和政策可能引发的风险；

❸ 员工的道德操守可能引发的风险；

❹ 企业签订的重大协议和有关贸易合同可能引发的风险；

❺ 企业发生重大法律纠纷案件的情况可能引发的风险；

❻ 企业和竞争对手的知识产权情况可能引发的风险。

（5）社会文化风险。

社会文化风险是指文化这一不确定性因素给企业经营活动带来的影响。社会文化风险通常表现为三类：跨国经营活动引发的文化风险；企业并购活动引发的文化风险；组织内部因素引发的文化风险。

❶ 跨国经营活动引发的文化风险通常表现为：东道国文化与母国文化的差异直接影响着跨国经营管理活动，双方难以相互认同对方的管理方法，构成经营中的文化风险。

❷ 企业并购活动引发的文化风险通常表现为：并购双方企业文化的差异直接影响达成组织目标共识，影响组织目标的实现。

❸ 组织内部因素引发的文化风险通常表现为：组织内部员工可能涉及多个地区或民族，会因文化观念或宗教信仰等不同产生文化风险；组织内部的价值观念、经营思想与决策方式不断面临冲击，进而在组织内部也会引发多种文化的碰撞。

（6）技术风险。

技术风险有广义与狭义之分。广义的技术风险是指某一种新技术给某一行业或某些企业带来增长机会的同时，可能对另一行业或另一些企业形成巨大威胁。狭义的技术风险是指技术在创新过程中，由于技术本身的复杂性和其他相关因素变化的不确定性而导致技术创新遭遇失败的可能性。

技术风险通常表现为三类：技术设计风险、技术研发风险和技术应用风险。

❶ 技术设计风险是指由于技术方案或系统总体设计不合理致使技术及技术系统存在先天"缺陷"或创新能力不足而引发的各种风险。技术设计风险通常表现为：技术缺乏先进性、可行性等。

❷ 技术研发风险是指由于外界环境变化的不确定性、技术研发项目本身的难度和复杂性、技术研发人员自身知识和能力的有限性等可能导致技术的研发面临失败的危险。技术研发风险通常表现为：任务分工不合理、管理水平低、研发投入不足、研发队伍不稳定、专业人才缺乏等。

❸ 技术应用风险是指由于技术成果在产品化、产业化的过程中所带来的一系列不确定性的负面影响或效应。技术应用风险通常表现为：市场对新技术的接受程度不高、他人

的技术模仿行为、市场准入的技术门槛低、大量企业涌入导致竞争加剧等。

2.内部风险

（1）战略风险。

战略风险是指企业在战略管理过程中，由于内外部环境的复杂性和变动性，以及主体对环境的认知能力和适应能力的有限性，而导致企业整体性损失和战略目标无法实现的可能性及损失。依据《中央企业全面风险管理指引》，战略风险通常表现为：

❶ 国内外宏观经济政策以及经济运行情况、企业所在产业的状况、国家产业政策可能引发的风险；

❷ 科技进步、技术创新的有关内容可能引发的风险；

❸ 市场对该企业产品或服务的需求可能引发的风险；

❹ 与企业战略合作伙伴的关系、未来寻求战略合作伙伴的可能性引发的风险；

❺ 企业主要客户、供应商及竞争对手的有关情况可能引发的风险；

❻ 与主要竞争对手相比，企业实力与差距可能引发的风险；

❼ 企业发展战略和规划、投融资计划、年度经营目标、经营战略，以及编制这些战略、规划、计划、目标的有关依据可能引发的风险；

❽ 企业对外投融资过程中曾发生或易发生错误的业务流程或环节可能引发的风险。

（2）财务风险。

财务风险是指企业在生产经营过程中，由于内外部环境的各种难以预料或无法控制的不确定性因素的作用，使企业存在在一定时期内所获取的财务收益与预期收益发生偏差的可能性。财务风险是客观存在的，企业管理者对财务风险只能采取有效措施来降低风险，而不可能完全消除风险。依据《中央企业全面风险管理指引》，财务风险通常表现为：

❶ 负债、或有负债、负债率、偿债能力方面可能引发的风险；

❷ 现金流、应收账款及其占销售收入的比重、资金周转率方面可能引发的风险；

❸ 产品存货及其占销售成本的比重、应付账款及其占购货额的比重方面可能引发的风险；

❹ 制造成本和管理费用、财务费用、销售费用方面可能引发的风险；

❺ 盈利能力方面可能引发的风险；

❻ 成本核算、资金结算和现金管理业务中曾发生或易发生错误的业务流程或环节方面可能引发的风险；

❼ 与企业相关的产业会计政策、会计估计、与国际会计制度的差异及调节（如退休金、递延税项等）等方面可能引发的风险。

（3）运营风险。

运营风险是指企业在运营过程中，由于内外部环境的复杂性和变动性，以及主体对环境的认知能力和适应能力的有限性，而导致的运营失败或使运营活动达不到预期目标的可能性及损失。依据《中央企业全面风险管理指引》，运营风险通常表现为：

❶ 产品结构、新产品研发可能引发的风险；

❷ 新市场开发，市场营销策略，包括产品或服务定价与销售渠道、市场营销环境状

况等可能引发的风险；

❸企业组织效能，管理现状，企业文化，高、中层管理人员和重要业务流程中专业人员的知识结构、专业经验可能引发的风险；

❹期货等衍生产品业务中曾发生或易发生失误的流程和环节可能引发的风险；

❺质量、安全、环保、信息安全等管理中曾发生或易发生失误的业务流程或环节可能引发的风险；

❻因企业内、外部人员的道德风险使企业遭受损失或业务控制系统失灵可能引发的风险；

❼给企业造成损失的自然灾害以及除上述有关情形之外的其他纯粹风险；

❽对现有业务流程和信息系统操作运行情况的监管、运行评价及持续改进能力可能引发的风险；

❾企业风险管理的现状和能力可能引发的风险。

企业还要对收集的初始信息进行必要的筛选、提炼、对比、分类、组合，以便进行风险评估。

（二）分析引起风险事故的各种因素

风险因素因企业的不同而不同，不同的风险产生的原因是不同的。根据唯物辩证法的观点，任何事物的产生和发展都是内因和外因共同作用的结果，因此，我们从内部和外部两个方面来识别诱发风险的因素。《企业内部控制基本规范》第二十二条、第二十三条列示了企业内外部的各种风险因素，这些风险因素具体转化为企业内部控制应用指引中的主要风险。在企业生产经营过程中，应将这些风险分类整理，形成企业风险清单。

1.识别内部风险关注的因素

（1）董事、监事、经理及其他高级管理人员的职业操守，员工专业胜任能力等人力资源因素。

（2）组织机构、经营方式、资产管理、业务流程等管理因素。

（3）研究开发、技术投入、信息技术运用等自主创新因素。其主要包括增加资源以应对批量变动、安全故障以及潜在的系统停滞等。它们会导致订货减少、欺诈性的交易以及不能持续经营业务等。

（4）财务状况、经营成果、现金流量等财务因素。

（5）营运安全、员工健康、环境保护等安全环保因素。其主要包括工作场所的意外事故、欺诈行为以及劳动合同到期等。它们会导致企业失去可利用的人员、货币性或者声誉性的损失以及生产中断等。

（6）其他有关企业识别内部风险的因素。

2.识别外部风险关注的因素

（1）经济形势、产业政策、融资环境、市场竞争、资源供给等经济因素。其主要包括价格变动、资本的可获得性等。它们会导致更高或更低的资本成本以及新的竞争者。

（2）法律、法规、监管要求等法律因素。其主要包括新的法律和监管等。它们会导致诸如对国外市场的新的开放或限制进入，或者更高或更低的税收。

（3）安全稳定、文化传统、社会信用、教育水平、消费者行为等社会因素。

（4）技术进步、工艺改进等科学技术因素。其主要包括电子商务的新方式等。它们会导致数据可取得性的提高、基础结构成本的降低以及对以技术为基础的服务的需求增加。

（5）自然灾害、环境状况等自然环境因素。其主要包括洪水、水灾或地震等。它们会导致建筑物的损失，限制获取原材料，或者人力资本的损失等。

（6）其他有关外部风险的因素。

需要指出的是，内外部风险与内外部风险因素并不是一一对应关系。也就是说，外部风险不一定全是由外部风险因素引起的，也可能是由内部风险因素引起的。内部风险也是同样。此外，各个风险因素并不是孤立存在的，可能彼此之间会形成联动效应。企业在风险识别过程中应当注意它们之间的关系。

》》案例3-2   T公司的风险类型

T公司属于建筑防水材料行业，是一家集研发、生产、销售、技术咨询和施工服务于一体的专业化建筑防水系统供应商。我国建筑防水行业是一个充分竞争性行业，由于行业分散、市场规模大，尽管经过了多年的竞争淘汰，行业集中度仍然很低。假定T公司在发展中遇到下述六种情况：

情况一：T公司在成立之初就重视研发的投入，虽然有一部分投入并没有转化为现实的技术或产品，但经过十余年的发展，该公司积累的技术和研发成果已经形成较为明显的竞争优势，形成强大的内生性发展动力，竞争对手在短期内无法超越，并且企业会更进一步加大研发力度。2023年公司品牌知名度和美誉度进一步提高，市场版图得到了大力扩张。

情况二：公司"渗透全国"的市场开发战略成效显著，市场领域已从局部市场走向全国市场，市场辐射能力大幅度提高。但随着公司大规模扩张计划的实施，公司现有的人员已无法满足迅速增长的人才需求，而新增员工可能短期内难以融合现有的企业文化，进而影响公司战略和经营目标的实现。

情况三：新产品和应用技术研发能力的提高，使公司产品线不断拓宽，系统集成优势更加明显，应用领域和市场空间不断得到拓展。作为行业内技术领先、产品结构完善的龙头企业，公司将享有更高的市场份额。

情况四：基础设施建设项目专业承包商与重点房地产开发商是公司的主要客户。这些建筑和工程项目客户往往要求供应商提供一定额度的垫资，且货款结算周期相对较长。由于公司业务增长较快，同时，在当前的招标模式下，客户将支付方式作为选择供应商的重要条款，导致公司应收账款余额增长过快，如果回款不及时将影响到公司的资金使用效率和资产的安全，进而影响公司的经营业绩。

情况五：公司主要原材料供应商比较稳定，近年来随着原材料采购量及产品种类的逐步增加，公司也相应增加了供应商数量，不存在单一供应商占公司采购比例超过30%或严重依赖少数供应商及客户的情况。但供应商数量的增多也带来了管理上的难题，有一部分供应商在履行合同方面存在拖期、以次充好等问题，给公司验收工作带来了压力。

情况六：公司主要原材料均属于石油化工产品，受国际原油市场的影响较大。因此，如果原材料市场价格出现较大幅度波动，将对该公司的盈利水平产生一定影响。

针对上述六种情况，我们分析T公司面临的风险类型有：

（1）市场风险。

❶能源、原材料、配件等物资供应的充足性、稳定性和价格的变化带来的风险。依据情况六中的表述："公司主要原材料均属于石油化工产品，……因此，如果原材料市场价格出现较大幅度波动，将对该公司的盈利水平产生一定影响"。

❷主要客户、主要供应商的信用风险。依据情况四中的表述："基础设施建设项目专业承包商与重点房地产开发商是公司的主要客户。……如果回款不及时将影响到公司的资金使用效率和资产的安全，进而影响公司的经营业绩"。依据情况五中的表述："……有一部分供应商在履行合同方面存在拖期、以次充好等问题……"。

（2）技术风险。依据情况一中的表述："T公司在成立之初就重视研发的投入，虽然有一部分投入并没有转化为现实的技术或产品……"。

（3）运营风险。依据情况二中的表述："……但随着公司大规模扩张计划的实施，公司现有的人员已无法满足迅速增长的人才需求……进而影响公司战略和经营目标的实现"。

（4）社会文化风险。依据情况二中的表述："……新增员工可能短期内难以融合现有的企业文化……"。

（5）财务风险。依据情况四中的表述："……这些建筑和工程项目客户往往要求供应商提供一定额度的垫资，且货款结算周期相对较长。……客户将支付方式作为选择供应商的重要条款，导致公司应收账款余额增长过快，如果回款不及时将影响到公司的资金使用效率和资产的安全，进而影响公司的经营业绩"。

（6）战略风险。依据情况二中的表述："随着公司大规模扩张计划的实施，公司现有的人员已无法满足迅速增长的人才需求，而新增员工可能短期内难以融合现有的企业文化，进而影响公司战略和经营目标的实现"。

三、风险识别的方法

风险识别的方法就是收集和分析风险信息的方法和技术。《企业内部控制基本规范》第二十四条、《中央企业全面风险管理指引》第二十一条都提出应将定性与定量方法相结合。我们这里重点介绍以下几种方法：

（一）现场调查法

现场调查法是指企业风险管理部门、保险公司、有关咨询机构等，就风险主体可能遭遇的风险进行详尽的调查，并出具调查报告书，供风险管理者参考的一种识别方法。现场调查法通过直接观察风险主体的设备、设施和操作等，了解风险主体的活动和行为方式，发现潜在的风险隐患。

现场调查法的主要优点是：

❶可以获得风险主体单位风险活动的现场第一手调查资料；

❷可以了解风险评估的资信状况（对保险来说）；

❸可以防止风险事故的发生。

局限性是：

❶耗费的时间较多；

❷管理成本较高；

❸调查人员的风险管理水平决定了调查的结果。

（二）头脑风暴法

头脑风暴法，也称集体讨论法。其是由指定的主持人提出与风险有关的问题，然后要求小组成员依次在第一时间给出问题的看法。之后由风险管理小组对集体讨论后识别的所有风险进行复核，并且认定核心风险。头脑风暴法适用于充分发挥专家意见，在风险识别阶段进行定性分析。

头脑风暴法的主要优点是：

❶激发了想象力，有助于发现新的风险和全新的解决方案；

❷让主要的利益相关者参与其中，有助于进行全面沟通；

❸速度较快并易于开展。

局限性是：

❶参与者可能缺乏必要的技术及知识，无法提出有效的建议；

❷由于头脑风暴法相对松散，因此较难保证过程的全面性；

❸可能会出现特殊的小组状况，导致某些有重要观点的人保持沉默而其他人成为讨论的主角；

❹实施成本较高，要求参与者有较好的素质，否则会影响头脑风暴法实施的效果。

> **案例 3-3　　　　　　　头脑风暴法的运用**
>
> 因每年大雪压断供电线路而给美国的西部供电公司带来了巨大的经济损失，于是公司每年给供电线路扫雪，耗费了大量的人力，但根本无济于事，大家都为此焦头烂额。
>
> 公司召开大会讨论问题的解决方案。大会上大家开始头脑风暴，按照头脑风暴的原则，以量求质、延迟评判、组合运用，在热烈的风暴过程中，轮到一组中的一个员工提出方案时，因为实在想不到什么了，就半开玩笑地说："我没什么办法了，叫上帝拿个扫把打扫多好！"。这时同组另一个员工顿时醒悟："就给上帝一个扫把！"大家还没明白过来，他直接解释道："让直升飞机沿线路飞行，直升飞机产生的巨大风力可以吹散线路上的积雪！"公司领导立即拍板，并给执行扫雪任务的飞机取名"上帝"号，真正成了让"上帝"来扫雪。
>
> 从此西部供电公司解决了一个大难题，每年仅此一项就节约了几百万美元的开支，节省了大量的人力，创造了良好的社会效益。
>
> 头脑风暴法的激发机理之一是联想反应。联想是产生新观念的基本过程，在集体讨论问题的过程中，每提出一个新的观念，都能引发他人的联想，相继产生一连串的新观念，产生连锁反应，形成新观念堆，为创造性地解决问题提供了更多的可能性。

（三）德尔菲法

德尔菲法又名专家意见法，是由美国著名咨询机构兰德公司于20世纪50年代初发明的，是一种定性的、依靠人类的直观力对风险进行识别的方法。德尔菲法是在一组专家中取得可靠共识的程序，其基本特征是专家单独、匿名表达各自的观点，同时随着过程的进展，他们有机会了解其他专家的观点。德尔菲法采用背对背的通信方式征询专家小组成员的意见，专家之间不得互相讨论，不发生横向联系，只能与调查人员联系。通过反复填写问卷，搜集各方意见，以形成专家之间的共识。德尔菲法适用于在专家一致性意见的基础上，在风险识别阶段进行定性分析。

德尔菲法的主要优点是：

❶由于观点是匿名的，因此更有可能表达出那些不受欢迎的看法；

❷所有观点有相同的权重，避免了重要人物占主导地位的问题；

❸专家不必一次聚集在某个地方，比较方便；

❹这种方法具有广泛的代表性。

局限性是：

❶权威人士的意见影响他人的意见；

❷有些专家碍于情面，不愿意发表与其他人不同的意见；

❸出于自尊心而不愿意修改自己原来不全面的意见；

❹过程比较复杂，花费时间较长。

> **案例 3-4**　　　　　　　　**德尔菲法的运用**
> 　　Z公司是一家国内知名的互联网企业。Z公司自去年以来推出了多款新的互联网金融产品，为了消除部分客户对其产品风险的质疑，Z公司组织了来自学术界、企业界以及政府相关职能部门的专家，通过以电子信箱发送问卷的调查方式征询专家对公司产品风险的意见。Z公司采用的风险管理技术与方法是德尔菲法，这种方法中权威人士的意见不会影响他人的意见，更有可能表达出那些不受欢迎的观点。

（四）流程图分析法

流程图分析法是对流程的每一阶段、每一环节逐一进行调查分析，从中发现潜在风险，找出导致风险发生的因素，分析风险产生后可能造成的损失以及对整个组织可能造成的不利影响。流程图是指使用一些标准符号代表某些类型的动作，直观地描述一个工作过程的具体步骤。在企业风险识别过程中，运用流程图绘制企业的经营管理业务流程，可以将对企业各种活动有影响的关键点清晰地表现出来，结合企业中这些关键点的实际情况和相关历史资料，就能够明确企业的风险状况。流程图分析法适用于通过业务流程图的方法，对企业生产或经营中的风险及其成因进行定性分析。

流程图分析法是识别风险最常用的方法之一。流程图分析法的主要优点：清晰明了，易于操作，且组织规模越大，流程越复杂，流程图分析法就越能体现出其优越性。通过业务流程分析，可以更好地发现风险点，从而为防范风险提供支持。

局限性是：

❶流程图需要准确地反映企业生产经营活动的全貌，不得有疏漏和错误，流程图的准确性决定了风险管理部门识别风险的准确性；

❷流程图识别风险的管理成本比较高，绘制要耗费时间，该方法的使用效果依赖于专业人员的水平；

❸不能进行定量分析判断风险发生的可能性。

（五）财务报表分析法

财务报表是企业所有经营活动的缩影，对财务报表的分析有助于识别经营风险可能的来源。财务报表分析法就是指通过对资产负债表、利润表、现金流量表和其他附表等财务信息的分析来识别风险事项。这种方法是由A.H.克里德尔于1962年提出的。克里德尔认为，通过分析资产负债表等财务报表和相关的支持性文件，风险管理人员可以识别风险主体的财产风险、责任风险和人力资本风险等。财务报表分析法适用于在风险识别阶段进行定量分析。

财务报表分析法包括比较分析法、结构百分比分析法、趋势分析法、比率分析法、因素分析法和杜邦分析法。

（1）比较分析法，又称横向分析，是指对前后两期财务报表间相同项目进行比较分析。其可以揭示各项目在这段时期内所发生的绝对金额变化和百分比变化情况。

（2）结构百分比分析法，又称纵向分析，是指同一期间财务报表中不同项目间的比较与分析，主要是通过编制百分比报表进行分析。其可以揭示出各个项目的数据在公司财务报表中的相对意义，便于不同规模的公司之间进行比较。

（3）趋势分析法，是指将连续多年的财务报表的数据集中在一起，选择其中某一年份作为基期，计算每一期间各项目对基期同一项目的百分比或指数。其可以揭示各期间财务状况的发展趋势。

（4）比率分析法，是指利用财务报表上的相关财务数据计算出各种财务比率指标进行分析。其具体包括：盈利能力分析；资产管理效率分析（周转率分析、营运能力分析）；偿债能力分析；增长能力分析；市场价值比率分析；现金流量能力分析等。可以揭示同一张财务报表中不同项目之间或不同财务报表的有关项目之间所存在的内在联系，以分析企业财务状况和经营成果，了解企业发展前景。

（5）因素分析法，是指利用各种因素之间的数量依存关系，通过因素替代，从数额上测定各因素变动对某项综合性经济指标的影响程度。具体方法有两种：连环替代法和差额分析法。其可以揭示各个因素对财务指标的影响。

（6）杜邦分析法，又称杜邦分析体系，是美国杜邦公司通过深入研究企业各财务比率之间的内在联系而建立起来的一个模型，利用杜邦分析法进行分析，就是应用这种内在的联系建立起企业的综合评价体系，它能综合地分析和评价企业的财务状况和盈利能力。其基本思路是将核心指标企业净资产收益率逐级分解为多项财务比率的乘积，重点揭示企业获利能力及前因后果。杜邦分析法弥补了只能从某一特定角度就企业经营的某一方面进行分析的不足。它的价值在于系统全面地分析企业绩效，并抓住主要矛盾，直指要害。

财务报表分析法的主要优点是：

❶财务报表能综合反映一个风险管理单位的财务状况、经营成果和风险暴露情况；

❷信息客观、准确、清晰，容易被外部人员接受，具有较强的说服力。

局限性是：

❶专业性强，部分信息只有专业人员才能接受；

❷该种方法是以财务信息的真实性为基础来识别风险的，如果财务报表数据不真实，该种方法的应用将受到限制。

▶▶ **案例3-5**　　　　　　**M公司应用杜邦分析法识别风险**

M公司应用杜邦分析法对其2022年、2023年财务指标进行分析，如图3-4所示。

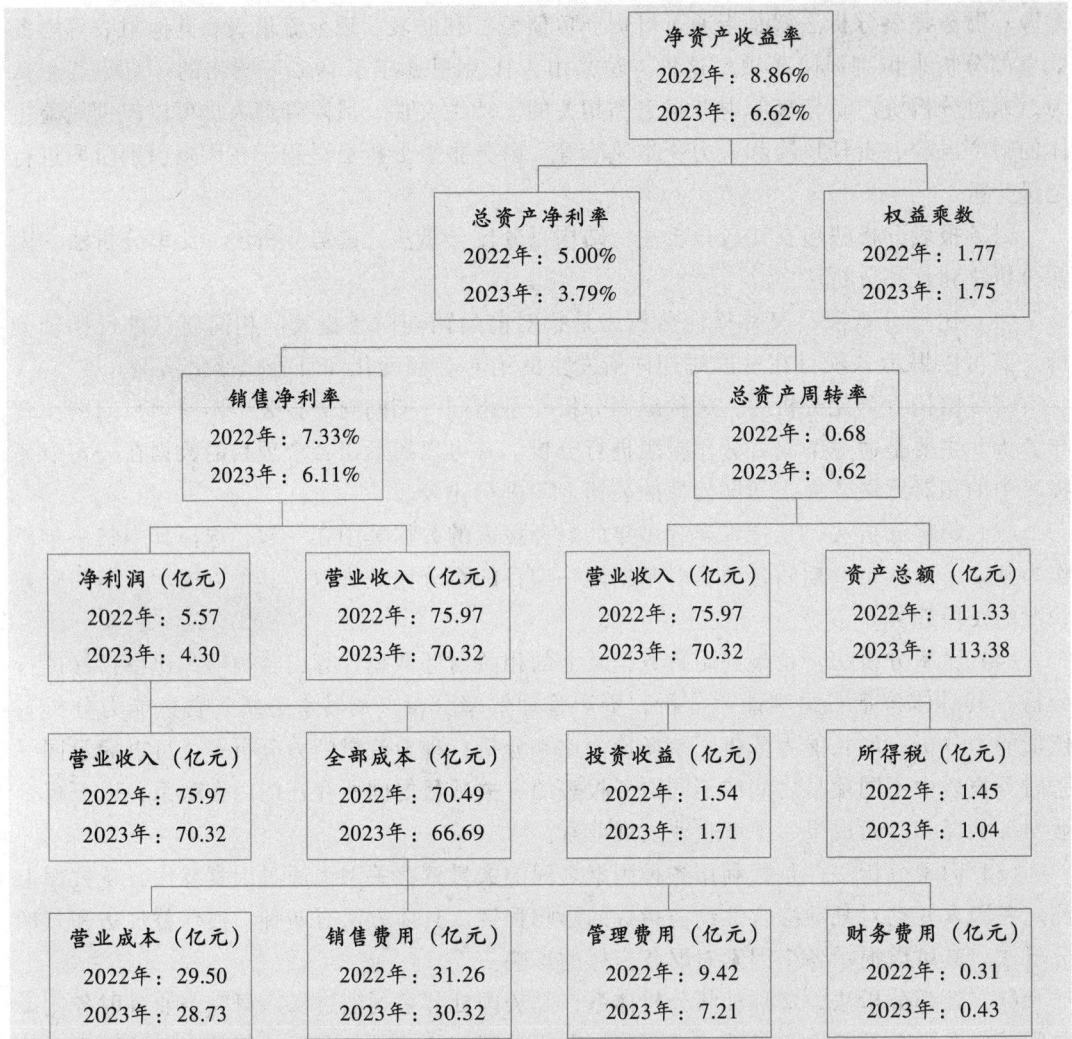

```
                    净资产收益率
                    2022年：8.86%
                    2023年：6.62%
                         │
        ┌────────────────┴────────────────┐
   总资产净利率                        权益乘数
   2022年：5.00%                      2022年：1.77
   2023年：3.79%                      2023年：1.75
        │
   ┌────┴────────────────────────┐
销售净利率                    总资产周转率
2022年：7.33%                 2022年：0.68
2023年：6.11%                 2023年：0.62
   │                             │
┌──┴──────┐              ┌───────┴───────┐
净利润（亿元）  营业收入（亿元）  营业收入（亿元）  资产总额（亿元）
2022年：5.57  2022年：75.97  2022年：75.97  2022年：111.33
2023年：4.30  2023年：70.32  2023年：70.32  2023年：113.38
   │
┌──┴──────────────────────┬──────────────┐
营业收入（亿元）  全部成本（亿元）  投资收益（亿元）  所得税（亿元）
2022年：75.97  2022年：70.49  2022年：1.54   2022年：1.45
2023年：70.32  2023年：66.69  2023年：1.71   2023年：1.04
              │
   ┌──────────┴──────────┬──────────────┐
营业成本（亿元）  销售费用（亿元）  管理费用（亿元）  财务费用（亿元）
2022年：29.50  2022年：31.26  2022年：9.42   2022年：0.31
2023年：28.73  2023年：30.32  2023年：7.21   2023年：0.43
```

图3-4　M公司2022年、2023年财务指标分析

由上图可知M公司2023年的净资产收益率为6.62%，较2022年的8.86%有所下降，通过分解可以明显看出，该企业的净资产收益率的减少是资本结构（权益乘数）减少和总资产利用效果（总资产净利率）减少这两个方面共同作用的结果。对总资产净利率进行拆分，可以发现公司2023年的销售净利率和总资产周转率同时下降，导致其总资产净利率和净资产收益率降低。总资产周转率的降低表明资金运用效率的降低，最终会影响公司的盈利能力。对销售净利率和总资产周转率进行拆分，可知2023年的净利润和营业收入较2022年有所下降，最终导致了净资产收益率的降低。

M公司要增强盈利能力，需要在提高营业收入上下功夫，同时也要保持较高的总资产周转率，这样，可以使销售净利率得到提高，进而使总资产净利率有较大提高，促进净资产净利率的提高。

（六）事件树分析法（ETA）

事故树分析法，是一种树状图，又称做故障树，是在风险辨识和分析中被广泛应用的一种分析方法。它利用图解的形式，将大的故障分解为各种小的故障，或对各种引起故障的原因进行分析。事件树分析法适用于在风险识别阶段进行定性和定量分析。

事故树分析法是从某一事故出发，运用逻辑推理的方法寻找引发事故的原因，即从结果推导出引发风险事故的原因。其理论基础是：任何一个事故的发生，必定是一系列事件按时间顺序相继出现的结果，前一事件的出现是随后事件发生的条件，在事件发展过程中，每一事件有两种可能的状态，即成功和失败。

事件树分析法的主要优点：

（1）事故树分析是一个动态的过程。事故的发生是一连串事件连续失败的结果，而且是一环扣一环，形成一个事故链。

（2）生动地体现了事件的顺序，可能指出防止事故发生的途径。

（3）能够找出消除事故的根本措施。

局限性是：

（1）事件树分析法作为综合评估方法，对一切潜在的初始事项都要进行识别，这可能需要使用其他分析方法（如危害及可操作研究法），但总有可能错过一些重要的初始事项。

（2）事件树只分析了某个系统的成功及故障状况，很难将延迟成功或恢复事项纳入其中。

（3）任何路径都取决于路径上以前分支点处发生的事项，因此，要分析各可能路径上的众多从属因素。但是，人们可能会忽视某些从属因素，如常见组件、应用系统以及操作员等。如果不认真处理这些从属因素，就会导致风险评估过于乐观。

>> **案例3-6**　　　　　　　　**行人过马路事故树分析**

行人过马路事故树分析如图3-5所示。

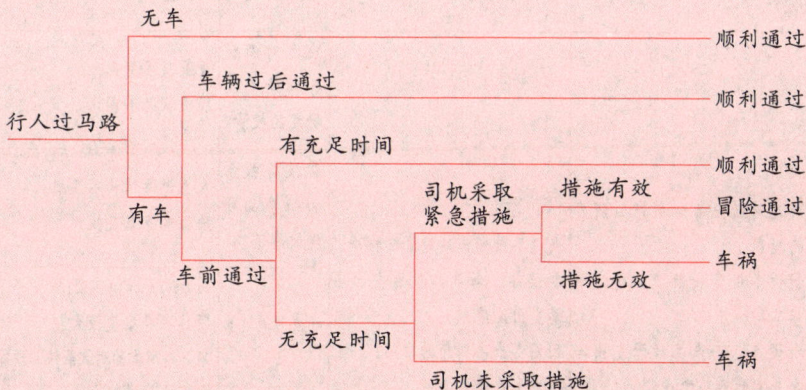

图3-5　行人过马路事故树分析

行人过马路事故树分析，按事件发展的时间顺序由初始事件开始推论可能的互斥性后果，从而进行危险源辨识。其以树状图形方式分析风险事件间的因果关系，生动地体现了事件的顺序，充分说明时机、依赖性以及很烦琐的多米诺效应，能够找出消除事故的根本措施。

四、风险清单举例（运营风险清单局部）

风险清单，是在风险识别的基础上，结合风险分析结果，从风险类型及定性、定量两方面的风险特征、风险因素、风险发生可能性的高低、风险一旦发生对目标的影响程度几方面对运营风险进行描述，形成企业运营风险清单。运营风险清单（局部），见表3-3。

表 3-3

风险清单（风险评估）

风险类型		定性描述	指标体系	风险描述	风险成因	可能性	影响性
......							
	五、供应链风险						
	10.供应商风险	缺乏战略联盟供应商；缺乏维护战略联盟关系的意识和措施；缺乏对供应商的信誉评价机制；材料采购未经严格的招投标程序	战略联盟合同的订单比率；每个供应商、每条商品线、每种产品或总体的无损失交付率；外购材料的不合格率；采购合同的招投标比率；供应商信誉评价机制		缺乏战略联盟供应商；缺乏对供应商的信誉评价机制；材料采购未经严格的招投标程序	极低	极低
					缺乏维护战略联盟关系的意识和措施	低	低
	11.成本管理风险	缺乏全面成本管理；全面成本管理机制执行不力	无效成本占销售总额比例；成本增长率与收入增长率的对比		缺乏全面成本管理	低	低
					全面成本管理机制执行不力	极低	极低
运营风险	12.物料管理风险	缺乏物料经济批量管理；物料供给市场不稳定；物料周转缓慢；物料损失严重；物料浪费严重	单位采购所需的成本；单位验收成本；单位运输成本；存货订购成本；原材料管理成本；自产材料不合格率；单位存储成本		物料浪费严重；缺乏物料经济批量管理；地处内陆，运输成本较高	低	低
	六、生产风险						
	13.新设备、新产品的研发风险	缺乏对新设备和新产品研发的投资；新设备投资和新产品研发效率不高；新设备、新产品投资支出与企业实际不匹配；研发时间过长；研发失败率高；缺乏开发新产品的意识；新产品开发支出大；新产品开发效率低；新产品不被市场接受	新设备或新产品投资回报率；新设备、新产品投资支出占总支出比率；研发支出占利息的比例；研发失败率；研发周期与同类型研发标准周期的比值；新产品开发支出占销售额的比率；新产品失败率	缺乏对新设备和新产品研发的投资	决策层不重视；经济状况不容许	极低	极高
				新设备投资和新产品研发效率不高	人力资源结构不匹配；项目本身难度较大	中等	高
				研发时间过长	人力资源结构不匹配；项目本身难度较大；不具备所需的测试条件、设备	中等	高
				研发失败率高	项目立项可行性分析不够；不具备所需的人员知识结构	高	高
				缺乏开发新产品意识	缺少相关市场信息；决策层支持程度不够；激励措施不够	低	极高
				新产品不被市场接受	新产品开发前市场调研不够充分；新产品性能上不具有明显优势；新产品定价过高	中等	极高

风险类型		定性描述	指标体系	风险描述	风险成因	可能性	影响性
运营风险	14.生产能力风险	没有充分利用工厂的有效生产能力；产量无法满足消费者的需求；扩大规模时无法开展差异化生产；扩大生产和销售规模导致规模不经济	生产负荷率；单位成本增加；产销率	没有充分利用工厂的有效生产能力；扩大生产和销售规模导致规模不经济	匹配性不足	低	低
	15.产品质量风险	缺乏产品质量监督意识和措施；产品质量低下；产品使用给消费者带来危害	每年产品出现问题的次数；每年顾客质量投诉次数；收到客户抱怨、退货、替换、产品责任索赔和诉讼等增多	缺乏产品质量监督意识和措施	产品质量监督意识薄弱，培训力度不足，规定不清楚	低	中等
				产品质量低下	原材料品质下降，设备老化、员工素质下降、产品性能下降	低	高
				产品使用给客户带来危害；质量协议	异物导致客户生产设备损伤、发错货导致客户生产没有原材料而停产；产品不满足协议要求	低	高

......

第四节 风险分析

一、风险分析的含义

根据《企业内部控制基本规范》第二十四条的规定，风险分析是指在风险识别的基础上，采用定性与定量相结合的方法，按照风险发生的可能性及其影响程度等，对识别的风险进行分析和排序，确定关注重点和优先控制的风险。企业进行风险分析，应当充分吸收专业人员，组成风险分析团队，按照严格规范的程序开展工作，确保风险分析结果的准确性。

风险分析是风险识别工作的延伸，是一个动态的周而复始的过程。风险分析的目的是衡量风险发生的可能性及风险发生时对企业的影响程度，在此基础上，根据风险分析的结果，依据风险的重要性水平，运用专业判断，按照风险发生的可能性大小及其对企业影响程度进行风险排序，并对风险状况进行综合评价，将比可接受风险要严重的次要风险从主要风险中分离出来，为合理制定风险管理策略与决定风险处理方案提供充足的依据。

风险分析是基于固有风险和剩余风险来进行分析，也就是既考虑固有风险，也考虑剩余风险。固有风险是在没有采取任何措施来改变风险的可能性或影响的情况下，企业所面临的风险。剩余风险是在风险应对之后所残余的风险。对剩余风险的分析是指对企业风险管理或日常的管理活动中采取应对措施之后的风险进行的评估。严格意义上来说，企业风险分析主要是对剩余风险的分析，因为作为一个企业不可能无任何管理，无任何防范风险的措施，只是有些是无意识地进行的。对风险应对之后的剩余风险进行分析，要将风险评估作为一个持续性和重复性的互动过程，不能将风险评估与一次性风险活动联系起来。无论是对固有风险的分析，还是对剩余风险的分析，都是从可能性和影响两个方面来进行的。

二、风险分析的内容

风险分析的内容包括：

（1）分析风险类型。

（2）分析风险发生的原因（即风险因素）。

（3）分析风险的可能性。

（4）分析风险可能产生的影响。

（5）分析风险的组合效应。

具体内容如下：

1.分析风险类型

对已识别的风险类型进行分类分析，明确描述风险类型及其特征。这项工作需要根据风险识别工作的详细程度进行，以避免重复。

2.分析风险发生的原因

对已识别风险发生的原因进行系统分析，确定风险产生的根源。分析时要注意针对性，针对具体风险来进行风险产生原因的具体分析，并尽可能细化。

3.分析风险的可能性

风险发生的可能性分析，一般通过对实际情况的收集，利用专业判断取得。风险可能性分析的结果一般有"很少的""不太可能的""可能的""很可能的""几乎是确定的"等几种情况。风险可能性的排序及标准见表3-4。

表 3-4　　　　　　　　风险可能性的排序及标准（定性分析）

级别	描述符	发生的可能性	基本标准
1	几乎是确定的	非常高	在多数情况下会发生
2	很可能的	高	在多数情况下很可能发生
3	可能的	中等	在某些时候能够发生
4	不太可能的	低	在某些时候不大可能发生
5	很少的	非常低	在例外情况下才可能发生

风险可能性级别的排序，在实际工作中，有的是从高往低排列，有的正好相反，没有

实质性影响。根据突出重要风险的原则，最好采用从高往低的顺序排列。

4.分析风险可能产生的影响

对风险可能产生的影响，一般将风险性质划分为"不重要的""次要的""中等的""主要的""灾难性的"等几级。风险可能产生影响的排序及标准见表3-5。

表3-5　　　　　　　**风险可能产生影响的排序及标准（定性分析）**

程度	描述符	影响程度	基本标准
1	不重要的	轻微	没有伤害，很低的损失
2	次要的	较轻	轻微伤害，较小的损失
3	中等的	一般	中等伤害，中度的损失
4	主要的	较重	较大伤害，较重的损失
5	灾难性的	非常严重	极大伤害，严重的损失

实际工作中，风险可能产生影响的排序及标准同风险可能性的排序及标准都需要进一步细化，以便于操作。

5.分析风险的组合效应

独立地分析每一类甚至每一种风险是基础，但同时还要树立风险整合观，对风险之间的关系进行分析，以便发现各风险之间的自然对冲、风险事件发生的正负相关性等组合效应，以便从风险策略上对风险进行统一集中管理。

总之，企业风险分析应当根据实际情况，针对不同的风险类别确定科学合理的定性、定量分析标准，作为分析依据，对已识别的风险因素，从风险发生的可能性和影响程度两个方面进行重点分析，按照风险发生的可能性大小及其对企业影响的严重程度进行风险排序，根据分析结果，确定出应当重点关注的重要风险，为风险应对提供依据。

三、风险分析的方法

企业进行风险分析采用定性与定量相结合的方法。

风险的定性分析，是指通过观察与分析，借助经验和判断对风险进行分析的方法。定性分析一般不需要运用大量的统计资料，使用起来简单易行。该方法主要是通过问卷、面谈及研讨会、风险评估系图法等形式进行风险分析，依靠专业人员的经验和直觉，或者行业标准及惯例等，对风险相关要素的大小或高低程度进行定性分级。在不需要进行量化时，或者进行定量分析需要的数据无法取得，以及出于成本效益原则考虑采用定量分析方法不经济时，一般应采用定性分析。

风险的定量分析，是指运用一些数据分析模型，将有关风险及其影响予以量化，在此基础上判断风险重要性程度的方法，如敏感性分析法和盈亏平衡分析法等。定量分析需要对构成风险的各个要素和潜在损失程度赋予数值或货币金额，使风险分析的整个过程和结果均被量化。定量分析的方法通常能够提供更高的精确度，往往应用在复杂的经济活动分析中，是对定性分析方法的补充。

下面介绍三种风险分析的方法：

（一）风险评估系图法

风险评估系图法，又称风险矩阵、风险坐标图，是指按照风险发生的可能性和风险发生后果的严重程度，将风险绘制在矩阵图中的风险管理方法。通过风险评估系图可以识别某一风险是否会对企业产生重大影响，并将此结论与风险发生的可能性联系起来，为确定企业风险的优先次序提供框架。设定风险重要性等级的方法应与组织的风险偏好相一致。

风险评估系图法适用于对风险进行初步的定性分析。风险评估系图法的主要优点是：作为一种简单的定性方法，为企业确定各项风险重要性等级提供了可视化的工具，直观明了。

局限性是：

（1）需要对风险重要性等级标准、风险发生可能性、后果严重程度等做出主观判断，可能影响准确性。

（2）所确定的风险重要性等级是通过相互比较确定的，因而无法通过数学运算将列示的个别风险重要性等级转换为总体风险的重要性等级。

（3）如需要进一步探求风险原因，则采用该方法过于简单，缺乏经验证明和数据。

>> **案例3-7**　　　　　　　　**W公司的风险评估系图**

W公司对九项风险发生可能性的高低和风险对目标的影响程度进行了定性评估。风险❶发生的可能性为"低"，风险发生后对目标的影响程度为"极低"……风险❾发生的可能性为"极低"，风险发生后对目标的影响程度为"高"，所绘制的风险评估系图如图3-6所示。

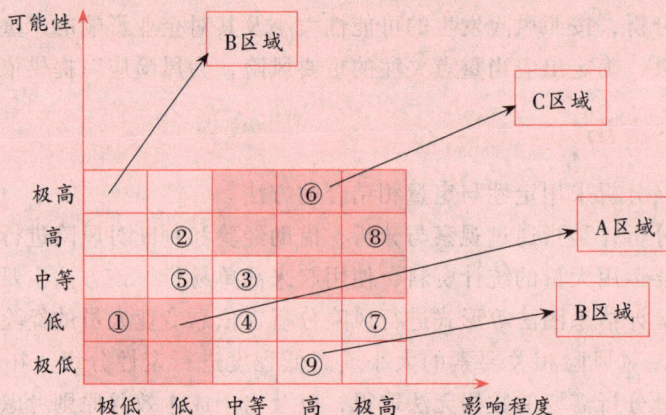

图3-6　W公司风险评估系图

W公司通过绘制风险评估系图对九项风险进行直观的比较，从而确定风险管理的优先顺序和策略。W公司将图3-6划分为A、B、C三个区域，决定承担A区域中的各项风险且不再增加控制措施；严格控制B区域中的各项风险且专门补充制定各项控制措施；确保规避和转移C区域中的各项风险且优先安排实施各项防范措施。

（二）情景分析法

情景分析法，又称前景描述法，是指假定某种现象或某种趋势将持续到未来的前提下，对预测对象可能出现的情况或引起的后果做出预测的方法。

情景分析法可用来预计威胁和机遇可能发生的方式。在周期较短及数据充分的情况下，可以从现有情景中推断出未来可能出现的情景。对于周期较长或数据不充分的情况，情景分析法的有效性更依赖于合乎情理的想象力。在识别和分析那些反映诸如最佳情景、最差情景及期望情景的多种情景时，可用来识别在特定环境下可能发生的事件并分析潜在的后果，以及每种情景出现的可能性。如果积极后果和消极后果的分布存在比较大的差异，则情景分析法就会有很大用途。

情景分析法适用于对企业面临的风险进行定性和定量分析。情景分析法的主要优点是：对于未来变化不大的情况能够给出比较精确的模拟结果。

局限性是：

（1）在存在较大不确定性的情况下，模拟有些情景可能不够现实；

（2）对数据的有效性以及分析师和决策者开发现实情境的能力有很高的要求；

（3）将情景分析法作为一种决策工具，所用情景可能缺乏充分的基础，数据可能具有随机性。

情景分析法运用时需要分析的变化可能包括：

（1）外部情况的变化（例如技术变化）；

（2）不久后将要做出的各种决定，而这些决定可能会产生各种不同的后果；

（3）利益相关者的需求以及这些需求可能变化的方式；

（4）宏观环境的变化（如监管及人口统计等）。

需要指出的是，有些变化是必然的，而有些变化是不确定的。有时，某种变化可能归因于另一个风险带来的结果。例如，气候变化的风险造成与食物链有关的消费需求发生变化，可能会改变哪种食品在当地生产更经济。局部及宏观因素或其变动趋势可以按重要性和不确定性进行列举并排序。应特别关注那些最重要、最不确定的因素或趋势。

▶▶ 案例3-8　　　　　　CJ公司投资项目的风险评估

CJ公司在评估一项投资项目的风险时采用情景分析法进行情景分析，见表3-6。

表3-6　　　　　　　CJ公司某投资项目未来情景分析

项目	因素	最佳情景	基准情景	最差情景
影响因素	市场需求	不断提升	不变	下降
	经济增长	增长8%～13%	增长<8%	负增长
发生概率		20%	45%	35%
结果		投资项目可在5年内达到收支平衡	投资项目可在8~13年内达到收支平衡	不确定

（三）敏感性分析法

敏感性分析法是指从众多不确定性因素中找出对项目经济效益指标有重要影响的敏感性因素，并分析、测算其对项目经济效益指标的影响程度和敏感性程度，进而判断项目承受风险能力的一种不确定性分析方法。

敏感性分析法适用于对项目不确定性对结果产生的影响进行定量分析。

敏感性分析法的主要优点是：

（1）为决策提供有价值的参考信息；

（2）清晰地为风险分析指明方向；

（3）帮助企业制定紧急预案。

局限性是：

（1）所需要的数据经常缺乏，无法提供可靠的参数变化；

（2）分析时借助公式计算，没有考虑各种不确定因素在未来发生变动的概率，因此其分析结果可能和实际相反。

敏感性分析法是在确定性分析的基础上，进一步分析不确定性因素对项目最终效果指标的影响及影响程度。敏感性分析一般可选择的主要参数有：销售收入、经营成本、生产能力、初始投资、寿命期、建设期等。如果某参数的小幅度变化能导致效果指标的较大变化，则称此参数为敏感性因素，反之则称其为非敏感性因素。

敏感性分析可以为决策提供有价值的参考信息具体表现在：

（1）通过计算主要变量因素的变化引起项目最终效果指标变动的范围，使决策者全面了解项目方案可能出现的效益变动情况，以减少和避免不利因素的影响。

（2）通过对可能出现的最有利与最不利的效益变动范围的分析，为决策者预测可能出现的风险程度，并对原方案采取某些控制措施或寻找可替代方案、最后确定可行方案提供可靠的决策依据。

>> 案例3-9　　　　　ZH路桥公司的风险分析方法

ZH路桥公司拟在某省兴建一座大桥。这项工程将面临诸多不确定因素，如工程总投资、银行贷款、过桥费收入等。公司为了预测这项工程所产生的效益并防范可能发生的风险，组织相关人员分析了上述每一个因素的变化对该项目内部收益率的影响。

ZH路桥公司采用的风险管理技术与方法是敏感性分析法。敏感性分析法是针对潜在的风险，研究项目的各种不确定因素变化至一定幅度时，计算其主要经济指标的变化率及敏感程度的一种方法。"这项工程将面临诸多不确定因素，如工程总投资、银行贷款、过桥费收入等……组织相关人员分析了上述每一个因素的变化对该项目内部收益率的影响。"以上内容表明ZH路桥公司采取的是敏感性分析法。

第五节　风险应对

一、风险应对的含义

根据《企业内部控制基本规范》第二十五条的规定，风险应对是指企业根据风险分析的结果，结合风险承受度，权衡风险与收益，确定风险应对策略。《企业内部控制基本规范》第二十六条规定，企业应当综合运用风险规避、风险降低、风险分担和风险承受等风险应对策略，实现对风险的有效控制。

企业以目标设定为基础，在进行风险识别、风险分析之后，就需要根据风险分析的结果，针对不同的风险采取不同的应对策略，以便进一步采取具体的控制措施来防范风险和化解风险，控制各种风险的发生和损失程度，将风险控制在可承受范围之内，这是进行风险管理的关键阶段。风险应对的意义在于为控制各种风险措施提供依据。内部控制应用指引明确了企业至少应当关注的风险点，在经过风险识别、风险分析之后，结合风险应对策略，重点对风险降低提出了各项控制措施。

二、风险应对策略

（一）风险规避

风险规避是企业对超出风险承受度的风险，通过放弃或者停止与该风险相关的业务活动以避免和减轻损失的策略。风险规避能将特定风险造成的各种可能损失完全消除，因此，也有人将其称为最彻底的风险管理技术。

1.风险规避的方式

（1）完全放弃，是指企业拒绝承担某种风险。在风险决策时。尽可能选择风险较小或基本上没有风险的方案，这实际上降低了风险发生的可能性及风险损失的程度。如企业禁止各业务单位在金融市场投机。

（2）中途放弃，是指企业终止承担某种风险。这种风险规避通常与环境的较大变化和风险因素的变动有关。由于发生了新的不利情况，经过权衡利弊后，认为得不偿失，故而放弃。如企业退出某一市场以避免激烈竞争。

（3）改变条件，是指改变生产活动的性质、改变生产流程或工作方法等。其中，生产性质的改变属于根本的变化。在风险方案的实施过程中，如果发现不利情况，应该及时调整方案。如企业停止生产可能有安全隐患的产品。

2.风险规避的优点、局限性和适用情形

风险规避的优点是：

（1）通过中断风险源来规避可能产生的潜在损失或不确定性，是处理风险的一种有用的、极为普遍的方法。

（2）风险规避有效避免了可能遭受的风险损失，同时企业可以将有限的资源应用到风险效益更佳的项目上。

风险规避的局限性是：风险规避是一种不作为、比较消极的控制风险的策略，在规避风险的情况下，企业同时也失去了从风险中获益的可能性。

风险规避的适用情形：

（1）某种特定风险的可能性极大，并会带来严重后果且损失无法转移又不能承受，即风险规避适用于危害性大的风险控制。

（2）应用其他风险处理技术的成本超过其产生的效益，采用风险规避方法可使企业受损失的程度降到最低。

3.风险规避的选择需要注意的问题

当选择风险规避策略时，有可能另一种新的风险亦因此而衍生出来，或者会使现存的风险扩大。风险是互相关联的，当消除了一种风险后，可能会对其他风险造成不利的影响。

风险规避策略不是指企业盲目地、一味地避开风险，而是在恰当的时候，以恰当的方式予以回避，即一种策略性的回避。作为一种风险处理手段，它可以完全消除某种风险，但是选择放弃某项具有高风险的经营活动，同时也会部分或全部地丧失伴随风险而来的盈利机会。一般来说，企业最好是在选择决策方案或方案实施的早期阶段，考虑是否选用规避策略。

风险规避策略意味着所确定的应对方案都不能把风险的影响和可能性降低到一个可接受的水平。企业对超出整体风险承受能力或者具体业务层次上的可接受水平的风险，应当实行风险规避。

（二）风险降低

风险降低是企业在权衡成本效益之后，准备采取适当的控制措施降低风险或者减轻损失，将风险控制在风险承受度之内的策略。

风险降低是在损失发生前全面消除风险可能发生的根源，竭力减少致损事故发生的概率或在损失发生后减轻损失的严重程度的风险应对策略，是一种积极主动避免风险的策略。这包括降低风险发生的可能性或影响或者是两者同时降低。风险降低虽然不可能完全消除损失，但它仍不失为一种积极主动的应对风险的策略。

1.风险降低的类别

风险降低依据目的和依据控制损失措施实施的时间可分为：损失预防和损失抑制两类。

（1）损失预防。损失发生前的控制即为损失预防，以降低损失概率为目的。如室内使用不易燃地毯、山林中禁止吸烟等。要注意，预防只求"降低"并不强调降低至零，所以有别于风险规避。

（2）损失抑制。损失发生时和发生后的控制即为损失抑制，以缩小损失程度为目的。如修建水坝防洪、设立质量检查防止次品出厂等。风险防不胜防，万一发生了，可以做的就只有尽量减少损失。

2.风险降低的优点、局限性和适用情形

风险降低的优点是：风险降低的目的在于积极改善风险特性，使其能为企业所接受，从而使企业不丧失获利机会。因此，相对于风险规避而言，风险降低是较为积极的风险处理策略。

风险降低的局限性是：风险降低不可能完全消除损失。风险降低要优于风险分担。风险分担是使风险从某些个人或单位转移给他人承担，并未能在全社会减少或消除损失。

风险降低的适用情形：风险降低的风险控制对象一般是可控风险，包括多数运营风险，如质量、安全和环境风险，以及法律风险中的合规风险，通过控制这些风险因素中的一个或多个达到风险降低的目的。

（三）风险分担

风险分担又称风险转移，是企业借助他人力量，采取业务分包、购买保险等方式和适当的控制措施，将风险控制在风险承受度之内的策略。

风险分担是一种事前的风险应对策略，即在风险发生前，通过各种交易活动，如业务外包、购买保险、租赁等，把可能发生的风险转移给其他人承担，避免自己承担全部风险损失。风险分担不会降低风险发生的可能性和可能的损失后果，只是风险承担者发生了变化。

1.风险分担的方式

风险分担的方式主要可以分为三种：控制型非保险转移、财务型非保险转移和保险转移。

（1）控制型非保险转移。控制型非保险转移是通过契约、合同将损失的财务负担和法律责任转嫁给他人，从而摆脱自身的风险威胁。比较常用的手段有外包、租赁、出售、售后回租等。

（2）财务型非保险转移。财务型非保险转移就是利用经济处理手段，转移财务风险。比较常用的手段有保证、再保证、证券化、股份化等。

（3）保险转移。企业对于自身既不能控制也不能转移的风险，或者因外部与内部环境的变化对控制效果有一定的担忧，可以采用投保的方式转移风险。保险，是指通过签订保险合同，向保险公司缴纳一定的保险费，在事故发生时就能获得保险公司的赔偿，从而将风险转移给保险公司。保险是个宝贵的风险转移工具，至于应对哪些领域进行保险，还要根据企业的战略、业务活动、规模、利益相关者和风险承受程度而定。保险可以帮助企业减轻经济和名誉上的损失，但它无法替代好的风险管理。保险是风险管理的补充和不可缺少的手段之一。人身、财产和责任风险均能由保险公司承保，而市场、生产、财务和政治风险一般都不能由保险公司承保。

2.风险分担的优点、局限性和适用情形

风险分担的优点是：风险分担与风险规避相比不是通过放弃、中止的方法，而是寻求转移的方法积极防范风险。

风险分担的局限性是：转移风险不会降低风险可能的程度，只是将风险从一方移除后转移到另一方。

风险分担的适用情形：一般来说，如果风险发生时的影响是重大的，但在当时的情况下风险发生的可能性不大，企业就可以将它转移到别处去。当企业的风险不能通过风险降低的方法降低发生的可能性、损失额，或采用风险降低方法的情况下，企业仍然受到威胁，企业可能要考虑风险分担的策略。

（四）风险承受

风险承受是企业对风险承受度之内的风险，在权衡成本效益之后，不准备采取控制措施降低风险或者减轻损失的策略。

风险承受是一种风险财务技术，企业明知可能有风险发生，但在权衡了其他风险应对策略之后，出于经济性和可行性的考虑将风险留下，若出现风险损失，则依靠企业自身的财力去弥补风险所带来的损失。风险承受的前提是自留风险可能导致的损失比转移风险所需代价小。

1.风险承受的优点和局限性

风险承受的优点是：

（1）成本较低。承受风险可以使企业直接避免许多费用支出。

（2）控制理赔进程。相对于保险复杂的理赔过程及不能使企业满意的赔偿金额，风险承受避免了保险在理赔工作上的不及时和对企业恢复生产的延误。

（3）提高警惕性。在采用风险承受策略的情况下，企业更加注重损失控制，会尽可能减少损失发生的频率和损失的严重程度。

（4）有利于货币资金的运用。损失发生前，可以将不必支出的应急费用（如其他策略下的保险费用）用于生产经营，并获得一定的效益。

风险承受的局限性是：

（1）企业须具有承受自留风险的能力。

（2）风险的意外性扩大会使企业面临更加严重的损失，风险承受可能会使企业承担巨大风险，以至于危及企业的生存和发展。

2.风险承受的适用情形

对未能辨识出的风险，企业只能采用风险承受。对于辨识出的风险，企业也可能由于以下几种原因采用风险承受：

（1）缺乏能力进行主动管理。

（2）没有其他备选方案。

（3）从成本效益考虑，风险承受是最适宜的。

对于企业的重大风险，即影响到企业目标实现的风险，企业一般不应采用风险承受。

三、风险应对策略的选择应注意的问题

1.风险应对策略的选择因单位和风险的不同而不同

企业可以选择风险规避、风险降低、风险分担、风险承受等不同风险应对策略。不论采用某一类或组合风险应对策略，主要目的是要把剩余风险降低到与期望的风险承受度相协调的水平。

2.不同风险的风险应对策略是不同的

一般情况下，对战略、财务、运营和法律风险，可采取风险承受、风险规避、风险分担等策略。对能够通过保险、期货、对冲等金融手段进行理财的风险，可以采用风险降低、风险分担等策略。

3.不同发展阶段和业务情况风险应对策略的选择

同一个企业的不同业务或事项可以采取不同的风险应对策略，同一业务或事项在不同的时期可以采取不同的风险应对策略，同一业务或事项在同一时期也可以综合运用风险降低和风险分担应对策略。

4.考虑企业风险偏好和风险承受度对风险应对策略选择的影响

企业应根据同类业务的特点统一确定风险偏好和风险承受度，并据此确定风险的预警线及相应采取的对策。确定风险偏好和风险承受度，要正确认识和把握风险与收益的平衡，防止和纠正忽视风险、片面追求收益而不讲条件、范围，认为风险越大、收益越高的观念和做法；同时，也要防止单纯为规避风险而放弃发展机遇。

5.选择风险应对策略要考虑成本和效益

在考虑成本效益关系时，把风险看做是相互关联的，有助于管理层汇集主体的风险进行风险应对。风险应对所考虑的内容不仅仅限于降低已经识别出来的风险，还应该考虑给主体带来的新的机会。风险应对策略的选择要注意，每一种风险应对并不是要完全消灭风险，而是选择一个旨在使风险的可能性和影响处于风险承受范围之内的应对或者应对组合。从成本效益原则考虑，存在一定程度的剩余风险是经济的，也是合理的。

6.风险应对策略的检查与调整

企业应定期总结和分析已制定的风险应对策略的有效性和合理性，结合实际不断修订和完善。其中，应重点检查依据风险偏好、风险承受度和风险控制预警线实施的结果是否有效，并提出定性或定量的有效性标准。平衡风险与风险承受是一个反复不断的过程。风险应对策略要随着企业经营状况的变化、经营战略的变化、外部环境的变化而调整。风险应对策略定期检查的频率取决于企业面临的风险。

>> **案例3-10 北京中关村科技发展（控股）股份有限公司的风险应对策略**

2022年4月25日北京中关村科技发展（控股）股份有限公司董事会对外披露其2021年度内部控制评价报告，在"重点关注的高风险领域"部分披露风险类型、应对策略及相应主要控制措施，相关内容如下：

……

3.重点关注的高风险领域

公司通过开展年度风险评估工作，确定了内控重点关注的高风险领域：外部环境风险、生产管理风险、现金流风险、产品风险、合规风险。

（1）外部环境风险

主要包括：国家及地方政策风险、宏观经济风险、产业结构风险等源自企业外部环境的风险。

应对策略：风险降低、风险承受。

主要控制措施：完善和实施信息收集、分析、汇报及反馈机制。公司收集相关的宏观经济发展信息、国家及地方产业政策调整信息、行业相关信息、财税政策调整信息等，并定期总结信息，通过总裁办公周例会等途径向公司管理层进行汇报，形成应对对策。

（2）生产管理风险

主要包括：原材料、设备、技术人员、生产工艺及生产组织等方面难以预料，导致企业生产无法按预定成本完成生产计划的风险。

应对策略：风险降低。

主要控制措施：加强生产计划管理，按照销售计划及其变化，及时制订并调整生产计划，优化资源分配以提升整体协调效率；提高生产人员和管理人员的质量风险意识，严格按照生产计划和生产工艺的要求，确保生产设备的先进性；应加强生产工艺的创新，保持产品生产工艺或流程在业内的先进性，定期开展生产管理各环节的检查工作；全面系统地设计和优化生产管理信息系统，明确信息收集、处理、传递等流程的时限及责任人，必要时建立IT系统予以支持。

（3）现金流风险

主要包括：融资风险、债务管理风险、应收/预付账款管理风险等可能造成企业资金短缺的风险。

应对策略：降低风险。

控制措施：建立风险预测机制，利用财务信息平台的数据对公司整体财务状况实时监控；加强融资前可行性研究；加强应收账款管理，缩短现金周转周期；建立预算差别化管理内部政策，强化现金流计划管理。

（4）产品风险

主要包括：企业由于产品外形工艺、功能质量、上市时机、市场定位以及成熟度等因素给产品在设计、生产、销售中可能带来的风险等。

应对策略：风险规避、风险降低。

主要控制措施：强化市场调研及分析，设计并生产符合市场需求的产品。持续研发、改进和创新，以保持产品优势，提升产品生命周期盈利水平。避免对衰退期产品的无谓投入，降低企业对产品的退出成本。

（5）合规风险

主要包括：违反外部法律、法规、监管要求、企业内部规章制度的风险。

应对策略：风险降低。

主要控制措施：研究监管要求，跟进监管变化，采取及时准确的应对措施；依据法规及企业授权对规章制度进行审核、对"三重一大"决策进行评估。

资料来源：北京中关村科技发展（控股）股份有限公司.中关村：内部控制自我评价报告[EB/OL].（2022-04-27）.https://vip.stock.finance.sina.com.cn/corp/view/vCB_AllBulletinDetail.php?id=8088160.

━━━━━━ 【本章岗课赛证融通训练】

【不定项选择题】（每题至少有一个正确答案，请将正确答案填在括号内）

1.风险由（　　）三个基本要素构成。

A.风险因素　　　　　　　　　　B.风险事件（事故）

C.风险偏好　　　　　　　　　　D.损失

2.企业风险管理的主要特征体现在（　　）等方面。

A.战略性　　　　　B.全员性　　　　　C.专业性　　　　　D.二重性、系统性

3.企业风险管理是在机遇和风险中寻求平衡点，以实现企业价值最大化的目标。（　　）概念提出的意义在于研究企业风险和收益的关系，在二者之间选择平衡点。

A.风险组合观　　　B.风险承受度　　　C.风险偏好　　　D.目标设定

4.甲公司是一家研发和制造大型游乐设施的企业，该公司为分析其所面临的运营风险需要收集的重要初始信息有（　　）。

A.公司风险管理的现状与能力

B.与主要竞争对手相比，该公司的实力与差距

C.替代品情况

D.产品结构、新型游乐设施的研发情况

5.乙公司是一家钢铁生产企业。2022年上半年，乙公司把通过银行贷款取得的大部分技改项目基金投入股市。后来，由于政府宏观管理措施的出台和股市的暴跌，乙公司投入股市的资金无法收回。乙公司面临的风险有（　　）。

A.战略风险　　　　　　　　　　B.技术风险

C.政治风险　　　　　　　　　　D.法律风险与合规风险

6.新星公司是一家建筑装修企业，该公司的采购总监为了防范原材料和设备采购过程中可能发生的风险，梳理了从采购计划制订、供应商筛选、询议价格、制作订单、部门领

导审核、采购合同签订、产品验收入库直到结算等各个环节的潜在风险，并找出导致风险发生的因素，分析风险发生后可能造成的损失。该公司风险识别采用的是流程图分析法，其优点有（　　）。

A.清晰明了，易于操作

B.风险识别定量分析准确率高

C.组织规模越大，流程越复杂，越能体现出优越性

D.使用效果较少依赖专业人员的水平

7.丙公司是一家计划向移动互联网领域转型的大型传统媒体企业。为了更好地了解企业转型中存在的风险因素，丙公司聘请了15位相关领域的专家，根据丙公司面临的内外部环境，针对风险因素，反复单独征询每个专家的意见，直到每一个专家不再改变自己的意见、达成共识为止。该公司采取的这种风险识别方法是（　　）。

A.头脑风暴法　　　　B.德尔菲法　　　　C.敏感性分析法　　　D.情景分析法

8.北茂林场为了加强对火灾风险的防控工作，组织有关人员深入分析了由于自然或人为因素引发火灾、场内消防系统工作、火警和灭火直升机出动等不确定事件下产生各种后果的频率。该林场在风险识别中采用的事件树分析法的优点有（　　）。

A.生动地体现事件的顺序

B.不会遗漏重要的初始事件

C.能够将延迟成功或恢复事件纳入其中

D.能说明时机、依赖性和多米诺效应

9.丁公司在实施风险管理过程中，对由人为操作和自然因素引起的各种风险对企业影响的大小和发生的可能性进行分析，为确定企业风险的优先次序提供分析框架。该公司采取的风险分析方法属于（　　）。

A.事件树分析法　　B.风险评估系图法·C.情景分析法　　　　D.敏感性分析法

10.美达公司是国内一家著名的印刷机制造商。面对J国先进印刷机在中国的市场占有率迅速提高，美达公司将业务转型为给J国印刷机的用户提供零配件和维修保养服务，取得比业务转型前更高的收益率。从风险应对策略角度看，美达公司采取的策略是（　　）。

A.风险承受　　　　B.风险降低　　　　C.风险分担　　　　D.风险规避

【圆桌讨论】

【资料一】戊公司系在境内和境外同时上市的企业。为建立全面的企业风险管理体系，制定企业全面风险管理流程，2020年6月，戊公司召开企业风险管理专题会议。有关人员发言要点如下：

（1）董事长：企业风险管理是指企业为实现风险管理目标，对风险进行有效识别、分析和应对等管理活动的过程，并通过管理风险使不利因素全部消除，为企业目标的实现提供绝对保证。因此，大家必须高度重视，把这项工作做好。

（2）总经理：企业风险管理，可以协调企业可承受的风险容忍度与战略，增进风险应对决策，使得企业在识别和选择风险应对方案时更具严密性，但是，无法抑减经营意外和损失，大家必须真抓实干，落实到位。

（3）财务总监：企业风险管理强调风险组合观。但是，企业面临着影响其不同部分的无数风险，对管理层而言，仅需要了解个别重要风险，不需要了解其相互关联的影响；另外，通过考虑潜在事件的各个方面，管理层能够识别代表机会的事件，提高决策水平，降低不确定性的程度。

（4）风险总监：内部控制与风险管理不是对立而是协调统一的整体。内部控制和风险管理的目标都是促进企业实现发展目标，两者都要求将风险控制在可承受的范围以内。为便于开展工作，建议公司将公司的内部控制部和风险管理部合并为风险与内控部，从工作目标、内容、要求以及具体工作执行的方法、程序等方面，对内部控制建设和风险管理工作进行整合。合并后的风险与内控部由总经理直接领导。

讨论主题清单：

1. 阅读我国《中央企业全面风险管理指引》，谈谈如何理解企业风险管理总体目标。

2. 假定不考虑其他因素。根据上述资料，逐项判断戊公司有关人员的发言是否存在不当；如不当，请说明理由。

3. 结合本章知识，谈谈戊公司在风险管理过程中如何进行企业目标设定。

讨论形式：

采用六人一组的方式进行小组式讨论，小组提交讨论分析报告提纲，并选派小组代表发言，进一步讨论、总结。

讨论总结：

归纳总结各小组发言人的主要观点和亮点，进一步指出对案例素材扩展思考和分析的焦点问题。

【资料二】 琴漾公司的主营业务是为国内主要知名钢琴厂家提供钢琴的各种零部件。钢琴的核心是码克，码克质量的好坏直接影响钢琴的音色和稳定性等。2020年，琴漾公司开始研发码克，投入大量资金，引进世界最先进的加工技术，设计组建全套数控系统。大量的资金和研发人员投入，使得琴漾公司的码克技术得到突破性进展。在2021年国际乐器展销会上，琴漾公司的码克配件吸引了世界大批顶尖钢琴企业的关注和好评。

2022年10月，欧洲一家钢琴制造商A公司向琴漾公司提出委托其整体加工钢琴的意向。琴漾公司开始承接此项业务。起初，琴漾公司将这项加工任务交给国内一家钢琴生产企业，但是，产品质量经常达不到A公司的要求，于是琴漾公司开始自己生产钢琴整琴。2022年12月，琴漾公司召开风险管理专题会议，就公司目前面临的风险问题进行讨论，并提出解决方案。

在会上，总经理发言要点节选如下：

公司目前面临诸多新的挑战。

其一，随着中国逐渐成为全球钢琴生产中心，国内具有一定生产规模的钢琴企业增至30多家，使得钢琴市场竞争日趋激烈。公司部分技术人员被新建企业挖走，个别人员甚至带走了一些设计图纸，一些研发项目被迫中断。

其二，疫情发生之后，钢琴生产所需的各种原材料价格随市场波动上升；国内劳动力成本持续上升；此外，汇率变化也使产品的国际竞争力下降。

其三，国际一流品牌大量进入中国，带来新技术和新观念。顾客对钢琴产品的品质、外观、款式的要求也在不断提高，加大了公司的技术创新压力。

讨论主题清单：

1.企业在风险管理中需要辨识的外部、内部风险有哪些？影响外部、内部风险的因素有哪些？

2.结合本章知识，谈谈企业面临的市场风险有哪些。

3.根据案例资料，分析琴漾公司所面临的市场风险，并说明理由。

讨论形式：

采用六人一组的方式进行小组式讨论，小组提交讨论分析报告提纲，并选派小组代表发言，进一步讨论、总结。

讨论总结：

归纳总结各小组发言人的主要观点和亮点，进一步指出对案例素材扩展思考和分析的焦点问题。

④ 第四章
控制活动

━━━━━━━━━━【知识目标】

1.明确资金活动内部控制的目标与整体要求

2.熟悉资金活动流程和内容，掌握资金活动流程各环节的风险及管控措施

3.明确采购业务内部控制的目标与应遵循的原则

4.熟悉采购业务流程和内容，掌握采购业务流程各环节的风险及管控措施

5.明确资产管理内部控制的目标与总体要求

6.熟悉资产管理流程和内容，掌握资产管理流程各环节的风险及管控措施

7.明确销售业务内部控制的目标与总体要求

8.熟悉销售业务流程和内容，掌握销售业务流程各环节的风险及管控措施

9.明确财务报告内部控制的目标与总体要求

10.熟悉财务报告流程和内容，掌握财务报告流程各阶段、各环节的风险及管控措施

11.明确担保业务的概念、方式、内部控制的目标与要求

12.熟悉担保业务的流程和内容，掌握担保业务流程各环节的风险及管控措施

━━━━━━━━━━【能力与素养目标】

1.能根据企业具体情况识别风险，初步设计适当的资金活动流程，并建立相应的管控措施

2.能根据企业具体情况识别风险，初步设计适当的采购业务、销售业务流程，并建立相应的管控措施

3.能根据企业具体情况识别风险，初步设计适当的资产管理流程，并建立相应的管控措施

4.能根据企业具体情况识别风险，初步设计适当的财务报告流程，并建立相应的管控措施

5.能根据企业具体情况识别风险，初步设计适当的担保业务流程，并建立相应的管控措施

6.具有施治有序的职业意识，按章办事的职业行为，风险防范的职业能力

7.具有实干笃定的职业作风，爱岗敬业的职业精神，尽忠职守的职业态度

━━━━━━━━━━【本章知识架构】

章名	节名	一级标题
控制活动	资金活动内部控制	资金活动概述
		筹资活动的内部控制
		投资活动的内部控制
		资金营运活动的内部控制

章名	节名	一级标题
控制活动	采购业务内部控制	采购业务概述
		采购业务流程梳理及各环节工作内容
		采购业务的主要风险与管控措施
		采购业务的会计系统控制
		采购业务的事后评估
	资产管理内部控制	资产管理概述
		存货的内部控制
		固定资产的内部控制
		无形资产的内部控制
	销售业务内部控制	销售业务概述
		销售业务流程梳理及各环节工作内容
		销售业务的主要风险与管控措施
		销售业务的会计系统控制
	财务报告内部控制	财务报告概述
		财务报告流程梳理及各阶段、环节工作内容
		财务报告编制阶段的主要风险与管控措施
		财务报告对外提供阶段的主要风险与管控措施
		财务报告分析利用阶段的主要风险与管控措施
	担保业务内部控制	担保业务概述
		担保业务流程梳理及各环节工作内容
		担保业务的主要风险与管控措施
		担保业务的会计系统控制

【本章导学案例】

比亚迪股份有限公司的控制活动

2022年，比亚迪股份有限公司（以下简称公司）根据《企业内部控制基本规范》及其配套指引的规定和其他内部控制监管要求，结合公司内部控制制度和评价办法，在内部控制日常监督和专项监督的基础上，对公司截至2021年12月31日（内部控制评价报告基准日）的内部控制有效性进行了评价。

纳入评价范围的主要业务和事项包括：公司治理、发展战略、组织架构、人力资源、社会责任、企业文化、风险评估、资金活动、采购业务、资产管理、销售业务、研究与开发、工程项目、财务报告、合同管理、信息系统、信息与沟通、内部监督，评价范围覆盖了公司及下属子公司的核心业务流程和主要的专业模块；重点关注的高风险领域主要包括：资金活动、采购业务、资产管理、销售业务、财务报告。

与本章内容相关的控制活动具体内容如下：

1.资金活动

公司资金管理中心负责公司的资金业务，对资金实行集中管理。2021年，公司制定、修改了《比亚迪公司现金管理办法》《比亚迪公司收据管理办法》《比亚迪公司员工借款管理规定》《比亚迪公司货物贸易外汇收支管理规定》《比亚迪公司出口信用保险操作细则》等制度，加强对公司各收款单位的管理，确保现金的安全；规范收据的使用与管理，规范员工的借款与还款管理，规避舞弊风险；规范公司货物贸易外汇收支，保证会计核算的准确性。

公司统一投资、融资的审批，统筹资金调度，强化对子公司资金业务的统一监控，提高了资金使用效率；严格执行筹资、投资、营运等各环节职责权限和岗位分离要求，建立了严格的授权审核程序，形成了重大资金活动集体决策和联签制度，确保了资金活动安全有效运行。

2.采购业务

公司制定、修改了《比亚迪公司低耗类物料品质检验管理办法》《比亚迪公司非生产性物料招标采购作业细则》《比亚迪公司采购价格维护作业细则》，明确低耗类物料的来料检验与抽检流程，对低耗类物料检验实施监督机制；更新非生产性物料招标异常处理办法及配额分配规则；结合最新的SRM采购管理平台，优化采购价格维护审批流程、明确不同物料采购价格维护的方式，确保公司采购体系公平、公正、公开。

公司统筹安排采购计划，明确采购申请、购买、交付、验收、付款等环节的职责和审批权限，按照规定的审批权限和程序办理业务，定期对供应商进行综合评价，建立价格监督机制和应急机制，不定期对采购流程进行检查，整改采购过程中的薄弱环节，保证物资采购满足公司生产经营需要。

在采购方式及供应商选取上，公司通过招标、竞价等多种采购方式，兼顾采购的效益、效率和规范性；通过SRM采购管理平台及电子化审批流程，实施电子采购以提升采购的效率和透明度；通过集中采购，整合内部需求和外部资源，最大限度地发挥采购量的优势以实现规模效益。

在采购付款上公司建立了严格的资金支付和授权管理制度，根据付款金额的大小，划分审批层级，明确审批权限，所有采购款项的支付必须经过授权领导的审批，保证资金的安全，并且定期向供应商发送函证对账，保证资金健康流动。

3.资产管理

公司开发了EAM系统，对固定资产进行全生命周期管理，采购环节从购置申请到验收入账，固定资产日常运行中的点检、维护、保养信息，日常管理中的台账管理、租赁管理、变动、报废管理等都包含在内。

公司修订了《比亚迪公司低值易耗品管理规定》等相关制度，更新低值易耗品认定标准，更新低值易耗品管理职责及管理考核制度。

公司修订了《比亚迪公司无形资产管理规定》，将无形资产购买、验收相关的纸单流程转化为电子流程，更新新能源车型摊销的方法等。明确了无形资产业务各环节的职责权限和岗位分离要求，完善无形资产取得、验收、使用、处置的制度。

公司对存货有明确的分类标准，设立了严格的控制流程及审批环节，修订了《比亚迪公司存货盘点管理规定》，规定了物料、产成品验收入库、仓储保管、盘点清查、存货处置等相关活动的程序。通过定期和不定期盘存查库等检查活动及时发现管理中的薄弱环节，合理确认存货减值损失，不断提高存货管理工作水平，保障存货信息的完整性、准确性。

4.销售业务

公司制定了《比亚迪电子及电池客户信用风险控制管理规定》《比亚迪公司应收账款账务核对管理规定》《比亚迪公司出口货物单证备案管理办法》《比亚迪公司货物贸易外汇收支管理规定》等相关制度，建立了销售计划制订、客户信用管理、销售定价管理、销售订单管理、销售收入核算、发货与收款等相关流程，合理设置销售业务相关岗位，明确职责权限，并形成了严格的管理制度和授权审核程序。针对不同产品，对销售的各个环节进行了规范和控制，公司销售管理业务流程与公司实际销售情况相匹配。

5.财务报告

公司根据《公司法》《会计法》《证券法》等相关法律法规的要求制定了统一的会计政策，并结合公司的实际情况制定了《比亚迪公司财经管理》《比亚迪公司财务负责人管理制度》及各项具体业务核算规范，建立了一系列财务制度和管理办法。并严格按照会计准则和相关制度，进行会计核算工作，根据登记完整、核对无误的会计账簿记录和其他有关资料编制财务报告，有效地保证了财务信息的真实性、完整性和准确性；明确了财务报告编制、报送、分析等业务流程，规范了财务报告各环节的职责分工和岗位分离，确保了财务报告的及时、真实、完整。

资料来源：比亚迪股份有限公司.比亚迪：内部控制自我评价报告[EB/OL].（2022-03-30）.https://money.finance.sina.com.cn/corp/view/vCB_AllBulletinDetail.php?stockid=002594&id=7933184.

在内部控制体系建设中，内部控制分为两个层面的控制：公司层面的控制和业务（流程）层面的控制。公司层面的控制包含了控制环境、风险评估、信息沟通、监督活动等要素的内容，业务层面的控制基本就是指控制活动要素的内容。可以说，控制活动是内部控制框架中最核心的要素，是企业内部控制体系承载的主体，涉及各个管理及业务制度、流程中的具体控制点的设置，企业内部控制体系建设中控制活动占据的工作量最大。

比亚迪股份有限公司的资金活动、采购业务、资产管理、销售业务、财务报告内部控制活动针对风险评估结果，制定出相应的降低影响目标实现的风险管控政策和程序，合理保证了业务活动的合规合法、运营的效率效果，财务报告的真实可靠、资产的安全及效能的发挥。

第一节　资金活动内部控制

一、资金活动概述

（一）资金活动管控的意义

现代企业的生产经营过程，是一个资金流驱动实物流的过程，资金的充裕程度，筹资成本、投资收益、周转效率等，对企业的经营发展至关重要。对资金活动的风险进行管控关系到资金活动的运行顺利与否，关系到企业的存亡，如果不重视资金活动的风险管控，轻则带来巨额损失，重则引发资金链断裂，可能将企业毁于一旦！

《企业内部控制应用指引第6号——资金活动》所称资金活动，是指企业筹资、投资和资金营运等活动的总称。该指引的目的在于加强对企业资金活动的风险控制，对于促进企业有效地组织资金活动、防范和控制资金风险、保证资金完整和安全、提高资金使用效益、规范企业经营活动、促进企业可持续发展等具有重要意义。具体表现为：

1.加强资金活动的内部控制是企业经营管理的重要组成部分

企业生产经营活动的开展，总是依赖于一定形式的资金支持；生产经营的过程和结果，也是通过一定形式的资金活动体现出来的。因此，资金管理一直被视为企业财务管理的核心内容，是企业经营管理的重要组成部分。但是企业资金活动由于涉及面广、不确定性强的特点，对其管理和控制面临的困难很大，而且资金活动中的潜在风险大多为重要风险，一旦风险转变为现实，对企业危害重大。企业经营管理中加强和改进对资金活动的管控，需要企业对自身业务活动做出科学的、准确的定位，对所处的政治、经济、文化和技术等环境做出客观的、清晰的判断，在适合的时机合理处理自身与外界的各种关系和矛盾。对资金活动施以有效控制，是企业生存和发展的内在需要。

2.加强资金活动的内部控制有利于企业可持续发展

资金活动贯穿企业生产经营的全过程，企业内部各部门、企业外部相关单位和个人都直接或间接参与企业资金活动。加强资金活动内部控制，有利于企业及时发现问题、防范并化解有关资金活动的风险，维护资金安全。

企业生产经营活动的有效开展，依赖于资金所具有的合理存量和流量。正确评价企业的资源条件和未来前景，科学地进行筹资和投资，并对生产经营中的资金余缺进行合理调剂，有利于资金均衡流动、提高资金的使用效率，获得更好的经济效益。

资金活动与企业生产经营活动紧密结合，从资金流转的角度对生产经营过程进行控制，有利于促使企业规范地开展业务活动、实现长期可持续发展。

（二）资金活动内部控制目标

1.筹资、投资活动内部控制目标

筹资、投资活动内部控制目标包括：合理保证筹资、投资活动的合法性、安全性、有效性，以及投资、筹资活动会计信息的可靠性等，从而有效控制因筹资决策不当引发的资本结构不合理或无效融资所导致的企业筹资成本过高或债务危机；有效控制因投资决策失误引发的盲目扩张或丧失发展机遇所导致的资金链断裂或资金使用效益低下等方面的风险。

2.营运活动内部控制目标

营运活动内部控制目标包括：合理保证营运活动的合法性、安全性、完整性、有效性，以及营运活动会计信息的可靠性等，从而有效控制因资金调度不合理、营运不畅所导致的企业陷入财务困境或资金冗余；有效控制因资金活动管控不严所导致的资金被挪用、侵占、抽逃或遭受欺诈等方面的风险。

（三）资金活动内部控制整体要求

对资金活动实施内部控制，企业应当建立健全严格的资金授权、批准、审验等相关管理内部控制制度。加强资金活动的集中归口管理，明确筹资、投资、营运等各环节的职责权限和岗位分离要求，定期或不定期检查和评价资金活动情况，落实责任追究制度，确保资金安全和有效运行。具体应当做到：

1.树立战略导向观念

战略统领着企业经营和发展的总体导向与全局。企业的资金活动，应当遵循相关的法律及监管要求，根据自身的发展战略，综合考虑宏观经济政策、市场环境、环保要求等因素，结合本企业发展实际，科学确定投融资及资金营运的目标和规划。同时，推进资金管理信息化建设，将资金预算管理与资金适时监控相结合，及时准确地反映资金运行状况和风险，提高资金活动战略规划决策的科学性和资金管理的及时性。

2.完善管理与监督制度

企业应建立和完善严格的资金授权、批准、审验、责任追究等相关控制制度，加强资金活动的集中归口管理，明确筹资、投资、营运等各环节的职责权限和不相容岗位相分离的要求，规范资金活动的执行。建立完善的监督检查和项目完成后的评价制度，跟踪资金活动内部控制的实际效果，据以修正制度、完善内部控制，并通过责任追究制度，确保资金活动安全有效地进行。

3.严格执行制度

企业资金活动的管控，不仅需要完善的制度，还要严格执行。为了使资金活动内部控制制度得到切实有效的实施，企业财会部门负责资金活动的日常管理，参与投融资方案等的可行性研究。总会计师或分管会计工作的负责人应当参与投融资决策过程。企业必须识别并关注资金活动的主要风险来源和主要风险控制点，然后针对关键风险控制点制定有效的控制措施，集中精力管控关键风险，以提高内部控制的效率。

4.集中管控资金

资金的集中管控可以实现资金在企业内部的调剂余缺，降低资金的内部调拨成本，提高资金的使用效率等。信息技术的发展为企业实现资金集中管控提供了便利条件。企业有子公司的，应当采取合法有效措施，强化对子公司资金业务的统一监控。有条件的企业集团，应当探索财务公司、资金结算中心等资金集中管控模式。

> **案例4-1　　　　　　　　LJ公司的筹资、投资风险**

主营单晶硅、多晶硅太阳能电池研发和生产的LJ公司是一家由董事长兼总经理李某一手创办并控制的家族式企业。

20××年11月LJ公司挂牌上市。在资本市场获得大额融资的同时，LJ公司开始了激进的扩张之路。为了支持其战略扩张的需要，LJ公司广开财路，多方融资。公司上市仅几个月便启动第二轮融资计划——发行债券，凭借建设海外电站的愿景，通过了管理部门的批准，发行规模为10亿元的"××债"，票面利率为8.98%，在当年新发债券中利率最高。李某及其女儿又陆续以所持股份作抵押，通过信托融资约9.7亿元。同时，LJ公司大举向银行借债，李某还以高达15%的利率进行民间集资。这样，LJ公司在上市后的三年时间内，通过各种手段融资近70亿元。

然而受宏观经济环境运行风险、国外政治风险、国际市场风险的影响，LJ公司所在行业的非理性发展已经导致产能严重过剩，市场供大于求，企业间开始以价格战进行恶性竞争，利润急速下降，甚至亏损。

在这种情况下，LJ公司仍执着于多方融资扩大产能，致使产品滞销，库存积压，同时在海外大量投资电站致使公司的应收账款急速增加。由于欧盟经济低迷，海外客户还款能力下降，欧元汇率下跌。存货跌价损失、汇兑损失、坏账准备的计提使严重依赖海外市场的LJ公司出现大额亏损。公司把融资筹措的大量短期资金投放于回款周期很长的电站项目，投资回报期和债务偿付期的错配使得公司的短期还款压力巨大，偿债能力逐年恶化。公司资金只投不收的模式使现金流很快枯竭。多家银行因贷款逾期、供应商因贷款清偿事项向LJ公司提起诉讼，公司部分银行账户被冻结，深陷债务危机。LJ公司由于资金链断裂，无法在原定付息日支付公司债券利息8 980万元，成为国内债券市场上的第一家违约公司，在资本市场上掀起轩然大波，打破了公募债券刚性兑付的神话。

LJ公司因上市后连续三年亏损被ST处理，暂停上市。仅仅三年多的时间，LJ公司就由于深陷债务违约危机，从一家市值百亿元的上市公司走向破产重组。

LJ公司资金活动中存在的主要风险如下：

（1）筹资决策不当，引发资本结构不合理或无效融资，导致企业筹资成本过高或债务危机。依据案例所陈述的"为了支持其战略扩张的需要，LJ公司广开财路，多方融资。公司上市仅几个月便启动第二轮融资计划——发行债券……这样，LJ公司在上市后的三年时间内，通过各种手段融资近70亿元。"

（2）投资决策失误，引发盲目扩张或丧失发展机遇，导致资金链断裂或资金使用效益低下。依据案例所陈述的在市场供过于求的情况下，"LJ公司仍执着于多方融资扩大产能，致使产品滞销……公司把融资筹措的大量短期资金投放于回款周期很长的电站项目，投资回报期和债务偿付期的错配使得公司的短期还款压力巨大，偿债能力逐年恶化"。

（3）资金调度不合理、营运不畅，导致企业陷入财务困境或资金冗余。依据案例所陈述的"公司把融资筹措的大量短期资金投放于回款周期很长的电站项目……公司的短期还款压力巨大，偿债能力逐年恶化。公司资金只投不收的模式使现金流很快枯竭"。

二、筹资活动的内部控制

筹资活动是企业资金活动的起点，也是企业整个经营活动的基础。企业为满足生产经营或战略发展需要，可通过银行借款或者发行股票、债券等形式筹集资金。企业应当根据经营和发展战略的资金需要，确定筹资战略目标和规划，结合年度经营计划和预算安排，拟订筹资方案，明确筹资用途、规模、结构和方式等相关内容，对筹资成本和潜在风险作出充分估计。如果是境外筹资，还必须考虑所在地的政治、经济、法律和市场等因素。

筹资活动的内部控制，决定着企业能否顺利筹集生产经营和未来发展所需资金，决定着企业能以什么样的筹资成本筹集资金，决定着企业能以什么样的筹资风险筹集所需资金，并决定着企业所筹集资金最终的使用效益。较低的筹资成本、合理的资本结构和较低的筹资风险，能够使企业投资和日常经营活动不至于背负沉重的压力，从容地追求长期目标，实现可持续发展；而较高的筹资成本、不合理的资本结构和较高的筹资风险，常常使企业经营压力倍增，企业不得不保持更高的资金流动性以应对不合理资本结构带来的财务风险，追求更高的投资收益以补偿高额的筹资成本，导致企业难以追求长期目标，往往过度追求短期利益，企业正常经营活动的可持续性得不到保证。

（一）筹资活动流程梳理及各环节工作内容

筹资活动的业务流程一般分为五个环节，包括：拟订筹资方案，论证筹资方案，审批筹资方案，筹资计划编制与执行，筹资活动的监督、评价与责任追究。

企业在筹资活动业务流程中应当明确筹资业务相关部门和岗位的职责、权限，建立岗位责任制，涉及的不相容岗位应当相互分离、制约和监督。在筹资活动的业务流程中涉及的不相容岗位一般包括：筹资方案的拟订、可行性论证与审批；筹资计划的编制与审批，审批与执行；筹资合同或协议的审批与订立；与筹资有关的各种款项偿付的审批与执行；筹资业务的执行与相关会计记录；筹资活动的执行与评价等。

筹资活动的业务基本流程如图4-1所示。

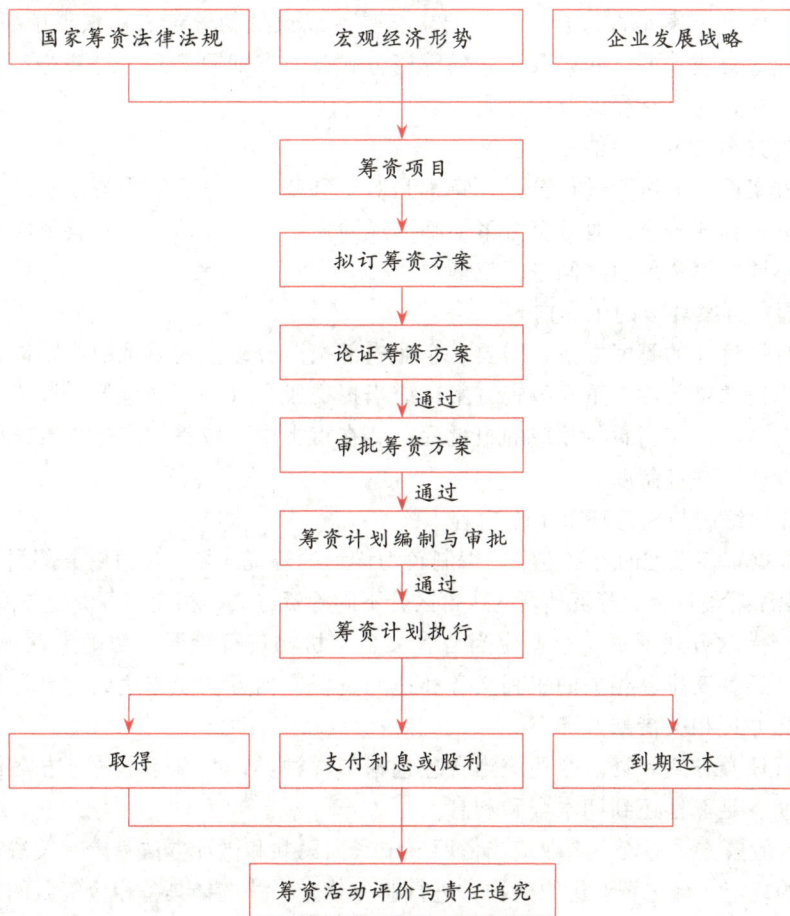

图4-1　筹资活动的业务基本流程

1.拟订筹资方案环节的工作内容

一般由财务部门根据国家法律法规的规定、企业经营战略、预算情况与资金现状等因素，提出筹资方案，一个完整的筹资方案应包括筹资金额、筹资形式、利率、筹资期限、资金用途等内容，提出筹资方案的同时还应与其他生产经营相关业务部门沟通协调，在此基础上才能形成初始筹资方案。

2.论证筹资方案环节工作内容

初始筹资方案还应经过充分的可行性论证。企业应组织相关专家对筹资项目进行可行性论证，可行性论证是筹资业务内部控制的重要环节。一般可以从下列几个方面进行分析论证：

（1）筹资方案的战略评估。

主要评估筹资方案是否符合企业整体发展战略，控制企业筹资规模，防止因盲目筹资而给企业造成沉重的债务负担。企业应对筹资方案是否符合企业整体战略方向进行严格审核，只有符合企业发展需要的筹资方案才具有可行性。在筹资规模上，企业也不可过于贪多求大。资金充裕是企业发展的重要保障，然而任何资金都是有成本的，企业在筹集资金时要有战略考虑，不可盲目筹集过多的资金，造成资金闲置，给企业增加财务负担。此外也要避免筹资不足，使企业丧失投资机会、造成经营困难。

（2）筹资方案的经济性评估。

主要分析筹资方案是否符合经济性要求，是否以最低的筹资成本获得了所需的资金，是否还有降低筹资成本的空间以及更好的筹资方式，筹资期限等是否经济合理，利息、股息等水平是否在企业可承受的范围之内。

（3）筹资方案的风险评估。

对筹资方案面临的风险进行分析，特别是对于利率、汇率、货币政策、宏观经济走势等重要条件进行预测分析，对筹资方案面临的风险做出全面评估，并有效地应对可能出现的风险，在不同的筹资风险之间进行权衡。

3.审批筹资方案环节的工作内容

通过可行性论证的筹资方案，需要在企业内部按照分级授权审批的原则进行审批，重点关注筹资用途的可行性。重大筹资方案，应当提交股东（大）会审议，筹资方案需经有关管理部门批准的，应当履行相应的报批程序。在审批中，应贯彻集体决策的原则，实行集体决策审批或者联签制度。

4.筹资计划编制与执行环节工作内容

企业应根据审核批准的筹资方案，编制较为详细的筹资计划，经过财务部门批准后，严格按照相关程序筹集资金。筹资计划的执行区分不同筹资方式，相应的筹资业务流程也不同。

（1）银行借款方式筹资。企业应当与有关金融机构进行洽谈，明确借款规模、利率、期限、担保、还款安排、相关的权利义务和违约责任等内容。双方达成一致意见后签署借款合同，据此办理相关借款业务。

（2）发行债券方式筹资。企业应当合理选择债券种类，并对还本付息方案作出系统安排，确保按期、足额偿还到期本金和利息。

（3）发行股票方式筹资。企业应当依照《中华人民共和国证券法》等有关法律法规和证券监管部门的规定，优化企业组织架构，进行业务整合，并选择具备相应资质的中介机构协助企业做好相关工作，确保符合股票发行条件和要求。同时，企业应当选择合理的股利支付方式，兼顾投资者的近期与长远利益，调动投资者的积极性，避免分配不足或过度，股利分配方案最终应经股东大会审批通过，如果是上市公司还必须按信息披露要求进行公告。另外，企业应通过及时足额还本付息以及合理分配和支付股利，保持企业良好的信用记录。

对于所筹集的资金，企业应当严格按照筹资方案确定的用途使用资金，确保款项的收支、股息和利息的支付、股票和债券的保管等符合有关规定。

5.筹资活动的监督、评价与责任追究环节工作内容

加强筹资活动的检查监督，严格按照编制的筹资计划筹集资金，严格按照筹资方案确

定的用途使用资金，确保款项的收支、股息和利息的支付、股票和债券的保管等符合有关规定。筹资活动完成后要按规定进行筹资后评价，对存在违规现象的，严格追究其责任。

（二）筹资活动的主要风险与管控措施

筹资活动内部控制包括筹资业务活动的全过程，内部控制的关键是对末级流程的控制，并将控制嵌入到业务流程之中。一般来说，企业在建立与实施筹资活动内部控制中，至少应当强化筹资决策控制、筹资执行控制、筹资监控控制。拟订筹资方案、论证筹资方案、审批筹资方案、签订筹资协议、使用筹集资金、支付利息或股利、筹资项目会计系统控制为关键控制点。

1.拟订筹资方案

主要风险有：

（1）缺乏完整的筹资战略规划，忽视战略导向，缺乏对目标资本结构的清晰认识，很容易导致盲目筹资，使得企业资本结构、资金来源结构、利率结构等处于频繁变动中，给企业的生产经营带来巨大的财务风险。

（2）企业资金预算和资金管控工作不到位，缺乏对资金现状的全面认识，使得企业无法正确评估资金的实际需要以及期限等，很容易导致筹资过度或者筹资不足。特别是对于大型企业集团来说，如果没有对全集团的资金现状做一个深入完整的了解，很可能出现一部分企业资金结余，而其他部分企业仍然对外筹资，使得集团的资金利用效率低下，增加了不必要的财务成本。

（3）筹资方案内容不完整、考虑不够周密、测算不够准确等，可能导致影响筹资决策的决定。

主要管控措施有：

（1）企业的筹资活动应符合国家有关法律、法规、政策要求，应以企业在资金方面的战略规划为指导，在筹资战略中对筹资用途、资本结构水平、资金来源渠道、筹资成本高低等做出明确规定，在具体的筹资活动中，贯彻既定的资金战略，以目标资本结构为指导，协调企业的资金来源、期限结构、利率结构等。

（2）企业在筹资之前，应首先对企业的资金现状有一个全面正确的了解，并在此基础上结合企业战略和宏观、微观形势、结合年度全面预算情况、对筹资成本和潜在风险作出充分估计后提出筹资方案，合理确定筹资规模和筹资进度。

（3）完整的筹资方案内容应当对筹资用途、筹资规模、筹资结构、筹资方式、利率、筹资期限、预计筹资成本、潜在筹资风险和具体应对措施以及偿债计划等作出安排和说明。

2.论证筹资方案

主要风险有：筹资方案可行性论证缺乏科学性、全面性、深入性，未能全面认识各种内外部风险因素，可能导致无法作出正确的筹资决策。

主要管控措施有：从三个方面对筹资方案进行可行性论证。

（1）筹资方案的战略性评估，包括是否与企业整体发展战略相符合，筹资规模是否适当。

（2）筹资方案的经济性评估，如筹资成本是否最低，资本结构是否恰当，筹资成本与资金收益是否匹配。

（3）筹资方案的风险性评估，如筹资方案面临哪些风险，风险大小是否适当、可控，是否与收益匹配，是否能对风险进行有效应对。

企业可根据实际需要，聘请具有相应资质的专业机构进行可行性研究。

3.审批筹资方案

主要风险有：缺乏完善的授权审批制度，可能导致审批流于形式、忽视筹资方案中的潜在风险，筹资方案草率决策。

主要管控措施有：

（1）根据分级授权审批制度，按照规定程序严格审批经过可行性论证的筹资方案。筹资方案必须经过完整的授权审批流程方可正式实施，这一流程既是企业上下沟通的一个过程，同时也是各个部门、各个管理层次对筹资方案进行审核的重要风险控制程序。审批流程中，每一个审批环节都应对筹资方案中的筹资额度、筹资来源与方式、筹资期限、资金成本、违约责任以及其他筹资条款进行审核，对风险控制等问题进行评估，重点关注筹资用途的可行性和相应的偿债能力，认真履行审批职责，对筹资风险进行有效管控。企业应当拟定两个或两个以上的筹资方案，综合考虑筹资成本和风险评估等因素，对方案进行比较分析后，履行相应的审批程序，确定最终的筹资方案。

（2）重大筹资方案审批中应实行集体审议或联签制度，保证决策的科学性。

（3）筹资方案发生重大变更的，应当重新履行可行性研究以及相关审批程序。

4.编制筹资计划

主要风险有：

（1）筹资计划编制缺乏科学规划，可能导致筹资活动不能高效、有序进行。

（2）编制的筹资计划未按照分级授权审批制度审批，可能导致未对执行筹资计划的风险进行管控。

主要管控措施有：

（1）根据筹资方案，结合当时的经济金融形势，分析不同筹资方式的资金成本，正确选择筹资方式和不同方式的筹资数量，财务部门或资金管理部门制订严密细致的具体筹资计划，通过筹资计划，对筹资活动进行周密安排和控制，确保筹资活动在严密控制下高效、有序地进行。

（2）筹资计划根据授权审批制度报有关部门批准之后才能付诸实施。

5.执行筹资计划

主要风险有：

（1）签订筹资协议前缺乏对筹资条款的认真审核，可能导致企业在未来可能发生的经济纠纷或诉讼中处于不利地位。

（2）未严格按照筹资方案确定的用途使用资金，擅自改变资金用途。

（3）因无法保证支付筹资成本可能导致企业信用损失，影响企业的筹资环境。

主要管控措施有：

（1）根据经批准的筹资计划，按照规定权限和程序筹集资金。银行借款或发行债券，应当重点关注利率风险、筹资成本、偿还能力以及流动性风险等，发行股票应当重点关注发行风险、市场风险、政策风险以及公司控制权风险等，做好风险应对工作。

（2）筹资活动中认真做好筹资合同或协议等法律文件的签订工作，筹资合同或协议条款应当全面、清晰、准确，签约双方权利义务责任明确，符合法律法规的规定。筹资合同一般应载明筹资数额、期限、利率、违约责任等内容，企业应认真审核、仔细推敲筹资合同具体条款的合法性、合理性、完整性，防止因合同条款而给企业带来潜在的不利影响。企业可以借助专业的法律中介机构来进行合同文本的审核。企业变更筹资合同或协议，应当按照原审批程序进行。

（3）按照岗位分离与授权审批制度，各环节和各责任人正确履行审批监督责任，实施严密的筹资程序控制和岗位分离控制。

（4）妥善管理所筹集的资金，保证资金的安全性。

（5）加强债务偿还和股利支付环节的管理，对偿还本息和支付股利等作出适当安排。企业应当按照筹资方案或合同约定的本金、利率、期限、汇率及币种，准确计算应付利息，与债权人核对无误后按期支付。企业应当选择合理的股利分配政策，科学制定股利支付分配方案，包括股利金额、支付时间、支付方式等，并严格按方案支付股利；股利分配方案应当经过股东（大）会批准，并按规定履行披露义务。

（6）严格按照筹资计划执行资金的划拨使用工作，确保按规定的时间、规定的用途使用资金。

（7）由于市场环境变化等确需改变资金用途的，应当履行相应的审批程序。严禁擅自改变资金用途。

（8）做好严密的筹资记录，发挥会计控制的作用。

>> 案例4-3　　　　　　　HY电气股份公司募集资金使用和管理违规

2021年10月20日，上海证券交易所对HY电气股份有限公司（以下简称公司）及其控股股东HY集团有限公司（以下简称HY集团）和实际控制人陈某下达纪律处分决定书。经查明认定公司在信息披露、规范运作方面，有关责任人在职责履行方面存在违规行为，其中，公司在募集资金使用和管理中的违规事实如下：

2015年，公司通过非公开发行股份募集资金21.59亿元，用于××、××等项目和补充流动资金及偿还银行贷款。根据公司2019年12月20日披露的募集资金使用专项现场检查报告，公司在募集资金的使用管理方面存在以下违规行为：

一、违规将闲置募集资金暂时用于补充流动资金

2018年3月28日至12月29日期间，公司将3.07亿元闲置募集资金转出，暂时用于补充流动资金。截至2018年12月31日，公司仅归还1.95亿元至募集资金专户，剩余1.12亿元仍未归还。2019年1月2日至3月27日期间，公司将1.87亿元闲置募集资金转出，暂时用于补充流动资金。公司将上述闲置募集资金暂时用于补充流动资金，既未履行董事会决策审议程序和披露义务，也未取得独立董事、监事会、保荐人的同意。截至2019年9月30日，公司尚未归还违规使用的募集资金余额累计达2.99亿元。

二、公司募集资金超期未归还，信息披露与事实不符

2018年9月13日，经公司第七届董事会第13次会议和第七届监事会第11次会议审议，同意公司使用闲置募集资金2亿元人民币暂时补充流动资金，使用期限为董事会批准之日起不超过12个月。2019年9月13日，公司披露《关于归还暂时补充流动资金的闲置募集资金的公告》显示，已将前次不超过2亿元暂时用于补充流动资金的募集资金全部归还至公司募集资金专用账户。经查明，公司2019年9月12日实际并未归还上述暂时用于补充流动资金的闲置募集资金，合计金额为1.9951亿元，且至今仍未归还。公司未在规定期限内归还暂时用于补充流动资金的募集资金，且信息披露与事实明显不符。

此外，公司还存在控股股东及其关联方长期非经营性占用上市公司资金、公司未及时披露的违规行为，公司为控股股东及关联方提供巨额担保的违规行为。公司年审会计师事务所认为，公司内部控制存在重大缺陷。年审会计师事务所对公司2019年度内部控制出具否定意见审计报告。

资料来源：上海证券交易所纪律处分决定书〔2021〕131号。

6.筹资活动的监督、评价与责任追究

主要风险有：

（1）缺乏严密的跟踪管理制度，可能会使企业资金管理失控，导致筹集的资金不能正确有效地使用，可能因资金被挪用导致财务损失，也可能因此导致利息没有及时支付而被银行罚息，使得企业面临不必要的财务风险，企业筹资信用受损。

（2）没有建立责任追究制度，未落实责权利相统一。

主要管控措施有：

（1）促成各部门严格按照确定的用途使用资金；

（2）监督检查，督促各环节严密保管未发行的股票、债券；

（3）监督检查，保证利息计提和支付的准确性；

（4）加强债务偿还和股利支付环节的监督管理；

（5）评价筹资活动过程，追究违规人员责任。

（三）筹资活动的会计系统控制

具体来讲，企业财会部门应当做到：

（1）财会部门应按照国家统一的会计准则，对筹资业务进行准确的会计核算与账务处理，通过相应的账户准确进行筹集资金核算、本息偿付、股利支付等工作。

（2）财会部门需登记造册、妥善保管与筹资活动相关的重要文件，如筹资合同或协议、收款凭证、入库凭证等，以备查用。

（3）财会部门应做好具体资金管理工作，随时掌握企业资金情况。财会部门应编制贷款申请表、内部资金调拨审批表等，严格管理筹资程序；财会部门应编制借款存量表、借款计划表、还款计划表等，掌握贷款资金的动向；财会部门还应与资金提供者定期进行账务核对，以保证资金及时到位与资金安全。

（4）财会部门还应协调好企业筹资的利率结构、期限结构等，力争最大限度地降低企业的资金成本。

>> 案例4-4

M公司筹资业务管理流程实例

M公司筹资业务管理流程与风险控制图如图4-2所示。

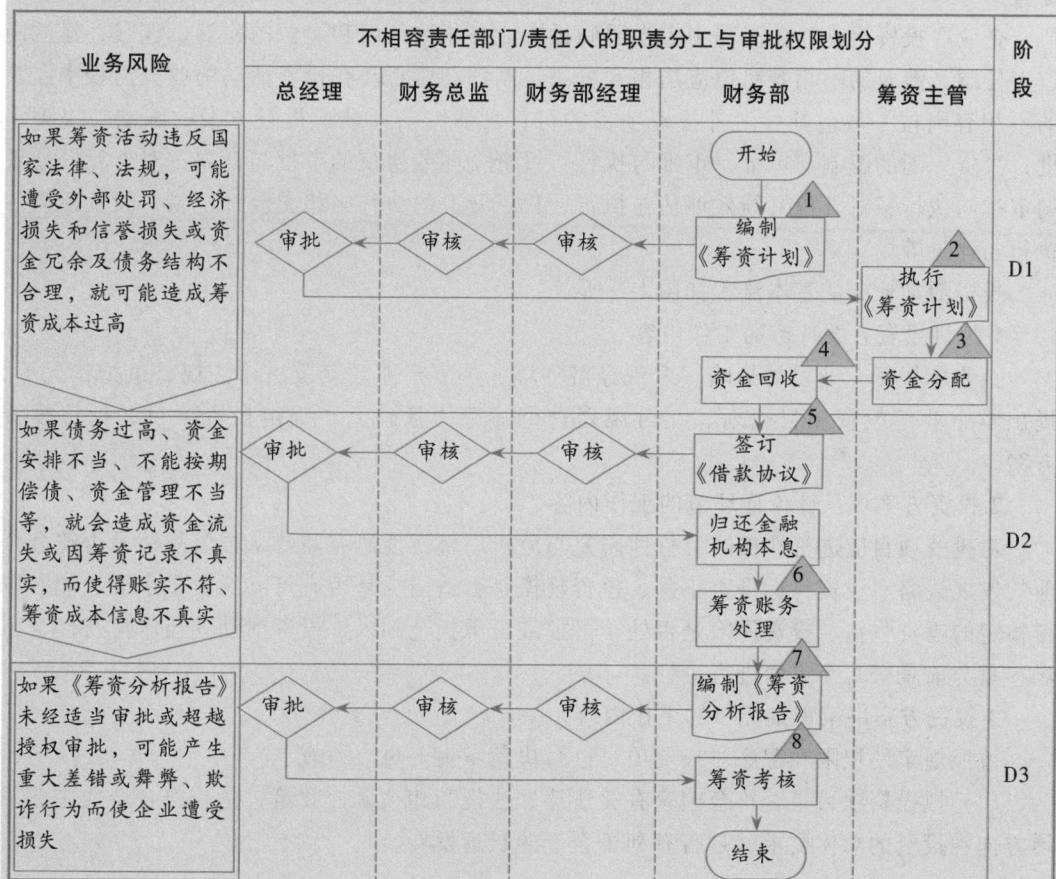

图4-2 筹资业务管理流程与风险控制图

三、投资活动的内部控制

投资主要是指长期股权投资，包括对子公司投资、对联营企业投资和对合营企业投资及投资企业持有的对被投资单位不具有共同控制或重大影响，并且在活跃市场中没有报价、公允价值不能可靠计量的权益性投资。企业的投资活动是筹资活动的延续，也是筹资的重要目的之一。投资活动作为企业的一种盈利活动，对于筹资成本补偿和企业利润创造，具有重要的意义。企业进行投资活动，应该根据自身发展战略，合理确定投资目标和规划，合理安排资金投放结构，科学选定投资项目，突出主业，拟订投资方案，重点关注投资项目的收益和风险，谨慎从事股票或衍生金融工具等高风险投资。境外投资还应考虑政治、经济、金融、法律、市场等环境因素。

投资活动的内部控制，一定程度上能够合理保证企业选择正确的投资决策、投资时机，资金投放的数量、结构合理化，投资活动有序进行，有效防范投资风险，确保投资资产安全，取得预期投资收益，抓住发展机遇。

（一）投资活动流程梳理及各环节工作内容

投资活动的业务流程一般分为六个环节，包括：拟订投资方案、投资方案可行性论证、投资方案决策审批、投资计划编制与审批、投资计划实施、投资项目的到期处置。

企业在投资活动业务流程中应当明确投资业务相关部门和岗位的职责、权限，建立岗位责任制，涉及的不相容岗位应当相互分离、制约和监督。在投资活动的业务流程中涉及的不相容岗位一般包括：对外投资项目的可行性研究与评估；投资方案的编制与决策审批；投资计划的编制与审批、审批与执行；投资合同或协议的审批与订立；对外投资处置的审批与执行；对外投资绩效评估与执行；投资业务的执行与相关会计记录；投资活动的执行与评价等。

投资活动业务的基本流程如图4-3所示。

1.拟订投资方案环节的工作内容

企业应根据企业发展战略、宏观经济环境、国家产业政策及法律法规、市场状况等，提出本企业的投资项目规划。在对规划进行筛选的基础上，确定投资项目，拟订投资方案。

2.投资方案可行性论证环节的工作内容

对投资项目应进行严格的可行性研究与分析。可行性研究需要从投资战略是否符合企业的发展战略、投资目标是否正确、投资规模是否适当、是否有可靠的资金来源、能否取得稳定的投资收益、投资风险是否处于可控或可承担范围内、投资活动的技术可行性、市场容量与前景等几个方面进行论证。

3.投资方案决策审批环节的工作内容

按照规定的权限和程序对投资项目进行决策审批。重点审查：

（1）拟投资项目是否符合国家有关法律、法规和相关调控政策，是否符合企业主业发展方向和投资的总体要求，是否有利于企业的长远发展。

```
┌─────────────────┐  ┌─────────────────┐  ┌─────────────────┐
│  国家投资法律法规  │  │   宏观经济形势    │  │   企业发展战略    │
└────────┬────────┘  └────────┬────────┘  └────────┬────────┘
         │                    │                     │
         │           ┌────────▼────────┐            │
         └───────────►    投资项目       ◄───────────┘
                     └────────┬────────┘
                     ┌────────▼────────┐
                     │   拟订投资方案    │
                     └────────┬────────┘
                     ┌────────▼────────┐
                     │ 投资方案可行性论证 │
                     └────────┬────────┘
                           通过│
                     ┌────────▼────────┐
                     │  投资方案决策审批  │
                     └────────┬────────┘
                           通过│
                     ┌────────▼────────┐
                     │ 投资计划编制与审批 │
                     └────────┬────────┘
                           通过│
                     ┌────────▼────────┐
                     │   投资计划执行    │
                     └────────┬────────┘
      ┌───────────────────────┼───────────────────────┐
┌─────▼─────┐          ┌──────▼──────┐         ┌───────▼───────┐
│   投放     │          │    使用      │         │   处置与回收    │
└─────┬─────┘          └──────┬──────┘         └───────┬───────┘
      └───────────────────────┼───────────────────────┘
                     ┌────────▼────────────┐
                     │ 投资活动评价与责任追究 │
                     └─────────────────────┘
```

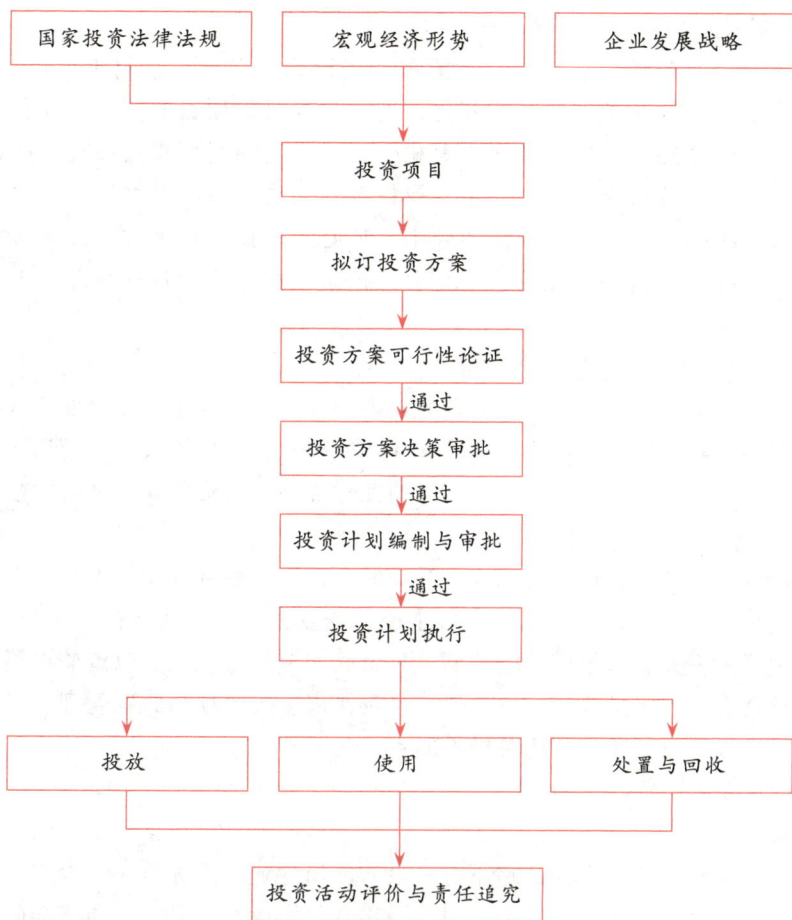

图4-3　投资活动的业务基本流程

（2）拟订的投资方案是否可行，主要的风险是否可控，是否采取了相应的防范措施。

（3）企业是否具有相应的资金能力和项目监管能力。

（4）拟投资项目的预计经营目标、收益目标等是否能够实现，企业的投资利益能否确保，所投入的资金能否按时收回。

只有初审通过的投资项目，才能提交上一级管理机构和人员进行审批。企业集团根据企业章程和有关规定对所属企业投资项目进行审批时，应当采取总额控制等措施，防止所属企业分拆投资项目、逃避更为严格的授权审批的行为。重大投资项目，应当报经董事会或股东（大）会批准，审批中应贯彻集体决策的原则，实行集体决策审批或者联签制度。投资方案需要经过有关管理部门审批的，应当履行相应的报批程序。

4.投资计划编制与审批环节的工作内容

根据审批通过的投资方案，编制详细的投资计划，落实不同阶段的资金投资数量、投资具体内容、项目进度、完成时间、质量标准与要求等，并按程序报经有关部门批准。与被投资方签订投资合同或协议，明确出资时间、金额、方式、双方权利义务和违约责任等内容，按照规定的权限和程序审批后履行投资合同或协议。

5.投资计划实施环节工作内容

企业需要指定专门机构或人员对投资项目进行跟踪管理。在投资项目执行过程中，密切关注投资项目的市场条件和政策变化，准确做好投资项目的会计记录和处理。企业应及时收集被投资方经审计的财务报告等相关资料，定期组织投资效益分析，关注被投资方的财务状况、经营成果、现金流量以及投资合同履行情况，发现异常情况的，应当及时报告并妥善处理。同时，在项目实施中，还必须根据各种条件，准确对投资的价值进行评估，根据投资项目的公允价值进行会计记录。如果发生投资减值，应及时提取减值准备。

6.投资项目到期处置环节的工作内容

对已到期投资项目的处置要按照规定的权限和程序进行审批，妥善处置并实现企业最大的经济收益。企业应加强投资收回和处置环节的控制，对投资收回、转让、核销等决策和审批程序作出明确规定。同时，投资项目的处置要重视投资到期本金的回收。

（二）投资活动的主要风险与管控措施

投资活动内部控制内容包括投资业务活动的全过程，内部控制关键是对末级流程的控制，并将控制嵌入到业务流程之中。一般来说，企业在建立与实施投资活动内部控制中，至少应强化投资决策控制、投资实施控制、投资收回或处置控制、投资监控等。拟订投资方案、论证投资方案、审批投资方案、签订投资协议、投资项目跟踪管理、投资项目会计系统控制、投资收回或处置控制为关键控制点。

1.拟订投资方案

主要风险有：

（1）拟定的投资项目与企业战略不符，没有突出主业，未充分关注投资项目的收益与风险匹配，盲目投资，贪大贪快，乱铺摊子，出现投资无所不及、无所不能的现象。

（2）投资规划未能关注投资与筹资在资金数量、期限、成本与收益上的不匹配，可能导致投资规模超过企业资金实力和筹资能力，投资盈利不能补偿筹资成本。

（3）投资规划忽略投资活动对资产结构与流动性的影响，可能导致出现要么资产流动性差、要么盈利性差的现象。

（4）投资方案内容不完整、考虑不够周密、测算不够准确等，可能导致影响投资项目可行性论证与投资决策的决定。

主要管控措施有：

（1）企业投资活动应该符合国家产业政策及法律法规的规定，以企业发展战略为导向，正确选择投资项目，合理确定投资规模，恰当权衡收益与风险，要突出主业。

（2）投资活动的资金需求，需要通过筹资予以满足。这就要求投资应量力而为，不可贪大求全、超过企业资金实力和筹资能力进行投资；投资的现金流量在数量和时间上要与筹资现金流量保持一致，以避免财务危机的发生；投资收益要与筹资成本相匹配，保证筹资成本的足额补偿和投资的盈利性。

（3）企业的投资活动会形成特定资产，并由此影响企业的资产结构与资产流动性。这就要求企业投资中要恰当处理资产流动性和盈利性的关系，通过投资保持合理的资产结构，在保证企业资产适度流动性的前提下追求最大的盈利性。

（4）如果采用并购方式进行投资，妥善选择并购目标，严格控制并购风险，重点关注并购对象的隐性债务、承诺事项、可持续发展能力、员工状况及其与本企业治理层与管理层的关联关系，合理确定支付对价，注重并购协同效应的发挥。

（5）完整的投资方案内容应包括：投资依据、投资方向、投资规模、投资风险评估、投资预期收益估计、投资时机、资金来源等。

>> **案例4-5**　　　　　　　　　**天山股份收购四家水泥公司**

"碳中和"背景下，材料及能源领域的企业不断进行着业务整合和优化，向着更专业化的方向发展，进一步加强在特定领域的优势地位，加强业务聚焦，企业间兼并联合重组也成为大势所趋。

在"碳中和"目标的驱动下，作为中国建材行业碳排放子行业中的重要组成部分，水泥行业为积极响应国家相关政策的要求，将势在必行地实施碳减排。提升行业规范化、规模化水平，提高内部生产集中度是水泥行业碳减排的重要手段。天山股份公司（以下简称天山股份）通过陆续淘汰产能落后的企业以及优势企业不断地收购兼并优质小企业等多种方式，减少自身碳排放量，缩减行业产能。

天山股份于2021年11月2日以发行股份的方式成功购买四家水泥公司股权，总金额高达981.42亿元，分别为中材水泥100%的股权、中国联合水泥集团100%的股权、南方水泥99.93%的股权及云南西南水泥95.72%的股权。

天山股份在收购完成后已成为我国水泥行业处于领先地位的龙头上市公司。公司业务通过全国性布局，主营业务及核心竞争力将得到进一步提升，业务规模亦将显著增加，由于不同地区之间的水泥供需变化导致的经营波动风险也将得到有效降低。同时，随着收购的标的公司被整合纳入天山股份核心业务体系，可实现资源共享、互相促进，进而协同发展。

资料来源：根据新疆天山水泥股份有限公司官网资料整理。

2.投资方案可行性论证

主要风险有：投资方案可行性论证缺乏科学性、全面性、深入性，未能全面认识投资项目所在行业的不确定性或影响巨大的外部因素，可能导致投资方案难以对项目预期进行判断，导致对后续投资带来风险，甚至失败。

主要管控措施有：

投资方案的可行性论证重点对投资目标、规模、方式、资金来源、风险与收益等作出客观评价。主要从三方面论证：

（1）投资方案的战略性评估，是否与企业发展战略相符合。

（2）投资规模、方向和时机是否适当，用于投资的资金来源是否具有保障性。

（3）分析项目的技术可行性与先进性、市场容量与前景，以及项目预计现金流量、风险与报酬，比较或评价不同项目的可行性。

企业根据实际需要，可以委托具备相应资质的专业机构进行可行性研究，提供独立的可行性研究报告。

3.投资方案决策审批

主要风险有：缺乏严密的授权审批制度和不相容职务分离制度，可能导致审批流于形式，企业投资呈现出随意、无序、无效的状况，导致投资失误和企业生产经营失败。

主要管控措施有：

（1）企业应当按照规定的权限和程序对投资项目进行决策审批，明确审批人对投资业务的授权批准方式、权限、程序和责任。重点审查投资方案的可行性、投资项目的合法性、正确性、收益性、投资活动的资金保障性、投资和并购风险的可控性等。

（2）审批中应实行集体决策审议或者联签制度；投资方案需经有关管理部门批准的，应当履行相应的报批程序。

（3）投资方案发生重大变更的，应当重新进行可行性研究并履行相应审批程序。企业因发展战略需要，在原投资基础上追加投资的，也应严格履行控制程序。

4.投资计划编制与审批

主要风险有：

（1）投资计划编制缺乏科学规划，可能导致投资活动不能高效、有序地进行。

（2）编制的投资计划未按照分级授权审批制度审批，可能导致未对投资计划执行风险进行管控。

（3）投资合同或协议条款不全面、不清晰、不准确，会给企业带来潜在的不利影响。

主要管控措施有：

根据批准的投资方案，制订切实可行的具体投资计划，科学规划投资活动，合理保证风险可控、实现预期投资收益。具体来讲应当做到：

（1）核查企业当前资金额及正常生产经营预算对资金的需求量，积极筹措投资项目所需资金，科学规划资金投放数量、结构、方向。

（2）制订详细的投资计划，并根据授权审批制度报有关部门批准之后才能付诸实施。

（3）根据批准的投资方案，与有关被投资方签署投资合同或协议。投资合同或协议条款内容全面、清晰、准确，签约双方权利义务责任明确，符合法律法规规定。按照规定的权限和程序审批后履行投资合同或协议。企业可以借助专业的法律中介机构来进行合同文本的审核。

5.投资计划实施

主要风险有：

（1）未严格执行投资计划，影响投资活动的进行。

（2）缺乏严密的投资资产保管与会计记录，容易发生各种舞弊行为和投资失败风险。

（3）缺乏严密的跟踪管理制度，可能会使企业投资活动管理失控，丧失避免投资损失的时机。

主要管控措施有：

严格执行投资计划，保证投资活动合法、有效、高效地进行。具体来讲应当做到：

（1）根据投资计划进度，严格分期、按进度适时投放资金，严格控制资金流量和时间。

（2）以投资计划为依据，按照职务分离制度和授权审批制度，各环节和各责任人正确履行审批监督责任，对项目实施过程进行监督和控制，防止各种舞弊行为，保证项目建设的质量和进度要求。

（3）做好严密的投资资产保管与会计记录，发挥会计控制的作用。

（4）做好跟踪分析工作，及时评价投资的进展，将分析和评价的结果反馈给决策层，以便及时调整投资策略或制定投资退出策略。企业可以根据管理需要和有关规定向被投资企业派出董事、监事、财务负责人或其他管理人员。企业应当对派驻被投资企业的有关人员建立适时报告、业绩考评与轮岗制度。

6.投资项目的到期处置

主要风险有：

（1）投资资产的处置未经过授权批准、转让价格不合理造成资产流失，带来经济损失。

（2）没有建立责任追究制度，未落实责权利相统一。

主要管控措施有：

企业应当加强投资处置环节的控制，对投资收回、转让、核销等的决策和授权批准程序作出明确规定。投资的收回、转让与核销，应当按规定权限和程序进行审批，并履行相关审批手续。对应收回的投资资产，要及时足额收取。具体来说应当做到：

（1）转让投资，应当由相关机构或人员合理确定转让价格，并报授权批准部门批准；必要时，可委托具有相应资质的专门机构进行评估。

（2）核销投资，应当取得因被投资单位破产等原因不能收回投资的法律文书和证明文件。

（3）企业应当认真审核与投资处置有关的审批文件、会议记录、资产回收清单等相关资料，确保资产处置真实、合法。

（4）企业应当建立投资项目后续跟踪评价管理制度，对企业的重要投资项目和所属企业超过一定标准的投资项目，有重点地开展后续跟踪评价工作，并作为进行投资奖励和责任追究的基本依据。

（三）投资活动的会计系统控制

具体来讲，企业财会部门应当做到：

（1）财会部门应按照国家统一的会计准则，根据对被投资方的影响程度，合理确定投资业务适用的会计政策，准确地对投资项目进行会计核算、记录与报告，准确反映企业投资的真实状况。

（2）财会部门应当妥善保管投资合同、协议、备忘录、出资证明等重要的法律文书。

（3）财会部门应当建立投资管理台账，详细记录投资对象、金额、持股比例、期限、收益等事项，作为企业重要的档案资料以备查用。

（4）财会部门应当密切关注投资项目的营运情况，一旦出现财务状况恶化、市价大幅下跌等情形，必须按会计准则的要求，合理计提减值准备。企业必须准确合理地对减值情况进行估计，而不应滥用会计估计，把减值准备作为调节利润的手段。

>> 案例4-6　　　　M公司长期股权投资业务管理流程实例

M公司长期股权投资业务管理流程与风险控制图如图4-4所示。

业务风险	不相容责任部门/责任人的职责分工与审批权限划分					阶段
	董事会	投资审查委员会	总经理	投资部	会计	
如果投资项目未经科学、严密的评估和论证，可能因决策失误而导致重大损失			审批	开始 ① 对投资项目进行调研分析 ② 编制《投资项目可行性研究报告》		D1
如果投资行为违反国家法律、法规，可能遭受外部处罚、经济损失和信誉损失	审议	审议	提交《项目投资申请》 ③ 审批	制订投资实施方案 ④ 派驻人员，进行跟踪管理		D2
如果投资减值准备的决策与执行不当，可能导致企业权益受损			审批	资产发生减值 编制《资产减值表》 ⑤	计提减值准备，调整折旧 ⑥	D3
如果追加投资行为不规范或没有经过严格审批，可能给企业造成经济损失和信誉损失	审议	审议	审核	投资项目出现资金缺口 编制追加投资申请报告 ⑦ 签订追加投资合同 ⑧		D4
如果投资的收回不按规定权限和程序进行审批或投资收回协议签订不合理，就可能导致企业资金和资产的流失和浪费	审议	审议	审核	提出投资收回申请 编制《投资收回申请》 ⑨ 签订投资收回合同 ⑩ 收回资金，确认投资损益	进行账务处理	D5
如果投资核销没有经过充分调研或没有经过严格审批，就可能导致企业资产虚增或资产流失，造成资金和资产浪费	审议	审议	审批	被投资企业出现问题或破产 编制资产核销申请 ⑪ 清理核销资产，确认损失 ⑫	进行账务处理 结束	D6

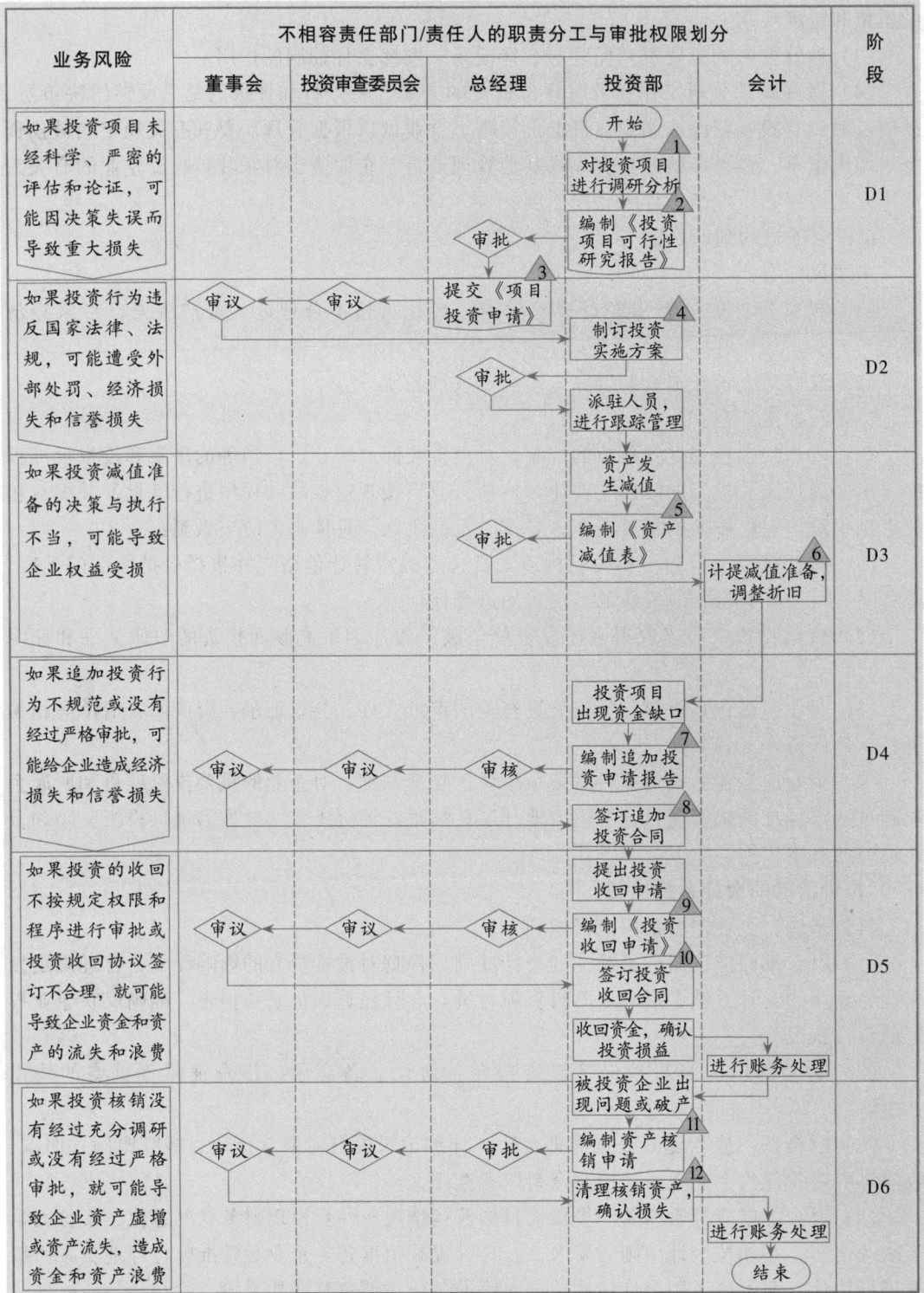

图4-4 长期股权投资业务管理流程与风险控制图

四、资金营运活动的内部控制

资金营运活动是投资活动的自然延续，是在投资形成项目或资产以后，通过合理组织和使用资金，保证投资项目或资产的正常运转，实现预期目标。资金营运就是指企业在日常生产经营活动中合理组织和调度各类资金，保证各类资金正常循环周转的行为。企业资金营运，是一个货币资金、采购资金、生产资金和销售资金等不同形态资金循环周转的过程（货币资金形态、储备资金形态、生产资金形态、储备资金形态和货币资金形态的循环周转）。同时，也是企业在资金营运过程中保持生产经营各环节资金顺畅流转的动态平衡过程。在这个过程中，要求不同形态的资金在时间上继起、空间上并存，保持恰当的配置比例，实现生产经营过程的顺利进行。

为加强企业对营运资金的内部控制，提高资金使用效益，保证资金的安全、完整，提高资金周转速度，防范资金链条断裂，企业必须加强对货币资金的管理和控制，建立健全货币资金的内部控制，确保经营管理活动合法而有效。企业的货币资金包括库存现金、银行存款以及其他货币资金，其是企业流动性最强、盈利性最低的资金占用，是企业资金营运的起点和终点。企业日常生产经营过程中，为保证采购、生产、销售过程中的正常收付需要，必须持有一定量的货币资金，相应的，控制风险也很高，容易诱发不法之徒的欲望，重视货币资金的风险管控意义重大。

储备资金的实物形态是存货，关于货币资金通过采购形成储备资金的内部控制，在本章第二节采购业务内部控制中讲解，关于存货入库、领用等实物资产收发的内部控制，在本章第三节资产管理内部控制中讲解。在生产过程中，原材料等储备资金的投入、职工薪酬、制造费用等货币资金的支付会直接转换为生产资金，生产过程中有关材料耗用、完工产品入库等的内部控制，在本章第三节资产管理内部控制中讲解。生产阶段结束，产品完工入库，新的储备资金形成，存货内部控制同样在本章第三节资产管理内部控制中讲解。通过产品销售，储备资金又转化为货币资金，相关内部控制在本章第四节销售业务内部控制中讲解。因此，这里在讲解资金营运内部控制的总体要求的基础上，重点讲解货币资金的风险及管控措施。

（一）资金营运内部控制的总体要求

1.保持生产经营各环节资金供求的动态平衡，确保循环顺畅

资金平衡是资金营运内控的基本目标。企业应当将资金合理安排到采购、生产、销售等各环节，做到实物流和资金流的相互协调、资金收支在数量上及在时间上相互协调，保证资金循环周转的顺畅进行，全面提升资金营运效率。

2.实施全面预算管理，确保资金综合平衡

企业应当充分发挥全面预算管理在资金综合平衡中的作用，严格按照预算要求组织协调资金调度，实现资金统一收支和调配，通过加强对流动资产和流动负债的管理，确保资金及时收付、流转，实现资金的合理占用和良性循环。

3.促进资金合理循环和高效周转，提高资金使用效率

资金只有在不断流动的过程中才能带来价值增值。加强资金营运的内部控制，就是要努力提高资金正常周转效率，加快现金、存货和应收账款周转速度，尽量减少资金占用，

控制资金风险，降低资金占用成本，为短期资金寻找适当的投资机会，避免出现资金闲置和沉淀等低效现象。

4.内部资金调拨灵活，满足内部资金需求

资金营运涉及企业的各项业务环节以及各个业务部门，有效的资金营运必须通过灵活的内部资金调度来调剂余缺。企业应当通过集中调度资金，合理安排融资规模和结构，确保满足内部资金需求，降低融资成本，提高资金使用效率。企业可以定期组织召开资金调度会，对预算资金执行情况进行综合分析，发现异常情况，及时采取措施妥善处理，避免资金冗余或资金链断裂。

5.加强资金管理，确保资金安全

资金营运内部控制涉及货币资产管理、实物资产管理、成本费用管理等具体内容，范围广阔，环节众多，企业必须深入各个流转环节，在全面预算的基础上，结合定额控制以及差异分析、责任考核等方法，对资金营运进行严格管控。企业还必须杜绝资金的体外循环、加强资金安全管理、强化资金调拨使用的审批程序等。此外，资金营运活动大多与流动资金尤其是货币资金相关，这些资金由于流动性很强，控制风险最高，出现错弊的可能性更大，保护资金安全完整的要求更迫切。

> **案例4-7 　　　　　　　　资金运营方面的控制风险**
>
> 实务中，监管部门在对资金运营方面的监管中发现以下情况：
>
> 案例1：往来款项情况分析不到位。某公司《会计基础工作规范实施办法》规定，对六个月以上的应收及预付款项、一年以上的应付及预收款项应进行账龄分析，往来方信息、与往来者的合约、清理情况及到期未清理的原因应形成书面材料。该公司未严格按照规定执行。检查发现，该公司某事业部20××年9月30日的往来款项余额显示，存在23家账龄1年以内的应收账款，总金额900余万元；38家账龄1年以上的应收账款，总金额1 700余万元。除个别应收账款分析了存在原因及措施外，其他往来款项无分析资料。
>
> 案例2：未按规定收取保证金。某公司未按合同约定时间收取保证金。该公司下属某分公司20××年3月签订某建设工程劳务分包合同，合同约定，分包人应于分包合同签订5日内将分包合同总价的5%的履约保证金及3%的农民工工资保证金缴纳至承包方基本户。检查发现，保证金实际收取时间延迟两个月。
>
> 案例3：未按规定履行付款程序。某公司《资金预算及集中收支管理办法》规定，资金计划每月上报经理办公会审议，付款需经企业负责人、财务部负责人审签。检查发现，该公司未按规定履行付款程序，存在2个月的资金计划未及时提交经理办公会审议；部分付款凭证后所附支付申请单无企业负责人签字。
>
> 以上企业资金运营方面的风险表现在：未落实应收账款清欠管理；未对长期应收款项进行清理分析；未按合同约定收取保证金；资金支付未按照规定审核签字；报销业务审批不严格等。忽视资金运营的内部控制，会加大企业资金占用，影响企业资金周转，降低企业资金利用效率，进而可能影响企业的健康持续发展。

（二）货币资金管理应重点关注的风险与控制目标

1.现金管理应重点关注的风险

（1）现金存放管理风险。具体表现为：现金保管不善，保险柜未定期更新密码，出纳人员未及时将超库存限额部分的现金于当日送存开户银行，私设小金库，白条抵库，造成资金损失及舞弊风险。

（2）现金库存盘点管理风险。具体表现为：库存现金盘点不及时，无现金盘点记录及短缺情况分析，导致现金被盗用挪用而无法及时发现、库存现金情况无法跟踪等风险；现金盘点后出现账实不符，没有明确的处理和责任追究制度，存在资金管理的风险。

（3）现金收支岗位职责管理风险。具体表现为：现金收支业务全程由一人负责办理，无他人监督检查，会导致资金损失的风险；出纳人员未仔细核对费用报销单内容及相应的发票，或与审批人员相互串通，会导致报销费用管理混乱，造成资金损失的风险。

（4）现金收支审批授权管理风险。具体表现为：未经审批或审批不全而办理现金支出业务，可能会产生重大差错或舞弊、欺诈行为，造成资金损失的风险。

（5）现金收支原始凭证管理风险。具体表现为：有关单据遗失、变造、伪造、非法使用等，影响会计凭证的真实性、准确性，导致资产损失、法律诉讼或信用损失等风险。

（6）现金收支账实管理风险。具体表现为：库存现金日记账记录不完整、不及时、与原始凭证无法对应，导致库存现金情况无法跟踪，存在盗用挪用无法被及时发现的风险。

2.银行存款管理应重点关注的风险

（1）银行存款收支岗位职责管理风险。具体表现为：银行存款收支业务的不相容职责未分离，造成资金被盗用挪用的风险；各银行账户预留印鉴未及时更换，公司章和个人名章由一人同时保管，造成资金被非法挪用或流失的风险；出纳领取银行对账单并编制银行存款余额调节表，造成银行存款账实不符的风险。

（2）银行存款收支审批授权管理风险。具体表现为：未经相关人员审批或审批不全而办理银行账户资金支出业务，或者相关人员越权操作或审批业务，存在资金管理风险。

（3）网银授权及操作管理风险。具体表现为：网上银行密钥未分级保管，未按指定的网上银行交易范围进行交易，导致资金管理的风险；网上银行密钥和密码的保管不够安全有效，导致网上银行被盗用，造成资金损失的风险；网上银行业务交易的制单及审核由同一人员操作，网银密码、账户等信息被盗取或修改，造成资金被盗的风险。

（4）银行存款未达账项管理风险。具体表现为：未及时核对银行存款日记账及银行对账单余额并调整未达账项，银行存款余额调节表编制完成后没有复核，导致银行存款账实不符无法被及时发现，影响资金安全。

（5）银行账户管理风险。具体表现为：银行账户设立及分类管理不符合相关规定，银行账户的设立没有建立明确的设立条件和审批程序，没有通过编制台账集中管理，导致银行账户无法有效管理的风险；违反规定出租出借银行账户，无用或失效的银行账户未及时办理销户，导致账户管理混乱，违反国家有关规定，造成资金损失的风险。

（6）银行存款原始凭证管理风险。具体表现为：银行存款原始凭证保管不善，导致丢失，影响会计凭证的真实性、准确性的风险。

3.票据管理应重点关注的风险

（1）票据的岗位职责管理风险。具体表现为：票据的购买申请、审批、检查等不相容职责没有分离，导致票据被盗用和丢失，造成资金损失的风险。

（2）票据的审批授权管理风险。具体表现为：票据背书转让未按权限审批，导致票据被盗用或非法挪用；会计人员办理承兑汇票贴现业务未经审批，导致资金被截留的风险。

（3）票据开立管理风险。具体表现为：票据开具时，没有按票号顺序使用，开票人员未仔细核对领用用途及金额数量，开票后没有复核和检查，违规办理空白票据业务或开具空头票据，未按国家票据规定办理对外背书转让手续，导致资金损失的风险。

（4）票据库存盘点管理风险。具体表现为：未定期进行票据盘点导致账实不符、开票记录存在问题未能及时发现、影响财务信息真实性的风险。

（5）票据账实管理风险。具体表现为：没有视同现金专门保管票据，造成丢失或被盗用；票据管理台账设立不合理，导致票据使用记录不全，造成票据管理混乱；票据领用人在领取票据时未进行信息登记，导致发生资金损失时无法及时查找相关责任人；作废票据处理不当，导致票据被修改盗用；收取票据时，传递和处理程序规定不清，导致交接手续不齐全，收到假票据或票据遗失；未定期核对票据到期期限，导致超过承兑期限无法进行承兑等风险。

4.货币资金管理的控制目标

（1）合理保证货币资金的合法性。企业货币资金的取得、使用符合国家财经法律法规要求，手续齐备，避免挪用、侵占或抽逃等违法行为的发生。

（2）合理保证货币资金的完整性。企业收到的货币资金全部入账，避免私设"小金库"等侵占企业收入违法行为的发生。

（3）合理保证货币资金的安全性。企业货币资金账实一致，货币资金保管安全，避免盗窃、诈骗和挪用等违法行为的发生。

（4）合理保证货币资金的效益性。企业能够合理调度货币资金的使用，使其发挥最大的效益。

（5）合理保证货币资金的会计信息真实、完整、准确、及时，账实相符，防止会计信息失真和舞弊。

>> **案例4-8**　　　　　　　**碧桂园90后出纳挪用公款案**

李某，2018年12月至2020年4月，担任珠海碧优管理咨询服务有限公司济南大区的出纳，同时为山东泰安碧桂园提供财务核算服务，还掌握山东泰安碧桂园2个银行账户全部4个U盾（2个申请U盾，2个复核U盾），手握4个U盾的李某，将泰安市碧桂园、碧桂园地产集团有限公司两个账户资金约4 800万元转到自己的个人账户，用于给主播打赏、娱乐消费、交女朋友等，挥霍一空，挪用长达1年之久。经调查，李某作案主要可以分成三个阶段：

第一个阶段，2019年5月份之前。李某发现使用两个网银U盾通过"珠海碧优"公司的SAP企业管理系统向集团资金池申请资金，系统自动审批，没有金额限制，也不需要"珠海碧优"领导的审批。于是他就开始了疯狂转账，把钱转到自己名下的建行账户。

第二个阶段，2019年5月份之后，公司资金划转流程发生变更，原来挪用资金的流程行不通了。李某开始以付监管资金的名义来做资金划转。具体流程是：登录SAP企业管理系统，以付监管资金的名义发起资金划转流程。监管资金账户是"泰安市碧桂园"名下的浦发银行账户，资金划转流程经2位审批人员审批通过后，"泰安市碧桂园"基本户的钱会转到其名下的浦发银行账户，但是李某将监管资金的收款账户私自更改为"泰安市碧桂园"齐鲁银行账户。而手握U盾的他，又可以偷偷地把齐鲁银行账户中的钱转到自己的银行账户中。

第三个阶段，李某发现"泰安市碧桂园"基本户里面没有钱可挪用了，便开始打起了其他账户的主意。李某负责十余个碧桂园旗下项目公司的资金结算工作，总计117个账户。李某把目光转向了这些账户。

碧桂园每月月底会对出纳所管理的每个账户进行核对，主要核对账户余额，每个出纳在月底时，将各自负责的对公账户的网上银行余额进行截图，其他出纳再将网上银行余额同SAP企业管理系统上显示的账户余额进行核对。李某挪用公司公款后，两个余额是对应不起来的。但是，李某将账户余额截图进行了篡改，并将篡改后的余额截图发给领导检查核对，所以领导没有发现余额不一致的问题。

2020年4月30日，李某使用"泰安市碧桂园"渤海银行账户向其个人账户转账63万元。因渤海银行有内部规定，对于大于50万元的支出都会进行核实。银行致电财务负责人，致其东窗事发。

从本案例可知，碧桂园内部控制管理上的漏洞有：

（1）关联公司付款缺乏规范。申请资金不需要领导同意，缺乏有效的业务端审核规范和监督。

（2）不相容岗位未分离且缺乏监管。核算和出纳属于不相容职务。但李某既负责财务核算服务，又担任出纳。申请和复核U盾属于不相容职务。泰安市碧桂园两个银行账户4个U盾应由2人持有，但均落到李某之手。

（3）资金盘点监管不善。季度对账，领导仅看出纳提供的余额对账截图，但未抽查核对支付明细。

（4）银行账户管理、收付款和信息系统内控缺失。李某不仅私自篡改收款单位，还把金额也篡改为大额资金，但单位未履行监管职责。

资料来源：济南高新技术产业开发区人民法院刑事判决书（2020）鲁0191刑初206号。

（三）货币资金的管控措施

1.岗位责任制与不相容职务分离

企业应当建立资金业务的岗位责任制，明确相关部门和岗位的职责权限，确保办理资金业务的不相容岗位相互分离、制约和监督。资金业务的不相容岗位至少应当包括：

（1）资金支付的审批与执行。

（2）资金的保管、记录与盘点清查。

（3）资金的会计记录与审计监督。

（4）出纳人员不得兼任稽核、会计档案保管和收入、支出、费用、债权债务账目的登记工作。不得由一人办理货币资金业务的全过程。

（5）资金的收付和控制资金收支的专用印章不得由一个人兼管。

企业资金的收付及保管应由被授权批准的专职出纳人员负责，其他人员不得接触。企业应当配备合格的人员办理资金业务，并结合企业实际情况，对办理资金业务的人员定期进行岗位轮换。企业关键财务岗位，可以实行强制休假制度，并在最长不超过5年的时间内进行岗位轮换。企业应当不断考核货币资金管理人员的职业道德，提高控制主体对货币资金控制的能力。

2.严格的授权批准制度

企业应当建立严格的授权批准制度，明确审批人对货币资金业务的授权批准方式、权限、程序、责任和相关控制措施，规定经办人办理货币资金业务的职责范围和工作要求。审批人根据货币资金授权批准制度的规定，在授权范围内进行审批，不得超越审批权限。经办人在职责范围内，按照审批人的批准意见办理货币资金业务。对于审批人超越授权范围审批的货币资金业务，经办人员有权拒绝办理，并及时向审批人的上级授权部门报告。

3.资金收付关键风险点的管控

（1）审批控制点

审批控制点的控制目标是控制资金的流入和流出，确保资金收付的合法性、合理性、规范性。审批控制点包括：根据企业授权批准制度明确不同级别人员的审批权限，不同级别的审批人员在权限范围内进行严格审批，重点关注资金收付业务的合法性、合理性、规范性等。企业应当制定资金的限制接近措施，未经授权的人员不得办理资金收支业务，经办人员进行业务活动时应该得到授权批准。

（2）复核控制点

复核控制点的控制目标是防范资金收付错误和舞弊风险，确保资金收付的真实性和合法性、金额的准确性、相关票据的合法性和齐备性、相关手续的合法性和完整性。复核包括纵向复核和横向复核两种类型。纵向复核是指上级主管对下级活动的复核；横向复核是指平级或无上下级关系人员的相互核对，如财务系统内部的核对。复核控制点包括：会计主管审查原始凭证反映的收支业务是否真实合法，经审核通过并签字盖章后才能填制原始凭证；凭证上的主管、审核、出纳和制单等印章是否齐全。

（3）收付控制点

收付控制点的控制目标是确保收入入账完整，支出手续完备。收付控制点包括：出纳人员按照审核后的原始凭证收付款，对已完成收付的凭证加盖戳记，并登记日记账；主管会计人员及时准确地记录在相关账簿中，定期与出纳人员的日记账核对。

（4）记账控制点

记账控制点的控制目标是确保资金收付的会计信息真实、准确、及时。记账控制点包括：出纳人员根据资金收付凭证登记日记账，会计人员根据相关凭证登记有关明细分类账；主管会计登记总分类账。

（5）对账控制点

对账控制点的控制目标是确保资金收付会计信息的真实性。对账控制点包括：账证、账账、账表、账实核对等。

4.资金支付流程控制

企业办理货币资金支付业务的流程为：支付申请→支付审批→支付复核→办理支付。

（1）支付申请。企业有关部门或个人用款时，应当提前向经授权的审批人提交资金支付申请，注明款项的用途、金额、预算、限额、支付方式等内容，并附着有效经济合同协议、原始单据或相关证明。经办人员办理资金支付业务时应在原始凭证上签章确认。

（2）支付审批。审批人根据其职责、权限和相应程序对支付申请进行审批。不同责任人应该在自己的授权范围内，审核业务的真实性、金额的准确性，以及申请人提交票据或者证明的合法性，严格监督资金支付。经办部门负责人、单位主管业务负责人重点负责审批业务的真实性、合法性。单位主管财务工作的负责人、财务部门负责人主要负责审批业务的真实性、合法性、合理性、规范性、是否已列入预算内。审批人审批后应签章确认。对不符合规定的资金支付申请，审批人应当拒绝批准，性质或金额重大的，还应及时报告有关部门。

（3）支付复核。财务部门复核人应当对批准后的资金支付申请进行再次复核，复核资金支付申请的批准范围、权限、程序是否正确，手续及相关单证是否合法齐备，金额是否准确，支付方式、支付企业是否妥当等。复核无误后，签字认可，交由出纳等相关负责人员办理支付手续。

（4）办理支付。出纳人员应当根据复核无误的支付申请，在收款人签字后，按规定办理资金支付手续，及时登记库存现金和银行存款日记账。

另外公司对于重要货币资金支付业务，实行集体决策和审批，并建立责任追究制度，防范贪污、侵占、挪用货币资金等行为。

5.现金的管控

（1）现金库存限额的管控

企业应当加强现金库存限额的管理，超过库存限额的现金应当及时存入开户银行。企业应当根据《现金管理暂行条例》的规定，结合本企业的实际情况，确定本企业的现金开支范围和现金支付限额。不属于现金开支范围或超过现金支付限额的业务应当通过银行办理转账结算。

（2）现金收入、使用的管控

企业现金收入应当及时存入银行，不得坐支现金。企业借出款项必须执行严格的审核批准程序，严禁擅自挪用、借出货币资金。企业取得的货币资金收入必须及时入账，不得账外设账，严禁收款不入账。有条件的企业，可以实行收支两条线和集中收付制度，加强对货币资金的集中统一管理。

（3）现金清查的管控

企业应当定期和不定期地进行现金盘点，确保现金账面余额与实际库存相符。发现不符，应及时查明原因，做出处理。

6.银行存款的管控

（1）银行账户的管控

银行账户管理的关键控制点包括银行账户的开立、使用、撤销是否有授权，下属企业或单位是否有账外账。企业应当严格按照《支付结算办法》等国家有关规定，加强对银行账户的管理，严格按照规定开立账户，办理存款、取款和结算业务。银行账户的开立应当符合企业经营管理的实际需要，不得随意开立多个账户，禁止企业内设管理部门自行开立银行账户。

企业应当定期检查、清理银行账户的开立及使用情况，发现未经审批擅自开立银行账户或者不按规定及时清理、撤销银行账户等问题，应当及时处理并追究有关责任人的责任。加强对银行结算凭证的填制、传递及保管等环节的管理与控制，空白银行结算凭证要有专人保管，实行领用登记制度，防止空白凭证的遗失和被盗用。

（2）银行结算的管控

企业应当严格遵守银行结算纪律，不得签发没有资金保证的票据或远期支票，套取银行信用；不得签发、取得和转让没有真实交易和债权债务的票据；不得无理拒绝付款，任意占用他人资金；不得违反规定开立和使用银行账户。

（3）银行存款清查的管控

企业应当指定专人定期核对银行账户，每月至少核对一次，编制银行存款余额调节表，并指派对账以外的其他人员审核，确定银行存款账面余额与银行对账单余额是否调节相符。如调节不符，应当查明原因，及时处理。出纳人员一般不得同时从事银行对账单的获取、银行存款余额调节表的编制等工作。确需出纳人员办理上述工作的，应当指定其他人员定期进行审核、监督。

（4）网上交易、电子支付等方式办理资金支付业务的管控

实行网上交易、电子支付等方式办理资金支付业务的企业，应当与承办银行签订网上银行操作协议，明确双方在资金安全方面的责任与义务、交易范围等。操作人员应当根据操作授权和密码进行规范操作。使用网上交易、电子支付方式的企业办理资金支付业务，不得因支付方式的改变而随意简化、变更支付货币资金所必须的授权批准程序。企业在严格实行网上交易、电子支付操作人员不相容岗位相互分离控制的同时，应当配备专人加强对交易和支付行为的审核。

（5）会计控制

企业应当按照国家统一的会计准则等制度的规定对现金、银行存款和其他货币资金进行核算和报告，资金的会计记录应当真实、准确、完整和及时。

7.票据与有关印章的管控

（1）与资金相关的票据的管控

企业应当加强与资金相关的票据的管理，明确各种票据的购买、保管、领用、背书转让、注销等环节的职责权限和处理程序，并专设登记簿进行记录，防止空白票据的遗失和被盗用。企业因填写、开具失误或者其他原因导致作废的法定票据，应当按规定予以保存，不得随意处置或销毁。对超过法定保管期限、可以销毁的票据，在履行审核批准手续后进行销毁，但应当建立销毁清册并由授权人员监销。

企业应当设立专门的账簿对票据的转交进行登记；对收取的重要票据，应留有复印件并妥善保管；不得跳号开具票据，不得随意开具印章齐全的空白支票。

（2）印章的管控

企业应当加强银行预留印鉴的管理。印章的保管应当严格遵守不相容职务分离原则。财务专用章应当由专人保管，个人名章应当由本人或其授权人员保管，印章要与空白票据分管，财务专用章与企业法人章分管，严禁一个人保管支付款项所需的全部印章。按规定需要由有关负责人签字或盖章的经济业务和事项，必须严格履行签字或盖章手续，用章必须履行相关的审批手续并进行登记。

M公司银行账户核对流程与风险控制图如图4-5所示。

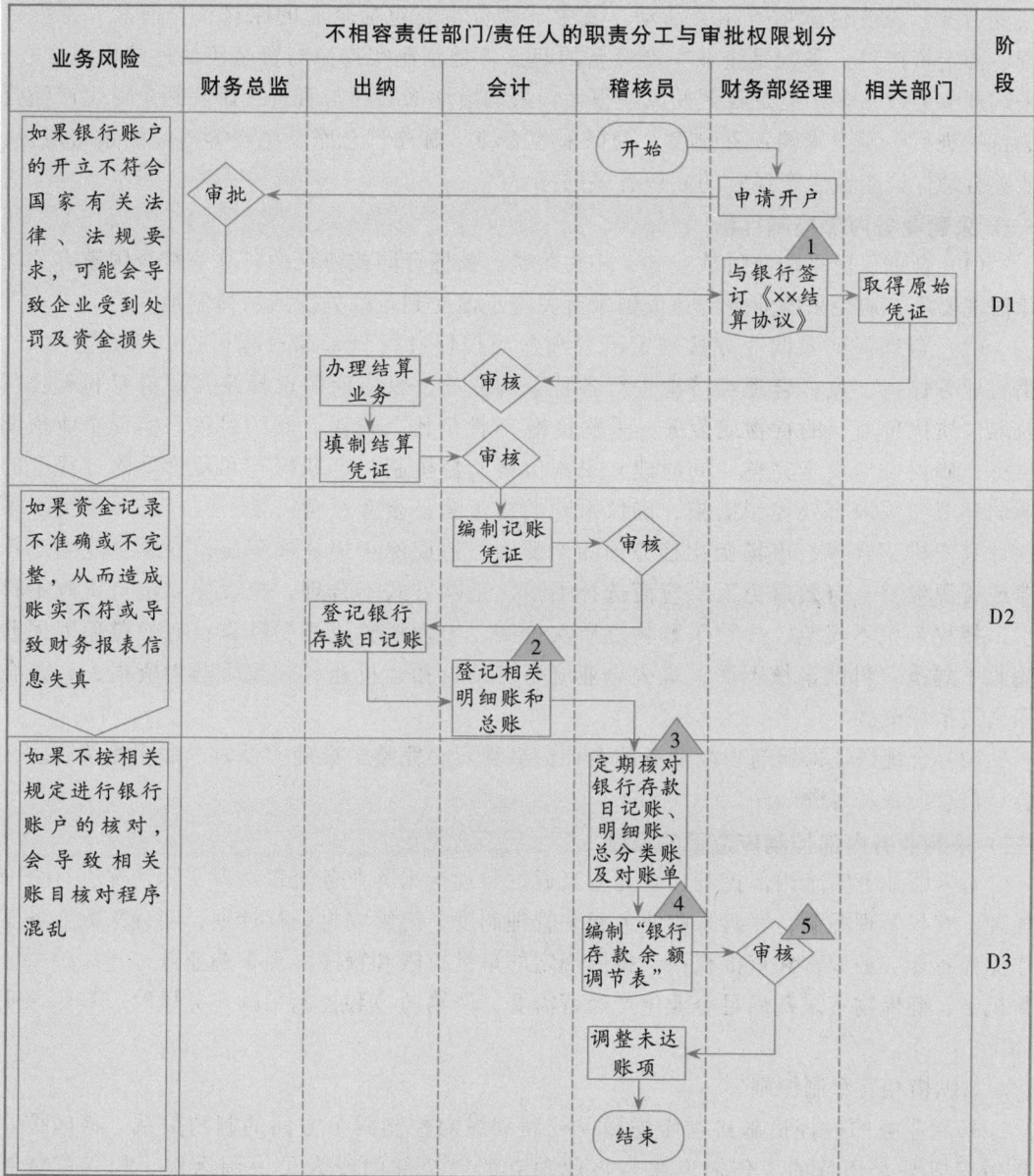

业务风险	不相容责任部门/责任人的职责分工与审批权限划分						阶段
	财务总监	出纳	会计	稽核员	财务部经理	相关部门	
如果银行账户的开立不符合国家有关法律、法规要求，可能会导致企业受到处罚及资金损失	审批	办理结算业务　填制结算凭证	审核　审核		开始　申请开户　与银行签订《××结算协议》 ①	取得原始凭证	D1
如果资金记录不准确或不完整，从而造成账实不符或导致财务报表信息失真		登记银行存款日记账	编制记账凭证　登记相关明细账和总账 ②	审核			D2
如果不按相关规定进行银行账户的核对，会导致相关账目核对程序混乱				定期核对银行存款日记账、明细账、总分类账及对账单 ③　编制"银行存款余额调节表" ④　审核 ⑤　调整未达账项　结束			D3

图4-5　银行账户核对流程与风险控制图

第二节　采购业务内部控制

一、采购业务概述

激烈的市场竞争导致卖方市场向买方市场转变，采购环节成为舞弊风险的高发区，其中商业贿赂尤为严重，加强采购管理对企业成本费用控制、增强市场竞争力、生产经营顺利进行影响重大，采购业务管理通常是各个企业管控的重中之重。

《企业内部控制应用指引第7号——采购业务》中所称采购，是指企业购买物资（或接受劳务）及支付款项等相关活动。其中，物资主要包括企业的原材料、商品、工程物资、固定资产等。采购是企业生产经营的起点，是企业实物流与资金流的连接枢纽之一，采购环节为数不多，但是隐藏的风险很大，采购活动的顺利与否直接影响到企业生产经营的持续进行。健全采购业务制度，确保采购活动与财务、仓库、生产等部门的紧密衔接，能够合理保证企业生产经营的高效有序进行。

（一）采购业务内部控制目标

（1）合理保证采购及付款业务，相关采购、招标合同或协议的订立等符合国家有关法律法规要求，避免采购业务因违反国家有关规定而受到行政处罚或法律制裁。

（2）合理保证采购业务按规定流程和适当授权进行，采购过程可控，采购与生产、销售业务保持一致，合理经济地进行各种采购业务，供应商的选择及其评价有利于公司获取"质优价廉"的货物或劳务，采购价格"性价比"最优，履约付款，实现企业预期目标，确保资产安全完整。同时建立采购价格监督机制，定期检查和评价采购过程中的薄弱环节，采取有效控制措施，确保采购的物资满足企业经营需要。从而有效避免因采购计划安排不合理，市场变化趋势预测不准确，造成库存短缺或积压，导致企业生产停滞或资源浪费；有效避免因供应商选择不当，采购方式不合理，招投标或定价机制不科学，授权审批不规范，导致采购物资质次价高，出现舞弊或遭受欺诈；有效避免因采购验收不规范，付款审核不严，失去企业应享有的折扣、折让，导致采购物资损失、资金损失或信用受损。

（3）合理保证采购与付款业务的会计信息真实、完整、准确、及时，账实相符，防止会计信息失真和舞弊。

（二）采购业务内部控制应遵循的原则

对采购业务实施内部控制，企业应当通过对现行采购业务流程结合实际情况进行全面梳理，查找管理漏洞，完善采购业务相关管理制度，统筹安排采购计划，明确采购业务工作流程各环节的职责和审批权限，按照规定的审批权限和程序办理采购业务，建立价格监督机制，确保物资采购满足企业生产经营需要，严格防范和控制采购业务风险。具体原则如下：

1.纵横相互牵制原则

采购业务的内控措施必须考虑横向控制和纵向控制两个方面的制约关系。横向控制是指完成某个环节的工作需有来自彼此独立的两个部门或人员协调运作、相互监督制约、相互证明。如采购部门采购的材料必须经过验收部门的验收后，才能办理入库等有关手续。纵向控制是指完成某个工作需经过互不隶属的两个或两个以上的岗位和环节，以使下级受上级监督，上级受下级牵制。如采购部门只能依据经审批后的采购单或合同进行采购。纵横控制形成的相互核查和相互制约机制，一定程度上能够有效控制采购业务的舞弊现象。

2.成本效益权衡原则

采购业务内部控制要根据企业自身经营的实际情况，权衡实施成本与预期效益，力争以最小的控制成本取得最大的控制效果，避免出现追求控制措施严密、控制效果好，但设计的参与控制人员多、环节多，导致出现控制成本高、营运效率低等现象。

3.岗位责任与协调配合原则

采购业务内部控制的设计涉及需求部门、采购部门、验收部门、财务部门等部门及其内设岗位，企业应赋予不同部门、不同岗位明确的责、权、利，规定相应的操作规程和处理程序，通过不相容职责相分离，形成各部门和人员之间的相互制衡，避免一个人控制整个采购活动，防止员工的舞弊行为。同时也要有利于各部门之间、人员之间相互协调、紧密衔接，保证经营活动连续、有效地进行。

>> 案例4-10　　　　　　　　采购业务方面的控制风险

实务中，监管部门在采购业务方面的监管中发现以下情况：

案例1：材料采购计划制定不合理，不利于成本控制。某公司下属某分公司采购35mm厚钢板，一周内进行了两次采购，中间仅隔一天，中标单位为同一家单位，第二次采购价格比第一次采购价格高30元/吨，增加了采购成本。

案例2：合格供应商名录遴选评价不到位。某公司20××年进行第一批合格供应商名录遴选评价，其中三家供应商提供的材料中仅有企业简介和企业资质，未列明服务方案，但该公司四名评委均在服务方案栏打"√"，评价流于形式。

案例3：采购预付款支付未按规定执行。某公司《资金预算及集中收支管理办法》规定"根据合同相关条款需要预付款的，须提交双方签字盖章的合同原件并经生产经营部门审核确认"，实际操作中采购合同预付款未经生产经营部门审核确认。

案例4：客观评分项目评标得分不一致。某公司某厂房供电设备及辅材招标项目的评分项"设备及部件国家标准"的评分标准为"国际标准产品得12分；国标产品得9分；部标产品得6分；行业标准产品得3分"，该项评分规则为客观评分项，得分应一致。但个别投标方的评标得分差异很大，如"上科电器"五位评委对同一批物资打分，分别为3分、6分、9分、9分、9分，评委评分未认真履行职责。

以上企业采购业务方面的风险表现在：采购计划不合理；招标过程流于形式，未按规定评标；供应商管理不到位等。忽视采购业务的内部控制，会导致企业采购过程不符合国家法律法规的规定、采购的货物或劳务"质低价高"，导致企业生产停滞或资源浪费，失去市场竞争力，影响企业的可持续发展。

二、采购业务流程梳理及各环节工作内容

采购业务流程一般分为八个环节，包括：编制需求计划和采购计划、请购、选择供应商、确定采购价格、订立框架协议或采购合同、管理供应过程、验收与退货、付款等环节。

企业在采购业务流程中应当明确采购业务相关部门和岗位的职责、权限，建立岗位责任制，应将请购、采购、仓储、验收、记录与付款职能授予不同的部门，并将采购环节中的一些控制职能如价格审议交由另一部门。各相关部门之间相互控制并在其授权范围内履行职责，同一部门或个人不得处理采购与付款业务的全过程。在采购业务流程中涉及的不相容岗位应当进行分离，一般包括：请购与审批；询价与确定供应商；供应商的选择与审

批；采购合同协议的谈判、拟订、审核与审批；采购、验收、保管与相关会计记录；付款的申请、审批与执行。

采购业务基本流程如图4-6所示。

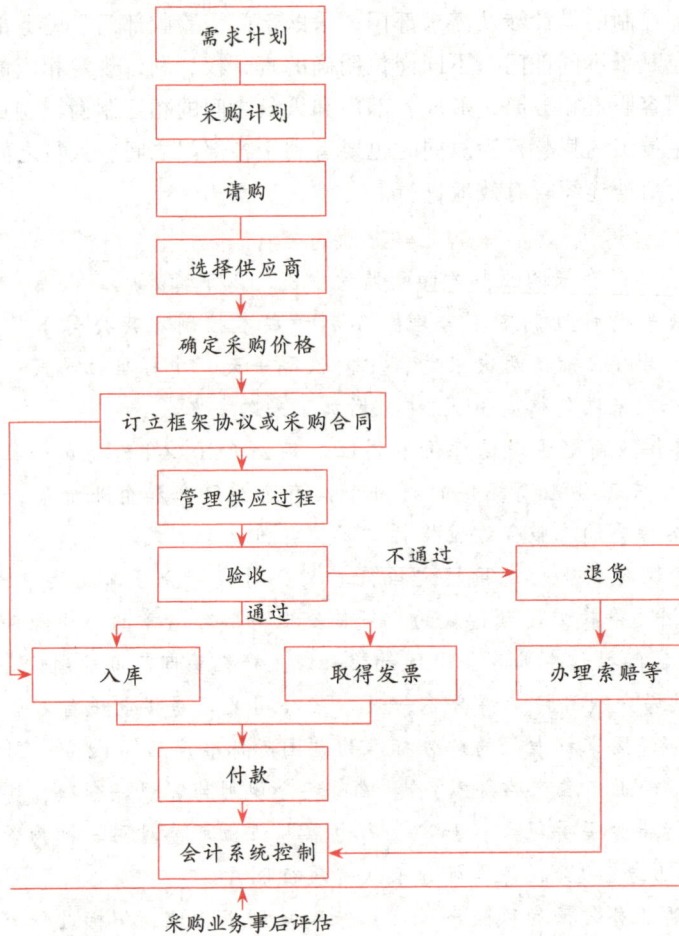

图4-6 采购业务基本流程

（一）编制需求计划和采购计划环节工作内容

生产经营部门、资产使用部门根据生产经营需要、资产使用需要向采购部门提出物资需求计划，物资需求计划经需求部门负责人审批后，交由采购部门对需求计划进行审核，以确保符合采购要求。采购部门根据该需求计划归类汇总、平衡现有库存物资后，基于企业的销售、生产经营计划，考虑供需关系及市场计划变化等因素，统筹安排采购计划，并按规定的权限和程序审批后执行采购。

（二）请购环节工作内容

请购是指企业生产经营部门、资产使用部门根据经批准的采购计划和实际需要，提出采购申请。企业购买商品或劳务，应由仓库部门负责对需要购买的已列入存货清单的项目填写请购单，其他资产使用部门也可以对所需要的未列入存货清单的项目填写请购单。大部分企业对正常经营所需物资的购买均作为一般授权，为了加强控制，每张请购单必须经过对这类支出预算负责任的主管人员签字批准。

（三）选择供应商环节工作内容

选择供应商是企业采购业务流程中非常重要的环节。采购部门在收到经过批准的请购单后，组织采购，进行询价、比价，确定最佳的供应来源。企业事先对供应商进行资质等审核，将通过审核的供应商信息录入系统，形成完整的供应商清单，并及时对其信息变更进行更新。采购部门只能向通过审核的供应商进行采购。企业需要定期对供应商进行评审，对于评审不合格的，将其从供应商库中清除，不再与其合作。对于大宗、大额及批量采购，采购部门可通过招标或价格谈判等方式来确定价格和供应商。

（四）确定采购价格环节工作内容

采购部门的职责是以最优"性价比"采购到符合需求的物资。采购部门对于一般小额采购，通过采购询价、比质比价、价格审批等程序后，即可实施采购；对一些大额的、重要的采购项目应采用招标、谈判等方式确定供应商，以保证供货的质量、及时性和成本的低廉。

（五）订立框架协议或采购合同环节工作内容

框架协议是企业与供应商之间为建立长期物资购销关系而作出的一种约定。采购合同是指企业根据采购需要、确定的供应商、采购方式、采购价格等情况与供应商签订的具有法律约束力的协议，该协议对双方的权利、义务和违约责任等情况作出了明确规定。具体包括：企业向供应商支付的金额、结算方式，供应商按照约定时间、期限、数量与质量、规格交付物资给采购方等。采购合同条款内容应符合企业利益要求，签订前经过法务人员、专业人员及相关领导的审核、审批。

（六）管理供应过程环节工作内容

企业应进行严格的采购合同跟踪管理，科学评价供应商的供货情况，并根据合理选择的运输工具和运输方式，办理运输、投保等事宜，实时掌握物资采购供应过程的情况。对于未能及时交货等情况及时反馈，并及时进行协商处理。

（七）验收与退货环节工作内容

验收是指企业对采购的物资和劳务的检验接收，以确保其符合合同相关规定或产品质量要求。采购验收应由采购部门组织，仓管及需求部门、专业技术人员参与。验收人员应独立于采购部门，验收人员将物资数量、质量、技术标准等与合同要求进行对比，一致后签字确认，并编制验收单。已验收商品应当入库保管，确保资产安全完整，防止丢失、被窃等情况造成资产损失。

对于验收发现不符合要求的，如果对方能在规定时间内完成整改的，对方完成整改后进行复验，进行第二次验收；若验收发现不符合要求且估计无法在规定时间内完成整改的，视为不合格，应予退货。

（八）付款环节工作内容

企业应在符合采购合同付款条件的情况下，由采购部门进行付款申请流程，经财务审核，采购预算、合同、发票、验收单等相关单据凭证齐全，达到付款条件，由相关领导审核审批后，按照采购合同的规定及时向供应商支付款项。会计部门及时进行信息登记入账工作。

三、采购业务的主要风险与管控措施

采购业务内部控制包括采购业务的全过程，关键是对末级流程的控制，并将控制嵌入到业务流程之中。一般来说，企业在建立与实施采购业务内部控制中，至少应强化请购控制、采购控制、验收控制、付款控制等。编制需求计划和采购计划、请购、选择供应商、确定采购价格、订立框架协议或采购合同、管理供应过程、验收与退货、付款等为关键控制点。

（一）编制需求计划和采购计划

主要风险有：

（1）未编制需求计划或采购计划、需求计划或采购计划不合理、不按实际需求安排采购或随意超计划采购，导致需求计划和采购计划与企业生产经营计划不协调，造成企业资源短缺或者库存成本上升，从而影响企业正常生产经营。

（2）不按规定维护安全库存、未按照要求及时调整需求计划和采购计划，影响企业正常运行。

主要管控措施有：

（1）需求等部门应当根据实际需求准确、及时地编制需求计划。需求部门提出需求计划时，不能指定或变相指定供应商。对独家代理、专有、专利等特殊产品应提供相应的独家、专有资料，按照单一货源采购管理的规定，经专业技术部门研讨后，经具备相应审批权限的部门或人员审批。

（2）建立内部沟通机制，及时获取生产、库存、销售信息，根据发展目标实际需要和企业年度生产经营计划，结合目前库存及在途情况，科学安排采购计划的制订和调整采购计划，防止采购过多或过少。

（3）采购计划与企业预算管理体系充分融合，并匹配生产计划和销售计划，经相关负责人审批后严格执行。

（二）请购

主要风险有：

（1）缺乏采购申请制度，请购未经适当审批或超越授权审批，可能导致多头采购或分散采购、采购物资过量或短缺，影响企业正常生产经营。

（2）重要、大批量采购业务未实行集体决策和审批，可能导致舞弊的发生。

主要管控措施有：

（1）企业的采购业务应当集中，避免多头采购或分散采购，以提高采购业务效率，降低采购成本，堵塞管理漏洞。通过建立采购申请制度，依据购买物资或接受劳务的类型，确定归口管理部门，授予相应的请购权，明确相关部门或人员的职责权限及相应的请购程序。企业可以根据实际需要设置专门的请购部门，对需求部门提出的采购需求进行审核，并进行归类汇总，统筹安排企业的采购计划。

（2）具有请购权的部门对于预算内采购项目，应当严格按照预算执行进度办理请购手续，并根据市场变化提出合理的采购申请。对于超预算和预算外采购项目，应先履行预算调整程序，由具备相应审批权限的部门或人员审批后，再行办理请购手续。

（3）具备相应审批权限的部门或人员审批采购申请时，应重点关注采购申请内容是否准确、完整，是否符合生产经营需要，是否符合采购计划，是否在采购预算范围内等。对不符合规定的采购申请，应要求请购部门调整请购内容或拒绝批准。

（4）重要和技术性较强的采购业务，应当组织相关专家进行论证，实行集体决策和审批。

>> **案例4-11** **T公司的集中采购优势**

　　T公司推行的集中采购的一个特点是采用"年度合同、季度定价、月度定量"模式。季度定价时，把大量分散的重复劳动集中在一起，通过向供应商询价、供应商报价、汇总，对供应商提供商品的质量、价格、服务、保障度、美誉度、应对突发事件的能力等方面做出评价，结合总部和各分公司所作的市场调研，作出季度采购草案，提交集中采购领导小组讨论通过，整个过程主要依靠电话和传真交流沟通，日程安排紧凑，占用时间较短，能够大大降低交易费用。由于集中采购遵循了市场经济的规律，具有招标采购的部分特点，一方面，能够在供应商之间挑起"背靠背"竞价，各供应商为了达到其竞争目标，会以优惠的价格促成交易。另一方面，由于集中采购的规则由买方制定，买方可以更加方便地采用有利于已方的方案确定交易，实现最佳资源配置的目标，而且还可大大节约采购费用。T公司全年集中采购的金额近10亿元人民币，共节约采购成本5 000多万元，集中采购能使采购成本降低5%左右。

（三）选择供应商

主要风险有：

（1）采购人员未定期进行岗位轮换，可能导致员工舞弊行为的发生。

（2）缺乏完善的供应商管理办法，无法及时考核供应商，导致供应商选择不当，影响企业利润。

（3）大额采购未实行招投标制度，可能导致采购的物资质次价高，甚至出现舞弊行为。

《中华人民共和国招标投标法》

主要管控措施有：

（1）企业应当对办理采购业务的人员定期进行岗位轮换。除小额零星物资或服务外，不得安排同一机构办理采购业务全过程。

（2）建立科学的供应商评估和准入制度，对供应商资质信誉情况的真实性和合法性进行审查，确定合格的供应商清单，健全企业统一的供应商网络。企业新增供应商的市场准入、供应商新增服务关系以及调整供应商物资目录，都要由采购部门根据需要提出申请，并按规定的权限和程序审核批准后，纳入供应商网络。必要时，企业可委托具有相应资质的中介机构对供应商进行资信调查。

（3）采购部门应当按照公平、公正和竞争的原则，择优确定供应商，在切实防范舞弊风险的基础上，与供应商签订质量保证协议。

（4）建立供应商管理信息系统和供应商淘汰制度，对供应商提供物资或劳务的质量、价格、交货及时性、供货条件及其资信、经营状况等进行实时管理和考核评价，根据考核评价结果，提出供应商淘汰和更换名单，经审批后对供应商进行合理选择和调整，并在供应商管理系统中作出相应记录。

（5）采购部门应建立供应商管理档案。当供应商信息发生变更时，采购部门应及时对供应商档案进行相应的变更。采购部门应至少每年审核一次生产资料供应商管理档案的准确性。

（6）根据市场情况和采购计划合理选择采购方式。大宗采购应当采用招标方式，合理确定招投标的范围、标准、实施程序和评标规则；一般物资或劳务等的采购可以采用询价或定向采购的方式并签订合同协议；小额零星物资或劳务等的采购可以采用直接购买等方式。

> **案例4-12**　　　　　　　**LZ公司的供应链贪腐**

LZ公司内部反腐公告称，由于公司供应链贪腐造成平均采购价格超过合理水平20%以上，保守估计造成超过10亿元人民币的损失。在公司运作的各个领域（采购、财务、研发设计、工厂制造、行政管理以及销售）均出现了舞弊行为，串通勾结行为范围极广，危害程度极大。该公告披露涉贪采购人员和研发人员采用的主要手法有：

（1）让供应商报底价，然后伙同供应商往上加价，加价部分双方按比例分成。

（2）利用手中权力，以技术规格要求为由指定供应商或故意以技术不达标把正常供应商排除在外，让可以给回扣的供应商进入名单，长期拿回扣。

（3）以降价为借口，淘汰正常供应商，让可以给回扣的供应商进入名单并做成独家垄断，然后涨价，双方分成。

（4）利用内部信息和手中权力与供应商串通收买验货人员，对品质不合格的物料不进行验证，导致质次价高的物料长期独家供应。

（5）内外勾结，搞皮包公司，利用手中权力让皮包公司接单，转手把订单分给工厂，中间差价分成。

LZ公司采购业务出现的主要风险有：

（1）供应商选择不当，采购方式不合理，招投标或定价机制不科学，授权审批不规范，可能导致采购物资质次价高，出现舞弊或遭受欺诈。依据是案例中所陈述的五种采购贪腐手法。

（2）采购验收不规范，付款审核不严，可能导致采购物资、资金的损失或信用受损。依据案例中所陈述的"由于公司供应链贪腐造成平均采购价格超过合理水平20%以上，保守估计造成超过10亿元人民币的损失。在公司运作的各个领域（采购、财务、研发设计、工厂制造、行政管理以及销售）均出现了舞弊行为，串通勾结行为范围极广，危害程度极大"。

（四）确定采购价格

主要风险有：

（1）采购定价机制不科学，定价方式选择不当，缺乏对重要物资品种价格的跟踪监控，导致采购价格不合理，可能造成企业资金损失。

（2）内部稽核制度不完善，导致因回扣等造成企业损失。

（3）招标流程存在缺陷，不够严密、规范和有效，容易滋生舞弊行为，可能导致所采购物资质次价高、后续供应过程难以保障。

主要管控措施有：

（1）健全采购物资定价机制，采取协议采购、招标采购、询比价采购等多种方式，科学合理地确定采购价格，最大限度地减小市场变化对企业采购价格的影响。对标准化程度高、需求计划性强、价格相对稳定的物资，通过招标、联合谈判等公开、竞争的方式签订框架协议。其他商品或劳务的采购，应当根据市场行情制定最高采购限价，并适时调整最高采购限价。

（2）采购部门应当定期研究大宗通用重要物资的成本构成与市场价格变动趋势，确定重要物资品种的采购执行价格或参考价格。建立采购价格数据库，定期开展重要物资的市场供求形势及价格走势商情分析并合理利用。

（3）建立健全招投标管理机制，规范招投标流程，确保招投标工作合法合规。大宗采购物资应当采用招标方式，合理确定招投标的范围、标准、实施程序和评标规则。常见的招标方式有很多种，每一种方式都具有不同的特点和运作方式。在实际运作过程中，一般有如下五种招标方式：公开招标、邀请招标、竞争性谈判、竞争性磋商、单一来源采购。企业应当选择合法且适合的招标方式、规范的招标流程进行招标工作。

>> 案例4-13　　　　　LH重工的一次不合规招标

　　LH重工是一家主要从事建筑工程、环境工程、交通工程等基础设施建设的工程公司。LH重工成立20多年来，业务蒸蒸日上，承接的业务已经超越了公司人力资源的承受能力。最近，公司管理层与政府达成协议，将已中标承接的一项政府环保建设工程进行外包，LH重工由负责工程建设改为管理该工程项目的质量和监督承包商的施工及竣工，并提供项目建设的咨询服务。

　　为有效管理国内的环保建设工程，LH重工的行政总裁陈某建议董事会利用密封投标方式对项目进行招标，他向几个承包商朋友发出投标邀请书，并告知有关投标程序和要求。

　　开标之日，陈某负责打开所有密封的投标文件，以最低价者为标准选出中标者，并向董事会汇报。

　　LH重工工程项目在项目招标管理环节的不足之处有以下几方面：

　　（1）企业应当采用公开招标方式，选择具有相应资质的承包商承接工程，而LH重工只是"向几个承包商朋友发出投标邀请书"。

　　（2）企业应当依法组织工程的开标、评标和定标，并接受有关部门的监督，而开标时"陈某负责打开所有密封的投标文件"，有欠公开。

　　（3）企业应当依法组建评标委员会，由各方面专家客观公正地提出评审意见，而LH重工招标中只由陈某一人进行评价，"以最低价者为标准选出中标者"。

　　（4）参与评标的有关工作人员不得私下接触投标人，而陈某"向几个承包商朋友发出投标邀请书并告知有关投标程序和要求"。

　　LH重工工程项目在项目招标管理环节的不足之处可能导致中标人实质上难以承担工程项目、中标价格失实及相关人员存在商业贿赂的违法行为。

（五）订立框架协议或采购合同

主要风险有：

（1）框架协议签订不当，可能导致物资采购不顺畅。

（2）未经授权对外订立采购合同，合同对方主体资格、履约能力等未达要求、合同内容存在重大疏漏和欺诈，可能导致企业合法权益受到侵害。

主要管控措施有：

（1）对拟签订框架协议的供应商的主体资格、信用状况等进行风险评估；框架协议的签订应引入竞争制度，确保供应商具备履约能力。

（2）根据确定的供应商、采购方式、采购价格等情况，拟订采购合同，准确描述合同条款，明确双方权利、义务和违约责任，按照规定权限签署采购合同。对于影响重大、涉及较高专业技术或法律关系复杂的合同，应当组织法律、技术、财会等专业人员参与谈判，必要时可聘请外部专家参与相关工作。企业签订的采购合同应约定索赔条款，并应根据采购合同中的索赔条款进行索赔申请、责任认定、商务谈判及扣款，保护公司的商业利益。

（3）对重要物资验收量与合同量之间允许的差异，应当作出统一规定。

（4）所有采购合同应由法定代表人或其书面授权的被授权人签署。

（六）管理供应过程

主要风险有：

（1）缺乏对采购合同履行过程的有效跟踪，可能导致过程无法得到有效监控，出现质量问题或到货不及时。

（2）运输方式选择不合理，忽视运输过程风险，可能导致采购物资损失或无法保证供应。

（3）缺乏采购登记制度，可能导致采购过程无法追溯，无法对供应商的供应过程作好记录，对供应过程的评价缺少原始资料，未能明确相关人员责任。

主要管控措施有：

（1）依据采购合同中确定的主要条款跟踪合同履行情况，对有可能影响生产或工程进度的异常情况应出具书面报告并及时提出解决方案，采取必要措施，保证需求物资的及时供应。

（2）对重要物资建立并执行合同履约过程中的巡视、点检和监造制度。对需要监造的物资，择优确定监造单位，签订监造合同，落实监造责任人，审核确认监造大纲，审定监造报告，并及时向技术等部门通报。

（3）根据生产建设进度和采购物资特性等因素，选择合理的运输工具和运输方式，办理运输、投保等事宜。

（4）实行全过程的采购登记制度或信息化管理，确保采购过程的可追溯性。

（七）验收与退货

主要风险有：

（1）验收标准不明确，可能造成采购物资质量无法正确判定，造成质量风险。

（2）验收程序不规范，可能导致实际质量不符合要求，给企业造成损失。

（3）对验收中存在的异常情况不作及时处理，可能造成账实不符、物资损失。

主要管控措施有：

（1）制定明确的采购验收标准，结合物资特性确定必检物资目录，规定此类物资出具检验报告方可入库。

（2）采购验收由专门的验收机构或验收人员对采购项目的品种、规格、数量、质量等相关内容，按照确定的检验方式进行验收，出具验收证明。验收机构或人员应当根据采购合同及质量检验部门出具的质量检验证明，重点关注采购合同、发票等原始单据与采购物资的数量、质量、规格型号等是否核对一致。对验收合格的物资，仓库部门填制入库凭证，加盖物资"收讫章"，登记实物账，及时将入库凭证传递给财会部门。物资入库前，采购部门须检查质量保证书、商检证书或合格证等证明文件。验收时涉及技术性强的、大宗的和新、特的物资，还应进行专业测试，必要时可委托具有检验资质的机构或聘请外部专家协助验收。

（3）对于验收过程中发现的异常情况，比如，无采购合同或大额超采购合同的物资、超采购预算采购的物资、毁损的物资等，验收人员应当立即向企业有权管理的相关责任人报告，相关责任人应当查明原因并及时处理。对于不合格的物资，采购部门应依据检验结果办理让步接收、退货、索赔等事宜。对延迟交货造成生产建设损失的，要按照合同约定索赔。

（八）付款

主要风险有：

（1）付款流程不明确、付款审核不严格、付款方式不恰当、付款金额控制不严，可能导致企业资金损失或信用受损。

（2）退货管理不规范，导致企业产生财务损失。

主要管控措施有：

（1）加强采购付款的管理，完善付款流程，明确付款审核人的责任和权力，严格审核采购预算、合同、相关单据凭证、审批程序等相关内容，审核无误后按照合同规定及时办理付款。严格审查合同、采购发票、验收单、入库单等票据的真实性、合法性和有效性，判断采购款项是否确实应予以支付，如将采购发票与合同、验收单、入库单等票据之间核对，是否相互一致。再由被授权人员进行付款审批，通过后才能付款。发现虚假发票的，应查明原因，及时报告处理。企业应当重视采购付款的过程控制和跟踪管理，如果发现有异常情况，应当拒绝向供应商付款，避免出现资金损失和信用受损。

（2）合理选择付款方式。严格遵循合同规定，防范付款方式不当带来的法律风险，保证资金安全。除有特殊约定外，采购价款应通过银行办理转账。

（3）加强预付账款和定金的管理。涉及大额或长期的预付款项，应当定期进行追踪核查，综合分析预付账款的期限、占用款项的合理性、不可收回风险等情况，发现有疑问的预付款项，应当及时采取措施，尽快收回款项。

（4）建立退货管理制度。对退货条件、退货手续、货物出库、退货货款回收等作出明确规定，并在与供应商的合同中明确退货事宜，及时收回退货货款。符合索赔条件的退货，应在索赔期内及时办理索赔。

四、采购业务的会计系统控制

具体来讲，企业财会部门应当做到：

（1）企业应当加强对购买、验收、付款业务的会计系统控制，详细记录供应商情况、采购申请、采购合同、采购通知、验收证明、入库凭证、退货情况、商业票据、款项支付等情况，做好采购业务各环节的记录。财务部门与采购部门、仓储部门、验收部门定期进行账务核对，并定期与外部供应商进行账务核对，确保会计记录、采购记录与仓储记录核对一致，确保采购业务会计信息真实、完整、准确，物资安全完整。

（2）指定专人通过函证等方式，定期向供应商寄发对账函，核对应付账款、应付票据、预付账款等往来款项，对供应商提出的异议应及时查明原因，报有权管理的部门或人员批准后，做出相应调整。

五、采购业务的事后评估

由于采购业务对企业生存与发展具有重要影响，《企业内部控制应用指引第7号——采购业务》强调企业应当建立采购业务事后评估制度。企业应当定期对物资需求计划、采购计划、采购渠道、采购价格、采购质量、采购成本、协调或合同签约与履行情况等物资采购供应活动进行专项评估和综合分析，及时发现采购业务的薄弱环节，优化采购流程，同时，将物资需求计划管理、供应商管理、储备管理等方面的关键指标纳入业绩考核体系，促进物资采购与生产、销售等环节的有效衔接，不断防范采购风险，全面提高采购效能。

>> 案例4-14　　　　　　　M公司存货采购管理流程实例

M公司存货采购管理流程与风险控制图如图4-7所示。

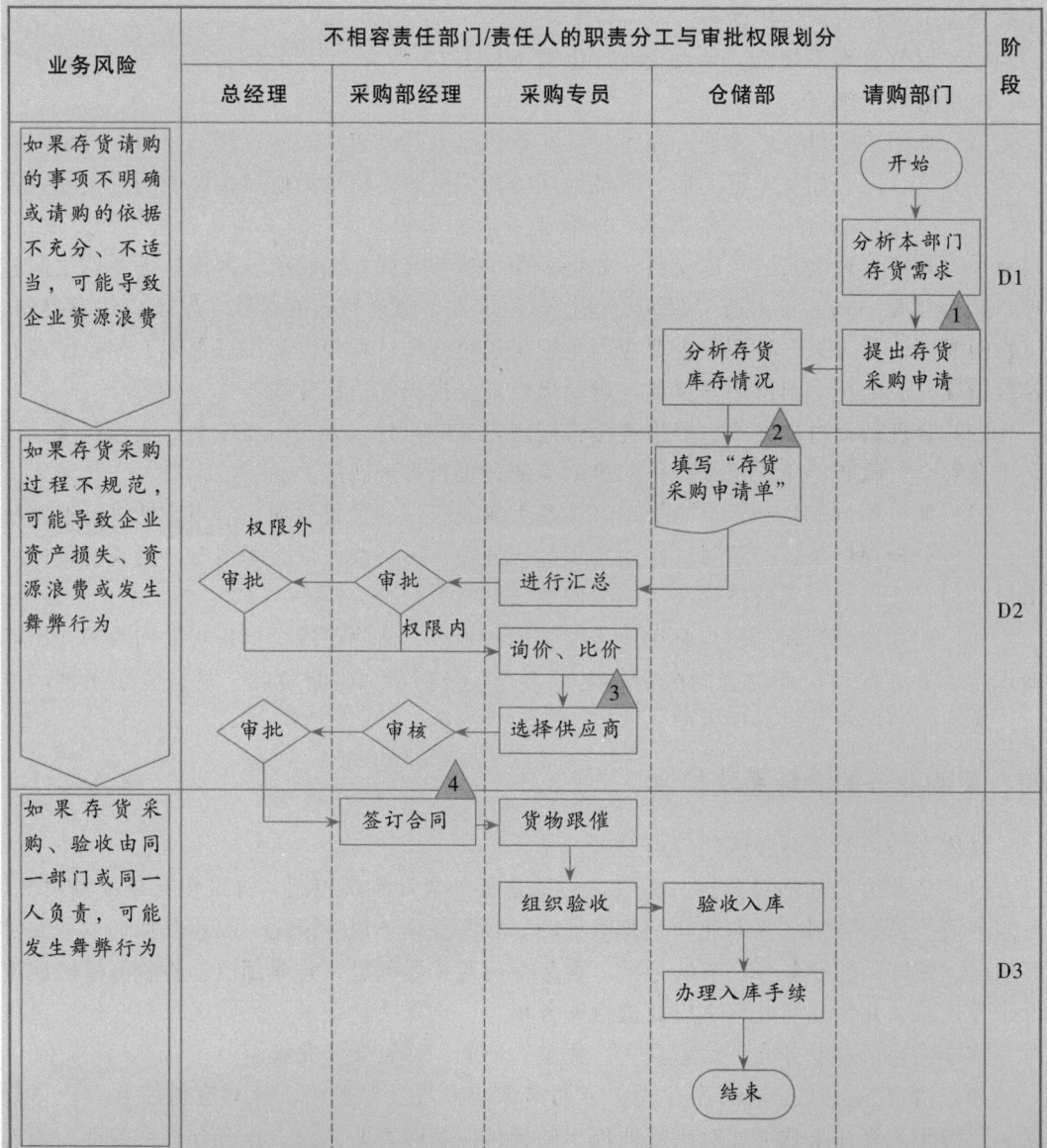

图4-7　存货采购管理流程与风险控制图

一、资产管理概述

资产管理是企业内部控制体系中极为重要的一项内容，只有保护好企业资产的安全完整，充分发挥好资产的使用效能，才能保障企业健康、稳定和持续地发展。

《企业内部控制应用指引第8号——资产管理》中所称资产，是指企业拥有或控制的存货、固定资产和无形资产。对存货、固定资产和无形资产在企业生产经营全过程中的管理，应当在现有管理的基础上，全面梳理资产管理"实物流"全程，自查是否完善、是否执行制度，有无具体可控的操作文件或表单等，及时分析、发现薄弱环节，采取有效措施加以完善，不断提高企业资产管理水平，以效益为中心，加强成本费用控制，实现效益最大化，提升整体运营效率效果。

（一）资产管理内部控制目标

（1）遵循国家和企业有关资产管理的法规制度，以及国家监管部门制定的内部控制基本规范及其相关应用指引，结合企业的资产管理实际情况，全面梳理并完善企业现有资产管理方面的内部管理制度或相关文件，以及资产管理活动业务流程，合理保证企业资产管理的合法合规和安全完整。

（2）在合理保证资产管理合法、安全的基础上，重点关注资产使用效能的充分发挥，从而有效控制由于存货积压或短缺所导致的流动资金占用过量、存货价值贬损或生产中断风险，有效控制由于固定资产更新改造不够、使用效能低下、维护不当、产能过剩所导致的企业缺乏竞争力、资产价值贬损、安全事故频发或资源浪费等风险，有效控制由于无形资产缺乏核心技术、权属不清、技术落后所导致的重大技术安全隐患、企业法律纠纷、缺乏可持续发展能力等方面的风险。

（3）加强资产管理的会计系统控制，合理保证资产管理业务的会计信息真实、完整、准确、及时，账实相符，防止会计信息失真和舞弊。

（二）资产管理内部控制的总体要求

1.分类管理资产

企业既要从大类上区分存货、固定资产和无形资产，又要对存货、固定资产和无形资产等分别进行细化和梳理。存货需要按原材料、在产品、半成品、产成品、周转材料等进行梳理；固定资产需要按房屋建筑物、机器设备和其他固定资产进行梳理；无形资产需要按专利权、非专利技术、商标权、土地使用权等进行梳理。分别针对不同类项的资产，制定切实有效的管理措施。

2."从进入到退出"全过程各环节管控资产

资产管理应当贯穿各类存货、固定资产和无形资产"从进入到退出"的各个环节。一般情况下，资产管理分为取得、验收、入库、出库、盘点和处置几个基本环节，企业应根据企业内部控制应用指引中有关资产管理风险的提示，结合企业资产管理的实际情况，了解资产管理现行的业务流程是否能有效控制资产管理风险，对照现有管理制度，检查相关管控是否落实到位，进而判断相关管理流程科学性、"实物流"顺畅性、资产管理控制措施是否嵌入到资产管理流程当中，强化对资产管理控制点尤其是关键控制点的风险控制。

3.完善资产管理制度

企业应当在现有资产管理的基础上，进一步完善管理制度。对资产实施归口管理，合理设置岗位，明确相关部门和岗位的职责权限，切实做到不相容岗位相互分离、制约和监督，确保资产的安全和有效使用。

存货管理应当采用先进的存货管理技术和方法，规范存货管理流程，明确存货取得、验收入库、原料加工、仓储保管、领用发出、盘点处置等环节的管理要求，充分利用信息系统，强化会计、出入库等相关记录，确保存货管理全过程的风险得到有效控制。固定资产管理，重视固定资产维护和更新改造，不断提升固定资产的使用效能，积极促进固定资产处于良好运行状态。无形资产管理，分类制定无形资产管理办法，落实无形资产管理责任制，促进无形资产有效利用，充分发挥无形资产对提升企业核心竞争力的作用。

二、存货的内部控制

存货是指企业在日常活动中持有以备出售的产成品或商品、处在生产过程中的在产品、在生产过程或提供劳务过程中耗用的材料和物料。其主要包括各类原材料、在产品、半成品、产成品、商品、周转材料等，企业代销、代管存货、委托加工、代修存货也包含在内。

企业存货的特点主要体现在：

（1）种类数量繁多，有不同项目的存货，统一项目的存货还有不同的规格、质量和数量，一个企业有关存货的明细账是比较多的。

（2）存放地点一般比较分散，不同性质的存货有时须用不同的仓库加以储存保管。存货管理方式导致存货的盘点比较困难。

（3）存货的流动性强，存在于采购、验收入库、发出、期末盘存等多环节，各环节存货的形态也在不断地转换，各环节存货量是否动态平衡，直接影响生产的持续进行。

（4）存货计价方法较多。存货的计价方法主要有：实际成本计价法、计划成本法、成本与可变现净值孰低法。存货的多种计价方法，使企业对存货的会计处理比较复杂，计价方法选用不恰当，会对财务报表产生不同的影响。

存货是企业资产负债表中流动资产的一个重要项目，存货带来的管理、仓储，运输等成本及跌价也是利润表中成本的主要来源，影响企业的成本列支和盈利能力。对存货收、发、存的确认、计量、记录和报告是否正确，直接或者间接地关系到企业财务状况和经营成果的核算是否正确，进而影响到企业所得税、收益分配和企业业绩评价等各个方面。因此，存货管理是企业内部控制的重要环节，加强存货管理既是保证企业生产经营正常进行的物质基础，又是维护流动资产安全与完整、保证财务收支合法可靠、会计信息真实完整的一种内部自我制约和监督的控制系统。存货管理的好坏已成为衡量企业管理制度是否完善、存货储备是否合理、流动资金占用是否最佳的重要标志。

建立健全合理有效的存货内部控制是企业实现经营目标的重要保证，有利于企业加强成本控制、实施低成本战略，维护流动资产安全与完整，加速存货流转、达到以效益为中心，向管理要效益的目的，保证会计信息真实、及时、有效，确保企业生产的可控性，促进企业生产经营持续稳步发展。

（一）存货业务流程梳理及各环节工作内容

一般生产企业的存货业务流程可分为取得、验收、仓储保管、领用发出、盘点清查、处置等阶段，包括取得存货、验收入库、仓储保管、领用发出、原料加工、装配包装、盘点清查、销售处置等主要环节。具体到某个特定生产企业，存货业务流程可能会较为复杂，存货会在企业内部经历多次循环。比如，原材料要经历验收入库、领用加工，形成半成品后又入库保存或现场保管、领用半成品继续加工，加工为产成品后再入库保存，直至发出销售等过程。对于商品流通企业而言，批发商的存货通常是经过取得、验收入库、仓储保管和销售发出等主要环节；零售商的存货则是从生产企业或批发商（经销商）那里取得商品，经验收后入库保管或者直接放置在经营场所对外销售。

无论是生产企业，还是商品流通企业，存货业务基本流程的六个环节是其共有的环节，包括：存货取得、验收入库、仓储保管、领用发出、盘点清查、销售处置。

企业在存货业务流程中应当明确存货管理相关部门和岗位的职责、权限，建立岗位责任制，涉及的不相容岗位应当相互分离、制约和监督。在存货业务流程中涉及的不相容岗位一般包括：存货的请购与审批，审批与执行；存货的采购、验收与付款；存货的保管与相关会计记录；存货发出的申请与审批，申请与会计记录；存货处置的申请与审批，申请与会计记录等。

存货业务基本流程如图4-8所示。

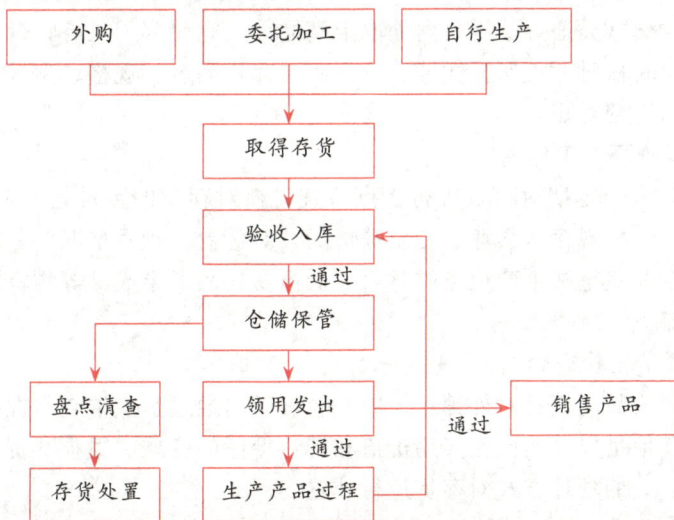

图4-8　存货业务基本流程

1.存货取得环节工作内容

存货的取得由企业采购部门根据行业特点、生产经营计划和市场因素等综合考虑，按照经过审批的预算或采购计划办理采购，并本着成本效益原则，选择采用外购、委托加工或自行生产等不同类型的存货取得方式。存货取得的采购计划应当控制最优库存量，一方面要保证企业不间断的生产经营对原材料的需求，应有一定的存储量；另一方面要降低存货对资金的占用，提高资金的使用效率，需要确定合理的最低库存量。企业盲目进货会造成高库存，资金积压，存货过时、损坏、仓储成本增高；但是企业存货过少，又会因缺货而影响正常生产，在物价上涨的情况下，造成企业潜亏。

2.存货验收入库环节工作内容

不论是外购原材料或商品，还是本企业生产的产品，都必须经过验收（质检）环节才能入库。企业应当对入库存货的质量、数量、品种、技术规格等方面进行检查与验收，保证存货符合采购要求、符合合同的要求或者产品质量要求，以做到准确、安全入库。验收部门根据合同的要求验收采购材料的品种、数量、规格等，验收合格后应填制验收单，不符合要求的，应当及时办理退换货等相关事宜。质量检验部门根据产品质量的要求检验产品质量后应签署验收单。仓库保管部门根据验收单验收存货，符合要求的予以入库，填制入库单，登记存货台账，将发票、运单连同收料单送回财务部，以办理付款手续，不符合要求的拒绝入库。

3. 存货仓储保管环节工作内容

生产企业为保证生产过程的连续性，需要对存货进行仓储保管，商品流通企业的存货从购入到销往客户也存在仓储保管环节。企业应当建立存货保管制度，限制未经授权的人员对存货的直接接触，仓储部门采用定期对存货盘点、账实核对、财产保险等措施，加强存货的日常保管工作，保护资产的安全完整。

4. 存货领用发出环节工作内容

无论是生产企业的生产部门根据经过批准的领料单从仓库领用原材料、辅料等进行产品生产，还是仓储部门根据销售部门开出的经过批准的销售通知单发出商品用于销售，仓储部门在发出存货后都应填制出库单，并定期将仓库出库记录同生产部门、销售部门和财会部门核对。商品流通领域的批发商根据合同或订货单等向下游经销商或零售商发出商品，或是消费者凭交款凭证等从零售商处取走商品等，仓储部门只有在得到授权后才能发出存货，并应当及时核对有关票据凭证，确保其与存货品名、规格、型号、数量、价格一致，并与财务部门定期对账。

5. 存货盘点清查环节工作内容

企业仓储部门应当定期对存货进行盘点清查，核对存货的数量是否与相关记录相符、是否账实相符，及时发现存货损坏、变质等情况，对盘盈、盘亏情况要分析原因，提出处理意见。同时，企业应重视生产现场的材料、低值易耗品、半成品等物资的管理控制，防止浪费、被盗和流失。

6. 存货处置环节工作内容

对于商品和产成品的正常对外销售，以及仓储部门通过盘点清查掌握的生产中已无转让价值的存货及其他足以证明已无实用价值和转让价值的变质、毁损存货，经过企业相关部门批准后选择有效的处理方式对存货进行处置。

> **案例4-15**　　　　　　　**F公司存货日常管理中的风险**

F公司存货日常管理中的风险主要表现为：

一、存货的入库、出库、结存记录不真实

表现为：存货入库、出库的单据填写不完整、不准确，造成会计核算困难，日后难以核查；有时因生产任务紧，未经过正常的审批手续就直接领料出库，造成材料领用审批制度形同虚设；由于存货的结存不真实，且疏于管理，没有进行定期的检查，造成存货超储积压占用大量资金，增加仓储成本，或材料短缺，影响企业正常的生产经营；由于没有制定严格的领用发出制度，各部门领用存货没有经过统一的规划和安排，也没有相应的限额控制，造成账实不符，虚增生产成本。

二、存货内部控制制度不健全

表现为：存货管理制度缺失或不健全，规章制度未覆盖相关的业务部门和人员，没有渗透到企业各个业务领域和各个操作环节，以致物资管理秩序混乱、核算不实而造成会计信息失真。例如：企业存货实物控制存在缺陷，日常管理中既无规范的存货管理规则，也没有相应的存货盘点制度，岗位职责不分明，只注重存货的购买环节控制，而忽视存货的日常保管、领用出库及报废等环节的控制，造成企业资产的浪费和流失。

（二）存货业务的主要风险与管控措施

存货业务内部控制内容包括存货业务的全过程，内部控制关键是对末级流程的控制，并将控制嵌入到业务流程之中。一般来说，无论是生产企业，还是商品流通企业，企业在建立与实施存货业务内部控制中，至少应强化存货取得控制、验收入库控制、出库控制、清查盘点控制、处置控制等。存货取得、验收入库、仓储保管、领用发出、盘点清查、处置为关键控制点。但并不是说，资产管理的关键控制点越多越好。建立完善的存货内部控制应重点抓好存货计价的合理性、对存货的保管和定期核对。

1.存货取得

主要风险有：存货预算编制不科学、采购计划不合理，可能导致存货积压或短缺。

主要管控措施有：在企业存货管理实务中，应当根据各种存货采购间隔期和当前库存，综合考虑企业生产经营计划、市场供求等因素，充分利用信息系统，合理确定存货采购日期和数量，确保存货处于最佳库存状态。存货取得的风险管控措施主要体现在预算编制和采购环节，因此应由相关的预算和采购内部控制应用指引加以规范。

2.存货验收入库

主要风险有：验收程序不规范、标准不明确，可能导致数量克扣、以次充好、账实不符。

主要管控措施有：企业应当重视存货验收工作，规范存货验收程序和方法，不同来源的存货，验收关注的侧重点有所不同。

（1）外购存货的验收。应当重点关注合同、发票等原始单据与存货的数量、质量、规格等核对一致。涉及技术含量较高的货物，必要时可委托具有检验资质的机构或聘请外部专家协助验收。

外购存货入库前一般应经过以下验收程序：

❶ 检查订货合同、发票、供货企业提供的证明材料、合格证、运单、提货通知单等原始单据与待验货物之间是否相符。

❷ 对拟入库存货的交货期进行检验，确定外购货物的实际交货期与订货合同中的交货期是否一致。

❸ 对待验货物进行数量复核和质量、规格检验，涉及技术含量较高的货物，必要时可委托具有检验资质的机构或聘请外部专家协助验收。

❹ 对验收后数量相符、质量、规格合格的货物，编制书面验收报告。验收报告应当列明的内容包括：供应商名称、运货人名称、收货日期、货物的名称、规格、数量、技术指标、验收人、验收情况等，验收人、采购方、供货方在验收单上签字确认，并与仓储部门办理相关入库手续，对经验收不符合要求的货物，应及时办理退货或索赔。

❺ 仓储部门对于入库的存货，应根据验收单的内容对存货的数量、质量、品种、型号等进行检查，编制入库单，入库单应当列明的内容包括：货物的名称、规格、数量、验收人、入库经办人、入库日期等内容。核对不一致的，应分析原因，及时上报处理。仓储部门同时登记入库记录，入库记录要真实、完整，定期与财会等相关部门核对，不得擅自

修改。如确需修改入库记录，应当经有效授权批准。

对不经仓储直接投入生产或使用的存货，应当在现场严格履行上述验收程序，经验收合格后，编制书面验收报告，开具货物交接清单，与生产或销售等部门办理相关交接手续。

（2）自制存货的验收。应当重点关注半成品、产成品的质量，检验半成品、产成品的品质是否符合国家有关质量标准与企业内部生产工艺和质量要求，通过检验合格的半成品、产成品，质检部门编制书面质检报告，才能办理入库手续，不合格品应及时查明原因、落实责任、报告处理。

不经仓储直接销售（发出至客户）的产品，必须在生产现场严格履行验收（质检）程序，经检验合格后，编制书面质检报告，开具货物交接清单。

（3）其他方式取得存货的验收。应当重点关注存货来源、质量状况、实际价值是否符合有关合同或协议的约定。

3.存货仓储保管

主要风险有：存货仓储保管方法不适当、监管不严密，可能导致损坏变质、价值贬损、资源浪费。

主要管控措施有：企业应当建立存货保管制度，仓储部门应当定期对存货进行检查，加强存货的日常保管工作。

（1）对存货的存放和管理应指定专人负责并进行分类编目，严格限制其他无关人员接触存货。仓储部门对于出入库存货应及时根据入库单、出库单、退库单等编制详细的收发存货登记簿或存货卡片，记录现时库存的具体情况。详细列明的内容包括：存货类别、编号、名称、规格型号、数量、计量单位、存放地点、存放要求、存放日期、保管负责人等。并定期与财会部门就存货品种、数量、金额等进行核对。

（2）因业务需要分设仓库的，存货在不同仓库之间流动时，应当办理出入库手续。

（3）存货仓储期间要按照仓储物资所要求的储存条件妥善贮存，做好防火、防洪、防盗、防潮、防病虫害、防变质等保管工作，不同批次、型号和用途的产品要分类存放。生产现场的再加工原料、周转材料、半成品等要按照有助于提高生产效率的方式摆放，同时防止浪费、被盗和流失。贵重物品、生产用关键备件、精密仪器和危险品的仓储，应当实行严格的审批制度。

（4）对代管、代销、暂存、受托加工的存货，应单独存放和记录，避免与本单位存货混淆。

（5）结合企业实际情况，加强存货的保险投保，保证存货安全，合理降低存货意外损失风险。

（6）仓储部门应对库存物料和产品进行每日巡查和定期抽检，详细记录库存情况。发现变质、毁损、存在跌价迹象的，应及时与生产、采购、财务等相关部门沟通。建立存货库存量预警机制，一旦发现库存量过高或过低，及时与生产、采购、财务、销售等相关部门通报信息。

4.存货领用发出

主要风险有：存货领用发出审核不严格、手续不完备，可能导致货物流失。

主要管控措施有：企业应当根据自身的业务特点，确定适用的存货发出管理模式，制定严格的存货准出制度，明确存货发出和领用的审批权限，健全存货出库手续，加强存货领用记录。

（1）一般的生产企业领用原材料、半成品用于生产加工的控制。一般领用原材料程序如下：

❶ 存货领用应制定定额，同时经批准才能进行。领用的材料应由工艺部门核定消耗定额，属于间接费用的消耗、修理用料等，应编制计划或核定费用定额。生产部门根据生产进度、原材料需求、定额填制领料单向库房领料。领料单应当列明的内容：领用材料的名称、数量、规格及领用部门、领用人等。领料单须经部门负责人审批签字，重点关注用料的真实性。

❷ 仓储部门根据经审批的领料单开具出库单，核对发出货物，由仓储发出人和生产领用人签字确认。

（2）销售部门领用产成品用于对外销售的控制。产成品出库对外销售程序如下：

❶ 销售部门根据签订的销售合同、订货单和仓储部门的存货情况等编制销售（发货）通知单，列明发出产品的名称、数量、规格以及销售人员、发货客户等内容。销售（发货）通知单应经相关授权人员审核，重点关注发货信息的真实性以及产品是否符合发货要求。

❷ 仓储部门根据经审批的销售（发货）通知单开具出库单，核对发出货物，由仓储发出人和销售领用人签字确认。

❸ 对于已售商品退货的入库，仓储部门应根据销售部门填写的产品退货凭证办理入库手续，经批准后，对拟入库的商品进行验收。因产品质量问题发生的退货，应分清责任，妥善处理；对于劣质产品，可以选择修复、报废等措施。

❹ 对于大批存货、贵重商品或危险品的发出，均应当实行特别授权。

存货领用出库后，仓储部门应定期（每日）或即时登记出库记录，并与财务等部门相互核对，若发现存在信息不一致的，及时查找原因进行处理，确保账实一致。

5.存货盘点清查

主要风险有：存货盘点清查制度不完善、计划不可行，可能导致工作流于形式、无法查清存货真实状况。

主要管控措施有：企业应当建立存货盘点清查工作规程，结合本企业实际情况确定盘点周期、盘点流程、盘点方法等相关内容，定期盘点和不定期抽查相结合。

（1）盘点清查时，应拟订详细的盘点计划，合理安排相关人员，使用科学的盘点方法，保持盘点记录的完整，以保证盘点的真实性、有效性。盘点计划需经过被授权人员审核，确保盘点计划的真实、可行。

（2）盘点作业由多部门人员共同盘点，充分体现相互制衡，严格按照盘点计划执行盘点，并认真记录盘点情况。

（3）盘点清查结果要及时编制盘点表，形成书面报告，包括盘点人员、时间、地点、实际所盘点存货名称、品种、数量、存放情况以及盘点过程中发现的账实不符情况等内容。对盘点清查中发现的盘盈、盘亏情况，应及时查明原因，提出处理意见，落实责任，按照规定权限报经批准后处理。

（4）企业至少应当于每年年度终了开展全面的存货盘点清查，及时发现存货减值迹象，将盘点清查结果形成书面报告。

▶▶ 案例4-16　　　　DY公司存货的入库、出库、盘点管理控制

一、存货入库管理方面

DY公司所有商品的入库统计是由ERP系统完成的。仓库收货时需要由采购人员提供"客户送货单"，仓库人员收到"客户送货单"并核验后，将此物料放在指定区域内，并做

好防护措施。入库时，仓库必须与采购人员确认数量和原材料是否与送货单一致，确认无误后，仓库签收货物；若数量与原材料有不一致情况，采购人员应与供货方进行联系，并和仓库人员一同进行退货处理。仓库签收存货后，需要由质检部门对入库原材料进行检验，质检通过后，仓库人员开具"入库单"完成原材料入库，并将原材料信息导入ERP系统；质检不合格的原材料进入退货区，仓库主管和采购部门共同决定是否退货。

原材料入库时需要分类别摆放，仓库管理人员要保证仓库货物摆放整齐，坚持做到来货时及时分门别类按统一标准和高度摆放，避免物料遭到挤压、损坏。

二、存货出库管理方面

DY公司所有商品的出库统计通过ERP系统完成。原材料的出库严格按照"生产通知单"进行操作，依据"生产通知单"中下单的数量所消耗的原材料，仓库人员填好"领料单"并由领料负责人进行签字确认，原则上做到同一原材料先进先出。

库存商品出库先由销售部提供"出库计划"，然后由装卸人员进行库存商品装车，由仓库人员和驾驶员点数确认，再由仓库人员办理相关出库手续及"出门条"，驾驶员需将"出门条"交给门卫室（现暂由公司保安代替）后方可放行。

三、存货盘点管理方面

仓库要定期或不定期地检查库存，确定不同类型产品的实际库存情况，并检查实际库存情况与记录在电脑上的库存情况是否一致，如有不一致的情况需要及时确定盈、亏库存数量和损益原因，月末财务部门需要打印库存清单，进行财务核对。仓库管理人员和财务人员负责制订存货的盘点计划，其他部门配合仓库和财务部执行盘点计划，盘点期间存货的出入库需要由仓库根据盘点计划统一进行安排。存货盘点中需要如实做好盘点记录，盘点记录交由各部门经理签字确认，盘点数据汇总后交给财务部人员，财务人员汇总分析盘点差异并出具盘点报告。

DY公司在存货入库、出库、盘点的内部控制管理上，每个环节都强调程序化、规范化，严格按程序办事，某一个环节出现问题，会很快在其他环节被发现，有效地保障了企业存货的安全性和其完整性，改善了存货周转速度与使用效率。

6.存货处置

主要风险有：存货报废处置责任不明确、审批不到位，可能导致企业利益受损。

主要管控措施有：

（1）企业应定期对存货进行检查，分析存货的存储状态，及时、充分了解存货变质、毁损情况。

（2）对于存货变质、毁损、报废或流失的处理要分清责任、分析原因、及时合理。存货处置应编制存货处置单，列明的内容包括：应处置存货名称、数量、规格、价值、存放地点、需要处置存货的原因、处置方式等。存货处置单经有关部门批准后予以处置。同时，仓储部门与财务部门共同调整存货账务，以确保账实相符。

（三）存货业务的会计系统控制

具体来讲，企业财会部门应当做到：

（1）存货的确认、计量和报告应当符合国家统一的会计准则、制度的规定。存货成本核算方法、跌价准备计提等会计处理方法应当符合国家统一的会计准则、制度的规定。

（2）企业应当根据存货的特点及企业内部存货流转的管理方式，确定存货计价方法，防止通过人为调节存货计价方法操纵当期损益。计价方法一经确定，未经批准，不得随意变更。

（3）仓储部门与财会部门应结合盘点结果对存货进行库龄分析，确定是否需要计提存货跌价准备。经相关部门审批后，方可进行会计处理，并附有关书面记录材料。

（4）存货核算内部控制，是确保存货计价准确性的重要控制点，应通过采购部门和财会部门的日常核算保证存货采购业务资料准确、真实。采购部门和仓储部门要对存货的购进、发出和库存进行日常核算，仓储部门应按品种、规格、型号等建立库存实物明细卡片，妥善保管。采购部门登记既有数量又有金额的存货明细账，定期将收料单送财务部门；财务部门根据入库单、验收单、付款通知单、付款凭证、领料单、出库单等编制记账凭证，登记存货账簿，对存货的收、发、存数量和金额进行动态核算，确保账实相符。月末与采购部门和仓储部门进行核对。

>> 案例 4-17　　　　　　　　　　M 公司外购存货验收流程实例

M公司外购存货验收流程与风险控制图如图4-9所示。

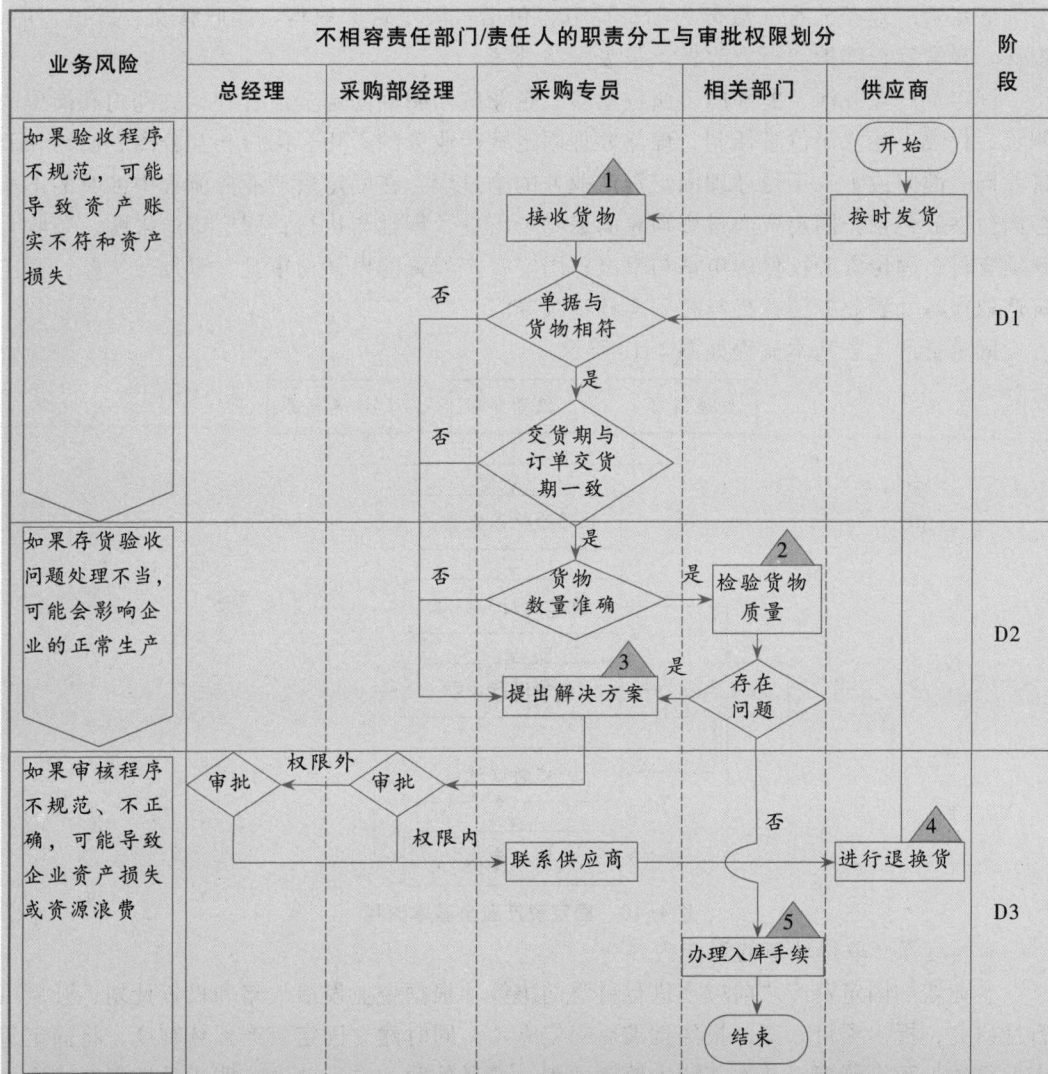

图4-9　外购存货验收流程与风险控制图

三、固定资产的内部控制

固定资产主要包括房屋、建筑物、机器、机械、运输工具，以及其他与生产经营活动有关的设备、器具、工具等。固定资产属于企业的非流动资产，是企业开展正常的生产经营活动必要的物资条件，其价值随着企业生产经营活动逐渐转移到产品成本中。固定资产的安全、完整直接影响到企业生产经营的可持续发展能力。

固定资产内部控制是一个系统性的工作，与企业预算、生产、存货、资金以及销售等内部控制存在联系，是非独立的，需要将其置于企业整体内控战略统一考虑。企业需要结合自身固定资产特点，综合考虑各部门固定资产使用状况，明确固定资产管理职责、梳理相关业务流程，以确保固定资产管理不断处于优化状态，提高固定资产使用效能及管理效率，保证固定资产的安全、有效运行以及财务报表的合理反映。

（一）固定资产业务流程梳理及各环节工作内容

固定资产业务流程一般分为七个环节，包括：固定资产取得、验收移交、登记造册、投保、日常运行维护、更新改造、报废淘汰处置。

固定资产业务涉及的部门、岗位众多，企业应当明确固定资产管理相关部门和岗位的职责、权限，建立岗位责任制，确保办理固定资产业务的不相容岗位相互分离、制约和监督。同一部门或个人不得办理固定资产业务的全过程。在固定资产业务流程中涉及的不相容岗位一般包括：固定资产投资预算的编制与审批，审批与执行；固定资产采购、验收与款项支付；固定资产投保的申请与审批；固定资产处置的申请与审批，审批与执行；固定资产取得与处置业务的执行与相关会计记录等。

固定资产业务基本流程如图4-10所示。

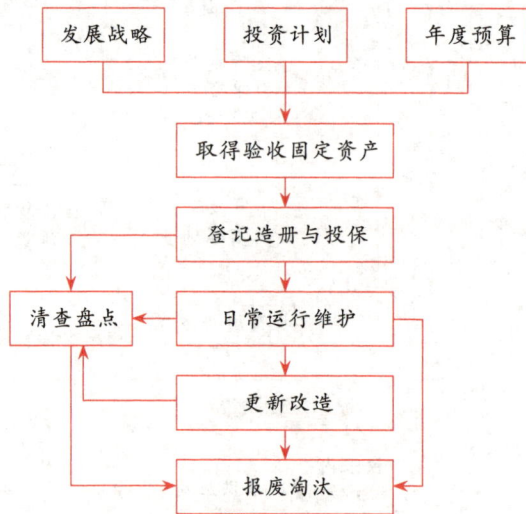

图4-10 固定资产业务基本流程

1.固定资产取得环节的工作内容

企业增加固定资产之前应当进行科学的决策，根据企业发展战略和投资计划，开展可行性研究，提出项目方案，报经批准后确定立项，同时建立固定资产预算制度，将固定资产取得纳入预算管理，并本着成本效益原则，选择外购、自行建造、非货币性资产交换换入、投资人投入等方式取得固定资产。

2.固定资产验收移交环节的工作内容

不同类型固定资产有不同的验收程序和技术要求，同一类固定资产也会因其标准化程度、技术难度等的不同而对验收工作提出不同的要求。企业应当建立一套规范、严密的固定资产交付使用验收制度，购入或建成交付的固定资产必须经过认真验收，保证新增固定资产符合规定的质量标准、计划的使用要求和采购或建造合同的其他有关内容，对大型固定资产需组织多个部门的相关负责人和技术人员联合验收，必要时进行决算审计。

3.固定资产登记造册环节的工作内容

企业取得每项固定资产后均需要进行详细登记，编制固定资产目录，建立固定资产卡片，以便固定资产的统计、检查和后续管理。

4.固定资产投保环节的工作内容

企业考虑其固定资产状况，根据固定资产性质和特点，确定固定资产的投保范围和政策，在对应投保的固定资产项目按规定程序进行审批后，办理投保手续，投保金额与投保项目力求适当，规范投保行为，以应对固定资产损失风险。

5.固定资产日常运行维护环节的工作内容

固定资产使用部门会同资产管理部门负责固定资产日常维修、保养，将资产日常维护流程体制化、程序化、标准化，定期检查，以及时消除风险，提高固定资产的使用效率，切实消除安全隐患。

6.固定资产更新改造环节的工作内容

企业需要定期或不定期地对固定资产进行升级改造，保持本企业固定资产技术的先进性，以便不断提高产品质量，开发新品种，降低资源消耗，保证生产的安全环保。

固定资产更新有部分更新与整体更新两种情形，部分更新的目的通常包括局部技术改造、更换高性能部件、增加新功能等方面，需权衡更新活动的成本与效益综合决策；整体更新主要指对陈旧设备的淘汰与全面升级，更侧重于资产技术的先进性，符合企业的整体发展战略。

7.固定资产报废淘汰处置环节的工作内容

企业至少每年一次全面清查固定资产，保证固定资产账实相符、及时掌握固定资产盈利能力和市场价值。对于固定资产清查中发现的问题，应当及时查明原因，追究责任，妥善处理。

>> 案例4-18　　　　固定资产管理实务中常见的问题

下面一起来看固定资产管理实务中常见的问题：

（1）固定资产预算制度流于形式，对固定资产的购置或处置随意性比较大。对实际支出与预算之间的差异以及未列入预算的特殊事项，没有履行特别的审批程序。

（2）授权审批制度不明确。授权批准控制要求对所有固定资产的接触、处理均经过适当授权。一些企业没有实施这一程序，不能有效防止固定资产管理过程中的错误、舞弊与违法行为。

（3）固定资产登记不规范。一些企业对固定资产实行粗放管理，一般只在财务部门建立固定资产明细账，没有建立相应的固定资产卡片账，或卡片账更新不及时，登记制度不健全，造成资产使用状况不明，固定资产账实不符，从而导致期末盘点时出现盘盈、盘亏的情况。

（4）固定资产验收制度缺失，经常会出现所购非所需，且无法追溯责任。同时固定资产定期盘点不及时，无法及时发现账外资产、毁损资产、遗失资产、调动使用资产等，移交、监交制度执行不严，造成部分资产流失。

（5）固定资产处置过程中的处置行为相对随意，出现"无评估、无审批、无鉴定"现象，难以实现资产的保值增值，容易导致资产的流失，存在潜在的产权纠纷和隐患。

（6）财务会计信息不准确、不及时，无法真实反映和有效控制固定资产，不能真实反映固定资产的实际数量和增减变化情况。固定资产增加不能及时准确地进行账务处理；盘盈、接受捐赠和无偿调入的固定资产，滞留账外不入账，形成固定资产的账外循环；减少的固定资产不做核销，导致固定资产账实不符，账面价值对实物失去控制；固定资产计提折旧的核算，没有充分考虑到不同固定资产的损耗特点，将折旧不合理加速，忽略无形损耗造成折旧计提不足，导致固定资产的现实状态无法体现。

（7）部门间缺乏沟通，疏于管理，导致固定资产在部门之间相互调动使用，没有任何形式上的调动申请、转移单，导致固定资产管理人员不知情，再加上人员的变动，长此以往，导致固定资产下落不明。

（8）内部监督制度不明确。没有安排专门的部门和人员对固定资产的相关内部控制的执行情况进行监督和检查。

（二）固定资产业务的主要风险与管控措施

固定资产业务内部控制内容包括固定资产业务的全过程，内部控制的关键是对末级流程的控制，并将控制嵌入到业务流程之中。一般来说，企业在建立与实施固定资产业务内部控制中，至少应强化固定资产的取得控制、验收控制、登记造册与投保控制、日常运行维护控制、报废淘汰处置控制等。固定资产取得、验收移交、登记造册、投保、日常运行维护、更新改造、清查盘点、抵押和质押、报废淘汰处置为关键控制点。

1.固定资产的取得

主要风险有：

（1）固定资产的取得未经适当审批或超越授权审批，购买、建造决策失误，可能因重大差错、舞弊、欺诈而导致资产损失。

（2）固定资产的增加未纳入预算范围，未履行审批手续、未严格执行预算，可能导致因固定资产的增加影响企业现金流量、影响企业经营绩效和获利能力。

主要管控措施有：

（1）企业应当对固定资产业务建立严格的授权批准制度，明确授权批准的方式、权限、程序、责任和相关控制措施，规定经办人的职责范围和工作要求。严禁未经授权的机构或人员办理固定资产业务。审批人应当根据固定资产业务授权批准制度的规定，在授权范围内进行审批，不得超越审批权限。

（2）企业应当建立固定资产预算管理制度。企业应当根据固定资产的使用情况、生产经营发展目标等因素拟定固定资产投资项目，对项目可行性进行研究、分析，编制固定资产投资预算，并按规定程序审批，确保固定资产投资决策科学合理。对于重大的固定资产投资项目，应当考虑聘请独立的中介机构或专业人士进行可行性研究与评价，并由企业实行集体决策和审批，防止出现决策失误而造成严重损失。

（3）企业应当严格执行固定资产投资预算。对于预算内的固定资产投资项目，有关部门应严格按照预算执行进度办理相关手续；对于超预算或预算外固定资产投资项目，应由固定资产相关责任部门提出申请，经审批后再办理相关手续。

2.固定资产的验收移交

主要风险有：新增固定资产验收程序不规范，可能导致固定资产质量不符合要求，进而影响固定资产运行效果。

主要管控措施有：

（1）企业应当建立严格的固定资产交付使用验收制度。企业外购固定资产应当根据合同、供应商发货单等对所购固定资产的品种、规格、数量、质量、技术要求及其他内容进行验收，出具验收单，编制验收报告，经审核后交付使用。验收报告应当列明的内容包括：固定资产数量、型号、供应商或建造商、送到时间或竣工时间、质量等内容。企业自行建造的固定资产，应由建造部门、固定资产管理部门、使用部门共同填制固定资产移交使用验收单，验收合格后移交使用部门投入使用。对投资者投入、接受捐赠、债务重组、非货币性资产交换、其他企业无偿划拨转入以及其他方式取得的固定资产均应办理相应的验收手续。

（2）不需要安装的固定资产，经验收合格后即可交付有关部门投入使用；需要安装的固定资产，收到的固定资产经初步验收后要进行安装调试，安装完成后必须进行第二次验收，合格的才可交付使用。未通过验收的不合格固定资产，不得接收，必须按照合同等有关规定办理退换货或采取其他弥补措施。

（3）对于具有权属证明的资产，取得时必须有合法的权属证书。

（4）对经营租赁、借用、代管的固定资产应设立登记簿记录备查，避免与本企业的固定资产混淆，并应及时归还。

▶▶**案例4-19**　　　　　　　　　**固定资产内控舞弊案**

归某是A技术工程公司轻纺工程部经理，20×0年11月，山东某公司向A公司求购精疏机一套，当时A公司没有购买此类机械设备的配额，头脑灵活的归某想出一个好办法，利用其他公司的配额到B纺机总厂定购。随后，归某将A公司的45万余元划入B纺机总厂。然而，B纺机总厂财务人员出错：把已提走的设备，当作是其他公司购买，而将归某划入的45万余元变为A公司的预付款。于是，归某接下来导演了一出偷梁换柱的把戏。

20×1年归某派人到B纺机总厂以A公司的名义购买混条机等价值60余万元的设备。因为账上已有A公司45万余元的"预付款"，归某仅向B纺机总厂支付了15万元设备尾款。之后，归某在A公司不知内情的情况下，利用自己亲戚经营的C纺织器材公司，开出了A公司以67万元的价格购得这批设备的发票。A公司支付了全部购货款，归某从中得利52万元。同年，归某又以相同手段再次骗得A公司11万余元，占为己有。并于年底自己开办了公司，并担任法定代表人。

归某作为轻纺工程部经理，利用手中的职权和相关内部控制的漏洞，竟采用相同的伎俩两次贪污公款共63万余元，给A公司造成巨大经济损失。

本案例暴露出A公司、B纺机总厂固定资产内部控制管理上的缺陷：

（1）固定资产采购业务的相关职务未分离。轻纺工程部经理归某未经审批程序就私下决定向B纺机总厂购买价值60万元的设备，固定资产的取得没有授权审批控制。支付所购设备款应该由第三方执行付款，并与B纺机总厂核账，但此案例中核账竟然也是归某一人亲手所为。

（2）固定资产验收和付款不规范。A公司财务人员将67万元款项划给了归某亲戚的公司，进行虚构的交易，如果A公司固定资产验收员严格按照购货合同上写明的条款以及发票仔细验货，是能够发现与B纺机总厂价值60余万元设备交易的。

（3）B纺机总厂发货通知单的编制和核对制度不完善。"把已提走的设备，当作是其他公司购买，而将归某划入的45万余元变为A公司的预付款"。

在固定资产内部控制管理上，如果A公司、B纺机总厂明确规定审批人的权限、责任以及经办人的职责范围和工作要求，严格履行审批职责；资产验收人员严格核对合同协议、供应商发货单等对所购固定资产信息进行验收；财务人员严格按照规定对资产的相关凭证进行严格审核并准确核算再记账，是能够有效防范舞弊事件发生的。

资料来源：佚名.内部控制案例分析——工程经理沦为铁窗囚[EB/OL].（2011-02-15）.https://china.findlaw.cn/jingjifa/kuaiji/kjfal/34545.html.

3.固定资产的登记造册

主要风险有：固定资产登记内容不完整，可能导致资产流失、资产信息失真、账实不符。

主要管控措施有：

（1）资产管理部门根据固定资产的定义，结合自身实际情况，制定适合本企业的固定资产目录。固定资产目录列明的内容包括：固定资产编号、名称、种类、所在地点、使用部门、责任人、数量、账面价值、使用年限、损耗等内容，有利于企业了解固定资产使用情况的全貌。

（2）资产管理部门按照单项资产建立固定资产卡片，固定资产卡片应在资产编号上与固定资产目录保持对应关系。固定资产卡片详细记录的内容包括：各项固定资产的来源、验收、使用地点、责任单位和责任人、运转、维修、改造、折旧、盘点等相关内容，便于固定资产的有效识别。

（3）固定资产目录和卡片均应定期或不定期复核，保证信息的真实和完整。

4.固定资产的投保

主要风险有：固定资产投保制度不健全，可能导致应投保资产未投保、索赔不力，不能有效防范资产损失风险。

主要管控措施有：

（1）资产管理部门应当通盘考虑企业固定资产状况，根据其性质和特点，确定固定资产的投保范围和政策，拟订固定资产投保方案，投保金额与投保项目力求适当。固定资产投保方案须按规定程序经过主管部门审批。

（2）资产管理部门应当依据特定原则选定合适的保险公司，并与其签订保险合同，合同内容主要涉及资产名称、数量、型号、保险金额以及索赔条款等。对于重大固定资产项目的投保，应当考虑采取招标方式确定保险人，防范固定资产投保舞弊。

（3）已投保的固定资产发生损失的，及时调查原因及受损金额，向保险公司办理相关的索赔手续。

5.固定资产的日常运行维护

主要风险有：固定资产操作不当、失修或维护过剩，可能造成固定资产使用效率低下、产品残次率高，甚至发生生产事故，或资源浪费。

主要管控措施有：

（1）固定资产使用部门会同资产管理部门加强固定资产日常维修、保养，确保生产顺利进行。定期对固定资产进行检查，排除隐患，并编制检查分析记录。将固定资产日常维护流程体制化、程序化、标准化，提高固定资产的使用效率。

（2）固定资产使用部门及管理部门建立固定资产运行管理档案，并据以制订合理的日常维修和大修理计划，并经主管领导审批。

（3）固定资产管理部门应当审核负责固定资产运行维护施工单位的资质和资信，并建立管理档案；修理项目应分类，明确需要招投标的项目。修理完成，由施工单位出具交工验收报告，经固定资产使用和管理部门核对工程量并审批。重大项目应专项审计。

（4）企业生产线等关键设备的运作效率与效果将直接影响企业的安全生产和产品质量，操作人员上岗前应由具有资质的技术人员对其进行充分的岗前培训，特殊设备实行岗位许可制度，需持证上岗，必须对资产运转进行实时监控，保证固定资产使用流程与既定操作流程相符，确保安全运行，提高使用效率。

（5）对于未使用、不需用或使用不当的固定资产，固定资产管理部门和使用部门应当及时提出处理措施，报企业授权部门或人员批准后实施。对封存的固定资产，应指定专人负责日常管理，定期检查，确保资产的安全、完整。

6.固定资产的更新改造

主要风险有：固定资产更新改造不够，可能造成企业产品线老化、缺乏市场竞争力。

主要管控措施有：

（1）企业应当根据发展战略，充分利用国家有关自主创新政策，加大技改投入，不断促进固定资产技术升级，淘汰落后设备，切实做到保持本企业固定资产技术的先进性和企业发展的可持续性。

（2）固定资产使用部门定期对固定资产的技术先进性进行评估，结合盈利能力和企业发展的可持续性，根据需要提出技改方案，与财务部门一起进行预算可行性的分析，并且经过管理部门的审核批准。

（3）固定资产管理部门需对技改方案实施过程适时监控、加强管理，有条件的企业建立技改专项资金并进行定期或不定期的审计。

7.固定资产的清查盘点

主要风险有：固定资产丢失、毁损等造成账实不符或资产贬值严重。

主要管控措施有：

（1）财务部门组织固定资产使用部门和管理部门定期进行固定资产清查，至少每年一次全面清查固定资产，明确资产权属，确保实物与卡、财务账表相符，在清查作业实施之前编制清查方案，经过管理部门审核后进行相关的清查作业。

（2）在清查结束后，清查人员需要编制清查报告，管理部门需要对清查报告进行审核，确保真实性、可靠性。

（3）对清查过程中发现的盘盈（盘亏），应分析原因，追究责任，妥善处理，报告审核通过后及时调整固定资产账面价值，确保账实相符，并上报备案。

8.固定资产的抵押和质押

主要风险有：固定资产抵押、质押制度不完善，可能导致抵押、质押的固定资产价值被低估和固定资产流失。

主要管控措施有：

（1）企业应当加强固定资产抵押、质押的管理，明晰固定资产抵押、质押的流程，规定固定资产抵押、质押的程序和审批权限等，确保资产抵押、质押经过授权审批及适当程序。同时，应做好相应记录，保障企业固定资产安全。抵押申请应该包括固定资产数量、名称、型号、原存放地等内容，相关的管理部门需对申请的真实性进行审批。

（2）财务部门办理固定资产抵押时，如需要委托专业中介机构鉴定评估固定资产的实际价值，应当会同金融机构有关人员、固定资产管理部门、固定资产使用部门现场勘验抵押品，对抵押的固定资产的价值进行评估。对于抵押的固定资产，应编制专门的抵押固定资产目录。

（3）固定资产抵押合同应详细说明抵押当事人双方情况、抵押固定资产名称、类型、担保范围等，经审查和批准后签订正式合同。

9.固定资产的报废淘汰处置

主要风险有：固定资产处置方式不合理，可能造成企业经济损失。

主要管控措施有：

（1）企业应当建立健全固定资产处置的相关制度。区分固定资产不同的处置方式，采取相应控制措施，确定固定资产处置的范围、标准、程序和审批权限，保证固定资产处置的科学性，使企业的资源得到有效的运用。

（2）使用期满、正常报废的固定资产，应由固定资产使用部门或管理部门填制固定资产报废单，经企业授权部门或人员批准后对该固定资产进行报废清理。

（3）使用期限未满、非正常报废的固定资产，应由固定资产使用部门提出报废申请，注明报废理由、估计清理费用和可回收残值、预计处置价格等。企业应组织有关部门进行技术鉴定，按规定程序审批后进行报废清理。

（4）拟出售或投资转出及非货币资产交换换出的固定资产，应由有关部门或人员提出处置申请，对固定资产价值进行评估，并出具资产评估报告。报经企业授权部门或人员批准后予以出售或转让。

（5）对出租的固定资产由相关管理部门提出出租或出借的申请，写明申请的理由和原因，并由相关授权人员和部门就申请进行审核。审核通过后应签订出租或出借合同，包括合同双方的具体情况，出租或出借的原因和期限等内容。

（6）企业应特别关注固定资产处置中的关联交易和处置定价，固定资产的处置应由独立于固定资产管理部门和使用部门的相关被授权人员办理，固定资产处置价格应报经企业授权部门或人员审批后确定。

（7）对于重大固定资产处置，应当考虑聘请具有资质的中介机构进行资产评估，采取集体审议或联签制度。涉及产权变更的，应及时办理产权变更手续。

（三）固定资产业务的会计系统控制

具体来讲，企业财会部门应当做到：

（1）企业财会部门应当按照国家统一的会计准则、制度的规定，及时确认固定资产的购买或建造成本。对需要办理产权登记手续的固定资产，企业应及时到相关部门办理。

（2）企业应依据国家有关规定，结合企业实际，确定计提折旧的固定资产范围、折旧方法、折旧年限、净残值率等折旧政策。折旧政策一经确定，不得随意变更。确需变更的，应当按照规定程序审批。同时，及时、准确核算固定资产的后续支出。

（3）固定资产发生盘盈、盘亏，应由固定资产使用部门和管理部门逐笔查明原因，共同编制盘盈、盘亏处理意见，经企业授权部门或人员批准后由财会部门及时调整有关账簿记录，使其反映固定资产的实际情况。

（4）固定资产发生减值迹象的，应当计算其可收回金额；可收回金额低于账面价值的，应当按照国家统一的会计准则、制度的规定计提减值准备、确认减值损失。

（5）对固定资产处置、出租、出借收入和发生的相关费用，应及时入账，保持完整的记录。

>> 案例4-20　　　　　　　　M公司固定资产管理流程实例

M公司固定资产管理流程与风险控制图如图4-11所示。

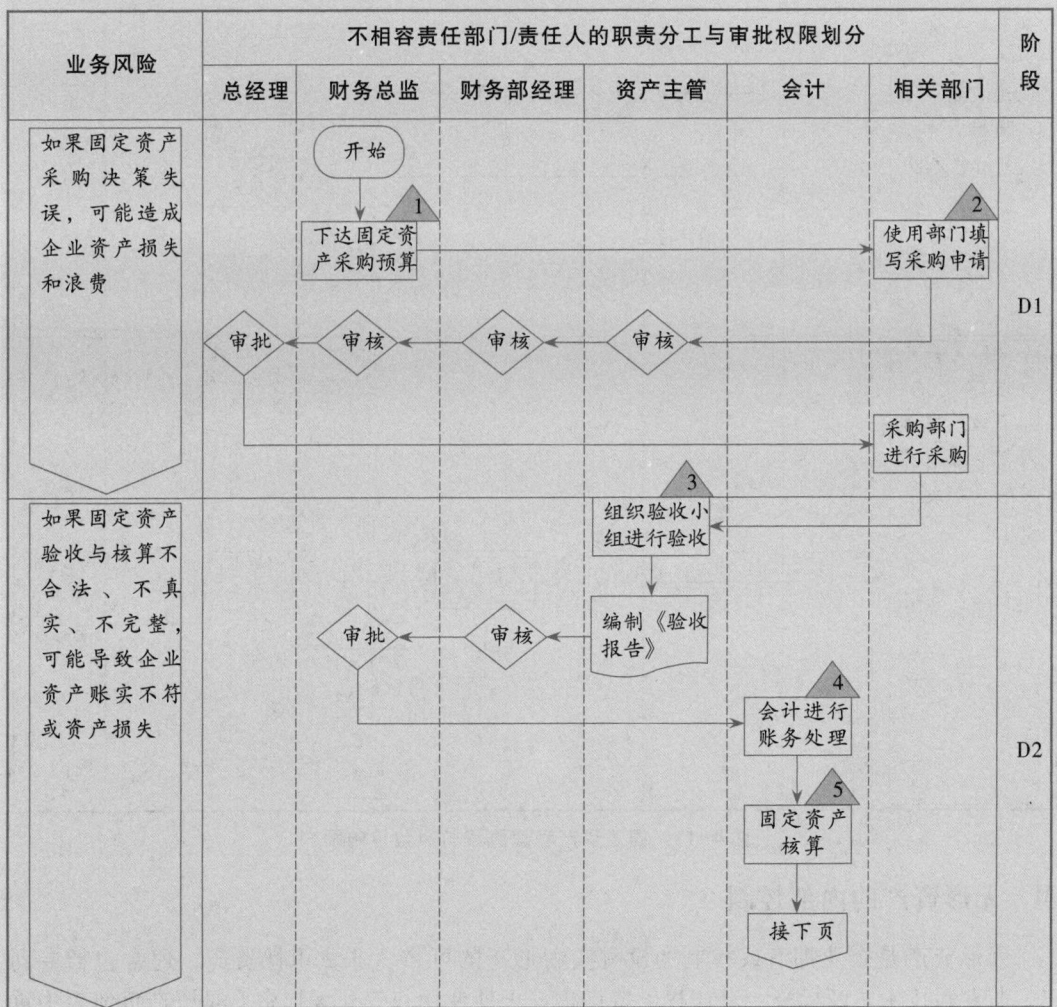

业务风险	不相容责任部门/责任人的职责分工与审批权限划分						阶段
	总经理	财务总监	财务部经理	资产主管	会计	相关部门	
如果固定资产盘点不及时、不规范，可能导致企业固定资产账实不符，造成资产损失和浪费	审批	审核	审核			接上页 → 6 使用部门组织盘点 → 编制《盘点报告》 → 7 使用部门盘亏盘盈处理	D3
					8 盘亏盘盈财务处理		
如果固定资产维修不当，可能造成企业资产使用效率低下或资产损失	审批	审核	审核			9 使用部门提出维修申请	D4
					10 固定资产维修		
					11 会计进行账务处理		
如果固定资产处置不规范、不合理。可能导致企业资产浪费和损失	审批	审核	审核			填报"固定资产处置申请单"	D5
				12 固定资产处置		相关部门协助	
					13 会计进行账务处理 → 结束		

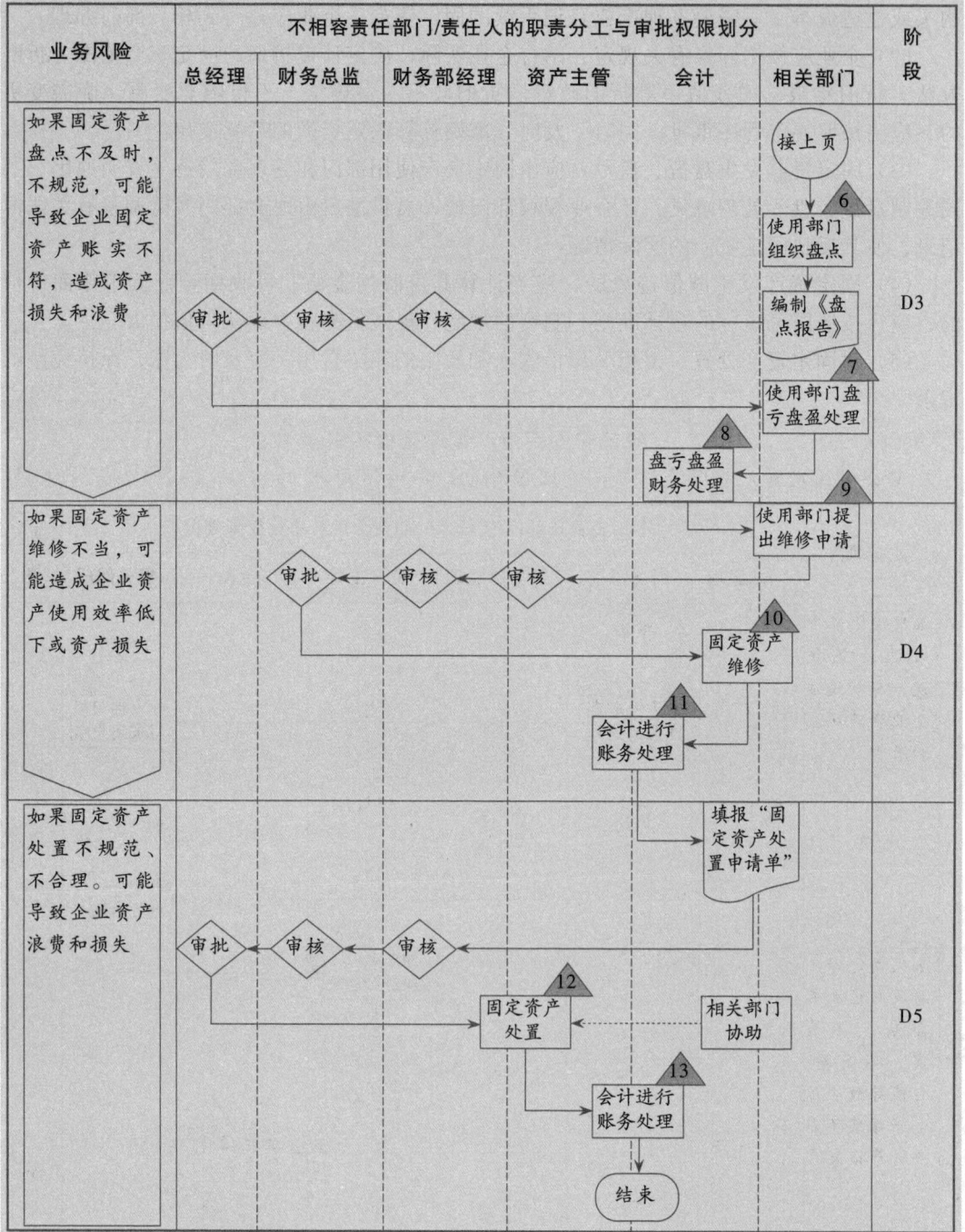

图4-11 固定资产管理流程与风险控制图

四、无形资产的内部控制

无形资产是企业拥有或控制的没有实物形态的可辨认非货币性资产，通常包括专利权、非专利技术、商标权、著作权、特许权、土地使用权等。无形资产是资产负债表中重要的非流动资产项目，与有形资产一起构成企业资产，是企业生产经营活动中重要的经济资源，无形资产不仅能在一定时间内为企业带来经济利益的流入，有效的无形资产管理，还能使企业的无形资产保值或升值。

企业应当加强对无形资产的内部控制，建立健全无形资产分类管理制度，保护无形资产的安全，提高无形资产的使用效率，增强企业无形资产中的核心技术占比，充分发挥无形资产对提升企业创新能力和核心竞争力的作用，以实现企业的可持续发展。

（一）无形资产业务流程梳理及各环节工作内容

无形资产业务流程一般分为五个环节，包括：无形资产的取得与验收、使用与保全、技术升级与更新换代、处置与转移。

企业在无形资产业务流程中应当明确无形资产管理相关部门和岗位的职责、权限，建立岗位责任制，确保办理无形资产业务的不相容岗位相互分离、制约和监督。在无形资产业务流程中涉及的不相容岗位一般包括：无形资产投资预算的编制与审批；无形资产投资预算的审批与执行；无形资产取得、验收与款项支付；无形资产处置的审批与执行；无形资产取得与处置业务的执行与相关会计记录；无形资产的使用、保管与会计处理等。

无形资产业务基本流程如图4-12所示。

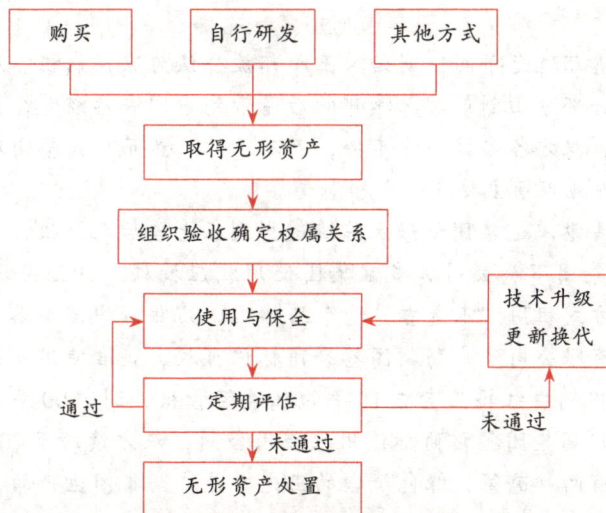

图4-12 无形资产业务基本流程

1.无形资产的取得与验收环节的工作内容

企业取得无形资产之前所开展的工作内容与企业增加固定资产之前的工作内容相同，这里不再重复。无形资产的取得方式有外购、自行研发等。为确保无形资产符合使用要求，由无形资产使用部门、无形资产管理部门共同依据外购通知单、到货通知单、无形资产清单、合同以及国家或行业相关标准组织鉴定无形资产验收工作，及时办理产权登记。

2.无形资产的使用与保全环节的工作内容

企业财务部门与无形资产使用单位共同做好无形资产使用与保全管理工作，涉及的主要内容有：检查无形资产使用等相关记录是否完整；检查无形资产账面与实际价值是否相符以及二者间差异的调整情况；检查无形资产的使用价值、经济效益等，判断是否符合处置标准等；对无形资产的使用情况进行分析并编制检查分析报告。

无形资产使用单位在规定期限内编制无形资产使用报告，总结无形资产的使用情况、经济效益、风险规避等。财务部审查评估无形资产使用单位的使用报告，提出改进意见与建议，并报告管理层审核。审核通过后，财务部与无形资产使用单位进行工作改进，提高无形资产的使用效率与经济效益。

3.无形资产的技术升级与更新换代环节的工作内容

根据无形资产使用单位在规定期限内编制的无形资产使用报告，企业评估无形资产的先进性，加大研发投入，确保无形资产的技术先进性，以使无形资产保值、升值。

4.无形资产的处置与转移环节的工作内容

财务部门根据对无形资产使用情况的检查分析，结合企业无形资产处置范围、权限、标准等，提出处置意见。组织相关人员对处置意见进行审查、论证，确保论证过程透明合理，并编制处置方案，报管理层审核，经批准后处置。无形资产由财务部门与无形资产使用单位共同处置，在处置过程中应当按照法律法规及企业相关规定办理无形资产转让、报废等手续，应当遵循公开、公正、公平的原则，严格履行审批手续，未经批准不得自行处置无形资产。

>> 案例4-21　　　　　　　　　王老吉与加多宝之争

王老吉始创于清朝道光年间，创始人王泽邦被公认为凉茶始祖。后来出于各种原因其被分为两部分，一部分由创始人王泽邦的后裔带到中国香港经营，另一部分则留在内地由广药集团经营，双方各占据一方市场，互不干涉。然而广药集团对王老吉的经营情况一直不太理想，内地市场主要在广东和浙南。

1993年，中国香港鸿道集团创始人陈鸿道得到王老吉后人授权，可永久使用王老吉配方，同时也允许集团下属公司加多宝集团使用相应授权。1995年陈鸿道找到广药集团，希望以协议的方式租用"王老吉"这个品牌。1997年，中国香港鸿道集团分别与广药王老吉药业股份有限公司及广药集团签署商标许可权，获准使用王老吉商标，授权加多宝集团享有在国内销售红罐王老吉15年的独家经营权，到2000年时再签合同。2000年，加多宝集团与广药集团签订商标使用权租用合同，双方续约至2010年5月2日。所以一直以来市面上有两种凉茶，绿色纸盒的王老吉是广药集团生产的，红罐包装的王老吉是加多宝集团生产的。加多宝集团拿到品牌授权后，成功营销，让红罐王老吉迅速火遍全国大江南北，2008年销售额直接突破百亿元。

按照2000年签署的王老吉商标许可协议，加多宝集团可使用王老吉商标至2010年，但此时，王老吉商标估值已超过1 000亿元，对加多宝集团而言，物归原主如同割肉。早在2002—2003年加多宝集团董事长陈鸿道已分三次向广药集团原总经理李益民行贿300多万港币，签署了《"王老吉"商标许可补充协议》和《关于"王老吉"商标使用许可合同的补充协议》两份合同，延长王老吉商标的许可期限至2020年，因此，2010年加多宝集团租用"王老吉"商标到期，但加多宝集团可能因为有王老吉租用期限延长的合同，所以并未停止使用"王老吉"商标，直到2012年，中国国际经济贸易仲裁委员会作出裁定，判令补充协议无效，加多宝集团在2010年之后再使用王老吉商标的行为被视为侵权，并共需赔偿广药集团经济损失和合理维权费用共计14.4亿元。

2012年，经过一轮商标诉讼的失败，加多宝集团开始对红罐王老吉"变身"，强化"加多宝"品牌，并开始在红罐王老吉罐身上，印上同等字号的"王老吉"与"加多宝"。市面上原来的红色铁罐由原来的两面都写"王老吉"，改成一面写"王老吉"一面写"加多宝"，剩下的这一个"王老吉"字样肯定也将被去除。加多宝凉茶的电视广告也随之更换，开始投放"加多宝凉茶连续7年荣获'中国饮料第一罐'"，"怕上火喝王老吉"改成"怕上火喝正宗凉茶"等广告语。由此也引发了广药集团与加多宝集团的广告语之争、谁的凉茶更正宗的第二次和第三次大战，加多宝集团败诉，并为此付出了300万元和500万元的赔偿。之后，广药集团与加多宝集团又有红罐之争大战，直到2017年由最高法院判定双方均可合法使用红罐包装，才结束了这场长达7年之久的"红罐之争"。可是，此时二位的凉茶市场却被挤占得所剩无几，各种新式茶饮火了，各种果茶汽泡水火了，凉茶凉了。

两家企业从产品的竞争，逐渐上升到了品牌的竞争，产品是接触消费者的一个符号，而品牌却可以成为一种信念，给消费者带来一种附加于实体商品之外的精神价值。如果起初陈鸿道就重视无形资产品牌的建设，就不会有后来一连串事情的发生，企业也会持续经营发展下去。

资料来源：佚名.回看王老吉与加多宝商标之争，理解商标的重要性［EB/OL］.（2022-01-22）. https://www.qq.com.

（二）无形资产业务的主要风险与管控措施

无形资产业务内部控制内容包括无形资产业务的全过程，内部控制关键是对末级流程的控制，并将控制嵌入到业务流程之中。一般来说，企业在建立与实施无形资产业务内部控制中，至少应强化无形资产取得控制与验收控制、使用与保全控制、技术升级与更新换代、处置与转移控制等。无形资产的取得与验收、使用与保全、技术升级与更新换代、处置与转移为关键控制点。

1.无形资产的取得与验收

主要风险有：

（1）无形资产取得未经适当审批或超越授权审批、未纳入预算范围、未严格执行预算，可能导致因无形资产增加影响企业现金流量、影响企业经营绩效和获利能力。

（2）取得的无形资产没有自主权，或不具先进性，或权属不清，可能导致企业资源浪费、侵权行为引发法律诉讼。

主要管控措施有：

（1）企业应该设立专门的无形资产管理部门，加强对品牌、商标、专利、专有技术、土地使用权等无形资产的管理，分类制定无形资产管理办法，落实无形资产管理责任制，促进无形资产有效利用，对无形资产进行综合、全面、系统的管理。

（2）企业应当对无形资产业务建立严格的授权批准制度、预算管理制度，并严格执行制度规定，具体管控内容与前述固定资产相同，这里不再重复。

（3）企业应当建立严格的无形资产交付使用验收制度，明确无形资产的权属关系，及时办理产权登记手续。企业外购无形资产，必须仔细审核有关合同协议等法律文件，及时取得无形资产所有权的有效证明文件，同时特别关注外购无形资产的技术先进性；企业自行开发的无形资产，应由研发部门、无形资产管理部门、使用部门共同填制无形资产移交使用验收单，移交使用部门使用；企业购入或者以支付土地出让金方式取得的土地使用权，必须取得土地使用权的有效证明文件。当无形资产权属关系发生变动时，应当按照规定及时办理权证转移手续。

2.无形资产的使用与保全

主要风险有：

（1）无形资产使用效率低下，效能发挥不到位。

（2）缺乏严格的保密制度，致使体现在无形资产中的商业机密被泄露。

（3）由于商标等无形资产疏于管理，导致其他企业侵权，严重损害企业利益。

主要管控措施有：

（1）企业应当强化无形资产使用过程的风险管控，充分发挥无形资产对提升企业产品质量和市场影响力的重要作用。

（2）建立健全无形资产核心技术保密制度，严格限制未经授权人员直接接触技术资料，对技术资料等无形资产的保管及接触应保有记录，实行责任追究，保证无形资产的安全与完整。

（3）对侵害本企业无形资产的，要积极取证并形成书面调查记录，提出维权对策，按规定程序审核并上报等。

（4）企业应当重视品牌建设，加强商誉管理，通过提供高质量产品和优质服务等多种方式，不断打造和培育主业品牌，切实维护和提升企业品牌的社会认可度。

> **案例4-22　　　　　　一则泄密事件看企业无形资产保护之重**

2020年，某快递公司多位快递员"内鬼"以每天500元的价格把自己的员工账号租给不法分子谋利，最终导致40万条公民个人信息被泄露。这些信息通过中间人打包结算并发送到了东南亚等地，供不法分子实施各类电信诈骗。结算价格依情况而定，完整的6维信息（发货人和收货人双方的姓名地址电话），1元/条，其余几毛不等。该快递公司于11月17日回应称：7月底，公司总部实时运行的风控系统监测到公司某省区下属加盟网点有两个账号存在非该网点运单信息的异常查询，判断为明显的异常操作，立即于第一时间关闭风险账号，同时立即成立由质控、安保、信息中心、网管以及省区组成的调查组，对此事件开展取证调查，并主动向公安部门报案，犯罪嫌疑人已于9月落网。

该快递公司针对客户信息泄密事件，通过"制度+技术"手段，着力提升加盟公司的依法经营意识和信息安全意识，严厉打击涉及用户信息安全的违法行为。技术方面，完善信息安全风控系统，对内部账号进行实时监控，主动发现违法违规行为。制度方面，成立了专门的信息安全部门，设立系统安全员、网络安全员、安全管理员等岗位，关键岗位实行A、B岗制度。公司制定了信息安全组织管理办法、客户信息安全管理制度、信息安全事件管理规定等；投入大量人力逐步完善内部合规建设，包括信息安全管理办法和客户隐私保护相关法律法规内容；内部建立了纪律监督小组，对外聘请了专业的战略合作伙伴，严格把好客户信息的加密、审计和防御关。此外还在地方公安、网安按照我国《反不正当竞争法》的规定，商业秘密是指不为公众所知悉、能为权利人带来经济利益，具有实用性并经权利人采取保密措施的经营信息和技术信息。因此，商业秘密包括两部分：经营信息和技术信息。如管理方法，产销策略，客户名单、货源情报等经营信息；生产配方、工艺流程、技术诀窍、设计图纸等技术信息。上述案例中，某快递公司泄露的是公民个人信息，就是客户信息，属于商业秘密。商业秘密是企业重要的无形资产。从业者应自觉遵守企业相关规章制度，不要做与职业道德相悖的违法行为。同时企业要做好商业秘密保护措施，当发现企业商业秘密被侵害时，要及时收集证据向法院起诉，若涉嫌构成刑事犯罪要积极向公安机关报案，通过法律武器维护自身合法权益。

3.无形资产的技术升级与更新换代

主要风险有：无形资产内含的技术未能及时升级换代，导致技术落后或存在重大技术安全隐患。

主要管控措施有：

企业应当定期对专利、专有技术等无形资产的先进性进行评估。发现某项无形资产给企业带来经济利益的能力受到重大不利影响时，应当考虑淘汰落后技术，同时加大研发投入，不断推动企业自主创新与技术升级，确保企业在市场经济竞争中始终处于优势地位。

4.无形资产的处置与转移

主要风险有：

（1）无形资产长期闲置或低效使用，就会逐渐失去其使用价值。

（2）无形资产处置不当，往往造成企业资产流失。

主要管控措施有：

（1）企业应当建立无形资产处置的相关管理制度，明确无形资产处置的范围、标准、程序和审批权限等要求。

（2）无形资产的处置应由独立于无形资产管理部门和使用部门的其他部门或人员按照规定的权限和程序办理；应当选择合理的方式确定处置价格，并报经企业授权部门或人员审批；重大的无形资产处置，应当委托具有资质的中介机构进行资产评估。

（三）无形资产业务的会计系统控制

具体来讲，企业财会部门应当做到：

（1）企业财会部门应当按照国家统一的会计准则、制度的规定，及时确认无形资产的购买或研发支出。对需要办理权属登记手续的无形资产，企业应及时到相关部门办理。

（2）企业应依据国家有关规定，确定无形资产摊销方法、摊销范围、摊销年限、残值率等折旧政策。摊销政策一经确定，不得随意变更。确需变更的，应当按照规定程序审批。同时，及时、准确核算无形资产的后续支出。

（3）无形资产存在可能发生减值迹象的，应当计算其可收回金额；可收回金额低于账面价值的，应当按照国家统一的会计准则、制度的规定计提减值准备、确认减值损失。

（4）对无形资产处置应及时入账，保持完整的记录。

M公司无形资产业务流程与风险控制图如图4-13所示。

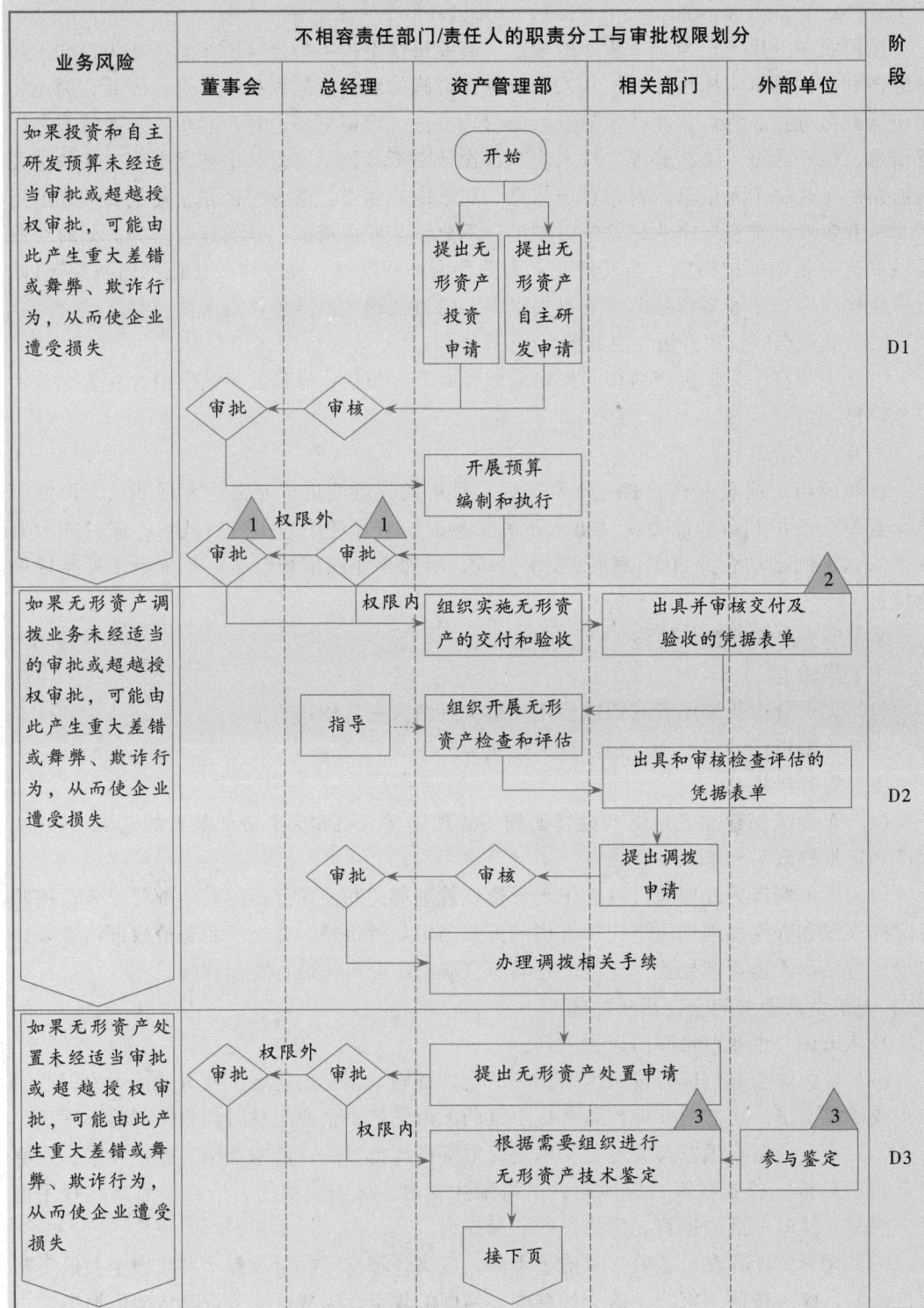

业务风险	不相容责任部门/责任人的职责分工与审批权限划分					阶段
	董事会	总经理	资产管理部	相关部门	外部单位	
如果投资和自主研发预算未经适当审批或超越授权审批，可能由此产生重大差错或舞弊、欺诈行为，从而使企业遭受损失	审批	审核	开始　提出无形资产投资申请　提出无形资产自主研发申请　开展预算编制和执行			D1
如果无形资产调拨业务未经适当的审批或超越授权审批，可能由此产生重大差错或舞弊、欺诈行为，从而使企业遭受损失	审批　权限外①　审批　权限内	审批①　指导	组织实施无形资产的交付和验收　组织开展无形资产检查和评估　提出调拨申请　办理调拨相关手续	出具并审核交付及验收的凭据表单②　出具和审核检查评估的凭据表单	②	D2
如果无形资产处置未经适当审批或超越授权审批，可能由此产生重大差错或舞弊、欺诈行为，从而使企业遭受损失	审批　权限外	审批　权限内	提出无形资产处置申请　根据需要组织进行无形资产技术鉴定③　接下页	③	参与鉴定③	D3

业务风险	不相容责任部门/责任人的职责分工与审批权限划分					阶段
	董事会	总经理	资产管理部	相关部门	外部单位	
无形资产处置方式及获取的相关信息不合法，不真实、不完整，可能导致企业无形资产账实不符或资产损失	权限外 审批	审批 权限内	接上页 上报技术鉴定结果并提出无形资产的处置意见 实施无形资产的报废或出售转让	进行无形资产处置的账务处理		D3
如果未对无形资产业务管理的相关资料进行及时存档，可能导致资料丢失、遗漏等，从而给企业带来损失			4 更新调整无形资产管理信息 资料存档 结束			D4

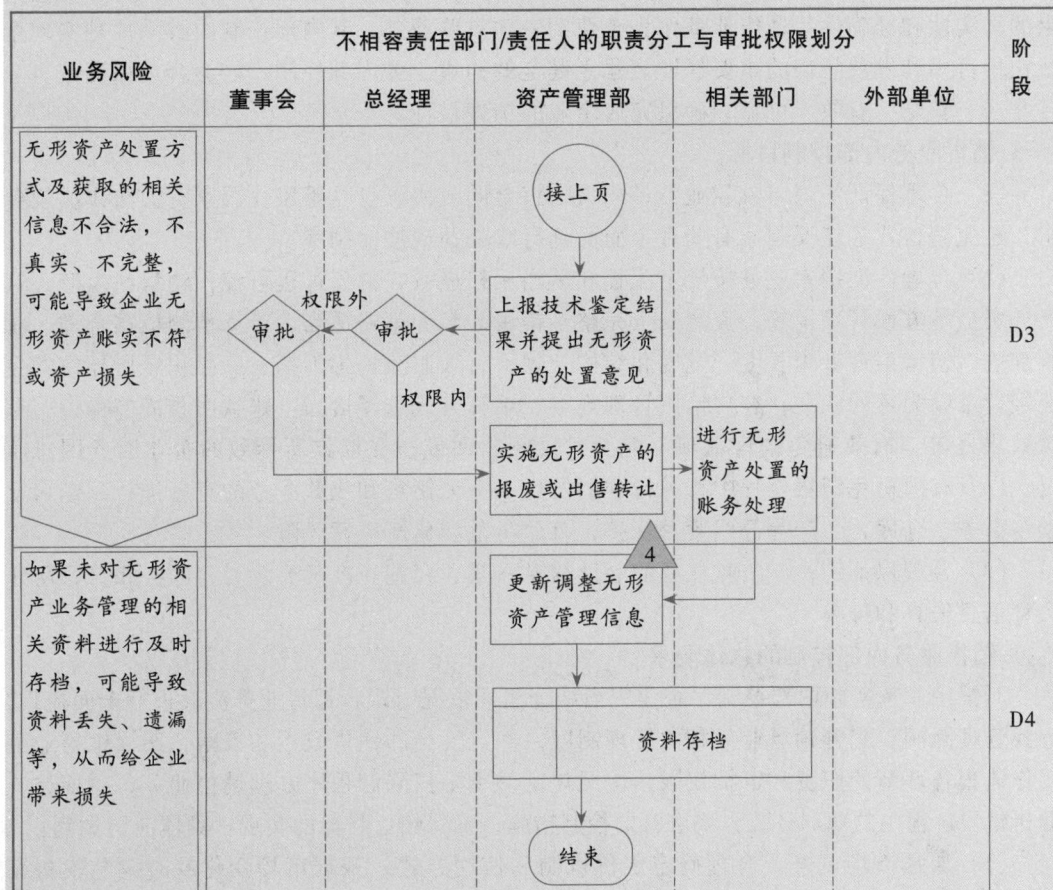

图4-13　无形资产业务流程与风险控制图

第四节　销售业务内部控制

一、销售业务概述

销售业务是企业生产经营过程的最后一个环节、是企业获取利润的直接环节，销售业务同时涉及销售业务和收款业务，与资产盘存业务和货币资金收入业务密切相关。企业销售业务过程涉及多个环节：它由客户提出订货要求开始，调查客户信用、洽谈交易事宜，再到货物的交接，并以最终收回现金结束，甚至还有退货和折让的发生。企业的销售分为现销和赊销两种基本方式，现代经营中，商业信用的广泛使用使得赊销成为各企业较为普遍采用的销售方式。销售业务直接影响企业的持续经营及企业生存、发展、壮大的过程。

《企业内部控制应用指引第9号——销售业务》中所称销售，是指企业出售商品（或提供劳务）及收取款项等相关活动。企业销售与收款业务运行环节多，风险因素多，不仅涉及企业内部的多个部门，还涉及企业外部的供应商、销售商等，控制难度大，极易产生舞弊和低效率。同时，销售与收款业务发生频繁，收入确认复杂，导致会计处理工作量大、难度高，一旦收入确认出现错误，会导致会计信息失真，影响企业财务状况和经营成果的真实性和准确性。销售业务作为企业的一项重要业务，其内部控制的有效性是实现企业销售目标和发展战略的重要保证。建立健全的销售业务内部控制，能够合理保证销售业务合法、安全、有效、可靠，确保完成企业的销售目标。

（一）销售业务内部控制目标

（1）合理保证销售与收款业务、相关销售合同或协议订立等符合国家有关法律法规要求，避免销售业务违反国家有关规定而受到行政处罚或法律制裁。

（2）合理保证销售业务按规定流程和适当授权进行，销售过程可控，销售与生产、资产、资金等方面管理衔接，资产安全完整。销售政策和策略适当，市场预测依据合理、预测准确，销售渠道管理长度、宽度和结构合理，有效避免销售不畅、库存积压所导致的企业经营难以为继的状况；客户信用管理规范、结算方式选择恰当、账款回收措施得力、回款效果好等，有效避免销售款项不能及时足额收回或遭受欺诈所导致的企业财务困难状况，以及有效避免销售过程中舞弊行为的发生，保证销售和收款业务的有序进行，销售活动与财务、仓库、生产等部门紧密衔接，有效防范和化解经营风险。

（3）合理保证销售与收款业务的会计信息真实、完整、准确、及时，账实相符，防止会计信息失真和舞弊。

（二）销售业务内部控制的总体要求

对销售业务实施内部控制，企业应当结合实际情况对现行销售业务流程进行全面梳理，查找管理漏洞，完善销售业务相关管理制度，确定恰当的销售政策和策略，明确销售业务工作流程各环节的职责和审批权限，按照规定的审批权限和程序办理销售业务，定期检查分析销售过程中的薄弱环节，采取有效控制措施，确保销售目标的实现。具体应当做到：

（1）加强市场调查，合理确定定价机制和信用方式，根据市场变化及时调整销售策略，促进销售目标的实现，不断提高市场占有率。

（2）关注客户信用状况、销售定价、结算方式等相关内容，防范信用风险。

（3）销售产品的数量、规格型号、质量符合购货订单或合同要求，保证产品在运输途中的安全，使其数量完整、质量不变，确保货物的安全发运。

（4）应收款项管理制度完善，加强应收款项坏账的管理，明确销售、财会等部门的职责，加强绩效考核。

（5）销售折扣适度，折扣政策能够达到促进销售、及时收回货款的目的。销售折让和退回理由恰当，手续完备，并在相关会计资料上予以准确体现。发生的所有销售收入都能及时、准确地加以记录，完整地反映企业的销售。

二、销售业务流程梳理及各环节工作内容

销售业务流程一般分为七个环节，包括：销售计划管理、客户开发与信用管理、销售定价、订立销售合同、发货、收款、客户服务。

企业在销售业务流程中应当明确销售业务相关部门和岗位的职责、权限，建立岗位责任制，确保办理销售业务的不相容岗位相互分离、制约和监督。在销售业务流程中涉及的不相容岗位一般包括：办理销售、发货、收款三项业务的部门（或岗位）；客户信用调查评估与销售合同的审批签订；产品定价与审批；与客户谈判的人员与订立合同的人员；销

售合同的审批、签订与办理发货；销售发货申请与审核；销售货款的确认、回收与相关会计记录；销售退回货品的验收、处置与相关会计记录；销售业务经办与发票开具、管理；折扣、折让给予与审批；退货验收人员与结算货款人员；坏账准备的计提与审批、坏账的核销与审批等。

销售业务基本流程如图4-14所示。

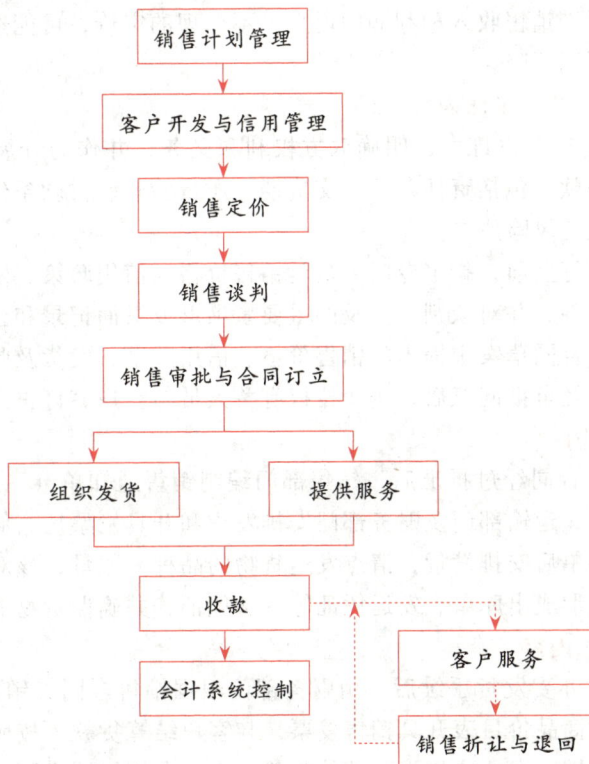

图4-14　销售业务基本流程

（一）销售计划管理环节工作内容

销售计划通常是整个企业经营计划的起点，决定了企业生产、采购、资金等活动计划，其编制的准确性对企业经营影响非常大。销售计划编制是在进行销售预测的基础上，结合企业生产能力，设定总体目标额及不同产品的销售目标额，进而为能实现该目标而设定具体营销方案和实施计划，以支持未来一定期间内销售额的实现。年度销售计划由企业销售部门负责人根据销售目标制定，报总经理审批确认，明确销售的目标以及销售回款、销售费用的任务，以促进公司销售收入及销售回款、销售费用的有效管理和控制。月度销售计划由销售部门制订，报销售部门负责人审批并签字确认。

（二）客户开发与信用管理环节的工作内容

客户开发是销售的开始，企业应根据自身的实际情况并结合市场行情，制定合理的销售激励政策及销售费用控制措施，积极开拓市场份额，加强对现有客户的维护，开发潜在目标客户，对有购买意向的客户进行资信评估，根据企业自身风险接受程度确定具体的信用等级。对于信用较好的客户，采取较为宽松的信用政策，对于信用较差或者现金流较差的客户，采取较为保守的信用政策。信用政策的制定本着既促进销售，又适度控制客户的赊销，以确保赊销可控。可以说，信用管理是保障企业资产安全，减少坏账损失的最有效方法。

（三）销售定价环节的工作内容

销售定价是指商品价格的确定、调整及相应审批。销售定价是企业销售业务的一个重要环节。销售定价由销售部门先进行市场行情分析及市场接受价格分析，在市场分析的基础上，结合企业产品生产成本，经企业内部充分论证、审核，报企业总经理审批后执行。合理的定价策略，促进销售收入和利润的增长，不合理的定价，可能造成存货积压，或者产品销量增加，但利润下降。

（四）订立销售合同环节的工作内容

销售合同是企业与客户订立，明确双方权利和义务，并作为开展销售活动的基本依据。销售合同中的条款，包括责任条款、交货期、质量验收、付款条件、退换货等重要条款都是销售合同的关键风险所在。

企业在销售合同订立前，指定专门人员就销售价格、信用政策、发货及收款方式等具体事项与客户进行谈判，并对谈判中涉及的重要事项形成书面记录和合同草案。企业指定合同审核人员对销售合同草案中提出的销售价格、信用政策、发货及收款方式等进行严格审查。销售合同草案经审批同意后，企业授权有关人员与客户签订正式销售合同。

（五）发货环节的工作内容

客户订单或销售合同经过批准后，销售部门编制销售通知单（一式多联），经审核后分别发送给仓储部门、运输部门及财务部门安排发货和开具发票。仓储部门、运输部门取得经审批的销售通知单后安排发货，清点发运货物的品种、数量，核对其与销售通知单是否一致并签字确认，形成出库单、发运凭证等发货凭证，并确保货物的安全发运。

（六）收款环节的工作内容

企业经授权发货办妥发货手续后，由财务部门根据销售合同、销售通知单、出库单、发运凭证、已授权的商品价目表开具销售发票，与客户结算货款。按照发货时是否收到货款，可分为现销和赊销，企业应加强赊销的收款工作，严格按照合同条款收取款项。

（七）客户服务环节的工作内容

客户服务是在企业与客户之间建立信息沟通机制，对客户提出的问题，企业应予以及时解答或反馈、处理，不断改进商品质量和服务水平，以提升客户满意度和忠诚度。客户服务包括产品维修、销售退回、维护升级等。

≫ 案例 4-24　　　　MDL 商场和其下游商贸公司的内控缺陷

批量采购能拿到更低的价格是商贸业的铁律。MDL 商场正是因其拥有强大的采购、供应体系而吸引了众多的商贸企业，但也给不法之徒以可乘之机。

杨某原是 MDL 商场粮油部门及酒水部门主管。2013 年开始，为了获取大量资金，杨某虚构 MDL 商场有低价食用油及酒水销售，或 MDL 商场需购进食用油等事实，冒用 MDL 商场的名义，先后与粮油批发商、餐饮企业等近 30 家企业和个体户订立书面或口头合同，以高买低卖的方式与他人进行酒水及食用油交易，之后资金漏洞越来越大。为了不让资金链断裂，杨某继续以低价对外进行销售，但要求买方先付货款，自己只部分履行合同，采购付款直接打到其个人账户，并且不开具任何发票和凭证，称只有这样才能低价购买到所需商品。杨某还私刻了 MDL 商场的印章用于与他人订立合同。杨某所收取他人的货款主要因为高买低卖产生的亏损、支付违约金、购买货物作为赠品送给客户等而导致全部无法归还，给相关商户及个人的利益造成了损失。杨某因犯合同诈骗罪，判处有期徒刑十四年，并处罚金500万元。

在本案例中，对于作为采购方的下游商贸公司而言，因为过度信任，不签订采购合同，使得业务交易缺乏书面契约的约束；采购付款直接打到销售人员杨某的个人账户，使得资金的安全性缺乏保障；付款后杨某不开具任何发票或凭证，使得自身缺乏证据，这些行为直接给自己带来了巨大的经济损失。

MDL商场在销售业务内部控制管理中也存在缺陷，销售、收款和发货不相容职责未分离，由杨某一人担任，使其有机会行不法行为，不仅损害了公司的信誉、商业关系和销售款的安全性，还给客户带来了利益损失。MDL商场账户管理也存在内控缺陷，在相当长的时间内客户都直接付款到杨某的个人账户，MDL商场高层及财务部可能知悉此事，但并未发觉不妥并改正，也未定期对账户进行清查，发现异常。实务中，很多中小企业都存在销售员代收货款的问题，收款管理极其不规范，造成了货款被截留的隐患。

本案中交易双方均存在内部控制缺陷，交易双方缺失内部控制和风险管理的意识，业务开展过程中过度信赖对方的道德意识水平，没有规范化的制度和流程作为管理依据，导致整个交易过程的抵御风险能力脆弱，被舞弊人员钻漏洞，最终导致了本案的发生。

资料来源：李阳.麦德龙主管失联8 000万贷款蒸发 警方正在追查[EB/OL].（2014-07-04）.https://finance.sina.com.cn/chanjing/gsnews/20140704/092419608220.shtml.

三、销售业务的主要风险与管控措施

销售业务内部控制内容包括销售业务的全过程，内部控制的关键是对末级流程的控制，并将控制嵌入到业务流程之中。一般来说，企业在建立与实施销售业务内部控制中，至少应强化销售计划管理控制、客户开发与信用管理控制、销售定价与销售谈判控制、合同订立控制、发货控制、收款控制、客户服务控制等。销售计划管理、客户开发与信用管理、销售定价、订立销售合同、发货、收款、客户服务为关键控制点。

（一）销售计划管理

主要风险有：

（1）销售计划缺乏或不合理，或未经授权审批，导致产品结构和生产安排不合理，难以实现企业生产经营的良性循环。

（2）销售计划制定后未及时进行调整，可能导致目前的销售计划不符合内外部环境需求，无法维持正常经营。

主要管控措施有：

（1）企业应当根据发展战略和年度生产经营计划，结合企业实际情况，制定年度销售计划。销售预测定期滚动更新，并经过管理层的批准。在此基础上，结合客户订单情况，制订月度销售计划，并按规定的权限和程序审批后下达执行。

（2）定期对各产品（商品）的区域销售额、进销差价、销售计划与实际销售情况等进行分析，结合生产现状，及时调整销售计划，调整后的销售计划需履行相应的审批程序。

（二）客户开发与信用管理

主要风险有：

（1）现有客户管理不足、潜在市场需求开发不够，可能导致客户丢失或市场拓展不力。

（2）客户档案不健全，缺乏合理的资信评估，可能导致客户选择不当，销售款项不能收回或遭受欺诈，从而影响企业的资金流转和正常经营。

（3）信用额度未经授权修改，信用管理敏感信息被泄露，可能导致不合理授信。

主要管控措施有：

（1）企业应当根据自身战略、竞争优势确定目标客户和划分细分市场。销售部门应牵头组织相关部门对新的询价或订单是否符合企业利益进行综合评估。

（2）企业应建立客户信息资料库并确保客户档案信息被完整地输入资料库中，新增客户、客户资料发生变更时（特别是客户信用变化）应及时输入企业的客户资料库中，客户资料输入后应由非录入人员的独立人员复核输入信息的准确性，并应至少每年一次审核资料库中客户资料的准确性。客户档案应包括：信用调查表、营业执照、公开公示信息、财务报表、开票资料等。

（3）建立和不断更新维护客户信用动态档案，由与销售部门相对独立的信用管理部门对客户付款情况进行持续跟踪和监控，提出划分、调整客户信用等级的方案。根据客户信用等级和企业信用政策，拟定客户赊销上限和信用期，并经销售、财会等部门具有相关权限的人员审批。超出销售政策和信用政策规定的赊销业务，应取得相应的授权批准。对于境外客户和新开发客户，应当建立严格的信用保证制度。

（4）所有信用额度的申请都必须填写正式的书面表格，并予以归档备查。所有信用额度的修改也都必须填写正式的书面表格，并予以归档备查。信用额度的申请和单据修改都经过适当的管理层对照信用政策进行审批。

（5）销售系统中启用信用额度控制，并在客户主档案文件中有单独的字段予以记录。只有经过授权的人员才可以接触信用额度的相关信息。

▶▶ 案例4-25　　　　　　区域销售经理的"皮包公司"

刘某任职于X公司并担任区域销售经理，负责开拓华南市场，承受着巨大的业绩考核压力。20××年×月，刘某想到一个妙招，借用亲戚的身份证登记注册成立了一家名叫"旭日"的皮包公司（以下简称旭日），通过旭日给采购人员输送利益。由于X公司对于贸易型客户有较多限制条件，为了规避公司限制，刘某在X公司的新增客户申请单中虚构旭日拥有的厂房价值约200万元，自有的5台机器设备价值约300万元，将旭日包装成一家生产企业。同时，刘某利用自身职位的便利，批准给予旭日货到30天内付款，200万元的信用额度。

成功将旭日引入X公司后，刘某将X公司的产品低价卖给旭日，再通过旭日将产品高价转卖给自己在X公司拓展的客户。赚取的差价一部分用于贿赂下游客户的采购人员，一方面用于个人挥霍。欲壑难填，刘某开始不满足于仅仅赚取小部分差价，刘某雇佣朱某进行市场拓展。通过个人职务便利，刘某将旭日在X公司的信用额度调增到2000万元，信用期限也变成了货到120天内付款。短短6年时间，旭日的生意规模从每年200万元迅速拓展到每年2000万元，6年间旭日从X公司购买物料高达8000万元。

有时旭日资金周转不灵，超期没有向X公司支付货款，按照X公司的财务制度是不允许向其发货的。刘某多次指示手下业务员申请特批出货，然后自己审批。在X公司，客户超期没有支付货款的情况下，经常有业务员打报告要求放货，财务部负责信用管控的人员对此见多不怪。

20××年年末，刘某的上司收到一封匿名举报信，举报刘某开立公司旭日倒卖X公司产品。而刘某的上司却因深陷无法完成公司年度销售指标的困境，无暇顾及旭日的情况，只简单询问刘某关于引入旭日购买X公司材料的经过便不了了之。直至市场管理部门查看到旭日利润率异常，反馈至公司审计部门。经审计检查确认，X公司销售给旭日的产品60%均为负毛利销售，6年期间内X公司损失近1 000万元。

在本案例中，X公司在管理上的内控缺陷表现为：

（1）未对客户资质进行严格检查，未发现皮包公司旭日虚构公司经营规模及运营情况。

（2）授信审批缺失，使得刘某利用职务之便随意对旭日增加信用额度及延长信用期限。财务部负责信用管控的人员对客户超期没有支付货款情况便同意发货的申请情况没有管控。

（3）销售定价管理不严谨，未发现销售人员通过皮包公司长期低买高卖赚取差价。

（4）反舞弊体系不健全，对投诉刘某开立公司倒卖X公司产品的匿名举报信未积极展开调查，致使刘某趁机蒙混过关。

X公司应当引以为戒，健全销售与收款业务的内部控制以应对风险，具体控制措施包括：

（1）对企业内部涉及销售收入的机构、岗位进行合理的设置和职责权限划分，销售、信用管理、发货、收款不相容职责应当分离。

（2）企业应当建立一套全程信用管理体系，包括：建立独立于销售部门的信用管理部门来履行对客户的信用评定、实施和监督；规范信用管理操作流程和客户信用等级、信用额度的确定与审批等。

（3）企业应当制定统一的市场定价和折扣政策，并经过适当授权审批。企业需要明确不同层级员工的价格权限，任何人不得超越其权限给予客户优惠的价格。

（4）发货需要多个部门牵制，包括销售部门、仓储部门、运输部门和财务部门。对于超信用额度、超期的欠款申请单放行情况，需要设置相应审批权限，由财务部门、销售部门共同确认。

（5）增强风险意识，完善企业控制环境，建立持续监督机制，通过自我评估、内部审计及内外部举报等途径，遏制舞弊行为的发生。同时加强企业文化建设与宣传，使员工形成廉洁诚信的道德约束，确保销售与收款业务安全健康地进行。

（三）销售定价

主要风险有：

（1）缺乏灵活的定价机制和信用方式，影响企业销售目标的实现。

（2）定价或调价不符合价格政策，未能结合市场供需状况、盈利测算等进行适时调整，造成价格过高或过低、销售受损。

（3）商品销售价格未经恰当审批，销售价格未经授权修改，销售价格敏感信息泄露，或存在舞弊，可能导致损害企业经济利益或者企业形象。

主要管控措施有：

（1）企业应当在进行充分市场调查的基础上，合理细分市场并确定目标市场，根据不同目标群体的具体需求，确定定价机制和信用方式，灵活运用销售折扣、销售折让、信用销售、代销和广告宣传等多种策略和营销方式，促进销售目标的实现，不断提高市场占有率。

（2）企业应根据市场行情、有关价格政策，综合考虑企业财务目标、营销目标、客户采购量、产品成本、市场状况及竞争对手情况、客户信用状况及未来合作前景等多方面因素，合理确定定价机制和信用方式，确定产品基准定价。并根据市场变化及时调整销售策略，定期评价产品基准价格的合理性，由具有相应权限人员审核批准定价或调价。针对某些商品可以授予销售部门一定限度的价格浮动权，销售部门可结合产品市场特点，将价格浮动权向下实行逐级递减分配，同时明确权限执行人。价格浮动权限执行人必须严格遵守规定的价格浮动范围，不得擅自突破。

（3）销售折扣、销售折让等政策的制定应由具有相应权限的人员审核批准。销售折扣、销售折让授予的实际金额、数量、原因及对象应予以记录，并归档备查。

（4）销售系统中为价格体系表的使用者设立使用或修改的不同权限。对价格体系表的使用和修改需要经过管理层适当的授权。

（四）订立销售合同

主要风险有：

（1）合同内容存在重大疏漏和欺诈，未经授权对外订立销售合同，可能导致企业合法权益受到侵害。

（2）销售价格、收款期限等违背企业销售政策，可能导致企业经济利益受损。

（3）销售合同保管不当导致潜在的丢失或损坏，以及合同敏感信息泄露，可能导致企业合法权益、经济利益受损。

主要管控措施有：

（1）订立销售合同前，企业应当指定专门人员与客户进行业务洽谈、磋商或谈判，关注客户信用状况，明确销售定价、结算方式、权利与义务条款等相关内容。销售谈判应由两人以上共同参与完成。重大的销售业务谈判还应当吸收财会、法律等专业人员参加，并形成完整的书面记录。

（2）企业应当制定模块化的标准合同模板，标准合同模板由企业法律顾问在相关部门的协助下制定，报相关领导签字批准。

（3）企业应当建立健全销售合同订立及审批管理制度，明确必须签订合同的范围，规范合同订立程序，确定具体的审核、审批程序和所涉及的部门人员及相应权责。审核、审批应当重点关注销售合同草案中提出的销售价格、信用政策、发货及收款方式等。合同的销售价格与企业产品价格表不一致时，须经过特别批准。重要的销售合同，应当征询法律专业人员的意见。

（4）销售合同草案经审批同意后，企业应授权有关人员与客户签订正式销售合同。

（5）销售合同的保管应当连续编号、由专人负责。销售合同的借出有相应的审批及登记程序。销售合同存放地点应有足够的物理安全保障。

（五）发货

主要风险有：

（1）未经授权发货或发货不符合合同约定，可能导致货物损失或客户与企业的销售争议、销售款项不能收回。

（2）运输过程产生争议或客户不承认收货。

主要管控措施有：

（1）销售部门应当按照经审核后的销售合同开具相关的销售通知单交仓储部门、运输部门发货和财会部门开具销售发票。

（2）仓储部门、运输部门应当落实出库、计量、运输等环节的岗位责任，对销售通知单进行审核，检查销售部门订单或者指令是否经过符合企业政策的审批手续，严格按照销售通知单所列的发货品种和规格、发货数量、发货时间、发货方式、接货地点等，按规定时间组织发货。运输部门依据销售通知单对仓储部门所发货物核验后运输，形成相应连续编号的发运凭证。仓储部门、运输部门应当做好发货各环节的记录，填制相应的凭证（出库单、发运凭证、客户签收单）。

（3）企业应当以运输合同或条款等形式明确运输方式、到货验收方式、运输费用承担、保险以及商品短缺、毁损或变质的责任等内容，货物交接环节应做好装卸和检验工作，确保货物的安全发运，由客户验收确认。

（4）销售部门应当设置销售台账，实现全过程的销售登记制度，并与仓储部门、运输部门、财务部门定期对账。销售台账应当附有客户订单、销售合同、客户签收回执等相关收货单据。

（六）收款

主要风险有：

（1）企业信用管理不到位，结算方式选择不当，票据管理不善，账款回收不力，导致销售款项不能收回或遭受欺诈。

（2）收款过程中存在舞弊，使企业的经济利益受损。

主要管控措施有：

（1）结合公司销售政策，选择恰当的结算方式，加快款项回收，提高资金的使用效率。对于商业票据，结合销售政策和信用政策，明确应收票据的受理范围和管理措施。

（2）建立票据管理制度，特别是加强商业汇票的管理，对商业汇票的取得、贴现、背书、保管等活动予以明确规定，严格审查票据的真实性和合法性，防止票据欺诈，指定专人保管应收票据，定期核对盘点。对于票据的贴现、背书应经恰当审批。

（3）建立赊销管理制度。需要赊销的商品，应当先由企业信用管理部门按照客户信用等级进行审核，并由具有相应权限的人员审批。赊销商品一般应取得客户的书面确认，必要时，要求客户办理资产抵押、担保等收款保证手续。

（4）完善应收款项管理制度。财务部门应当建立应收账款账龄分析制度和逾期应收账款催收制度，对于客户付款不积极，经常拖欠货款的，应及时向企业相关领导汇报欠款情况，并建议暂缓或停止发货。销售部门具体负责应收款项的催收，并妥善保存催收记录（包括往来函电）。企业财务部门应当定期进行内部与外部对账，定期与往来客户通过函证等方式，核对应收账款、应收票据、预收账款等往来款项。如有不符，应当查明原因，及时处理，确保往来款项的准确性。应收款项全部或部分无法收回的，应当落实责任、严格考核、实行奖惩。

（5）加强代销业务款项的管理，及时与代销商结算款项。

（6）收取的现金、银行本票、汇票等应及时缴存银行并登记入账。防止由销售人员直接收取款项，如必须由销售人员收取的，应由财会部门加强监控。

（七）客户服务

主要风险有：

（1）客户服务水平低，消费者满意度不高，影响公司品牌形象，造成客户流失。

（2）售后服务政策不完善，可能导致客户关系的损失、客户投诉的增加、内部管理成本的增加。

（3）客户信息未准确及时提供给客服部门，可能导致客户满意度的下降，客户关系的损失。

主要管控措施有：

（1）结合竞争对手客户服务水平，建立和完善客户服务制度，包括客户服务内容、标准、方式等。

（2）设专人或部门进行客户服务和跟踪。有条件的企业可以按产品线或地理区域建立客户服务中心。加强售前、售中和售后技术服务，实行客户服务人员的薪酬与客户满意度挂钩。

（3）建立产品质量管理制度，加强销售、生产、研发、质量检验等相关部门之间的沟通协调。

（4）做好客户回访工作，定期或不定期地开展客户满意度调查。建立客户投诉制度，记录所有的客户投诉，并分析原因，提出解决措施。

（5）加强销售退回控制。销售退回须经具有相应权限的人员审批后方可执行；销售退回的商品应当参照物资采购入库管理。

（6）售后服务政策由各相关部门，参考行业标准和国家法律法规进行制订。售后服务政策经过高级管理层的审批后，下发到销售部、客户服务和财务部执行并备查。

（7）准确、及时维护产品和客户信息，并提供给客户服务部门。设立独立的售后服务部门作为对外服务于客户的畅通渠道。对客户服务部门的员工提供定期的客户服务培训，使其对产品有必要的了解。客户服务部门的组织结构设置应当考虑产品线和地理位置等因素，以较为有效的方式运作管理。对于不符合一般售后服务政策的应当设有后续处理流程，如相关的审批等。客户投诉应当有记录并定期加以分析。

四、销售业务的会计系统控制

具体来讲，企业财会部门应当做到：

（1）加强对销售、发货、收款业务的会计系统控制，详细记录销售客户、销售合同、销售通知单、发运凭证、商业票据、款项收回等情况，财务部门与销售部门、仓储部门、运输部门应当定期进行账务核对，并定期与外部客户进行账务核对，确保会计记录、销售记录与仓储记录核对一致。财务部门应当依据销售合同、销售通知单、出库单、发运凭证、已授权的商品价目表开具销售发票，并经相关岗位审核。销售发票应遵循有关发票管理规定，严禁开具虚假发票。财务部门应当审核销售报表等原始凭证的销售价格、数量等，并根据国家统一的会计准则、制度确认销售收入，登记入账。

（2）企业应当指定专人通过函证等方式定期与客户核对应收账款、应收票据、预收账款等往来款项，并取得书面对账凭证，财会部门负责办理资金结算并监督款项回收。对客户提出的异议应及时查明原因，报有权管理的部门或人员批准后，做出相应调整。

（3）应收账款相关凭证资料应当及时收集并妥善保管；需要客户提供担保的应当及时办理；对未按时还款的客户，应当采取申请支付令、申请诉前保全和起诉等方式及时清收欠款。对收回的非货币性资产应经评估和恰当审批。

（4）企业对于可能成为坏账的应收账款，应当按照国家统一的会计准则、制度的规定经审批后计提坏账准备。应收款项全部或部分无法收回的，应当查明原因，明确责任，并严格履行审批程序，按照国家统一的会计准则、制度进行处理。企业核销的坏账应当进行备查登记，已核销的坏账又收回时应当及时入账，以防形成账外资金。

>> 案例4-26　　　　　　　　M公司赊销业务管控流程实例

M公司赊销业务管控流程与风险控制图如图4-15所示。

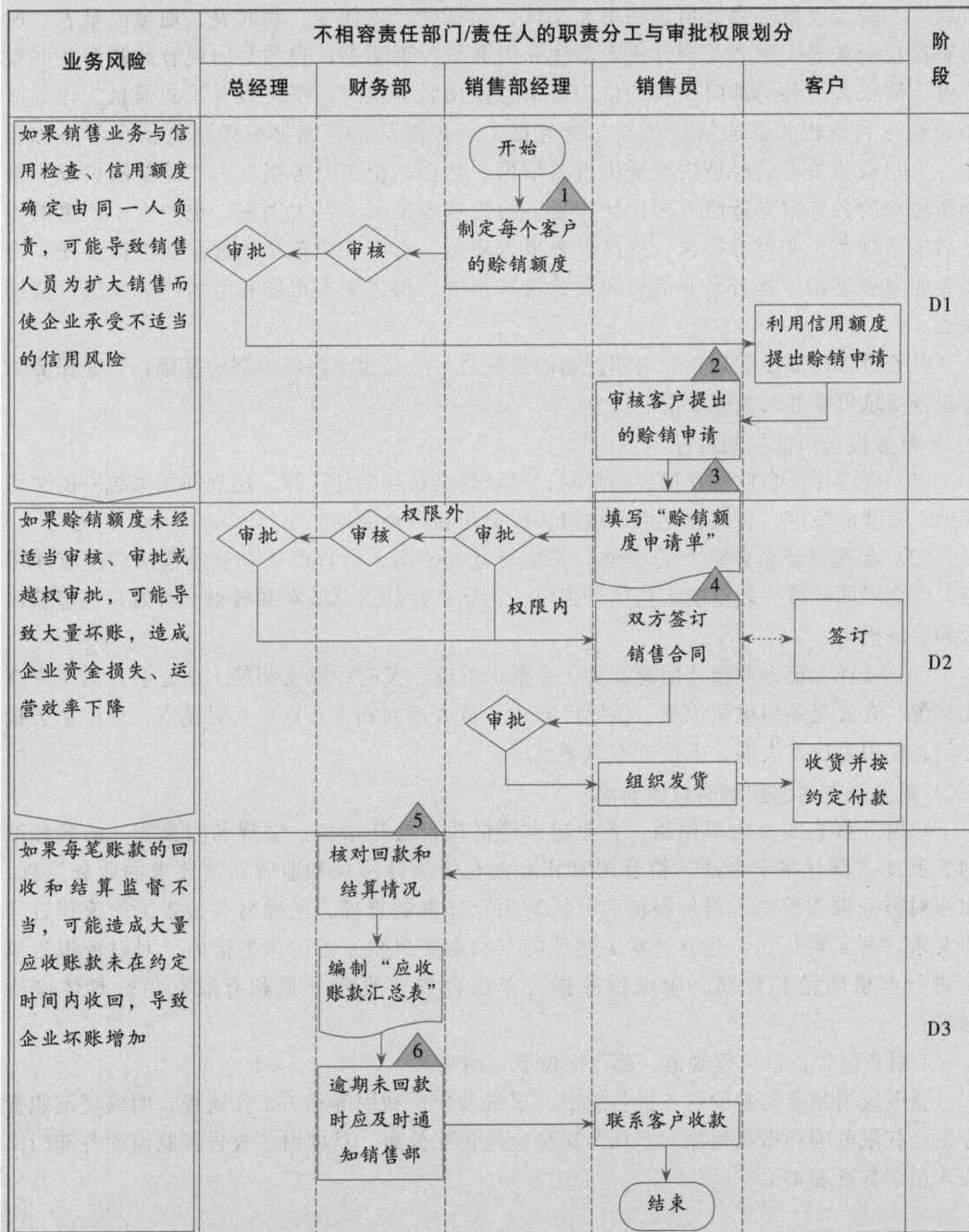

图4-15　赊销业务管控流程与风险控制图

一、财务报告概述

财务报告是企业对外提供的反映企业某一特定日期的财务状况和某一会计期间的经营成果、现金流量等会计信息的书面文件，包括资产负债表、利润表、现金流量表、所有者权益变动表、附表及会计报表附注和财务情况说明书，目的是向现有的和潜在的投资者、债权人、政府部门及其他机构等信息使用者提供对经济决策有用的信息。作为联结企业与利益相关者的信息纽带，财务报告所披露的信息能够有效降低信息不对称程度，为利益相关者的经济决策提供重要依据。然而，由于财务报告内部控制缺失或不健全所导致的各种财务造假丑闻比比皆是，给投资者带来了巨大损失，也产生了严重的不良后果。规范企业财务报告，提高财务报告质量，有利于防范和化解企业法律责任，夯实企业发展基础，提升企业治理和经营管理水平，促进资本市场和市场经济健康可持续发展。

财务报告内部控制是企业内部控制的目标之一、是企业内部控制的基础，也是保障财务报告信息可靠性的关键手段。

（一）财务报告内部控制目标

（1）合理保证企业财务报告的编制、对外提供符合会计法律、法规和国家统一的会计准则、制度的规定，有效避免企业承担法律责任和声誉受损。

（2）合理保证企业资产的安全、完整及有效使用，合理保证企业经营活动的有序进行，管理层的政策、制度制定与执行到位，达到良好的运营效率和效果，有效避免经营风险和经济损失。

（3）合理保证企业会计信息真实、完整、准确、及时，账实相符，防止会计信息失真和舞弊，有效避免因虚假记载、误导性陈述、重大遗漏和未按规定及时披露，造成财务报告信息使用者决策失误，干扰资本市场秩序。

（二）财务报告内部控制的总体要求

对财务报告实施内部控制，企业应当严格执行会计法律、法规和国家统一的会计准则、制度，设计科学合理、符合国家和地方有关法律法规和监管制度要求的业务流程，加强对财务报告编制、对外提供和分析利用全过程的管理，明确财务报告工作流程各环节要求，落实责任制，建立针对关键控制点和主要风险来源的内控措施，对财务报告风险进行严格防范和控制，确保财务报告合法合规、真实完整和有效利用。具体应当做到：

1.财务报告控制流程规范，部门岗位职责明晰

企业应当制定明确的财务报告编制、报送及分析利用等相关工作流程，明确规范职责分工、权限范围和审批程序，不相容岗位应当相互分离。具体财务报告控制流程各部门岗位人员职责见表4-1。

表 4-1　　　　　　　　　　　财务报告控制各部门岗位人员职责

部门岗位人员	职责
企业负责人	对财务报告的真实性和完整性承担责任
总会计师或分管会计工作的负责人	负责审批年度财务报告编制方案、财务报告分析制度； 负责组织领导财务报告编制、对外提供和分析利用工作
财会部门	负责制订年度财务报告编制方案、财务报告分析制度； 负责财务报告编制和分析报告编写工作
企业内部参与财务报告编制的各部门	及时向财会部门提供编制财务报告所需的信息，并对所提供信息的真实性和完整性负责
企业内部参与财务分析会议的各部门	积极提出意见和建议以促进财务报告的有效利用
企业法律事务部门或外聘律师	对财务报告对外提供的合法合规性进行审核

2.健全财务报告各环节授权批准制度

企业应当健全财务报告编制、对外提供和分析利用各环节的授权批准制度。具体应当做到：

（1）根据经济业务性质、组织机构设置和管理层级安排，建立分级管理制度。

（2）规范审核审批的手续和流程，确保在授权范围内进行审核审批，切实履行检查审核义务，做到申报材料翔实完整、签字盖章齐全且符合要求。

（3）限制对现有财务报告流程进行越权操作。任何越权操作行为，必须另行授权审批后方能进行，且授权审批文件应妥善归档。

3.加强账实相符的源头控制

财务报告的账实相符应当包括两个层面的要求：

（1）基于完整的业务数据，选用适合的会计政策，进行正确的账务处理。

（2）业务数据应包含可能影响财务判断的业务信息，而且业务信息应与业务实质相符。

只有满足这两个层面的要求，才有可能让财务报告做到客观、可信和公允。因此，保证财务报告的质量，应把完整、准确、清晰的数据传递给财务，从业务数据的质量管理做起。

业务数据质量应当做到：

（1）真实性，即业务提供的数据应当是经济业务的真实反映。

（2）完整性，即业务提供的数据应当包含了某项经济事项发生的所有内容。

（3）及时性，即业务提供的数据应当在财务核算期间，以满足会计核算的及时性要求。

同时，源头控制应当建立日常会计信息定期核对制度，将会计账簿记录与实物资产、会计凭证、往来单位或者个人等进行相互核对，发现差异及时查明原因予以解决，保证账证相符、账账相符、账实相符，确保会计记录数字真实、内容完整、计算准确、依据充分、期间适当。

4.充分利用会计信息技术

财务报告编制应当充分利用信息技术，提高工作的效率和质量，减少或避免编制差错和人为调整因素，同时，注意防范信息技术所带来的特有风险。应当做到：

（1）定期更新和维护会计信息系统，确保取数、计算公式以及数据勾稽关系准确无误。

（2）建立访问安全制度，明确规定操作权限、信息使用、信息管理等，确保财务报告数据安全保密，防止对数据的非法修改和删除。

（3）对正在使用的会计核算软件修改、通用会计软件升级和计算机硬件设备更换，企业应有相应的规范审批流程，并采取替代性措施确保财务报告数据的连续性。

（4）数据源的管理应当保证原始数据的真实、准确、完整，以满足财务分析的需要。

（5）制定业务操作规范，保证系统各项技术和业务配置维护符合会计准则、制度要求和内部管理规定，月结和年结流程规范、及时等。

（6）指定专人负责信息化会计档案的管理，定期备份，做好防消磁、防火、防潮和防尘等工作；对于存储介质保存的会计档案，应当定期检查，防止由于介质损坏而使会计档案丢失。

> **案例4-27**　　　　　　　　　**瑞幸咖啡财务舞弊案**
>
> 瑞幸咖啡（以下简称瑞幸）原是中国最大的连锁咖啡品牌，企业性质为民营企业。首家门店于2017年10月开业，在仅仅成立18个月后，就在美国纳斯达克正式挂牌上市，成为全球最快实现IPO的公司，共筹集6.95亿美元。如今，瑞幸的荣耀已经不复存在。
>
> 2020年2月，浑水公司对瑞幸的数据提出了以下问题：第一，产品销量和平均客单价虚高。瑞幸伪造了单店产品的销售额和咖啡单品的价格。第二，虚报广告投资。广告投入夸大，金额与虚增产品利润基本持平。第三，夸大非咖啡的比例，外报22%，实际只有6%。
>
> 2020年4月，瑞幸公布了一份内部调查文件承认虚假交易22亿元，导致盘前暴跌。4月3日，中国证监会高度关注该财务舞弊情况，并对其行为表示强烈谴责。2020年5月19日，瑞幸被要求退市，6月末，瑞幸咖啡在美国纳斯达克证券交易所正式退市。
>
> 瑞幸咖啡财务舞弊的手段主要有以下三种：
>
> 1.线上和线下虚增销售收入
>
> 瑞幸咖啡线上销售通过在线订单提供的取货代码跳号虚构销售量。如从100号跳到103号，中间没有102号，以夸大订单量，达到夸大销量、夸大销售收入的目的。对于线下销售，通过扫码器扫码的移动支付是金融信息的来源，也使瑞幸虚拟内部隐晦交易收入成为可能。
>
> 2.虚增成本和费用
>
> 为与虚拟收入匹配，瑞幸咖啡在集团层面利用虚增广告投入增加成本的方式，形成公司影响力不断提升的错觉，一进一出，通过一个循环，资金回流到公司内部，在这个循环中，提高了公司的经营业绩，也形成了虚增利润的表象。瑞幸咖啡管理层还通过伪造合同和虚假发票把账"做实"。此外，瑞幸咖啡通过前期增加广告支出的方式，利用广告效应，减少后期广告费用，以此方式虚增利润。

3.利用复杂的关联方交易

在供给端方面，瑞幸咖啡的供给端是由瑞幸咖啡董事长的同学的公司负责，其公司地址在瑞幸总部附近。瑞幸咖啡利用虚拟采购成本来匹配虚拟销售收入。在销售端方面，据瑞幸咖啡内部调查称，用于支持伪造交易的资金通过多个第三方汇入公司，其中部分与关联方有关。瑞幸将自有资金转移到关联企业伪造销售业务，资金回流会体现在报表的收入增长上。此外，瑞幸咖啡有大量的虚构客户反复大额购买代金券，虚增了代金券的销售额。

瑞幸咖啡的虚假财务报告，直接反映了瑞幸咖啡财务报告内部控制的缺陷，虽然并不能直接将公司财务报告内部控制的缺陷认为是会计信息失真的动因，但财务报告内部控制的缺陷至少会给财务舞弊行为大开方便之门、提供可乘之机，是对财务舞弊行为的一种纵容。

资料来源：浑水.瑞幸做空报告[EB/OL].(2020-02-01). https://www.jrj.com.

二、财务报告流程梳理及各阶段、环节工作内容

财务报告流程由三个阶段组成：财务报告编制阶段、财务报告对外提供阶段、财务报告分析利用阶段。其中，财务报告编制阶段一般分为六个环节，包括：制订财务报告编制方案、确定重大事项的会计处理、清查资产核实债务、结账、编制个别财务报告、编制合并财务报告。财务报告对外提供阶段一般分为三个环节，包括：财务报告对外提供前的审核、财务报告对外提供前的审计、财务报告的对外提供。财务报告分析利用阶段一般分为三个环节，包括：制定财务分析制度、编写财务分析报告、整改落实。

企业在财务报告编制、对外提供、分析利用三个阶段中应当明确相关部门和岗位的职责、权限，建立岗位责任制，确保财务报告编制、披露、审核、审批的不相容岗位相互分离、制约和监督。

财务报告流程如图4-16所示。

（一）财务报告编制阶段工作内容

1.制订财务报告编制方案环节工作内容

企业财会部门应在编制财务报告前制订财务报告编制方案，并由财会部门负责人审核。财务报告编制方案应当明确：财务报告编制方法（包括会计政策和会计估计、合并方法、范围与原则等）、财务报告编制程序、财务报告会计调整政策、牵头部门与相关配合部门的职责分工、编报时间安排等相关内容。财务报告编制方案、会计政策与会计估计应当由被授权人员审批。

2.确定重大事项的会计处理环节工作内容

在编制财务报告前，企业应当确认对当期有重大影响的主要事项，如债务重组、非货币性资产交换、公允价值的计量、收购兼并、资产减值等，并确定重大事项的会计处理。重大交易和事项的会计处理应当由被授权人员审批。

3.清查资产核实债务环节工作内容

企业应当在编制财务报告前，组织财务和相关部门进行资产清查、减值测试和债权债务核实工作，以确保账实一致。具体工作内容见表4-2。

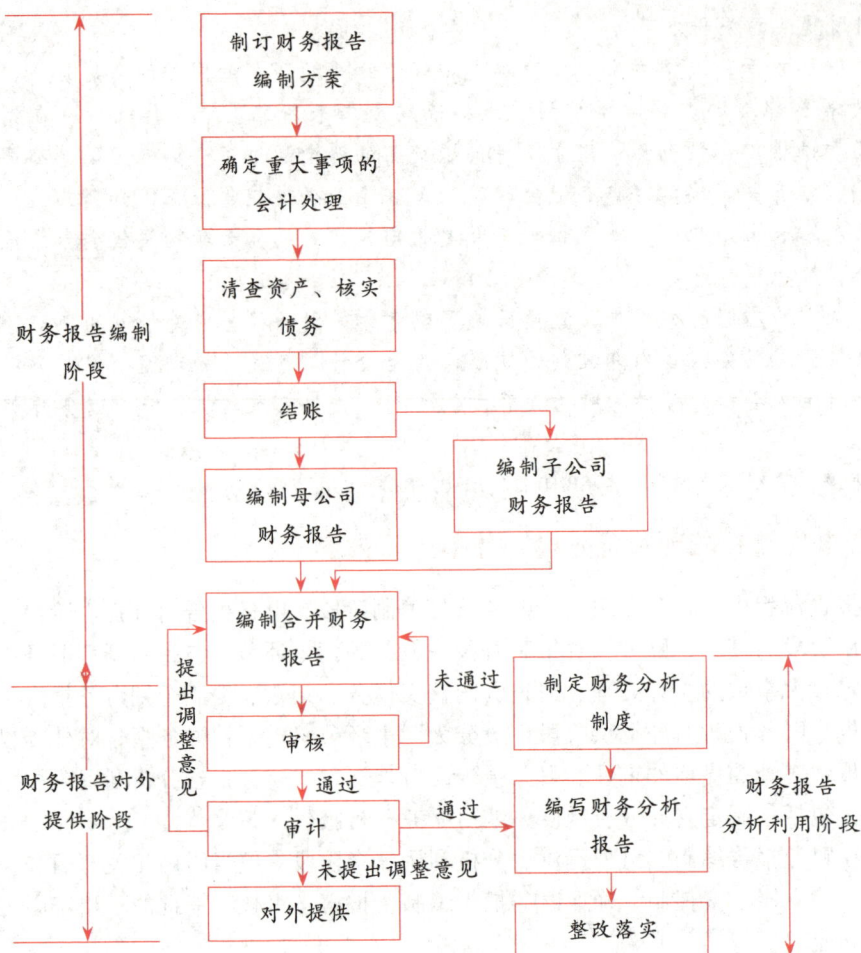

图4-16 财务报告流程

表4-2   企业清查资产核实债务环节工作内容

项目	工作内容
货币资金项目	银行存款日记账与银行对账单核对、库存现金日记账与库存现金盘点实存数核对、票据账实核对，确定账实是否一致
往来结算项目	各项债权、债务是否存在，与相关债务、债权单位对账是否一致
存货项目	各项存货账实数量是否一致；是否有毁损、报废、残次、冷背积压等状况
金融资产项目	账面投资是否存在，账实是否一致，投资收益是否按照国家统一的会计准则、制度的规定进行确认和计量
固定资产项目	各项固定资产账实数量是否一致；是否拥有各项固定资产的权属证明，明确固定资产归属；是否有毁损、报废、未使用等状况
在建工程项目	在建工程的实际发生额与账面记录是否一致

4.结账环节工作内容

企业在编制年度财务报告前，应在日常定期核对信息的基础上完成对账、调账、差错更正等业务，确定收入费用的正确归属期，然后实施关账操作。

5.编制个别财务报告环节工作内容

企业应当按照国家统一的会计准则、制度规定的财务报告格式和内容，根据登记完整、核对无误的会计账簿记录和其他有关资料编制财务报告，做到内容完整、数字真实、计算准确，不得漏报或者任意进行取舍。

6.编制合并财务报告环节工作内容

企业集团应当编制合并财务报告，分级收集合并范围内分公司及内部核算单位的财务报告并审核，进而合并全资及控股公司财务报告，如实反映企业集团的财务状况、经营成果和现金流量。

（二）财务报告对外提供阶段工作内容

1.财务报告对外提供前的审核环节工作内容

企业财务报告对外提供前须按规定程序进行审核，主要包括：财会部门负责人审核财务报告的准确性并签名盖章；总会计师或分管会计工作的负责人审核财务报告的真实性、完整性、合法合规性，并签名盖章；企业负责人审核财务报告整体合法合规性，并签名盖章。

2.财务报告对外提供前的审计环节工作内容

《中华人民共和国公司法》第一百六十四条规定：公司应当在每一会计年度终了时编制财务会计报告，并依法经会计师事务所审计。第一百六十九条规定：公司聘用、解聘承办公司审计业务的会计师事务所，依照公司章程的规定，由股东会、股东大会或者董事会决定。财政部、证监会联合发布的《会计师事务所从事证券服务业务备案管理办法》规定，会计师事务所从事证券服务业务，应当遵守《会计师事务所执业许可和监督管理办法》（财政部令第97号），采用合伙制组织形式，会计师事务所不得承办与自身规模、执业能力、风险承担能力不匹配的业务。因此，企业在财务报告对外提供前，应当选择具备相关业务资质的会计师事务所进行审计。

3.财务报告的对外提供环节工作内容

一般企业的财务报告经完整审核并签名盖章后即可对外提供。上市公司还需经董事会和监事会审批通过后方能对外提供，财务报告应与审计报告一并对外提供。

（三）财务报告分析利用阶段工作内容

1.制定财务分析制度环节工作内容

企业财会部门应在对企业基本情况进行分析研究的基础上，提出财务报告分析制度草案，并经财会部门负责人、总会计师或分管会计工作的负责人、企业负责人检查、修改、审批。

2.编写财务分析报告环节工作内容

财会部门应按照财务分析制度定期编写财务分析报告，并通过定期召开财务分析会议等形式对分析报告的内容予以完善，以充分利用财务报告反映的综合信息，全面分析企业的经营管理状况和存在的问题，不断提高经营管理水平。

3.整改落实环节工作内容

财会部门应将经过企业负责人审批的报告及时报送各部门负责人，各部门负责人根据分析结果进行决策和整改落实。

三、财务报告编制阶段的主要风险与管控措施

(一) 制订财务报告编制方案

主要风险有：

（1）会计政策未能有效更新，不符合有关法律法规。

（2）重要会计政策、会计估计变更未经审批，导致会计政策使用不当。

（3）会计政策未能有效贯彻、执行。

（4）各部门职责、分工不清，导致数据传递出现差错、遗漏、格式不一致等。

（5）各步骤时间安排不明确，导致整体编制进度延后，违反相关报送要求。

主要管控措施有：

（1）会计政策应符合国家有关会计法规和最新监管要求的规定。企业应按照国家最新会计准则、制度的规定，结合自身情况，制定企业统一的会计政策。

（2）企业应有专人关注与会计相关的法律法规、规章制度的变化及监管机构的最新规定等，并及时对企业的内部会计规章制度和财务报告流程等做出相应更改。

（3）会计政策和会计估计的调整，无论是强制的还是自愿的，均需按照规定的权限和程序审批。

（4）企业的内部会计规章制度至少要经财会部门负责人审批后才能生效，财务报告流程、年报编制方案应当经企业分管财务会计工作的负责人核准后签发。

（5）企业应建立完备的信息沟通渠道，将内部会计规章制度和财务流程、会计科目表和相关文件及时有效地传达至相关人员，使其了解相关职责要求、掌握适当的会计知识、会计政策并加以执行。

（6）企业还应通过内部审计等方式，定期进行测试，保证会计政策有效执行，且在不同业务部门、不同期间内保持一致。

（7）企业应根据财务报告的报送要求，倒排工时，为各步骤设置关键时间点，并由财会部门负责督促和考核各部门的工作进度，及时进行提醒，对未能及时完成的进行相关处罚。

(二) 确定重大事项的会计处理

主要风险有：重大事项的会计处理不合理，导致会计信息扭曲，无法如实反映企业实际情况。

主要管控措施有：

（1）企业应对重大事项予以关注。通常包括：以前年度审计调整以及相关事项对当期的影响、会计准则和制度的变化及对财务报告的影响、新增业务和其他新发生的事项及对财务报告的影响、年度内合并（汇总）报告范围的变化及对财务报告的影响等。

（2）企业应建立重大事项的处理流程，报适当管理层审批后，予以执行。

（3）及时沟通需要专业判断的重大会计事项并确定相应的会计处理。企业应规定下属各部门、各单位人员及时将重大事项信息报告至同级财会部门。财会部门应定期研究、分析并与相关部门组织沟通重大事项的会计处理，逐级报请总会计师或分管会计工作的负责人审批后下达各相关单位执行。

（4）资产减值损失、公允价值计量等涉及重大判断和估计的，财会部门应定期与资产

管理部门进行沟通。

（三）清查资产与核实债务

主要风险有：

（1）资产、负债账实不符，虚增或虚减资产、负债。

（2）资产计价方法随意变更。

（3）提前、推迟甚至不确认资产、负债等。

主要管控措施有：

（1）确定具体可行的资产清查、负债核实计划。资产清查、负债核实计划包括：人员安排；时间和工作进度安排；实物资产盘点方法和程序；核查记录等，同时做好资产清查、负债核实前的准备工作。

（2）按照资产清查、负债核实计划开展各项资产、负债的清查、核实工作。确认账实是否一致、权属关系是否明确、账面金额是否正确、资产状况是否良好等。对清查过程中发现的差异，应当分析原因，提出处理意见，按照规定权限将清查、核实的结果及其处理办法向有关部门报告审批，并根据国家统一的会计准则、制度的规定进行相应的会计处理。

（四）结账

主要风险有：

（1）账务处理存在错误，导致账证、账账不符。

（2）虚列或隐瞒收入，推迟或提前确认收入。

（3）随意改变费用、成本的确认标准或计量方法，虚列、多列、不列或者少列费用、成本。

（4）结账的时间、程序不符合相关规定。

（5）关账后又随意打开已关闭的会计期间等。

主要管控措施有：

（1）核对各会计账簿记录与会计凭证的内容、金额等是否一致，记账方向是否相符。

（2）检查相关账务处理是否符合国家统一的会计准则、制度和企业制定的核算方法。

（3）调整有关账项，合理确定本期应计的收入和应计的费用。

（4）检查是否存在因会计差错、会计政策变更等原因需要调整的前期或者本期相关项目。对于调整项目，需取得和保留审批文件，以保证调整有据可依。

（5）不得为了赶编财务报告提前结账；不得将本期发生的经济业务事项延至下期入账；不得先编财务报告后结账。应当将当期所有交易或事项处理完毕，并经财会部门负责人审核签字确认后，实施关账和结账操作。

（6）如果在关账之后需要重新打开已关闭的会计期间，需要填写相应的申请表，经总会计师或分管会计工作的负责人审批后进行。

（五）编制个别财务报告

主要风险有：

（1）提供虚假财务报告，误导财务报告使用者，造成决策失误，干扰资本市场秩序。

（2）报表数据不完整、不准确；报表种类不完整；附注内容不完整等。

主要管控措施有：

（1）企业财务报告列示的资产、负债、所有者权益、收入、费用和利润应当真实、可靠、完整、准确。资产负债表、利润表编制要求见表4-3。

表4-3　　　　　　　　　　　　　资产负债表、利润表编制要求

要素	编制要求
资产	各项资产计价方法不得随意变更，如有减值，应当合理计提减值准备，严禁虚增或虚减资产
负债	各项负债应当反映企业的现时义务，不得提前、推迟或不确认负债，严禁虚增或虚减负债
所有者权益	所有者权益应当反映企业资产扣除负债后由所有者享有的剩余权益，应当做好所有者权益保值增值工作。
收入	各项收入的确认应当遵循规定的标准，不得虚列或者隐瞒收入，推迟或提前确认收入
费用和成本	各项费用、成本的确认应当符合规定，不得随意改变费用、成本的确认标准或计量方法，虚列、多列、不列或者少列费用、成本
利润	利润由收入减去费用后的净额、直接计入当期利润的利得和损失等构成。不得随意调整利润的计算、分配方法，编造虚假利润。

（2）企业财务报告列示的各种现金流量，包括：经营活动现金流量、投资活动现金流量和筹资活动现金流量。应当按照规定划清各类交易和事项的现金流量的界限，不得混淆。

（3）企业财务报告的附注应当按照国家统一的会计准则、制度编制。附注应当对财务报表中需要说明的事项，作出真实、完整、清晰的说明。担保、诉讼、未决事项、资产重组等重大或有事项应当在附注中得到反映和披露。

（4）按照岗位分工和规定的程序编制财务报告。具体而言：

❶ 财会部门制定本单位财务报告编制分工表，并由财会部门负责人审核，确保报告编制范围完整。

❷ 财务报告编制人员按照登记完整、核对无误的会计账簿记录和其他有关资料进行编制，确保财务报告项目与相关账户对应关系正确，计算公式无误。

❸ 校验审核，包括期初数核对、财务报告内有关项目的对应关系审核、报表前后勾稽关系审核、期末数与试算平衡表和工作底稿核对、财务报告主表与附表之间的平衡及勾稽关系校验等。

（5）财会部门负责人审核报表内容和种类的真实性、完整性，通过后予以上报。

（六）编制合并财务报告

主要风险有：

（1）合并范围不完整。

（2）合并内部交易和事项不完整。

（3）合并抵销分录不准确。

主要管控措施有：

（1）合并财务报告各编报单位财会部门应当依据经同级法律事务部门确认的产权（股

权）结构图，并考虑所有相关情况，以确定合并范围符合国家统一的会计准则、制度的规定。由财会部门负责人审核、确认合并范围是否完整。

（2）财会部门收集、审核所属下级单位财务报告，并汇总出本级次的财务报告，报经汇总单位财会部门负责人进行审核。

（3）财会部门应当制定内部交易和事项核对表，以及填制要求，报财会部门负责人审批后下发给纳入合并范围内的各编报单位。财会部门应当核对本单位及纳入合并范围内各编报单位之间内部交易的事项和金额，如有差异，应及时查明原因并进行调整。财会部门应当编制内部交易表、内部往来表，交财会部门负责人审核。

（4）合并抵销分录应有相应的标准文件和证据进行支持，由财会部门负责人审核。

（5）对合并抵销分录实行交叉复核制度。具体编制人完成调整分录后即提交相应复核人进行审核，审核通过后才可录入试算平衡表。通过交叉复核，保证合并抵销分录的真实性、完整性。

》案例4-28　中国证监会《2021年上市公司年报会计监管报告》

2022年8月19日，中国证监会发布了《2021年上市公司年报会计监管报告》。报告中披露：截至2022年4月30日，A股市场共有4 753家公司披露了2021年度财务报告。证监会多部门联合共抽样审阅了682家上市公司年度财务报告。年报审阅发现，上市公司执行企业会计准则和财务信息披露规则整体质量较好，但部分上市公司仍存在对准则理解和执行不到位的问题，主要包括：收入确认和计量不恰当、金融工具分类与后续计量不准确、或有对价确认和计量不合理、债务重组损益确认时点不恰当、商誉减值测试不恰当、集团财务公司存款列报不正确等。

致同会计师事务所对2018年至2021年年报会计监管问题类型和数量进行了对比。选取部分情况列示见表4-4。

表4-4　　　　　　　**年报会计监管问题类型和数量（部分）**

序号	问题类型	年报会计监管问题数量			
		2021年年报	2020年年报	2019年年报	2018年年报
一	收入准则相关问题	3	14	3	6
二	金融工具准则相关问题	8	6	13	12
三	长期股权投资相关问题	1	1	3	4
四	企业合并相关问题	3	4	5	—
五	合并财务报表相关问题	2	2	4	3
六	商誉减值相关问题	1	1	3	3
	……	……	……	……	……

为提高财务报告信息质量，上市公司应严格按照国家最新会计准则、制度的规定编制财务报告，对于会计准则、制度的变化及对财务报告的影响，新增业务和其他新发生的事项

及对财务报告的影响等重大事项予以充分关注，确保财务报告合法合规、真实完整和有效利用。

资料来源：证监会.证监会发布2021年度上市公司年报会计监管报告[EB/OL].（2022-08-19）.http://www.csrc.gov.cn/csrc/c100028/c5543866/content.shtml.

四、财务报告对外提供阶段的主要风险及管控措施

（一）财务报告对外提供前的审核

主要风险有：在财务报告对外提供前未按规定程序进行审核，对内容的真实性、完整性以及格式的合规性等审核不充分。

主要管控措施有：

（1）企业应严格按照规定的财务报告编制的审批程序，由各级负责人逐级把关，对财务报告内容的真实性、完整性，格式的合规性等予以审核。

（2）企业应保留审核记录，建立责任追究制度。

（3）企业财务报告在对外提供前应当装订成册，加盖公章，由企业负责人、总会计师或分管会计工作的负责人、财会部门负责人审批通过后签名并盖章。

（二）财务报告对外提供前的审计

主要风险有：财务报告对外提供前未经审计，审计机构不符合相关法律法规的规定，审计机构与企业串通舞弊。

主要管控措施有：

（1）企业应根据相关法律法规的规定，选择符合资质的会计师事务所对财务报告进行审计。

（2）企业不得干扰审计人员的正常工作，并应对审计意见予以落实。

（3）注册会计师及其所在的事务所出具的审计报告，应随财务报告一并提供。

（三）财务报告的对外提供

主要风险有：

（1）对外提供未遵循相关法律法规的规定，导致承担相应的法律责任。

（2）对外提供的财务报告的编制基础、编制依据、编制原则和方法不一致，影响各方对企业情况的判断和经济决策的作出。

（3）未能及时对外报送财务报告，导致财务报告信息的使用价值降低，同时也违反了有关法律法规。

（4）财务报告在对外提供前提前泄露或使不应知晓的对象获悉，导致发生内幕交易等，使投资者或企业蒙受损失。

主要管控措施有：

（1）企业应根据相关法律法规的要求，在企业相关制度中明确负责财务报告对外提供的对象，在相关制度性文件中予以明确并由企业负责人监督。如国有企业应当依法定期向监事会提供财务报告，至少每年一次向本企业的职工代表大会公布财务报告。上市公司的财务报告须经董事会、监事会审核通过后向社会公众提供。

（2）企业应严格按照规定的财务报告编制的审批程序，由财会部门负责人、总会计师或分管会计工作的负责人、企业负责人逐级把关，对财务报告内容的真实性、完整性，格式的合规性等予以审核，确保提供给投资者、债权人、政府监管部门、社会公众等各方面

的财务报告的编制基础、编制依据、编制原则和方法完全一致。

（3）企业应严格遵守相关法律法规和国家统一的会计准则、制度对报送时间的要求，对财务报告的编制、审核、报送流程中的每一步骤设置时间点，对未能按时完成的相关人员进行处罚。

（4）企业应设置严格的保密程序，对能够接触财务报告信息的人员进行权限设置，保证财务报告信息在对外提供前被控制在适当的范围内。并对财务报告信息的访问情况予以记录，以便了解情况，及时发现可能的泄密行为，在泄密后也易于找到相应的责任人。

（5）企业对外提供的财务报告应当及时整理归档，并按有关规定妥善保存。

>> 案例4-29　　　　　　　　　2022年证监会1号"罚单"

中国证监会网站日前披露2022年1号"罚单"，因累计虚增收入逾230亿元，金正大公司（以下简称金正大）时任董事长、总经理、财务总监一干人等被警告并罚款。

经中国证监会调查，金正大披露的《2018年年度报告》《2019年半年度报告》《2019年年度报告》存在虚假记载。查明的事实如下：

1.未按规定披露关联方及关联交易

根据相关规定，金正大在《2018年年度报告》《2019年年度报告》中应如实披露其与诺贝×、富×、诺泰×三家公司之间的关联关系及关联交易，但金正大未按规定予以披露。

2.金正大虚减应付票据

2018年7月至2019年6月，金正大作为出票人和承兑人，通过四家银行向临沂某公司等7家参与前述虚构贸易业务的公司开具商业承兑汇票，累计金额102 800万元。金正大对其开具的上述商业承兑汇票未进行账务处理，导致《2018年年度报告》中虚减应付票据、其他应收款92 800万元，《2019年半年度报告》中虚减应付票据、其他应收款102 800万元。

3.金正大虚增发出商品

为解决大额预付账款余额和虚假暂估存货余额，消化存货盘亏问题，金正大通过领用虚假暂估入库的原材料和实际已盘亏的存货、虚构电费和人工费等方式虚构生产过程，虚增产成品25 4412.84万元，并通过虚假出库过程，将其计入发出商品科目。同时，金正大还将从诺贝×虚假采购并暂估入库的65 302.33万元货物也计入发出商品科目，最终形成发出商品319 715.17万元。上述情况导致金正大《2019年年度报告》虚增存货319 715.17万元，虚增利润总额14 181.26万元，虚增负债（其他应付款/应付职工薪酬）1 435.84万元。

根据行政处罚决定书，证监会决定对金正大处以责令改正、给予警告并处以150万元罚款的处罚；对时为金正大实际控制人、董事长、总经理万××给予警告，并处以240万元罚款；对时任金正大副总经理、财务负责人李××给予警告，并处以60万元罚款；对时任金正大财务部经理、财务中心总监唐×给予警告，并处以55万元罚款；对其他当事人处以罚款。

资料来源：根据证监会官网《中国证监会行政处罚决定书》（2022年1月4日）资料整理。

五、财务报告分析利用阶段的主要风险及管控措施

（一）制定财务分析制度

主要风险有：制定的财务分析制度不符合企业实际情况，财务分析制度未充分利用企业现有资源，财务分析的流程、要求不明确，财务分析制度未经审批等。

主要管控措施有：

（1）企业在对基本情况进行分析时，应当重点了解企业的发展背景，包括企业的发展史、企业组织机构、产品销售及资产变动情况等，熟悉企业业务流程，分析研究企业的资产及财务管理活动。

（2）企业在制定财务报告分析制度时，应重点关注：财务报告分析的时间、组织形式、参加的部门和人员；财务报告分析的内容、分析的步骤、分析的方法和指标体系；财务分析报告的编写要求等。

（3）财务报告分析制度草案经由财会部门负责人、总会计师或分管会计工作的负责人、企业负责人检查、修改、审批之后，根据制度设计的要求进行试行，发现问题及时总结上报。

（4）财会部门根据试行情况进行修正，确定最终的财务报告分析制度文稿，并经财会部门负责人、总会计师或分管会计工作的负责人、企业负责人进行最终的审批。

（二）编写财务分析报告

主要风险有：

（1）财务分析报告的目的不正确或者不明确；财务分析方法不正确；财务分析报告的内容不完整，未对本期生产经营活动中发生的重大事项做专门分析。

（2）财务分析局限于财会部门，未充分利用相关部门的资源，影响质量和可用性。

（3）财务分析报告未经审核等。

主要管控措施有：

（1）编写时要明确分析的目的，运用正确的财务分析方法，并能充分、灵活地运用各项资料。分析内容主要包括：

❶ 企业的资产分布、负债水平和所有者权益结构，通过资产负债率、流动比率、资产周转率等指标分析企业的偿债能力和营运能力，分析企业净资产的增减变化，了解和掌握企业规模和净资产的不断变化过程。

❷ 分析各项收入、费用的构成及其增减变动情况，通过净资产收益率、每股收益等指标，分析企业的盈利能力和发展能力，了解和掌握当期利润增减变化的原因和未来发展趋势。

❸ 分析经营活动、投资活动、筹资活动现金流量的运转情况，重点关注现金流量能否保证生产经营过程的正常运行，防止现金短缺或闲置。

（2）总会计师或分管会计工作的负责人应当在财务分析和利用工作中发挥主导作用，负责组织领导。

（3）财会部门负责人审核财务分析报告的准确性，判断是否需要对特殊事项进行补充说明，并对财务分析报告进行补充说明。对生产经营活动中的重要资料、重大事项以及与上年同期数据相比有较大差异的情况要做重点说明。

（4）企业财务分析会议应吸收有关部门负责人参加，对各部门提出的意见，财会部门应充分沟通、分析，进而修改完善财务分析报告。

（5）修订后的分析报告应及时报送企业负责人，企业负责人负责审批分析报告，并据此进行决策，对于存在的问题及时采取措施。

（三）整改落实

主要风险有：

（1）财务分析报告的内容传递不畅，未能及时使有关各部门获悉。

（2）各部门对财务分析报告不够重视，未对其中的意见进行整改落实。

主要管控措施有：

（1）定期的财务分析报告应构成内部报告的组成部分，并充分利用信息技术和现有内部报告体系在各个层级上进行沟通。

（2）根据分析报告的意见，明确各部门职责。责任部门按要求落实整改，财会部门负责监督、跟踪责任部门的落实情况，并及时向有关负责人反馈落实情况。

>> 案例4-30　　　　　M公司年度财务报告编制管控流程实例

M公司年度财务报告编制管控流程与风险控制图如图4-17所示。

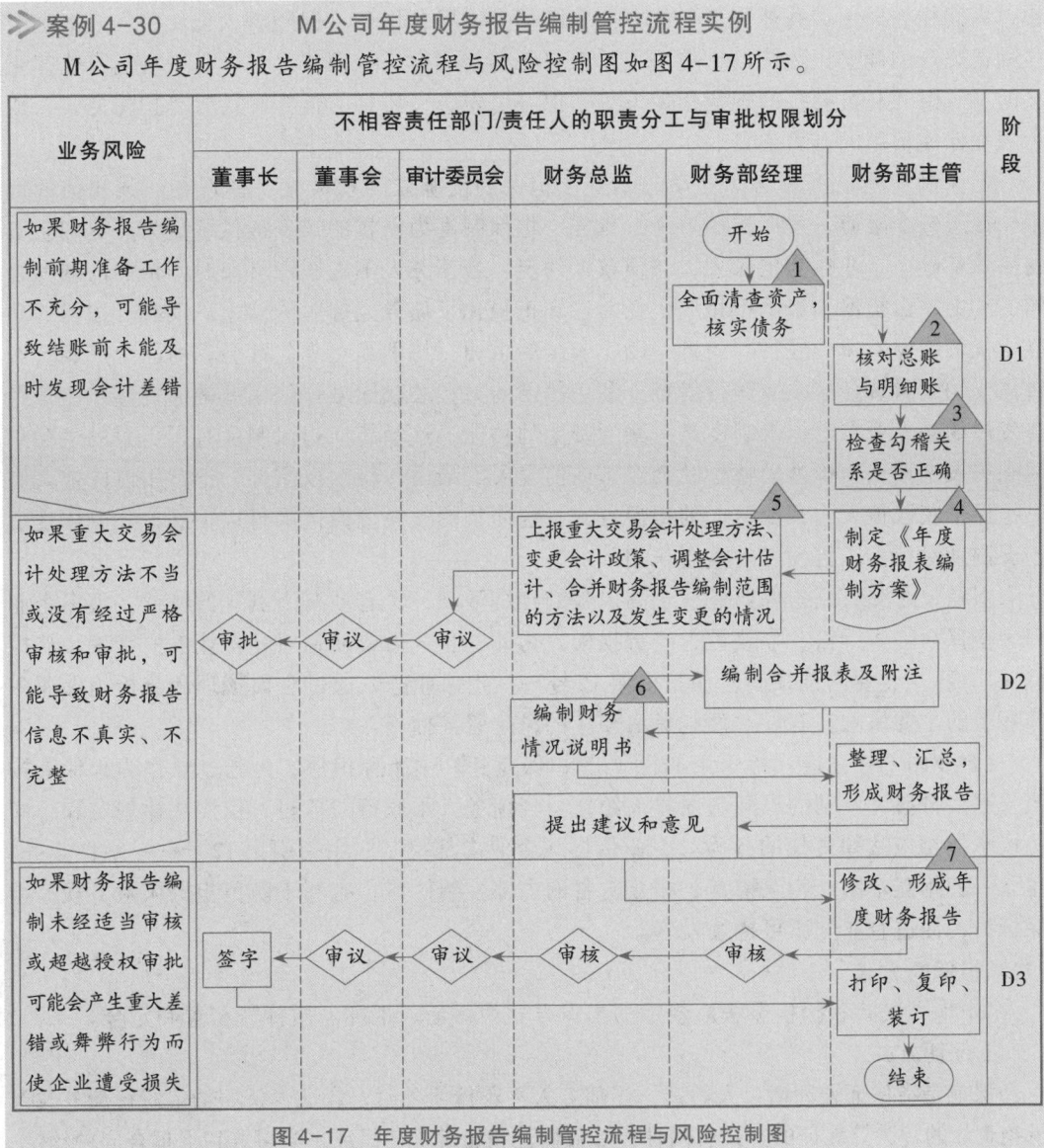

图4-17　年度财务报告编制管控流程与风险控制图

一、担保业务概述

(一) 担保的概念

生产力是社会发展的基本动力，当社会生产力水平发展到一定阶段，商品交换逐步频繁，社会经济相对繁荣，人们自然产生了保障交易安全的制度需求。对于早期的简单商品交易而言，因为往往是以物易物，或者一手交钱、一手交货的现货交易，交易即刻完成，不存在信用问题，故无债权担保的必要。但随着商品交换的时间拉长、地域扩大，一旦交易双方的给付出现时间差，随之而来的重要问题便是如何确保后履行一方的商业信用。最初，人们往往采用"凭神立誓"的方式保障债务人履行债务。但随着人类文明的发展和个体利益观念的确立，传统的"神誓"约束势必日趋式微。取而代之的，是一种具有法律意义的、与财产利益有关的现代担保方式，保证、定金、质押、抵押和留置等担保方式，成为现代保障信用的有力工具。

担保制度是经济和法律互动的结果，担保制度确立的积极意义体现在：强化债的信用、便于资金融通、发挥物的效用。首先，担保制度为债权的实现提供了更为广泛和坚实的保障基础。企业作为担保人，与债权人约定，当债务人不能履行义务时，依照法规和合同的约定，由担保人来承担相应责任，这真正强化了债务人的履约信用。其次，担保的功能不仅仅能保障债的履行，而且有助于资金的融通。特别是在现代社会，商品生产经营者所需要的大量资金必须向银行借贷，利用自己的财产去获取银行信用并融通资金，已是经济发展的必然要求。担保制度具有融通资金的功能，这最终使担保制度有了更大的生存空间和扩展余地，积极推动整个社会经济向前发展。最后，将物权质押、抵押用以向他人提供担保来获取他人的其他财产的担保方式，也使物的交换价值范围得以扩展，充分体现了担保制度对社会经济发展的重要作用。

但是，必须看到担保业务属于高风险的经济活动，具有"双刃剑"的特征，很多企业因为担保而陷入诉讼，导致重大经济损失。为此，企业需要加强对担保业务的管理，严控担保风险，《企业内部控制应用指引第12号——担保业务》通过全面梳理和分析担保业务各环节的主要风险，有针对性地提出相应的风险管控措施。

《企业内部控制应用指引第12号——担保业务》中所称担保，是指企业作为担保人按照公平、自愿、互利的原则与债权人约定，当债务人不履行债务时，依照法律规定和合同协议承担相应法律责任的行为。企业依据《企业内部控制应用指引第12号——担保业务》建立一套相互牵制、相互稽查、相互监督的内部控制体系，有利于防范担保风险，规范担保行为，促进企业健康可持续发展。

(二) 担保的方式

《中华人民共和国担保法》规定的担保方式为保证、抵押、质押、留置和定金。

1.保证方式

保证是指保证人和债权人约定，当债务人不履行债务时，保证人按照约定履行债务或者承担责任的行为。保证的方式有两种：一般保证和连带责任保证。当事人在保证合同中约定，债务人不能履行债务时，由保证人承担保证责任的，为一般保证。一般保证的保证人在主合同纠纷未经审判或者仲裁，并就债务人财产依法强制执行仍不能履行债务前，对债权人可以拒绝承担保证责任。当事人在保证合同中约定保证人与债务人对债务承担连带责任的，为连带责任保证。连带责任保证的债务人在主合同规定的债务履行期届满没有履行债务的，债权人可以要求债务人履行债务，也可以要求保证人在其保证范围内承担保证责任。

2.抵押方式

抵押是指债务人或者第三人不转移财产的占有，将该财产作为债权的担保。当债务人不履行债务时，债权人有权将抵押财产折价或者拍卖、变卖，所得价款优先受偿。这里，债务人或者第三人为抵押人，债权人为抵押权人，提供担保的财产为抵押物。

3.质押方式

质押包括动产质押和权利质押。动产质押是指债务人或者第三人将其动产移交债权人占有，将该动产作为债权的担保。当债务人不履行债务时，债权人有权将质押动产折价或者拍卖、变卖，所得价款优先受偿。这里，债务人或者第三人为出质人，债权人为质权人，移交的动产为质物。权利质押可以质押的权利包括：汇票，支票，本票，债券，存款单，依法可以转让的股份、股票，依法可以转让的商标专用权，专利权、著作权中的财产权等。

4.留置方式

留置是指债权人按照合同约定对债务人的动产有留置权，债务人不按照合同约定的期限履行债务的，债权人有权将留置财产折价或者拍卖、变卖，所得价款优先受偿。

5.定金方式

当事人可以约定一方向对方给付定金作为债权的担保。债务人履行债务后，定金应当抵作价款或者收回。给付定金的一方不履行约定的债务的，无权要求返还定金；收受定金的一方不履行约定的债务的，应当双倍返还定金。定金应当以书面形式约定。

（三）担保业务内部控制目标

（1）合理保证担保业务符合国家政策、相关法规和内部规章，防止并及时发现、纠正错弊行为，有效避免担保业务违反国家政策或相关法规而遭受外部处罚。

（2）合理保证企业与担保业务相关资产的安全和完整。

（3）合理保证担保业务按规定流程和适当授权进行，担保过程可控，促进企业担保业务有序高效地进行，提高经济效益。对担保申请人资信进行深入调查，严格按照授权范围、程序审批，确保被担保企业的现实资信状况符合要求，有效避免担保决策失误或遭受欺诈；持续跟踪关注被担保人的经营管理，对其出现财务困难或经营困境等状况监控有力，应对措施恰当，有效避免企业承担法律责任；以及有效避免担保过程中舞弊行为的发生，保障企业利益。

（4）合理保证担保业务的会计信息真实、完整、准确、及时，账实相符，防止会计信息失真和舞弊，提高信息披露质量，有效避免因为担保业务的会计处理不符合会计准则规定或未履行信息披露责任而遭受监管部门谴责或处罚（上市公司办理担保业务，必须履行公告义务）。

（5）合理保证担保业务能有效支持企业战略和经营计划的进行。

（四）担保业务内部控制要求

对担保业务实施内部控制，企业应当依法制定和完善担保业务政策及相关管理制度，

明确担保的对象、范围、方式、条件、程序、担保限额和禁止担保等事项，规范担保业务各环节的工作流程，按照政策、制度、流程办理担保业务，并设置相应记录，如实记载各环节业务开展情况，确保担保业务全过程得到有效控制。定期检查担保政策的执行情况及效果，切实防范担保业务风险。具体应当做到：

（1）企业担保业务相关部门权责分配和职责分工应当明确，机构设置和人员配备应当科学合理。

（2）担保的对象、范围、条件、程序、限额和禁止担保的事项应当明确。

（3）担保评估应科学严密，担保审批权限、程序与责任应当明确。

（4）担保执行环节的控制措施应当充分有效，担保合同的签订应当经过严格的审批，担保业务的执行过程应有跟踪监测，担保财产与有关权利凭证的管理应当有效，办理终结担保手续应当及时。

（5）对外担保应明确责任主体，因担保造成重大失误和损失的，应追究相关责任人的责任。

二、担保业务流程梳理及各环节工作内容

担保业务流程一般分为六个环节，包括：受理申请、调查和评估、审批、签订担保合同、日常监控、代为清偿和权利追索。

企业在担保业务流程中应当明确担保业务相关部门和岗位的职责、权限，建立岗位责任制，确保办理担保业务的不相容岗位相互分离、制约和监督。在担保业务流程中涉及的不相容岗位一般包括：担保业务的评估与审批；担保业务的审批、执行与监督；担保业务的执行和核对；担保业务的相关财产保管和担保业务记录。

担保业务基本流程如图4-18所示。

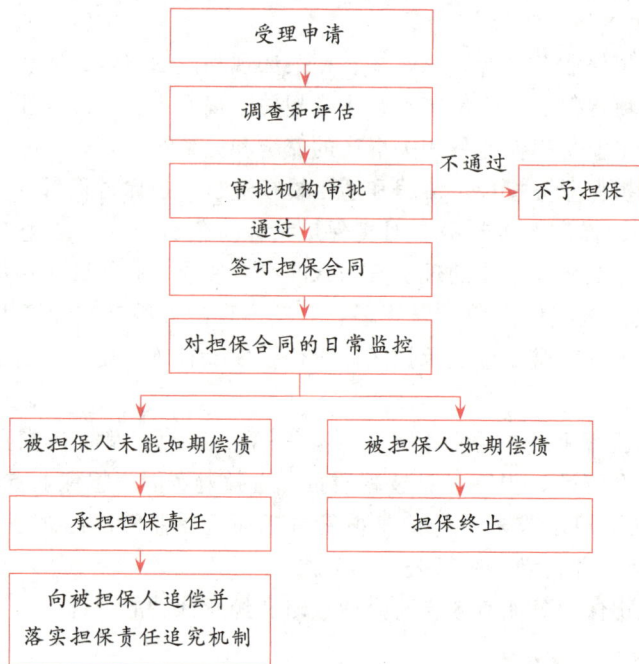

图4-18　担保业务基本流程

(一）受理申请环节工作内容

受理申请是企业办理担保业务的第一道关口。企业受理担保业务时，要求担保申请人提供的资料包括：担保申请人出具的担保申请书；被担保事项的经济合同、协议及相关文件资料；有关反担保的资料等。企业对所提交的担保业务材料应当从完整性、合法性、条件三个方面审查。具体包括：担保申请人提交的文件、资料种类是否完整、齐全；担保申请人提交的文件、资料以及申请的担保事项是否真实、合法、有效；担保申请企业是否符合企业规定的担保原则、标准和条件。

（二）调查和评估环节工作内容

企业在受理担保申请后对担保申请人进行资信调查和风险评估，是办理担保业务中不可或缺的重要环节，在相当程度上影响甚至决定担保业务的成败。企业需要对担保业务的合法性，担保申请人的基本情况、资产质量、经营情况、偿债能力、盈利水平、信用程度、行业前景，担保项目盈利前景预测，以及用于担保的资产状况和权利归属情况等方面进行深入、真实、准确调查，并将调查评估情况形成书面评估报告。

（三）审批环节工作内容

审批环节在担保业务中具有承上启下的作用，它是对调查评估结果的判断和认定。企业根据调查评估结果，结合本企业担保政策和授权审批制度，对担保业务进行审批。重大担保业务应提交董事会或类似权力机构批准。

（四）签订担保合同环节工作内容

担保合同是审批机构同意办理担保业务的直接体现，也是约定担保双方权利义务的基础载体。企业依据既定权限和程序，与被担保人签订担保合同。担保合同内容应当明确双方的权利、义务、违约责任等相关内容，并对担保收费、担保期限等作出明确约定。

（五）日常监控环节工作内容

担保合同的签订，标志着企业的担保权利和担保责任进入法律意义上的实际履行阶段。企业需要切实加强对担保合同执行情况的日常监控，对被担保人经营情况、财务状况和担保项目执行情况等进行跟踪监控，及时、准确、全面地掌握有关信息，最大限度地实现企业担保权益，最大限度地降低企业担保责任。

（六）代为清偿和权利追索环节工作内容

如果被担保人在担保期间顺利履行了对银行等债权人的偿债义务，且向担保企业及时、足额地支付了担保费用，担保合同一般应予终止，担保双方可以解除担保权利责任。但是，如果被担保人不能如期偿债，担保人应履行代为清偿义务并向被担保人追偿债务；同时，应当按照本企业担保业务责任追究制度，严格追究有关人员的责任。代为清偿后依法主张对被担保人的追索权是担保企业降低担保损失的最后一道屏障。

>> 案例4-31　　　　　　　　　A 集团的"担保之痛"

SD 公司是 A 集团公司下属的北京子公司的参股企业，北京子公司持有 SD 公司10% 的股权。2008年3月份 SD 公司分别向中行某市分行和建行某市支行各借款100万美元，贷款期限是三年。A 集团为上述两笔借款提供担保，为中行借款提供100万美元及其利息的担保，为建行借款提供50万美元及其利息的担保。2011年5月份，A 集团又继续为 SD 公司的这两笔贷款的延期提供了担保。因 SD 公司不能按时归还 132 万美元的中行借款的本息和，2013 年 3 月份中行向当地人民法院提起诉讼。

2013 年 6 月底经法院一审判决，A 集团负连带赔偿责任。A 集团不服判决，向该市高级人民法院提起上诉。2013 年 11 月该市高级人民法院判决在强制执行原审被告 SD 公司财产后，仍不足清偿的债务由 A 集团来承担连带赔偿责任。2014 年 4 月份该法院做出执行裁定，并查封了 A 集团有关的房产，A 集团不得已向中行某市分行赔付人民币 628 万元。同样，因 SD 公司不能按时归还建行剩余 50 万美元的借款的本息，2013 年 10 月被建行起诉。2014 年 10 月份，法院终审判定 A 集团连带为 SD 公司向建行赔付人民币 270 万元。

诉讼发生后，A 集团多次派人了解 SD 公司的财务状况，并安排内审人员对北京子公司和 SD 公司进行查账。经查，发现 SD 公司基本没有实物资产，只有大量无据可查的预付账款和应收账款，是一家典型的皮包公司。而且查明，SD 公司在取得两笔美元贷款之后，并没有将其运用于正常的生产经营和投资，多位高管利用职权自批自用，以借款等名目大肆侵占和挪用 SD 公司的资金。

在本案例中，A 集团在担保调查评估和担保决策以及担保期间的风险控制方面，都存在着重大的缺陷和失误，主要表现在：

（1）A 集团没有认真调查和评估 SD 公司的担保申请。接受担保申请后，因为 SD 公司是其关联企业就放松警惕，A 集团没有对 SD 公司的资质、经济实力、经营情况、信用状况等进行深入的调查和详细的评估，没有发现 SD 公司存在虚假的出资和不良意图，其实 A 集团只要稍加调查是能够发现的。

（2）在担保合同执行过程中，没有对 SD 公司进行持续追踪监控。对 SD 公司的高管利用职权侵占和挪用公司资金的严重问题，没有及时发现和制止。

（3）贷款银行提起诉讼后，A 集团不积极履行法院判决义务，对集团公司信用和声誉带来了不良影响。也没有及时启动对 SD 公司的追偿行动，以减少担保损失。

A 集团在担保业务中忽视对被担保人的信用调查、风险评估，轻易承办担保业务；在担保业务执行中，没有对被担保人进行动态追踪，以致没有及时获取重要信息，未采取应对措施避免损失的发生；代被担保人履行了对银行等债权人的偿债义务后没有及时进行权利追索。担保业务的"双刃剑"，使 A 集团陷入旷日持久的诉讼拉锯战，导致重大经济损失。

三、担保业务的主要风险与管控措施

担保业务内部控制内容包括担保业务的全过程，内部控制关键是对末级流程的控制，并将控制嵌入到业务流程之中。一般来说，企业在建立与实施担保业务内部控制中，至少应强化受理申请控制、调查评估与审批控制、执行与监控控制等。受理申请、调查和评估、审批、签订担保合同、日常监控、代为清偿和权利追索为关键控制点。

（一）受理申请

主要风险有：

（1）企业担保政策和相关管理制度不健全，导致难以对担保申请人提出的担保申请进行初步评价和审核。

（2）虽然建立了担保政策和相关管理制度，但对担保申请人提出的担保申请审查把关不严，导致申请受理流于形式。

主要管控措施有：

（1）企业应当依法制定和完善本企业的担保政策和相关管理制度，明确担保的对象、范围、方式、条件、程序、担保限额和禁止担保的事项。

（2）严格按照担保政策和相关管理制度对担保申请人提出的担保申请进行审核。审核内容包括：担保申请人是否属于可以提供担保的对象；担保申请人是否具备基本条件；担保申请人申请资料是否完备。

被担保对象通常主要包括：公司子公司、合营企业、联营公司；公司主要供应商、主要客户；与本公司经济利益有密切关系的其他企业。但对于公司股东、股东的控股子公司、股东的附属企业以及个人债务，公司一般不能为其提供担保。总之，与本企业存在密切业务关系从而需要互保的企业、与本企业有潜在重要业务关系的企业、本企业的子公司及具有控制关系的其他企业等，可以考虑提供担保，反之，需要十分慎重。

被担保对象应当具备的基本条件包括：具有良好的发展前景；具有良好的经营业绩和管理水平；财务状况良好，资产负债率一般不能过高；近两年财务无虚假记载；近两年内无违法行为记录或恶意损害股东、债权人利益的记录。总之，企业应当对担保申请人整体实力、经营状况、信用水平进行初步了解，如果担保申请人实力较强、经营良好、恪守信用，可以考虑接受申请，反之不应受理。

此外，如果担保申请人的申请资料完备、情况翔实，可予受理，反之不予受理。

（二）调查和评估

主要风险有：对担保申请人的资信调查不深入、不透彻，对担保项目的风险评估不全面、不科学，导致企业担保决策失误或遭受欺诈，为担保业务埋下巨大隐患。

主要管控措施有：

（1）企业所有对外担保业务由专门担保部门统一归口管理，其他部门或人员未经授权，严禁办理担保业务。企业应当委派具备胜任能力的专业人员开展调查和评估。调查评估人员与担保业务审批人员应当分离。担保申请人为企业关联方的，与关联方存在经济利益或近亲属关系的有关人员不得参与调查评估。企业可以委托中介机构对担保申请人进行资信调查和风险评估，但同时应加强对中介机构工作情况的监控。

（2）全面、客观地调查评估担保申请人的资信状况和有关情况。依据《企业内部控制应用指引第12号——担保业务》第五条的规定，在调查和评估中，应当重点关注以下事项：

❶担保业务是否符合国家法律法规和本企业担保政策的要求。凡与国家法律法规和本企业担保政策相抵触的业务，一律不得提供担保。

❷担保申请人的资信状况。一般包括基本情况、资产质量、经营情况、偿债能力、盈利水平、信用程度、行业前景等。

❸担保申请人用于担保和第三方担保的资产状况及其权利归属。

❹企业要求担保申请人提供反担保的，还应对与反担保有关的资产状况进行评估。

企业应当综合运用各种行之有效的方式方法，对担保申请人的资信状况进行真实、准确、深入的调查了解。对境外企业提供担保的，还应特别关注担保申请人所在国家和地区的政治、经济、法律等因素，并评估外汇政策、汇率变动等可能对担保业务造成的影响。

（3）企业应当对担保项目经营前景和盈利能力进行合理预测。担保申请人整体的资信状况和担保项目的预期运营情况直接影响其偿债能力，如果担保申请人整体资信状况和担保项目的预期运营情况不乐观，企业应当拒绝提供担保。

（4）企业应当结合调查评估情况作出的判断，划定不予担保的"红线"。按照《企业内部控制应用指引第12号——担保业务》第六条的规定，当被担保人出现以下情形之一的，企业不得提供担保：

❶担保项目不符合国家法律、法规和本企业担保政策的；

❷已进入重组、托管、兼并或破产清算程序的；

❸财务状况恶化、资不抵债、管理混乱、经营风险较大的；

❹与其他企业存在较大经济纠纷，面临法律诉讼且可能承担较大赔偿责任的；

❺与本企业已经发生过担保纠纷且仍未妥善解决的，或不能及时足额交纳担保费用的。

企业应当将上述五类情形作为办理担保业务的"高压线"，严格遵守、不得突破，切实防范为"带病"企业提供担保。

（5）根据调查评估结果，出具书面评估报告，全面反映调查评估情况。企业应当规范评估报告的形式和内容，妥善保管评估报告，并作为日后追究有关人员担保责任的重要依据。

（三）审批

主要风险有：

（1）授权审批制度不健全，导致对担保业务的审批不规范。

（2）审批不严格或者越权审批，导致担保决策出现重大疏漏，可能引发严重后果。

（3）审批过程存在舞弊行为，可能导致经办审批等相关人员涉案或企业利益受损。

主要管控措施有：

（1）企业应当建立和完善担保授权审批制度，明确授权批准的方式、权限、程序、责任和相关控制措施，规定各层级人员应当在授权范围内进行审批，不得超越权限审批。企业内设机构未经授权不得以企业名义对外提供担保。为避免子公司违规担保为本企业带来不利后果，企业应当采取合法有效措施加强对子公司对外提供担保的管控力度。

（2）建立和完善重大担保业务的集体决策审批制度。企业应当根据《公司法》等国家法律法规，结合企业章程和有关管理制度，明确重大担保业务的判断标准、审批权限和程序。

《中华人民共和国公司法》第十六条规定，公司向其他企业投资或者为他人提供担保，应当依照公司章程的规定，由董事会或者股东会、股东大会决议；公司章程对投资或者担保的总额及单项投资或者担保的数额有限额规定的，不得超过规定的限额。公司为公司股东或者实际控制人提供担保的，必须经股东会或者股东大会决议。被担保股东或受实际控制人支配的股东，不得参加投资或担保事项的表决。投资或担保事项的表决需由出席会议的其他股东所持表决权的过半数通过。

对于上市公司而言，除应遵守《公司法》相应条款外，《上市公司监管指引第8号——上市公司资金往来、对外担保的监管要求》第九条规定：应由股东大会审批的对外担保，必须经董事会审议通过后，方可提交股东大会审批。须经股东大会审批的对外担保，包括但不限于下列情形：

❶上市公司及其控股子公司的对外担保总额，超过最近一期经审计净资产百分之五十以后提供的任何担保；

❷为资产负债率超过百分之七十的担保对象提供的担保；

❸单笔担保额超过最近一期经审计净资产百分之十的担保；

❹对股东、实际控制人及其关联方提供的担保。

第十条规定：应由董事会审批的对外担保，必须经出席董事会的三分之二以上董事审议同意并做出决议。

第十一条规定：上市公司为控股股东、实际控制人及其关联方提供担保的，控股股东、实际控制人及其关联方应当提供反担保。

（3）认真审查对担保申请人的调查评估报告，在充分了解掌握有关情况的基础上，权衡比较本企业净资产状况、担保限额与担保申请人提出的担保金额，确保将担保金额控制在企业设定的担保限额之内。

（4）严格办理担保变更审批。被担保人要求变更担保事项的，企业应当重新履行调查评估程序，根据新的调查评估报告重新履行审批手续。

（四）签订担保合同

主要风险有：未经授权对外订立担保合同，或者担保合同内容存在重大疏漏和欺诈，可能导致企业诉讼失败、权利追索被动、经济利益和形象信誉受损。

主要管控措施有：

（1）严格按照经审核批准的担保业务订立担保合同。合同订立经办人员应当在职责范围内，按照审批人员的批准意见拟订合同条款。

（2）担保合同条款内容完整、表述严谨准确、相关手续齐备。企业应当认真审核合同条款，确保担保合同明确双方的权利、义务、违约责任等相关内容，并对担保收费、担保期限等作出明确约定。并要求被担保人定期提供财务报告和有关资料，及时通报担保事项的实施情况。如果担保申请人同时向多方申请担保的，企业应当在担保合同中明确约定本企业的担保份额和相应的责任。

（3）实行担保合同会审联签。除担保业务经办部门之外，企业法律部门、财会部门、内审部门等应当参与担保合同会审联签，以增强担保合同的合法性、规范性、完备性，有效避免权利义务约定、合同文本表述等方面的疏漏。

（4）加强对有关身份证明、个人印章和担保合同专用章的管理，保证担保合同用章用印符合当事人真实意愿，避免身份证明和印章被盗用，给企业造成难以挽回的严重后果。

（5）加强对担保合同的管理。指定专门部门和人员妥善保管担保合同、与担保合同相关的主合同、反担保合同，以及抵押、质押权利凭证和有关的原始资料，保证担保项目档案完整、准确和担保财产的安全，并定期进行检查。通常担保合同正本应由公司档案室保存，副本由财务部门及相关部门保存。

（6）企业要求担保申请人提供反担保的，还应当由评估机构对与反担保有关的资产进行评估，其价值应当达到企业规定的要求。担保申请人与评估机构应当分离。反担保可采取的形式通常有：动产、不动产抵押；动产质押和权利质押；保证。反担保中的保证为连带责任保证。

>> 案例4-32　　上海飞凯材料科技公司担保业务内部控制制度

上海飞凯材料科技股份有限公司（以下简称公司）担保业务内部控制制度共五章五十八条，包括：总则、内部控制的内容、主要的控制活动、内部控制的检查和披露、附则。其中，第三章第三节为对外担保的内部控制。相关规定如下：

……

第三节　对外担保的内部控制

第二十九条　公司对外担保的内部控制应遵循合法、审慎、互利、安全的原则，严格控制担保风险。

第三十条　公司股东大会、董事会应按照法律、行政法规、部门规章、规范性文件、《上市规则》、《规范运作指引》中关于对外担保事项的明确规定行使审批权限，如有违反审批权限和审议程序的，按公司有关规定追究其责任。

在确定审批权限时，公司应当执行《上市规则》关于对外担保累计计算的相关规定。公司依法明确对外担保的审批权限，严格执行对外担保审议程序。

未经董事会或者股东大会审议通过，公司不得对外提供担保。公司应当在公司章程中规定，对外担保提交董事会审议时，应当取得出席董事会会议的三分之二以上董事同意。

第三十一条　公司要调查被担保人的经营和信誉情况。董事会要认真审议分析被担保方的财务状况、营运状况、行业前景和信用情况，审慎依法作出决定。必要时，公司可聘请外部专业机构对实施对外担保的风险进行评估，以作为董事会或股东大会进行决策的依据。

第三十二条　公司若对外担保需要求对方提供反担保，谨慎判断反担保提供方的实际担保能力和反担保的可执行性。

第三十三条　公司独立董事要在董事会审议对外担保事项时发表独立意见，必要时可聘请会计师事务所对公司累计和当期对外担保情况进行核查。如发现异常，要及时向董事会和监管部门报告并公告。

第三十四条　公司要妥善管理担保合同及相关原始资料，及时进行清理检查，并定期与银行等相关机构进行核对，保证存档资料的完整、准确、有效，注意担保的时效期限。在合同管理过程中，一旦发现未经董事会或股东大会审议程序批准的异常合同，要及时向董事会和监事会报告。

第三十五条　公司财务部门指派专人持续关注被担保人的情况，收集被担保人最近一期的财务资料和审计报告，定期分析其财务状况及偿债能力，关注其生产经营、资产负债、对外担保以及分立合并、法定代表人变化等情况，建立相关财务档案，定期向董事会报告。如发现被担保人经营状况严重恶化或发生公司解散、分立等重大事项的，有关责任人要及时报告董事会。董事会有义务采取有效措施，将损失降低到最低程度。

第三十六条　对外担保的债务到期后，公司要督促被担保人在限定时间内履行偿债义务。

若被担保人未能按时履行义务，公司要及时采取必要的补救措施。

第三十七条　公司担保的债务到期后需延期并需继续由其提供担保的，要作为新的对外担保，重新履行担保审批程序和信息披露义务。

第三十八条　公司控股子公司的对外担保比照上述规定执行。公司控股子公司要在其董事会或股东大会做出决议后，及时通知公司按规定履行信息披露义务。

……

资料来源：根据上海飞凯材料科技股份有限公司官网资料整理。

上海飞凯材料科技股份有限公司依法制定与完善担保政策和相关管理内部控制制度，在其对外担保的内部控制制度中，对担保的对象、范围、方式、条件、程序、担保限额和禁止担保的事项等予以明确，有效规范了公司的担保行为，对担保业务风险起到切实的防范应对作用。

（五）日常监控

主要风险有：重合同签订，轻后续管理，对担保合同履行情况疏于监控或监控不当，导致企业不能及时发现和妥善应对被担保人的异常情况，可能延误处置时机，加剧担保风险，加重经济损失。

主要管控措施有：

（1）企业担保经办部门应当指定专人定期监测被担保人的经营情况和财务状况，对被担保人进行跟踪和监督，了解担保项目的执行、资金的使用、贷款的归还、财务运行及风险等情况，促进担保合同有效履行。企业财会部门应当及时收集、分析被担保人担保期内经审计的财务报告等相关资料，持续关注被担保人的财务状况、经营成果、现金流量以及担保合同的履行情况，积极配合担保经办部门防范担保业务风险。

（2）企业有关部门和人员在实施日常监控过程中一旦发现被担保人存在经营困难、债务沉重，或者违反担保合同的其他情况，应当在第一时间向企业有关管理人员及时报告被担保人出现异常情况的重要信息，以便及时采取有针对性的应对措施，化解担保风险。

（3）企业应当加强对反担保财产的管理，妥善保管被担保人用于反担保的权利凭证，定期核实财产的存续状况和价值，发现问题及时处理，确保反担保财产的安全完整。

（六）代为清偿和权利追索

主要风险有：

（1）违背担保合同约定不履行代为清偿义务，可能被银行等债权人诉诸法律成为连带被告，影响企业形象和声誉；

（2）承担代为清偿义务后向被担保人追索权利不力，可能造成较大经济损失。

主要管控措施有：

（1）在债务履行期届满，被担保人确实无力偿付债务或履行相关合同义务时，企业应当自觉按照担保合同承担代偿义务，维护企业诚实守信的市场形象。

（2）企业按照担保合同履行代偿义务后，应当在有效期限内及时运用法律武器向被担保人行使追索赔偿的权利，确保企业财产不受损失。企业担保业务经办部门、财会部门、法律部门等应当通力合作，做到在司法程序中举证有力；同时，依法处置被担保人的反担保财产，尽力减少企业经济损失。

（3）严格落实担保业务责任追究制度。对在担保中出现重大决策失误、未履行集体审批程序或不按规定管理担保业务的部门及人员，严格追究责任人的责任，并深入开展总结分析，不断完善担保业务内控制度，严控担保风险。

四、担保业务的会计系统控制

具体来讲，企业财会部门应当做到：

（1）健全担保业务经办部门与财会部门的信息沟通机制，促进担保信息及时有效沟通。

（2）建立担保事项台账，详细记录担保对象、金额、期限、用于抵押和质押的物品或权利以及其他有关事项；同时，及时足额收取担保费用，维护企业担保权益。

（3）严格按照国家统一的会计准则、制度进行担保会计处理，发现被担保人出现财务状况恶化、资不抵债、破产清算等情形的，应当合理确认预计负债和损失。属于上市公司的，还应当区别不同情况依法予以公告。

（4）当担保合同到期时，全面清查用于担保的财产、权利凭证，按照合同约定及时终止担保关系。

案例4-33　　　　M公司担保业务管控流程实例

M公司担保业务管控流程与风险控制图如图4-19所示。

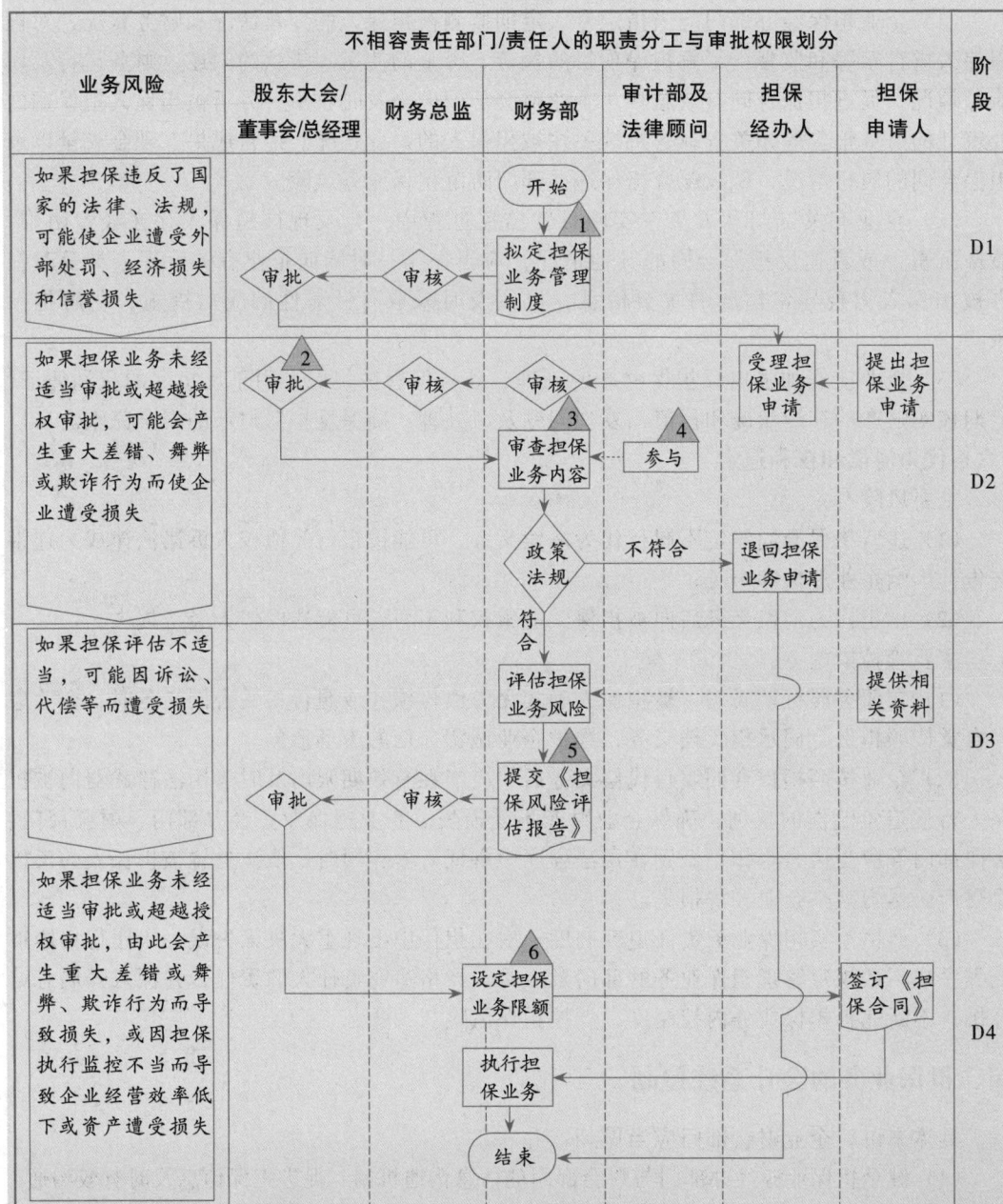

业务风险	不相容责任部门/责任人的职责分工与审批权限划分						阶段
	股东大会/董事会/总经理	财务总监	财务部	审计部及法律顾问	担保经办人	担保申请人	
如果担保违反了国家的法律、法规，可能使企业遭受外部处罚、经济损失和信誉损失	审批	审核	开始 → ① 拟定担保业务管理制度				D1
如果担保业务未经适当审批或超越授权审批，可能会产生重大差错、舞弊或欺诈行为而使企业遭受损失	② 审批	审核	审核 ← ③ 审查担保业务内容；政策法规（不符合→退回担保业务申请）	④ 参与	受理担保业务申请	提出担保业务申请	D2
如果担保评估不适当，可能因诉讼、代偿等而遭受损失	审批	审核	评估担保业务风险 → ⑤ 提交《担保风险评估报告》			提供相关资料	D3
如果担保业务未经适当审批或超越授权审批，由此会产生重大差错或舞弊、欺诈行为而导致损失，或因担保执行监控不当而导致企业经营效率低下或资产遭受损失			⑥ 设定担保业务限额 → 执行担保业务 → 结束			签订《担保合同》	D4

图4-19　担保业务管控流程与风险控制图

【不定项选择题】（每题至少有一个正确答案，请将正确答案填在括号内）

1.随着全面风险管理意识的加强，甲公司的股东要求管理层建立重大风险预警机制，明确风险预警标准，对可能发生的重大风险事件，制订应急方案，明确相关责任人和处理流程、程序和政策，确保重大风险事件得到及时、稳妥的处理。甲公司股东的要求所针对的内部控制要素是（　　）。

A.控制活动　　　　B.信息与沟通　　　　C.内部监督　　　　D.风险评估

2.20××年11月10日，永城煤电控股集团有限公司（以下简称永煤控股）发布公告称，因流动资金紧张，公司20××年度第三期超短期融资券"××永煤SCP003"未能按期足额偿付本息，已构成实质性违约，涉及本息金额共10.32亿元。从该公司财务报告可以看出，永煤控股主业煤炭盈利能力尚可，融资渠道畅通，但是母公司和关联方占款严重。同时该公司主要依赖负债筹资，使得资产负债率高达78%。依据《企业内部控制应用指引第6号——资金活动》，永煤控股所面临的主要风险有（　　）。

A.资金调度不合理、营运不畅，可能导致企业陷入财务困境

B.投资决策失误，引发盲目扩张，可能导致资金链断裂

C.资金活动管控不严，可能导致资金被挪用、侵占、抽逃或遭受欺诈

D.筹资决策不当，引发资本结构不合理，可能导致企业债务危机

3.下列选项中，如果存货的采购和决策程序是不合理的，不能保证存货取得的合理性，可能会导致的后果有（　　）。

A.造成存货的积压　　　　　　　　B.增加存货保管的工作量

C.导致实物变质、损失和被盗　　　D.增加资金占用，影响经济效益

4.乙公司是一家生产汽车配件的公司，为了在短期内取得更大的市场份额，总经理在未进行可行性研究和未经管理层批准的情况下，指示基建部门加快扩建一条新的配件生产线。结果生产线投产后，由于能源供应短缺，汽油价格暴涨，导致汽车配件严重滞销，生产线长期停工，公司损失惨重。你认为该公司内部控制存在的缺陷是（　　）。

A.固定资产取得的决策程序不合理　　B.市场预测不准确

C.公司生产效率低下　　　　　　　　D.以上都正确

5.丙公司为加快货款回收，决定允许公司销售部门及其销售人员直接收取货款，针对这种做法，正确的评价是（　　）。

A.提高了货款回收的效率

B.值得推广

C.责任更加明确，有利于货款的回收

D.容易发生舞弊和资金被侵占挪用，不值得推广

6.资金营运内部控制的总体要求是（　　），以及加强资金管理，确保资金安全。

A.保持生产经营各环节资金供求的动态平衡，确保循环顺畅

B.实施全面预算管理，确保资金综合平衡

C.促进资金合理循环和高效周转，提高资金使用效率

D.内部资金调拨灵活，满足内部资金需求

7.在企业的担保业务中，被担保对象通常主要包括（　　　）。

A.公司子公司、合营企业、联营公司

B.公司主要供应商、主要客户

C.与本公司经济利益有密切关系的其他企业

D.公司股东、股东的控股子公司、股东的附属企业以及个人

8.在采购业务流程中涉及的不相容岗位应当进行分离，一般包括（　　　）。

A.请购与审批

B.询价与确定供应商，供应商的选择与审批

C.采购、验收、保管与相关会计记录

D.采购合同协议的谈判、拟订、审核与审批

9.从内部控制角度，企业无形资产管理业务流程一般应分为（　　　）等环节。

A.无形资产的取得、验收并落实权属　　　　B.无形资产的使用与保全

C.无形资产的技术升级与更新换代　　　　D.无形资产的处置与转移

10.中国石油天然气股份有限公司在纽约证券交易所、中国香港联交所及上海证券交易所挂牌上市，公司编制财务报告要充分考虑各个上市地的监管要求，融合不同会计准则，协同不同披露需求，这属于符合财务报表的（　　　）。

A.业务目标　　　　B.总体目标　　　　C.合规目标　　　　D.内控目标

【圆桌讨论】

【资料一】DFBT汽车零部件有限公司（以下简称DFBT公司）引进了一套QAD企业管理系统，对业务流程熟悉的成本核算员韩某发现该系统存在漏洞，便密谋筹划窃取企业资金。与已在采购科稽核岗位工作11年的采购科稽核管理员方某共同设计出虚构采购业务套取企业货款的"方案"，并联合一家身陷资金链困境的供应商的实际控股人周某，实施计划。作案手段：

（1）方某（采购人员）负责将生成的虚拟采购入库清单提供给周某（供应商），周某根据清单虚开增值税专用发票交给方某。

（2）方某利用QAD系统进行虚拟挂账，由韩某（财务人员）操作"审核通过"，确认虚拟存货生成采购应付账款。

（3）方某通过"复制"之前的审批签字字迹，伪造虚假付款审批单据，并与入库清单等资料一起交由韩某处理，进入财务审批付款环节。韩某审核付款申请单，"安排"付款操作。

（4）收到"货款"的供应商周某扣除税点后以现金或转账方式将非法所得分发给韩某、方某二人，完成计划。

在DFBT公司会计人员韩某、采购人员方某作案的3年多时间里，公司并未通过有效的往来款对账机制发现问题。韩某、方某、周某三人内外勾结，虚构业务骗取公司资金2 500余万元，经人民法院审理，判处韩某有期徒刑十一年六个月，方某有期徒刑十一年，包括周某在内的其他涉案老板均被判处三至六年有期徒刑。

讨论主题清单：

1.阅读我国《企业内部控制应用指引第7号——采购业务》，谈谈DFBT公司在采购业

务内部控制管理上的缺陷。

2.结合本章知识，谈谈DFBT公司在采购与付款的内部控制管理上应采取哪些补救措施。

3.结合本章知识，谈谈采购业务的业务流程应当包括几个环节。各环节的主要风险与应对措施有哪些。

讨论形式：

采用六人一组的方式进行小组式讨论，小组提交讨论分析报告提纲，并选派小组代表发言，进一步讨论、总结。

讨论总结：

归纳总结各小组发言人的主要观点和亮点，进一步指出对案例素材扩展思考和分析的焦点问题。

【资料二】通过以下几则案例，谈谈企业资金活动、资产管理、销售业务、担保业务的风险及内部控制措施。

1.全国知名房地产公司恒大集团将要步入破产企业的行列。其主要内因如下：一是公司决策层过度运用资金杠杆，盲目举债，出现违约债务；二是公司地产项目在全国遍地开花，盲目扩张，一旦房价横盘或下跌，购房者大幅下降，房款回收时间拉长，就会出现资金链紧张，财务上面临巨大困难。

2.ZJ科技公司是一家生产、销售高性能碳纤维及碳纤维织物的公司。其当前在产的湿法××工艺的碳纤维产品涉嫌侵犯某大学的专利，正在研究的干湿法工艺碳纤维与××科研部门的核心技术权属存在重大争议。ZJ科技公司在20××年招股说明书中对核心技术及其权属争议的披露采用"文字游戏"进行隐瞒，其行为涉嫌虚假记载、误导性陈述和重大遗漏。

其次，20××年ZJ科技公司应收账款余额占比较大，主要是由于其所处行业的产业链较长，货款结算程序复杂、周期相对较长，导致公司的应收账款具有回收周期相对较长、期末金额较大的特点。高占比的应收账款有可能会对公司盈利和资金状况造成以下不利影响：如果未来客户资信情况或与公司合作关系发生恶化，将可能因应收账款不能及时回收形成坏账；若应收账款规模进一步扩大、账龄进一步加长，坏账准备金额会相应增加，对公司经营成果造成不利影响；如果应收账款规模扩大，也会影响公司经营性现金流量，对公司资金状况造成不利影响，并可能导致银行贷款和财务费用的增加，从而影响公司盈利能力。

3.甲会计师事务所对乙公司2022年度内部控制的有效性实施审计，在审计过程中发现乙公司的下属子公司B公司在未履行相应审批程序的情况下为关联方提供担保。

讨论主题清单：

1.阅读我国《企业内部控制应用指引第6号——资金活动》，谈谈恒大集团资金活动所面临的主要风险有哪些。谈谈对资金活动内部控制的总体要求的理解。

2.阅读我国《企业内部控制应用指引第8号——资产管理》《企业内部控制应用指引第9号——销售业务》，分析ZJ科技公司面临的资产管理风险、销售业务风险。

3.结合本章知识，谈谈对企业资产管理内部控制的总体要求的理解。谈谈销售业务的业务流程应当包括几个环节，各环节的主要风险与应对措施有哪些。

4.阅读我国《企业内部控制应用指引第12号——担保业务》，谈谈B公司该事项可能产生的主要风险，并针对主要风险提出乙公司相应的内部控制措施。

讨论形式：

采用六人一组的方式进行小组式讨论，小组提交讨论分析报告提纲，并选派小组代表发言，进一步讨论、总结。

讨论总结：

归纳总结各小组发言人的主要观点和亮点，进一步指出对案例素材扩展思考和分析的焦点问题。

【资料三】JDYS股份有限公司（以下简称JDYS）披露的《2020年年度报告》《2021年年度报告》中存在虚假记载、重大遗漏。其中，《2021年年度报告》财务数据存在的虚假记载主要如下：

1.虚增营业收入、利润

2021年度，JDYS及其全资子公司CH（以下简称CH）签订虚假合同、开展虚假业务，导致其披露的《2021年年度报告》中营业收入、利润部分存在虚假记载，虚增营业收入71 043 475.95元，占当期报告记载的营业收入的21.59%，虚增利润26 657 786.15元，占当期报告记载的利润总额的56.23%。

2.虚增在建工程

2021年，JDYS期末在建工程中，预付G公司设备款42 690 600.00元。其中，预付G公司36 320 600.00元设备款对应的在建工程没有对应的实际成本发生，虚增在建工程36 320 600.00元。

根据当事人违法行为的事实、性质、情节与社会危害程度，中国证监会拟决定对JDYS在《2020年年度报告》《2021年年度报告》存在虚假记载、重大遗漏的行为，依据《证券法》第一百九十七条：

一、对JDYS责令改正，给予警告，并处以500万元罚款。

二、对林某作为直接负责的主管人员（时任董事长、总经理），给予警告，并处以300万元罚款；作为实际控制人组织、指使上述行为，处以500万元罚款。

三、对应某（时任董事、副总经理、财务总监、董事会秘书）给予警告，并处以300万元罚款。

四、对刘某（时任董事）给予警告，并处以200万元罚款。

五、对王某（时任监事会主席、职工监事、内审部负责人）、雷某（曾任职于JDYS、时任CH项目部经理）、姜某（时任财务经理）给予警告，并分别处以100万元罚款。

讨论主题清单：

1.阅读我国《企业内部控制应用指引第14号——财务报告》，谈谈JDYS公司财务报告所面临的主要风险有哪些。谈谈对财务报告流程三个阶段中各环节的主要风险与应对措施的理解。

2.结合本章知识，谈谈在财务报告控制中企业主要负责人及各部门相关岗位人员的职责。

讨论形式：

采用六人一组的方式进行小组式讨论，小组提交讨论分析报告提纲，并选派小组代表发言，进一步讨论、总结。

讨论总结：

归纳总结各小组发言人的主要观点和亮点，进一步指出对案例素材扩展思考和分析的焦点问题。

⑤ 第五章
控制手段

【知识目标】

1.明确全面预算管理的概念、本质、原则和目标

2.理解全面预算组织应关注的风险及全面预算的管理体制

3.熟悉全面预算管理流程和内容，掌握全面预算管理流程各阶段、各环节的风险及管控措施

4.明确合同管理的概念、内部控制目标和组织领导措施

5.熟悉合同管理流程和内容，掌握合同管理流程各阶段、各环节的风险及管控措施

6.明确内部信息传递的概念、内部控制总体要求

7.熟悉内部信息传递的流程和内容，掌握内部信息传递流程各阶段、各环节的风险及管控措施

8.明确信息系统内部控制的概念、内部控制目标

9.熟悉信息系统内部控制流程和内容，理解信息系统一般控制和应用控制的风险及管控措施

【能力与素养目标】

1.能准确把握全面预算管理流程及流程各阶段的管控措施

2.能根据企业具体情况识别风险，初步设计适当的全面预算管理流程，并建立相应的管控措施

3.能准确把握合同管理流程及流程各阶段的管控措施

4.能根据企业具体情况识别风险，初步设计适当的合同管理流程，并建立相应的管控措施

5.能准确把握内部信息传递流程及流程各阶段的管控措施

6.能根据企业具体情况识别风险，初步设计适当的内部信息传递流程，并建立相应的管控措施

7.能准确把握信息系统一般控制、应用控制流程，以及一般控制和应用控制的管控措施

8.具有统观全局、守信履约、团队协作、积极进取的职业意识

9.具有统筹规划、奉法守德、知责尽责、勤于钻研的职业行为

10.具有敬业乐业、严谨务实、无私奉献、廉洁自律的职业作风

【本章知识架构】

章名	节名	一级标题
控制手段	全面预算管理内部控制	全面预算管理概述
		全面预算管理组织体制

章名	节名	一级标题
控制手段	全面预算管理内部控制	全面预算管理流程梳理及各阶段工作内容
		全面预算管理的主要风险
		预算编制阶段管控措施
		预算执行阶段管控措施
		预算考核阶段管控措施
	合同管理内部控制	合同管理概述
		合同管理的组织领导
		合同管理流程梳理及各阶段工作内容
		合同管理的主要风险
		合同订立阶段管控措施
		合同履行阶段管控措施
		合同事后评估阶段管控措施
	内部信息传递内部控制	内部信息传递概述
		内部信息传递流程梳理及各阶段工作内容
		内部信息传递的主要风险
		内部报告形成阶段管控措施
		内部报告使用阶段管控措施
		建立完善的反舞弊机制
	信息系统内部控制	信息系统内部控制概述
		信息系统内部控制流程梳理及各阶段工作内容
		信息系统内部控制的主要风险
		信息系统一般控制管控措施
		信息系统应用控制管控措施

【本章导学案例】

浙江大华技术股份有限公司的内部控制手段

浙江大华技术股份有限公司（以下简称公司），是全球领先的以视频为核心的智慧物联解决方案提供商和运营服务商。公司于2008年5月上市，2020年位列"全球安防50强"第二名。2022年4月，公司董事会公布其2021年内部控制的自我评价报告。在其公布的内部控制自我评价报告的"三、内部控制评价工作情况（一）内部控制评价范围"

部分中，对纳入评价范围的主要事项：全面预算、合同管理、内部信息传递、信息系统进行了报告。现摘录如下：

......

13.全面预算

公司制定了《年度预算指引流程》《年度预算生成流程》《管理预算执行流程》《预算变更流程》《财务维度考核管理办法》等制度，明确预算编制、审批、执行、分析、考核等各部门、各环节的职责任务、工作程序和具体要求，建立了全面的预算管理体系，保证对公司战略的有效承接与实现，更好地进行资源调配。

公司制定了成本核算、费用报销等制度，建立了申请、审批、付款等三方面的主要控制流程，通过开发及应用网上费用报销管理系统并合理设置业务部门与付款部门的岗位，明确职责权限，加强对成本费用报销的流程、期限、审批、付款、会计处理、预算分析等环节的控制，堵住成本费用支出环节的漏洞。各控制流程建立了严格的管理制度和授权审核程序。

14.合同管理

公司合同管理主要有合同的签订、合同的审查批准、合同的履行、合同的变更解除、纠纷处理、合同管理等方面的控制程序，涉及合同的审批、合同履行情况的检查、纠纷处理等控制活动。公司建立了规范统一的授权体系，对公司各级人员代表公司对外协商、签订和执行合同的行为加以规范和控制。

15.内部信息传递

公司建立了完善的内部信息传递和沟通渠道，包括治理层与管理层的沟通、经营目标的下达、管理和内部控制的下达、主要业务流程信息的传递等，充分利用信息技术，强化内部报告信息集成和共享，将内部报告纳入企业统一信息平台，构建科学的内部报告网络体系。在各部门各岗位职责中对各岗位的沟通对象进行明确规定，各岗位对其工作成果负责，同时按照权限上报相关领导。同时，公司建立了与外部咨询机构、外部审计师的沟通，积极接受其对公司内部治理和内部控制方面有益的意见，完善的信息传递和沟通渠道保证了公司经营活动的高效和健康。

16.信息系统

公司结合组织架构、业务范围、地域分布、技术能力等因素，制定信息系统建设整体规划，从管理信息安全、管理客户需求与交付、管理信息数据及信息技术支持和维护等维度建立了相应的流程和制度，有序组织信息系统开发、运行与维护，优化管理流程，防范经营风险，全面提升企业现代化管理水平。

公司建立了较为完善的网上办公系统，各部门及岗位在所属权限内发布或获取相关信息。网上办公系统OA的设立提高了公司办公效率，节约了办公成本，使得公司各部门之间的沟通更加畅通高效，部门内部各岗位之间也有效实现了程序化的牵制监督。

公司建立了与财务会计相关的信息系统，包括用以生成、记录、处理和报告交易、事项和情况，对相关资产、负债和所有者权益履行经营管理责任的程序和记录，与财务报告相关的信息系统能够与其业务流程相适应。重点关注的高风险领域主要包括：销售合同签署、销售收款控制、销售收入确认、成本费用管理、资金支付等方面。

......

资料来源：佚名.浙江大华技术股份有限公司2021年度内部控制自我评价报告[EB/OL].(2022-04-23).https://www.eastmoney.com.

浙江大华技术股份有限公司内部控制手段涉及企业整体业务或管理，采用了全面预算、合同管理、内部信息传递和信息系统，确保其内部控制的有效运行发挥出积极的作用，将公司内部控制规范落到了实处。

第一节　全面预算管理内部控制

一、全面预算管理概述

（一）全面预算管理的产生与发展

预算管理最初起源于13世纪的英国政府预算。当时英国国王的课税权受制于地主贵族阶层，即国王课税的方案只有在议会同意后才能执行，预算管理初现端倪，之后在其他发达资本主义国家政府财政支出中开始得到运用。最早运用预算管理的国家是美国。全面预算管理的发展可以分为以下三个时期：

1.19世纪末至20世纪20年代，预算管理引入期

19世纪末20世纪的美国，工商企业迅速发展，各类企业集团不断出现，企业管理层级增多，需要采用分权管理方式对企业进行有效控制。一些企业管理者试图通过预算管理来计划、协调和控制企业各层级的经营管理活动。至此，预算被引入到现代企业管理之中。

1911年，泰勒创建"科学管理"学说，一些企业借鉴其科学的管理思想，将"标准成本"等专门方法运用于产品成本控制。这是预算思想在美国企业运用的最初形态。20世纪20年代，美国杜邦公司率先在标准成本的基础上将预算引入企业，并取得成功，其进而被嫁接到美国通用汽车公司，在此之后，全面预算管理迅速成为现代工商企业的标准作业程序。

1921年，美国国会颁布《预算和会计法案》，这是预算控制思想发展过程中的一个里程碑事件，预算管理至此开始在工商企业广泛运用。1922年，美国学者麦西金依据该法案的精神编写出版《预算控制》，该书首次从控制论的角度，详细阐述了预算管理的理论和方法，标志着公司预算管理理论的初步形成，并在市场经济发达国家的企业管理中得到了迅速发展。

2.20世纪30年代至70年代，预算管理发展期

20世纪30年代以后，预算管理制度在欧美国家不断完善。在这期间，现代科学技术的发展不断推陈出新，生产力水平迅速提高，跨国公司开始出现，企业的规模越来越大，但外部经营环境复杂多变，企业利润普遍出现下降情况。为此，企业管理者开始重视经营预测和决策工作，对企业极为复杂的生产经营活动进行科学的预测、决策、组织、安排和控制，以促使企业的生产经营活动实现最优化运转，提升竞争力，这使得企业预算管理实践得到进一步发展和完善。20世纪50年代美国管理学家西蒙的《决策理论》一书，加速了预算管理理论的发展。

20世纪60年代，企业将全面预算管理作为内部管理控制的方法。全面预算管理强调以企业战略目标为出发点，以市场需求为导向，企业全体员工参与，涉及企业生产经营各个方面。

3.20世纪80年代至今，预算管理成熟期

1985年之后，世界经济发生了巨大的变化，企业逐渐进入信息化数字时代。企业资源计划（ERP）系统运用到预算管理中，提高了管理效率，并成为内部管控的主要方法。传统的预算管理体系得以运行的前提条件开始被动摇，它自身存在的各种矛盾开始日益显现，为解决这些问题，学术界和实务界开始引入战略管理。20世纪80年代，美国著名的管理会计学家罗伯特·卡普兰提出了作业成本预算管理制度，同时与其和诺顿创造的平衡记分卡相结合，形成了基于平衡计分卡的预算管理，使得预算管理更具战略性，有利于企业战略目标的实现。

20世纪90年代，世界格局及经济环境发生剧烈变化，国内外竞争日渐激烈，以往的预算管理缺乏适应性、费时耗力等很多缺陷日渐明显，人们开始积极探索新的预算管理模式。欧洲一些学者提出了"超越预算"的概念，主张放弃将预算指标作为事后评价指标的超越预算管理日益发展起来，该模式主张借助非财务指标等事后标准量进行业绩评价。

预算管理在我国起步较晚，20世纪90年代，随着改革开放的推进，我国市场经济得到迅速发展，企业要在激烈市场竞争中生存，就必须根据市场需求，组织生产经营活动，预算管理作为西方企业的基础性管理制度，逐步被国内企业引用，对国内企业发展起到积极作用。2002年2月，财政部颁发了《关于企业实行财务预算管理的指导意见》，对国有企业实施全面预算管理提出了明确要求。国家各部委也先后颁布关于全面预算管理的各项行政规章，指导企业将预算管理引入日常经营管理中，预算管理的理念越来越得到我国企业的认同。2010年，财政部等五部委制定了18项企业内部控制应用指引，包括《企业内部控制应用指引第15号——全面预算》，至此，全面预算管理在我国进入了快速发展期。

（二）全面预算管理的概念

美国著名管理学家戴维·奥利指出：全面预算管理是为数不多的几个能把组织的所有关键问题融合于一体的管理控制方法之一，现已成为大型工商企业的标准作业程序。

《企业内部控制应用指引第15号——全面预算》第二条中指出，全面预算是指企业对一定期间经营活动、投资活动、财务活动等作出的预算安排。全面预算是一种全方位、全过程、全员参与编制与实施的预算管理模式，具有计划、协调、控制、激励等综合管理功能。从以下几点对全面预算管理的概念进行理解：

（1）全面预算的"全方位"，体现在企业的一切经济活动，包括经营、投资、财务等各项活动，人、财、物各个方面，供、产、销各个环节，都必须纳入预算管理。全面预算是由经营预算（也称业务预算）、投资预算、筹资预算、财务预算等一系列预算组成的相互衔接和勾稽的综合预算体系。

（2）全面预算的"全过程"，体现在企业组织各项经济活动的事前、事中和事后都纳入预算管理，形成由预算编制、执行、分析、调整、考核、奖惩等一系列环节所组成的管理活动。

（3）全面预算的"全员"参与，指企业内部各部门、各单位、各岗位，上至最高负责

人，下至各部门负责人、各岗位员工都必须参与预算编制与实施。

（三）全面预算管理的本质

全面预算管理的本质是企业内部管理控制的一项工具，即预算本身不是最终目标，而是为实现企业目标所采用的管理与控制手段，从而有效控制企业风险。《企业内部控制基本规范》将预算控制列为重要的控制活动和风险控制措施。

（四）全面预算管理的原则

1.统一性原则

预算目标应由公司总部统一规划，并要与公司总体的经营目标一致，各级预算单位必须服从于公司的总体战略目标和经营目标。

2.层次性原则

预算目标经过逐级分解后，下达的预算指标由各级运营及管理单位负责落实，各单位对各自归口的业务编制预算，并对预算负责，公司统一对各单位预算执行情况进行分析考核。

3.全面性原则

预算管理要将企业经营的各个环节逐步纳入预算管理范围，不发生遗漏，同时还要兼顾各方面的协调、平衡。

4.科学性原则

预算管理要在广泛的调研、分析和预测的基础上，制定科学、合理的数量计划和单位标准，设计科学、合理的编制流程和方法，以确保预算执行的可行性。

5.合理性原则

无论是预算的标准，还是预算编制的流程、方法的设计，都需要根据企业的实际情况确定，本着实事求是的原则，合理确定预算目标，收入预算不要定得过高和不切实际，支出预算也不能太紧，要量入为出，不影响企业经营活动正常开展。

6.重要性原则

企业的预算管理，要将有效的资金和资源优先配置到企业最重要、最紧急的地方，不要全面开花，以避免浪费企业有限的资源。

（五）全面预算管理的目标

（1）评价整合企业资金流、实物流、业务流、信息流与人力流，优化企业资源配置，提高资源价值创造力。

（2）全面规范企业内部责、权、利关系，提升企业运行效率，实现制约与激励。

（3）确保防范风险，实施内部控制，促进企业实现发展战略目标。

二、全面预算管理组织体制

（一）预算组织机构建立应防范的风险

健全的全面预算组织体系与运行机制是有效开展全面预算管理控制重要的基础和保障。全面预算组织管理的主要风险是：全面预算组织领导与运行体制不健全，预算管理松散，预算编制、执行、考核等各环节流于形式，预算管理的作用得不到有效发挥。具体表现为：

（1）缺乏专门的预算管理组织或职责界定不清，致使预算权威性不高。

（2）预算管理部门与各职能部门之间协作不畅，致使预算责任不清。

（3）财务部门包揽所有预算编制工作，业务、职能部门参与配合较少，致使预算编制不全面、执行无力度。

（4）未建立规范的预算管理制度，致使预算管理、操作随意。

（二）全面预算的管理体制

《企业内部控制应用指引第15号——全面预算》第四条中规定，企业应当加强全面预算工作的组织领导，明确预算管理体制以及各预算执行单位的职责权限、授权批准程序和工作协调机制。全面预算的管理体制一般应具备全面预算管理决策机构、常设机构和执行机构三个层次的基本架构。

1.决策机构——预算管理委员会

机构地位：在全面预算管理组织体系中居于领导核心地位，是专门履行全面预算管理职责的决策机构。

人员构成：企业负责人（董事长或总经理）任主任，总会计师（或财务总监、分管财会工作的副总经理）任副主任，成员包括各职能部门负责人、分（子）公司负责人等，为非常设机构部门。

主要职责：

（1）制定并颁布企业全面预算管理制度，包括预算管理的政策、措施、办法、要求等。

（2）根据企业战略规划和年度经营目标，拟定预算目标，确定预算目标分解方案、预算编制方法和程序。

（3）组织编制、综合平衡预算草案。

（4）下达经批准的正式年度预算。

（5）协调解决预算编制和执行中的重大问题。

（6）审议、审批预算调整方案。

（7）审议预算考核和奖惩方案。

（8）考核企业全面预算总的执行情况。

2.常设机构——预算管理工作机构

机构地位：预算管理委员会下设立预算管理工作机构，由其履行预算管理委员会的日常管理职责，为常设机构，一般设在财会部门。

人员构成：主任由总会计师（或财务总监、分管财会工作的副总经理）兼任，成员除了财务部门人员外，还应有计划、人力资源、生产、销售、研发等各业务部门人员参加。

主要职责：

（1）拟订全面预算管理制度，并负责检查落实全面预算管理制度执行情况。

（2）拟订年度预算总目标分解方案及有关预算编制程序、方法的草案。

（3）指导各级预算单位预算编制工作。

（4）预审各预算单位的预算初稿，进行综合平衡，并提出修改意见和建议。

（5）汇总编制总预算草案，提交预算管理委员会审查。

（6）监控预算执行情况。

（7）定期汇总、分析各预算单位预算执行情况，并向预算管理委员会提交预算执行分析报告。

（8）审核各预算单位的预算调整申请，集中制订年度预算调整方案。

（9）协调解决企业预算编制和执行中的有关问题。

（10）提出预算考核和奖惩方案。

3.执行机构——各业务职能部门

机构地位：遵循分级分层、权责利相结合、责任可控、目标一致的原则划分内部预算责任单位，并与企业的组织机构设置相适应。预算执行单位在预算管理部门（指预算管理委员会及其工作机构）的指导下，组织开展本部门或本企业全面预算的编制工作，严格执行批准下达的预算。

人员构成：企业内部各职能部门、所属分（子）企业等。

主要职责：

（1）编制部门预算。

（2）执行部门预算，提出部门预算执行分析报告，控制部门预算的实施。

（3）申请调整部门预算。

（4）组织实施部门预算考核和奖惩工作。

（5）接受上级预算管理部门的指导、监督、考核。

>> 案例5-1　　　　　　　　H公司的全面预算管理组织体制

H集团公司20××年开始实施全面预算管理，为了确保全面预算的权威性以及公司整体目标与局部目标的协调统一，根据全面预算管理的特点，结合公司生产经营管理的要求，建立了三层次基本架构的全面预算管理体制：

集团预算委员会——由集团主要领导及各专业部门主管领导组成。

集团预算委员会办公室——设在财务处，作为日常工作机构。财务部设立预算成本科，负责公司预算和经济责任制的编制、分解、分析和考核，使财务部在履行预算委员会赋予的管理职能时，可以按照公司预算控制的程序认真协调好各管理职能部门之间的业务关系。

各预算执行机构——由集团根据有关规定设立，并赋予相应权限和职责。各预算执行单位还设立兼职预算管理员，负责本单位预算的日常管理工作。

H集团公司建立了健全的全面预算管理体制，为有效开展全面预算管理提供了重要的基础和保障。

三、全面预算管理流程梳理及各阶段工作内容

（一）全面预算管理基本流程

全面预算管理的基本流程一般分为三个阶段：预算编制、预算执行和预算考核。其中，预算编制阶段包括三个环节：预算编制、预算审批、预算下达。预算执行阶段包括四个环节：预算指标分解和责任落实、预算执行控制、预算分析、预算调整。三个阶段、八个环节相互关联、相互作用、相互衔接，周而复始地循环，从而实现对企业全面经济活动的控制。

在全面预算管理的基本流程中涉及的不相容岗位应当进行分离，一般包括：预算编制

与预算审批、预算审批与预算执行、预算执行与预算考核。

全面预算管理的基本流程如图5-1所示。

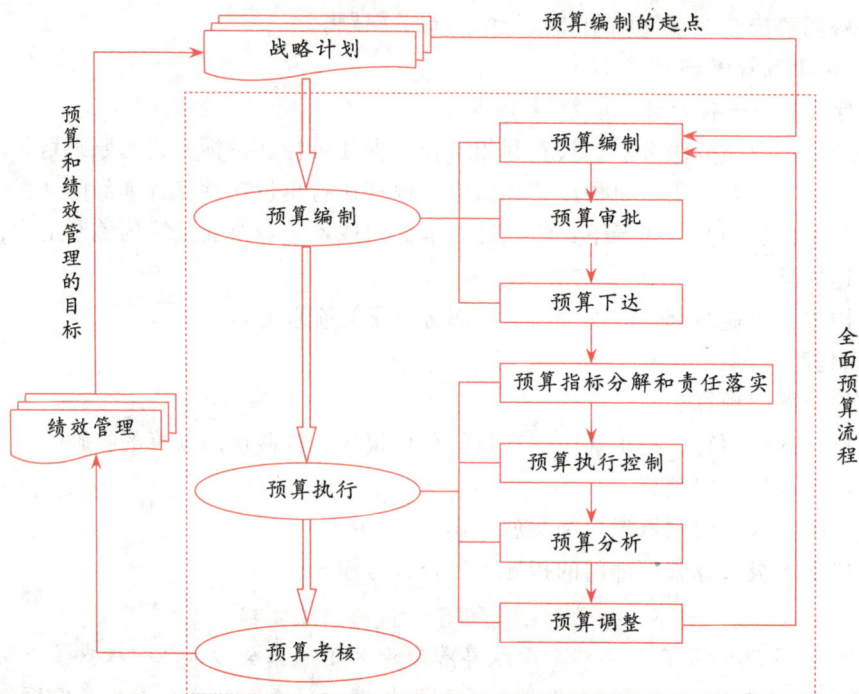

图5-1　全面预算管理的基本流程

（二）全面预算管理基本流程各阶段的工作内容

1.预算编制阶段的工作内容

预算编制阶段可分为三个环节：预算编制环节、预算审批环节和预算下达环节。预算编制是全面预算管理的起点，是将企业战略转化为短期的、具体的、可行的、可量化的预算目标及指标体系的过程。这一阶段流程中预算管理委员会、预算管理工作机构、各级预算执行单位的工作内容为：

（1）预算目标的确定。

预算管理工作机构工作内容：根据企业战略规划和年度经营目标，结合对预算期经济形势的初步预测，测算下一年度的全面预算目标。

预算管理委员会工作内容：审定预算目标，下达年度预算总目标。

（2）年度预算总目标分解方案及预算编制程序、方法的确定。

预算管理工作机构工作内容：拟订年度预算总目标分解方案及有关预算编制程序、方法的草案，报预算管理委员会审定。

预算管理委员会工作内容：根据企业战略规划和年度经营目标，确定预算目标分解方案、预算编制程序和方法。

（3）预算编制上报。

预算管理工作机构工作内容：组织和指导各级预算单位的预算编制工作。

各级预算执行单位工作内容：提供编制预算的各项基础资料，并负责本单位全面预算的编制和上报工作。

（4）预审预算初稿，综合平衡，汇总预算草案。

预算管理工作机构工作内容：预审各预算单位的预算初稿，进行综合平衡，并提出修改意见和建议；协调解决预算编制中的有关问题；汇总编制企业全面预算草案，提交预算管理委员会审查。

预算管理委员会工作内容：组织编制、综合平衡年度预算草案；协调解决预算编制中的重大问题；将年度预算草案报董事会审核。

各预算执行单位工作内容：配合预算管理部门做好企业总预算的综合平衡。

（5）审议批准年度预算草案。

股东大会或董事会工作内容：根据相关法律法规及企业章程的规定，股东大会或董事会审议批准年度预算草案。

（6）下达执行年度预算。

预算管理委员会工作内容：下达经批准的正式年度预算。

2.预算执行阶段的工作内容

预算执行阶段可分为四个环节：预算指标分解和责任落实环节、预算执行控制环节、预算分析环节和预算调整环节。这一阶段流程中预算管理委员会、预算管理工作机构、各级预算执行单位的工作内容为：

（1）预算指标分解和责任落实。

在预算正式执行前，企业需要将正式下达的全面预算目标进行层层分解，落实各个责任中心的预算责任，确保全面预算的有效执行。各预算责任单位的第一负责人是直接责任人。具体业务负责人对预算执行负主要责任。

预算管理部门工作内容：将经股东大会或董事会审议批准的全面预算分解为部门责任预算，明确各预算执行部门（各职能部门、分厂、车间、分（子）公司等）的预算责任目标，并将年度预算细化为季度、月度预算。

各预算执行部门工作内容：层层分解本部门负责的预算指标，落实到内部各部门、各环节、各岗位和每个人。

（2）预算执行控制。

各预算执行部门工作内容：严格执行经批准的预算，监督检查本单位预算执行情况。一般不得突破预算指标。

预算管理工作机构工作内容：协调解决预算执行中的有关问题。

预算管理委员会工作内容：协调解决预算执行中的重大问题，如听取预算执行情况的分析报告并提出改进措施，协调各部门确定下一步行动计划，督促各预算执行单位完成预算目标，综合协调全面预算管理中的冲突。

（3）预算分析。

预算分析是全面预算管理体系的重要环节，通过预算分析，可以发现预算执行中存在的问题及原因，有助于落实预算责任和纠正偏差，实现预算执行过程中的监控，为实施预算考核和奖惩提供依据。

预算执行单位工作内容：及时分析、报告本单位的预算执行情况，解决预算执行中的问题。

预算管理工作机构工作内容：定期汇总、分析各预算单位预算执行情况，并向预算管理委员会提交预算执行分析报告，为预算管理委员会进一步采取行动拟订建议方案。

预算管理委员会工作内容：听取预算执行情况的分析报告并提出改进措施，协调各部门确定下一步行动计划，督促各预算执行单位完成预算目标，综合协调全面预算管理中的冲突。

（4）预算调整。

预算调整是预算管理中必不可少的一个环节，是确保预算顺利执行的必要措施，当预算编制的假设条件，特别是外部客观环境发生重大变化，导致企业无法继续执行现行预算或如果执行现行预算会使企业遭受经济损失，就应对预算进行调整。

预算执行单位工作内容：根据内外部环境变化及企业预算管理制度，提出预算调整申请。

预算管理工作机构工作内容：接受各预算单位的预算调整申请，根据企业预算管理制度进行审查，集中制订年度预算调整方案，报预算管理委员会审议。

预算管理委员会工作内容：审议、审批预算调整方案。

3.预算考核阶段的工作内容

预算考核是对预算执行情况的考核评价，其以预算编制内容为基础，以预算执行者为考核对象，以预算指标为考核标准，通过预算执行结果和预算指标的比较分析，落实责任、评价业绩、实施奖惩。预算考核对于发挥预算约束与激励功能、强化预算执行、确保预算目标实现具有重要作用。

预算执行单位工作内容：组织实施本单位内部的预算考核和奖惩工作，配合预算管理部门做好企业总预算执行监控、考核奖惩等工作。

预算管理工作机构工作内容：提出预算考核和奖惩方案，报预算管理委员会审议；组织开展对企业二级预算执行单位（企业内部各职能部门、所属分（子）企业等）预算执行情况的考核，提出考核结果和奖惩建议，报预算管理委员会审议。

预算管理委员会工作内容：审议预算考核和奖惩方案，考核企业全面预算总的执行情况。

四、全面预算管理的主要风险

《企业内部控制应用指引第15号——全面预算》第三条中指出：企业实行全面预算管理，至少应当关注下列风险：不编制预算或预算不健全，可能导致企业经营缺乏约束或盲目经营；预算目标不合理、编制不科学，可能导致企业资源浪费或发展战略难以实现；预算缺乏刚性、执行不力、考核不严，可能导致预算管理流于形式。预算编制、预算执行和预算考核三个阶段的主要风险如下：

（一）预算编制阶段风险

1.预算编制环节风险

主要表现为：

（1）预算编制部门以财务部门为主，业务部门参与度较低，可能导致预算编制不合理，预算管理责、权、利不匹配；预算编制范围和项目不全面，各个预算之间缺乏整合，可能导致全面预算难以形成。

（2）预算编制依据的相关信息不足，可能导致预算目标与战略规划、经营计划、市场环境、企业实际等相脱离；预算编制基础数据不足，可能导致预算编制准确率降低。

（3）预算编制程序不规范，横向、纵向信息沟通不畅，可能导致预算目标缺乏准确性、合理性和可行性。

（4）预算编制方法选择不当，或强调采用单一的方法，可能导致预算目标缺乏科学性和可行性。

（5）预算目标及指标体系设计不完整、不合理、不科学，可能导致预算与实现发展战略和经营目标、促进绩效考评等相脱离。

（6）编制预算时间太早或太晚，可能使预算准确性不高、影响预算的执行。

2.预算审批环节风险

主要表现为：全面预算未经适当审批或超越授权审批，可能导致预算权威性不够、执行不力，或可能因重大差错、舞弊而导致损失。

3.预算下达环节风险

主要表现为：全面预算下达不力，可能导致预算执行或考核无据可查。

（二）预算执行阶段风险

1.预算指标分解和责任落实环节风险

主要表现为：

（1）预算指标分解不够详细、具体，可能导致某些岗位和环节缺乏预算执行和控制依据。

（2）预算指标分解与业绩考核体系不匹配，可能导致预算执行不力。

（3）预算责任体系缺失或不健全，可能导致预算责任无法落实，预算缺乏强制性与严肃性。

（4）预算责任与执行单位或个人的控制能力不匹配，可能导致预算目标难以实现。

2.预算执行环节风险

主要表现为：

（1）缺乏严格的预算执行授权审批制度，可能导致预算执行随意。

（2）预算审批权限及程序混乱，越权、重复审批，降低了预算执行效率和严肃性，可能导致预算执行不力，预算目标难以实现。

（3）预算执行过程缺乏有效监控，导致预算执行不力，预算目标难以实现。

（4）缺乏健全有效的预算反馈和报告体系，可能导致预算执行情况不能及时反馈和沟通，预算差异得不到及时分析，预算监控难以发挥作用。

3.预算分析环节风险

主要表现为：

（1）预算分析不正确、不科学、不及时，可能削弱预算执行控制的效果，或可能导致预算考评不客观、不公平。

（2）对预算差异原因的解决措施不得力，可能导致预算分析形同虚设。

4.预算调整环节风险

主要表现为：预算调整依据不充分、方案不合理、审批程序不严格，可能导致预算调整随意、频繁，预算失去严肃性和"硬约束"。

（三）预算考核阶段风险

主要表现为：

（1）预算考核不严格、不合理、不到位，可能导致预算目标难以实现、预算管理流于形式。

（2）考核主体和对象的界定是否合理、考核指标是否科学、考核过程是否公开透明、考核结果是否客观公正、奖惩措施是否公平合理，影响预算落实与执行。

≫ 案例5-2　　　　　　　Y公司预算管理需要关注的主要风险

Y公司是一家致力于汽车零部件的研发、生产及销售的公司。公司拟实行全面预算管理体系，并成立由财务总监牵头、各部门负责人为组员的预算管理小组，该小组根据公司的发展战略和经营计划直接编制20××年预算草案。由于预算编制过程中缺少对预算期内经济政策、市场环境、公司在市场中竞争地位等因素的综合分析，又没有按照上下结合、分级编制、逐级汇总的程序进行运作，公司预算与实际运营呈现出较大差距。例如，公司给销售部定的20××年预算收入为6 000万元，而到20××年10月份销售部仅完成销售收入4 000多万元，公司要求的预算收入年底前难以完成。销售部经理不得不自行把预算销售额调整为5 000万元，然后将详细情况通告给预算管理小组。

Y公司的预算管理需要关注的主要风险有：

（1）预算目标不合理、编制不科学，可能导致企业资源浪费或发展战略难以实现。理由是依据案例中所述："该小组根据公司的发展战略和经营计划直接编制20××年度预算草案。……公司要求的预算收入年底前难以完成"。

（2）预算缺乏刚性、执行不力、考核不严，可能导致预算管理流于形式。理由是依据案例中所述："公司给销售部定的20××年预算收入为6 000万元……公司要求的预算收入年底前难以完成。销售部经理不得不自行把预算销售额调整为5 000万元，然后将详细情况通告给预算管理小组"。

五、预算编制阶段管控措施

（一）预算编制环节管控措施

《企业内部控制应用指引第15号——全面预算》第五条对于预算编制控制提出了总体要求：企业应当建立和完善预算编制工作制度，明确编制依据、编制程序、编制方法等内容，确保预算编制依据合理、程序适当、方法科学，避免预算指标过高或过低。预算编制环节主要有以下六大管控措施：

1.预算编制全面性控制

预算编制的全面性主要强调两点：

（1）明确企业各个部门、单位的预算编制责任，使企业各个部门、单位的业务活动全部纳入预算管理。

（2）将企业经营、投资、财务等各项经济活动的各个方面、各个环节都纳入预算编制范围，形成由经营预算、投资预算、筹资预算、财务预算等一系列预算组成的相互衔接和勾稽的综合预算体系。

一般生产性企业全面预算主要内容构成如图5-2所示。

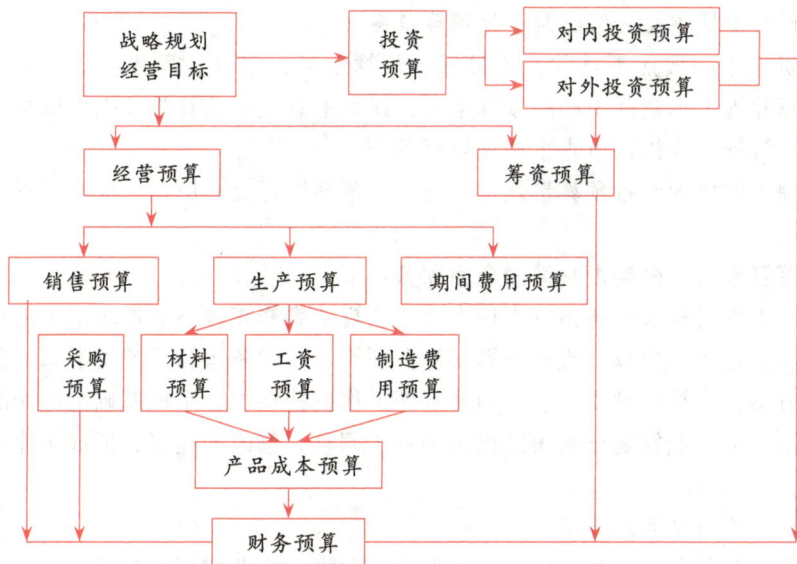

图5-2　一般生产性企业全面预算主要内容构成

2.预算编制依据和基础控制

《企业内部控制应用指引第15号——全面预算》第六条要求，企业应当根据发展战略和年度生产经营计划，综合考虑预算期内经济政策、市场环境等因素编制年度全面预算。

预算编制依据的选择主要考虑：

（1）制定明确的战略规划，并依据战略规划制定年度经营目标和计划，作为制定预算目标的首要依据，确保预算编制真正成为战略规划和年度经营计划的年度具体行动方案。

（2）深入开展企业外部环境的调研和预测，包括对企业预算期内客户需求、同行业发展等市场环境的调研，以及宏观经济政策等社会环境的调研，确保预算编制以市场预测为依据，与市场、社会环境相适应。

（3）深入分析企业上一期间的预算执行情况，充分预计预算期内企业资源状况、生产能力、技术水平等自身环境的变化，确保预算编制符合企业生产经营活动的客观实际。

（4）重视和加强预算编制基础管理工作，包括历史资料记录、定额制定与管理、标准化工作、会计核算等，确保预算编制以可靠、翔实、完整的基础数据为依据。

3.预算编制程序控制

《企业内部控制应用指引第15号——全面预算》第六条要求，企业应当按照上下结合、分级编制、逐级汇总的程序，编制年度全面预算。预算编制基本步骤及其控制为：

（1）预算管理工作机构分解下达预算目标。

预算管理工作机构根据企业战略规划和年度经营目标，结合对预算期经济形势的初步预测，测算下一年度的全面预算目标，经预算管理委员会审定后下达。预算管理工作机构拟订年度预算总目标分解方案及有关预算编制程序、方法的草案，报预算管理委员会审定，预算指标连同编制政策层层下达到各预算责任中心。预算管理工作机构分解预算目标，企业应当建立系统的指标分解体系，并在与各预算责任中心进行充分沟通的基础上分解下达初步预算目标。

（2）各预算责任中心分级编制上报预算草案。

各预算责任中心按照下达的预算目标和预算政策，结合自身特点以及预测的执行条件，认真测算并提出本责任中心的预算草案，逐级汇总上报预算管理工作机构。

（3）预算管理工作机构审查平衡预算草案。

预算管理工作机构对各预算责任中心的预算草案进行充分协调、沟通，审查平衡预算草案。

（4）预算管理工作机构汇总编制全面预算草案。

预算管理工作机构根据各预算责任中心的预算草案修正调整后逐级汇总上报的预算草案，一般按照"先经营预算、投资预算、筹资预算，后财务预算"流程汇总编制整个企业的全面预算方案，预算管理委员会对预算管理工作机构在综合平衡基础上提交的预算方案进行研究论证，从企业发展全局角度提出进一步调整、修改的建议，形成企业年度全面预算草案，提交董事会。

（5）董事会审核全面预算草案。

重点关注预算的科学性和可行性，确保全面预算与企业发展战略、年度生产经营计划相协调。

4.预算编制方法控制

正确选择预算编制方法，可以提高预算编制效率，对于提高预算指标的准确性、科学性、可行性至关重要。企业应当本着遵循经济活动规律，充分考虑符合企业自身经济业务特点、基础数据管理水平、生产经营周期和管理需要的原则，选择或综合运用固定预算、弹性预算、滚动预算等方法编制预算。同一预算项目可根据具体内容的不同选取不同的方法，同一种方法也可用于不同的预算。

5.预算目标及指标体系设计控制

预算目标及指标体系设计应当考虑：

（1）按照"财务指标为主体、非财务指标为补充"的原则设计预算指标体系；

（2）将企业的战略规划、经营目标体现在预算指标体系中；

（3）将企业产、供、销、投资、融资等各项活动的各个环节、各个方面的内容都纳入预算指标体系；

（4）将预算指标体系与绩效评价指标协调一致；

（5）按照各责任中心在工作性质、权责范围、业务活动特点等方面的不同，设计不同或各有侧重的预算指标体系。

6.预算编制时间控制

企业可以根据自身规模大小、组织结构和产品结构的复杂性、预算编制工具和熟练程度、全面预算开展的深度和广度等因素，确定合适的全面预算编制时间，并应当在预算年度开始前完成全面预算草案的编制工作（一般在每年年底完成下年预算）。

（二）预算审批环节管控措施

企业全面预算应当按照《公司法》等相关法律法规及企业章程的规定报经审议批准。

（三）预算下达环节管控措施

企业全面预算经审议批准后应及时以文件形式下达执行。

W公司在全面预算编制方面的部分做法如下：

1.预算编制总的流程

（1）市场调研。进行市场及内部管理情况调研，形成预算调研报告，报公司预算委员会讨论通过，并下发各相关单位，作为公司编制预算的依据。

（2）编制年度预算编制大纲。明确年度预算编制指导思想、总体思路、市场形势、总体目标、编制原则、编制流程、编制内容及方法、编制分工及有关要求。

（3）预算编制程序。在预算编制时，总体按"先经营预算、投资预算、筹资预算，后财务预算"的流程，以及"自上而下、自下而上、上下结合、综合平衡、分解下达"的程序进行编制，其中，"自下而上"指先从岗位报职能部门，再上报各二级单位，最后报公司预算管理办公室汇总、审核和平衡。公司预算管理办公室编制完年度预算草案后，先报预算委员会审查，再报公司董事会审定，于12月31日前以正式文件分解下达给各单位、各部室，各单位（部室）将公司下达的预算分解到各职能部门、岗位，实现预算管理的全员性。次年，公司要根据股东大会审议通过的年度正式预算，调整各单位、各部室预算。

2.预算基础管理工作

（1）形成《全面预算管理办法》《预算调整管理规定》《年度预算编制大纲》等为基础的预算管理文件体系；

（2）初步建立公司及各单位预算指标体系，根据集团要求及公司的管理实际，将价值量指标与管理指标有机结合；

（3）建立预算台账，为预算编制提供历史数据资料。

但是，由于W公司长期以来定额管理、历史资料记录、数据统计等预算基础管理工作比较薄弱，导致预算编制的准确性不高、偏差较大，成本费用得不到有效控制。公司个别主要业务活动预算停留在价值指标的预算，难以实现价值指标与实物指标的结合，从而影响了预算编制的精细化水平。

W公司全面预算编制方面存在的问题：

（1）预算编制没有体现战略导向性。没有将公司发展战略和年度生产经营计划作为预算编制的首要依据，难以发挥全面预算管理在促进公司发展战略实现中的应有作用。只强调市场导向忽略战略导向的预算编制原则还可能引起内部各单位推卸管理责任，很难将内部各单位的行动统一到有利于公司总体发展目标的方向上来。

（2）只注重公司外部环境的调研，而没有深入分析企业上一期间的预算执行情况，没有充分预计预算期内企业资源状况、承运能力等的变化，可能会使编制的预算与企业生产经营活动的客观实际相脱节。

（3）定额管理、历史资料记录、数据统计等预算基础管理工作比较薄弱，导致预算编制的准确性不高、预算管理精细化程度受限。

（4）预算指标体系虽注意了价值量指标与管理指标的有机结合，但与公司战略规划、经营目标、绩效考核等方面的结合还不够明显。

M公司预算编制业务管控流程与风险控制图如图5-3所示。

业务风险	不相容责任部门/责任人的职责分工与审批权限划分				阶段
	股东大会	董事会	预算委员会	预算执行部门	

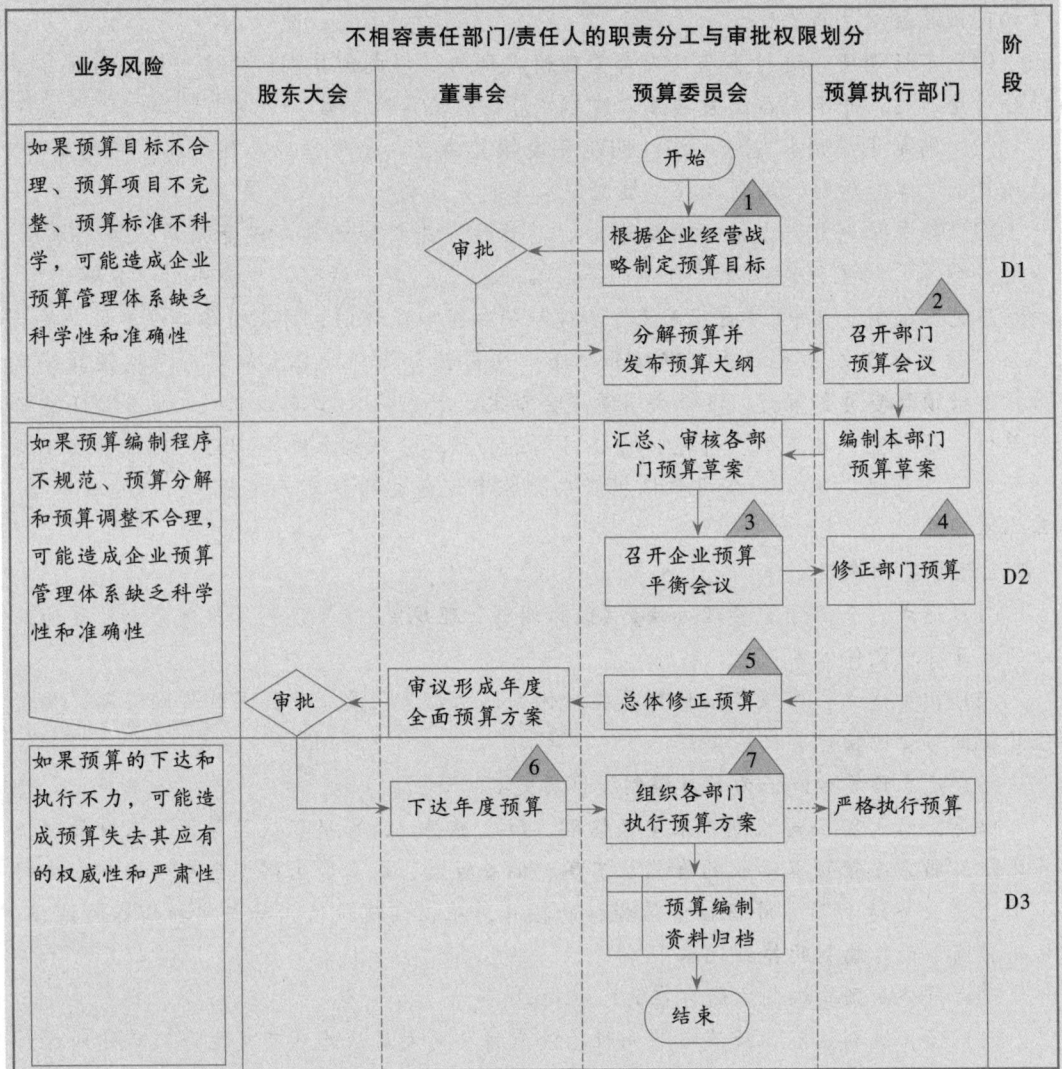

如果预算目标不合理、预算项目不完整、预算标准不科学，可能造成企业预算管理体系缺乏科学性和准确性 —— 审批 ← ①根据企业经营战略制定预算目标（开始）；分解预算并发布预算大纲 → ②召开部门预算会议 —— D1

如果预算编制程序不规范、预算分解和预算调整不合理，可能造成企业预算管理体系缺乏科学性和准确性 —— 汇总、审核各部门预算草案 ← 编制本部门预算草案；③召开企业预算平衡会议 → ④修正部门预算 —— D2

⑤总体修正预算 ← 审议形成年度全面预算方案 ← 审批

如果预算的下达和执行不力，可能造成预算失去其应有的权威性和严肃性 —— ⑥下达年度预算 → ⑦组织各部门执行预算方案 ⋯ 严格执行预算；预算编制资料归档（结束）—— D3

图5-3　预算编制业务管控流程与风险控制图

六、预算执行阶段管控措施

（一）预算指标分解和责任落实环节管控措施

1.及时组织实施预算指标分解

企业全面预算一经批准下达，各预算执行单位应当认真组织实施，将预算指标层层分解。横向将预算指标分解为若干相互关联的因素，寻找影响预算目标的关键因素并加以控制；纵向将各项预算指标层层分解落实到最终的岗位和个人，明确责任部门和最终责任人；时间上将年度预算指标分解细化为季度、月度预算，通过实施分期预算控制，实现年度预算目标。

2.建立预算执行责任制度

通过签订预算目标责任书等形式明确各预算执行部门的预算责任。对照已确定的责任指标，定期或不定期地对相关部门及人员责任指标完成情况进行检查，实施考评。

3.分解预算指标和建立预算执行责任制应当遵循定量化、全局性、可控性原则

具体来说就是：预算指标的分解要明确、具体，便于执行和考核；预算指标的分解要有利于企业经营总目标的实现；赋予责任部门和责任人的预算指标应当是通过该责任部门或责任人的努力可以达到的，责任部门或责任人以其责权范围为限，对预算指标负责。

（二）预算执行控制环节管控措施

1.确保预算刚性，严格执行预算

企业应当加强资金收付业务的预算控制，及时组织资金收入，严格控制资金支付，调节资金收付平衡，防范支付风险。

2.建立预算执行授权审批制度

严格资金支付业务的审批控制，及时制止不符合预算目标的经济行为，确保各项业务和活动都在授权的范围内运行。

企业应当就涉及资金支付的预算内事项、超预算事项、预算外事项建立规范的授权批准制度和程序，避免越权审批、违规审批、重复审批现象的发生。对于预算内非常规或金额重大事项，应经过较高的授权批准层（如总经理）审批。对于超预算或预算外事项，应当实行严格、特殊的审批程序，一般须报总经理办公会或类似权力机构审批；金额重大的，还应报预算管理委员会或董事会审批。预算执行单位提出超预算或预算外资金支付申请，应当提供有关发生超预算或预算外支付的原因、依据、金额测算等资料。

3.建立预算执行实时监控制度

企业应当建立预算执行实时监控制度，及时发现和纠正预算执行中的偏差，确保企业办理采购与付款、销售与收款、成本费用、工程项目、对外投融资、研究与开发、信息系统、人力资源、安全环保、资产购置与维护等各项业务和事项，均符合预算要求。对于涉及生产过程和成本费用的，还应严格执行相关计划、定额、定率标准。

4.建立重大预算项目特别关注制度

对于工程项目、对外投融资等重大预算项目，企业应当密切跟踪其实施进度和完成情况，实行严格监控。对于重大的关键性预算指标，也要密切跟踪、检查。

5.建立预算执行情况预警机制

企业应当科学选择预警指标，合理确定预警范围，及时发出预警信号，积极采取应对措施。有条件的企业，应当推进和实施预算管理的信息化，通过现代电子信息技术手段控制和监控预算执行，提高预警与应对水平。

6.建立健全预算执行情况内部反馈和报告制度

预算管理工作机构应当加强与各预算执行单位的沟通，运用财务信息和其他相关资料监控预算执行情况，采用恰当方式及时向预算管理委员会和各预算执行单位报告、反馈预算执行进度、执行差异及其对预算目标的影响，预算执行信息传输及时、畅通、有效，能够促进企业全面预算目标的实现。

（三）预算分析环节管控措施

1.建立预算执行情况分析制度

预算管理工作机构和各预算执行单位应当建立预算执行情况分析制度，定期召开预算执行分析会议，通报预算执行情况，研究、解决预算执行中存在的问题，认真分析原因，提出改进措施。

2.规范预算分析流程和预算分析方法

加强对预算分析流程和方法的控制，确保预算分析结果准确、合理。预算分析流程一般包括以下环节：❶确定分析对象；❷收集内、外部资料；❸确定差异及分析原因；❹提出措施及反馈报告。企业分析预算执行情况，应当充分收集有关财务、业务、市场、技术、政策、法律等方面的信息资料，根据不同情况分别采用比率分析、比较分析、因素分析等方法，从定量与定性两个层面充分反映预算执行单位的现状、发展趋势及其存在的潜力。

3.采取恰当措施处理预算执行偏差

企业应针对造成预算差异的不同原因采取不同的处理措施：

（1）因内部执行导致的预算差异，应分清责任归属，与预算考评和奖惩挂钩，并将责任单位或责任人的改进措施的实际执行效果纳入业绩考核；

（2）因外部环境变化导致的预算差异，应分析该变化是否长期影响企业发展战略的实施，并作为下期预算编制的影响因素。

（四）预算调整环节管控措施

1.明确预算调整条件

企业批准下达的预算应当保持稳定，不得随意调整。由于市场环境、国家政策或不可抗力等客观因素，导致预算执行发生重大差异确需调整预算的，应当履行严格的审批程序。企业应当在有关预算管理制度中明确规定预算调整的条件。

2.强化预算调整原则

企业预算调整应当遵循：

（1）预算调整应当符合企业发展战略、年度经营目标和现实状况，重点放在预算执行中出现的重要的、非正常的、不符合常规的关键性差异方面；

（2）预算调整方案应当客观、合理、可行，在经济上能够实现最优化；

（3）预算调整应当谨慎，调整频率应予以严格控制，年度调整次数应尽量少。

3.规范预算调整程序

预算调整程序：

（1）提出预算调整书面申请。调整预算一般由预算执行单位逐级向预算管理委员会提出书面申请，详细说明预算调整理由、调整建议方案、调整前后预算指标的比较、调整后预算指标可能对企业预算总目标的影响等内容。

（2）审核分析预算调整报告、编制预算调整方案。预算管理工作机构应当对预算执行单位提交的预算调整报告进行审核分析，集中编制企业年度预算调整方案，提交预算管理委员会。

（3）预算调整方案审议、下达执行。预算管理委员会应当对年度预算调整方案进行审议，根据预算调整事项性质或预算调整金额的不同，根据授权进行审批，或提交原预算审批机构审议批准，然后下达执行。企业预算管理委员会或董事会审批预算调整方案时，应当依据预算调整条件，并考虑预算调整原则严格把关，对于不符合预算调整条件的，坚决予以否决；对于预算调整方案欠妥的，应当协调有关部门和单位研究改进方案，并责成预算管理工作机构予以修改后再履行审批程序。

>> **案例5-5** **P公司的预算执行管控**

P公司在全面预算执行过程中的部分主要做法如下：

（1）预算指标分解。将经批准下达的年度全面预算分解到内部各部门、各环节和各岗位，并分解到季度、月度，以此作为公司预算控制的标杆。

（2）预算执行监控与信息反馈。财务部门（P公司预算委员会办公室设在财务部门）及时和生产、销售、采购、供应等部门保持实时的信息沟通，对各部门完成预算情况进行动态跟踪监控，不断调整偏差，确保预算目标的实现。

例如：在物资采购环节，财务部门严格审核每笔业务有无计划处签发的"采购计划通知单"、有无审计处审签并盖章的经济合同和"价格审核通知单"、有无财务预算、专用发票是否规范等。财务部门对每个供应商建立应付账款业务结算卡，根据欠款等情况来调节付款节奏，争取最优惠的付款方式。各部门从仓库领料及到财务部门报销时必须有财务部门的会计派驻员、成本核算员或预算计划处的签章，各种领料月末统一由预算计划处结算，从而有效地控制成本及相关费用的开支。财务部门根据每天的资金支出日报，及时向各部门和领导反馈预算的执行情况，控制资金支出。

（3）预算执行分析。财务部门依据会计资料和各部门会计派驻员掌握的动态经济信息，并通过每月召开各部门参加的预算执行分析会议，全面、系统分析各部门预算目标的完成情况和存在的问题，并提出纠偏的建议和措施，报公司预算委员会和执行预算的各部门。公司预算委员会依据各部门预算执行情况对各部门进行考核，经被考核部门、责任人确认后兑现奖惩。

P公司在预算指标分解、预算执行监控与信息反馈、预算执行分析环节采取了较为得力的控制措施，在这三个环节实现了对预算执行过程的有效控制。

七、预算考核阶段管控措施

1.建立健全预算执行考核制度

（1）建立严格的预算执行考核制度。按照有关预算执行考核的制度或办法，认真、严格地组织实施对各预算执行单位和个人的考核，将预算目标执行情况纳入考核和奖惩范围，切实做到有奖有惩、奖惩分明。

（2）定期组织实施预算考核。预算考核的周期一般应当与年度预算细分周期相一致，即一般按照月度、季度实施考评，预算年度结束后再进行年度总考核。

2.合理界定预算考核主体和考核对象

预算考核主体分为两个层次：预算管理委员会和内部各级预算责任单位。预算考核对象为企业内部各级预算责任单位和相关个人。界定预算考核主体和考核对象应当主要遵循以下原则：

（1）上级考核下级原则，即由上级预算责任单位对下级预算责任单位实施考核。

（2）逐级考核原则，即由预算执行单位的直接上级对其进行考核，间接上级不能隔级考核间接下级。

（3）预算执行与预算考核相互分离原则，即预算执行单位的预算考核应由其直接上级部门来进行，而绝不能自己考核自己。

3.科学设计预算考核指标体系

预算考核指标体系设计应主要把握以下原则：

（1）预算考核指标要以各责任中心承担的预算指标为主，同时本着相关性原则，增加一些全局性的预算指标和与其关系密切的相关责任中心的预算指标。

（2）考核指标应以定量指标为主，同时根据实际情况辅之以适当的定性指标。

（3）考核指标应当具有可控性、可达到性和明晰性。

4.按照公开、公正、公平原则实施预算考核

预算考核应当做到以下三点：

（1）考核程序、标准、结果要公开。企业应当将全面预算考核程序、考核标准、奖惩办法、考核结果等及时公开。

（2）考核结果要客观公正。预算考核应当以客观事实作为依据。预算执行单位上报的预算执行报告是预算考核的基本依据，应当经本单位负责人签章确认。企业预算管理委员会及其工作机构定期组织预算执行情况考核时，应当将各预算执行单位负责人签字上报的预算执行报告和已掌握的动态监控信息进行核对，确认各执行单位预算完成情况。必要时，实行预算执行情况内部审计制度。

（3）奖惩措施要公平合理并得以及时落实。预算考核的结果应当与各执行单位以及员工的薪酬、职位等进行挂钩，实施预算奖惩。企业设计预算奖惩方案时，应当以实现全面预算目标为首要原则，同时还应遵循公平合理、奖罚并存的原则。奖惩方案要注意各部门利益分配的合理性，要根据各部门承担的工作难易程度和技术含量合理确定奖励差距。要奖罚并举，不能只奖不罚，并防止奖惩实施中的人情因素。

第二节　合同管理内部控制

一、合同管理概述

（一）合同管理的概念

《企业内部控制应用指引第16号——合同管理》第二条中指出，本指引所称合同是指企业与自然人、法人及其他组织等平等主体之间设立、变更、终止民事权利义务关系的协议。《中华人民共和国民法典》第四百六十四条中规定，合同是民事主体之间设立、变更、终止民事法律关系的协议。

合同的法律特征体现在：

（1）合同是双方或多方当事人自愿达成的民事法律行为。从三方面理解此含义：从合同的主体看，必须有两个以上当事人；从意思表示看，必须是合同当事人意思表示一致；合同是一种民事法律行为。

（2）合同以设立、变更、终止民事权利义务关系为目的。当事人订立合同的目的，是为了设立、变更、终止民事权利义务关系，这种权利义务关系是为了满足当事人的某种需求或实现某种愿望。

（3）合同当事人的法律地位是平等的。在民事法律关系中，当事人之间的法律地位是平等的，没有上下级之分，没有高低，不分大小，一律平等。任何一方不得将自己的观点、主张强加给对方。

（4）合同是国家规定的一项法律制度，受国家强制力的保护和约束。合同一旦成立生效，当事人不得随意变更或解除，当事人无正当理由不履行合同，要承担法律责任。

合同起到维系市场主体，规范、约束市场之间交易行为，优化资源配置，维护市场经济秩序的重要作用。企业的本质就是一系列合同的联结体，企业通过合同将其与股东、债权人、供应商、消费者、职工以及政府等有机地联系在一起。加强合同管理既是企业内部控制的重要手段，又是企业维护合法权益、保证营运安全、控制财务风险、提高企业经营管理水平的重要基础。

所谓合同管理，就是指全面梳理合同管理的主要流程，揭示合同管理过程中的主要风险点，有针对性地提出相关控制措施，将合同风险控制在企业可承受范围之内。合同管理需要注意三点：

（1）合同管理的全过程。合同管理的全过程包括从合同洽谈、草拟、签订、生效开始，直至合同失效为止。不仅重视合同签订前的管理，更要重视合同签订后的管理。

（2）合同管理的系统性。要求凡涉及合同条款内容的企业各部门都要一起参与管理。

（3）合同管理的动态性。需要注重合同履约全过程的变化，掌握对企业不利情况的变化，及时进行合同补充、变更和解除。

《企业内部控制应用指引第16号——合同管理》中所规范的合同以书面合同管理概述为主，口头合同和其他形式合同参照执行。本指引所指的合同管理内容并不包括企业与职工签订的劳动合同，《企业内部控制应用指引第3号——人力资源》专门针对企业录用各类人员的内部控制有相应规范。

（二）合同管理的内部控制目标

1.防范法律风险，维护合法权益

合同作为调节企业和其他组织或个人之间经济活动关系的依据，能够以法律形式规范企业在合同订立与履行过程中的行为，保护了合同当事人的合法权益。有效的合同管理，能够推动企业自觉履行合同义务，预防经济纠纷，维护企业的合法权益不受违约方侵害。

2.降低运营风险，提高经营管理水平

合同是企业经营活动的先导，是计划安排的依据。企业各项经营、投资和筹资活动均贯穿其中，做好合同管理，实际上在很大程度上也就做好了企业资金资产管理、采购销售管理、担保工程管理等多项业务管理。有效利用合同管理能够协调企业内部各方关系，提高企业经营管理水平，降低运营风险，提升企业竞争力。

3.控制财务风险，提升资金使用效率

有效利用合同管理能够有效监控和计量财务风险，保证合同目标与企业财务战略目标相协调，控制企业的投融资风险。同时，有效的合同管理能够帮助企业节省交易时间，降低交易成本，保证交易正常进行，加速资金周转，提升企业资金使用效率。

二、合同管理的组织领导

企业在建立与实施合同管理的内部控制过程中，应当强化合同管理的组织领导，明确归口管理部门，明确授权范围及职责分工。具体的控制措施如下：

（一）分级授权管理控制

企业应当根据经济业务性质、组织机构设置和管理层级安排，建立合同分级授权管理制度。合同管理分级授权权限见表5-1。

表5-1 合同管理分级授权权限

层级	合同管理权限
股东（大）会	负责审议批准与企业重大投资、筹资决策等相关的重大合同
董事会	负责组织建立企业合同管理制度、明确合同分级审批的权限
经理层	负责制定和落实各项合同管理制度、直接参与重要合同的谈判、履行和监控。
监事会	负责监督企业董事、经理和其他高管对重大合同管理责任的履行情况。
各相关业务部门	实行合同岗位责任制，在本岗位授权范围内进行合同洽谈、拟订合同文本、落实合同履行、确保合同签署目的的实现

属于上级管理权限的合同，下级单位不得签署。对于重大投资类、融资类、担保类、知识产权类、不动产类合同，上级部门应加强管理。下级单位认为确有需要签署涉及上级管理权限的合同，应当提出申请，并经上级合同管理机构批准后办理。上级单位应当加强对下级单位合同订立、履行情况的监督检查。

（二）合同归口管理控制

企业可以根据实际情况指定法律部门等作为合同归口管理部门，对合同实施统一规范管理。

合同归口管理部门的职责：具体负责制定合同拟定、审批、执行等环节的程序和要求；参与重大合同的起草、谈判、审查和签订；参与或组织合同纠纷的调解、仲裁、诉讼活动；管理合同专用章；管理与合同有关的法人授权委托书；定期检查和评价合同管理中的薄弱环节，采取相应控制措施，促进合同的有效履行。

（三）合同管理考核与责任追究制度

合同控制各个环节的相关合同管理人员应当有明确的职责和权限，为此，企业应当健全合同管理考核与责任追究制度，对合同订立、履行过程中出现的违法违规行为，给企业造成经济损失或商业信誉损害的行为，应当追究有关机构或人员的责任。

三、合同管理流程梳理及各阶段工作内容

（一）合同管理基本流程

合同管理的基本流程可分为合同订立、合同履行和合同事后评估三个阶段。其中，合同订立阶段包括：合同调查、合同谈判、合同文本拟订、合同审核、合同签署。合同履行阶段包括：合同履行、合同补充和变更、合同解除、合同结算、合同登记。

在合同管理的基本流程中涉及的不相容岗位应当进行分离，一般包括：合同的拟订与审核（会审），合同的审核与审批，合同的审批与执行，合同的执行与监督评估等。

合同管理的基本流程如图5-4所示。

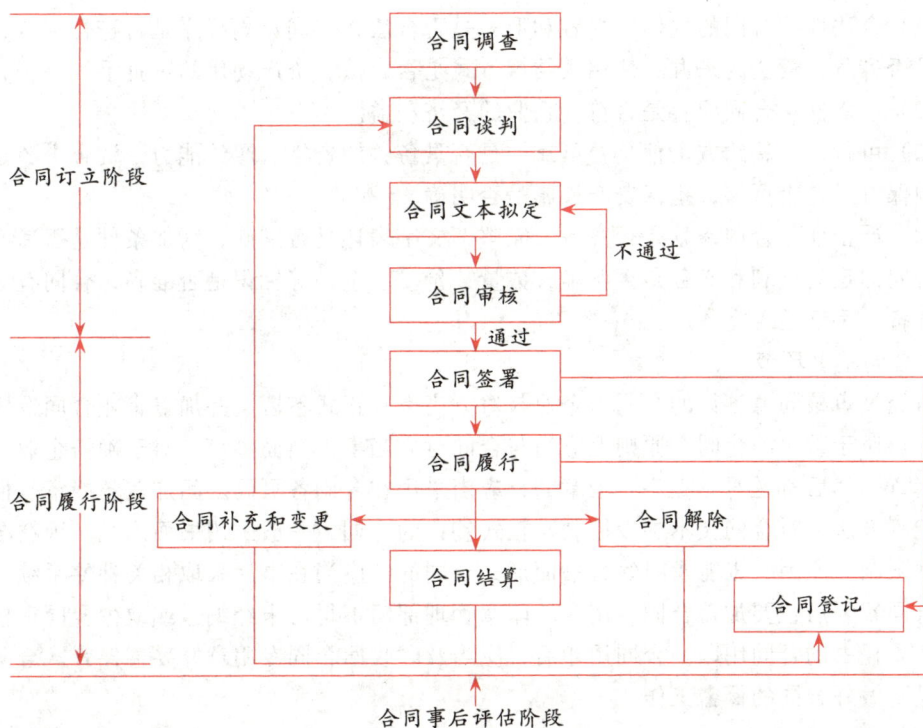

图5-4 合同管理的基本流程

（二）合同订立阶段的工作内容

1.合同调查环节

合同订立前，需要了解合同对方是否具有主体资格，是否具有相应民事权利能力和民事行为能力，或具备特定资质，是否具备代理权资格。同时，还要了解其生产经营状况、财务风险、商业信誉、信用状况等，确保对方当事人具备合同履约能力。

2.合同谈判环节

初步确定合同对象后，企业合同承办部门在授权范围内与对方进行谈判，按照自愿、公平的原则，磋商合同内容和条款。具体包括：合同标的数量、质量或技术标准，合同价格的确定方式与支付方式，履约期限和方式，违约责任和争议解决的办法，合同变更或解除条件等，明确双方的权利义务和违约责任。谈判过程应当注意保密工作，不得以任何形式泄露商业秘密和国家机密。

3.合同文本拟订环节

合同谈判后，根据协商谈判结果，企业合同承办部门拟定合同文本。合同文本拟订应当采用书面形式，合同内容与国家法律法规、行业产业政策、企业总体战略目标和特定的经营目标协调一致，合同内容和条款完整、表述严谨准确，不存在重大疏漏和欺诈。

4.合同审核环节

合同文本拟定完成后，由审核人员对合同文本进行严格审核。对影响重大或法律关系复杂的合同文本，组织财会部门、内部审计部、法律部、业务关联的相关部门对合同文本进行会审。

合同文本会审的重点内容包括以下方面：

（1）合法性。合同的主体、内容和形式是否合法，合同订立程序是否符合规定，会审意见是否齐备，资金的来源、使用及结算方式是否合法，资产动用的审批手续是否齐备。

（2）经济性。合同内容是否符合企业的经济利益。

（3）可行性。签约方资信是否可靠，是否具备签约资格、履约能力，资金来源是否合法，担保方式是否可靠，担保资产权属是否明确。

（4）严密性。合同条款是否齐备、完整，文字表述是否准确，附加条件是否适当、合法；合同约定的权利和义务是否明确，数量、价款、金额等标识是否准确，合同有关附件是否齐备，手续是否完备。

5.合同签署环节

对经过审核同意签订的合同，企业与对方当事人正式签署，并加盖企业合同专用章。

企业对于重要的合同，原则上应当与合同对方当事人当面签订，对于确需企业先行签字并盖章，然后寄送对方签字并盖章的，应当采用在合同各页码之间加盖骑缝章、使用防伪印记等方法，对合同文本加以控制。正式签订的合同，一般采用书面形式。因情况紧急或条件限制等原因，未能及时签订书面形式合同的，应当在事后采取相关补签手续。

合同签署后，要加盖合同专用章。印章管理部门不得对未经编号或缺少合同审核、缺少授权委托书的合同用印。合同用印后，应当及时收回合同专用章并妥善保管。合同签署之后，要做好合同的保密工作。

（三）合同履行阶段的工作内容

1.合同履行环节

合同订立后，企业应当与合同对方当事人一起遵守诚实信用原则，根据合同的性质、目的和交易习惯严格履行合同。企业应当监控合同履行过程，如发现对方发生违约、不能履约、延迟履约等行为，或企业自身可能无法履行或延迟履行合同，应当及时采取应对措施，并向企业有关负责人汇报。合同到期时，应及时与对方办理相关结清手续，了结权利和义务关系。

2.合同补充和变更及合同解除环节

合同生效后，企业有时需要补充、变更甚至解除合同。如果发现有显失公平、条款有误或对方有欺诈行为等情形，已经或可能导致企业利益严重受损，合同归口管理部门应当及时向企业有关负责人报告，并采取合法有效措施，制止危害行为的发生或扩大。必要时可以请求仲裁机构或法院对原合同予以变更或解除。

变更或解除合同应当由合同双方达成书面协议。变更或解除合同的审核程序与合同订立前的审核程序相同；解除合同还应当报有关部门办理注销手续。

3.合同结算环节

合同结算是合同执行的重要环节，由企业财会部门办理，既是对合同签订的审查，又是对合同执行的监督。企业财务部门根据对合同条款的审核执行结算业务。凡未按合同条款履约的，或应签订书面合同而未签订的，或验收未通过的业务，财务部门有权拒绝付款。

4.合同登记环节

合同管理实行全过程封闭管理，合同签署、履行、结算、补充或变更、解除等都需要合同登记，以防止合同的遗失以及泄密。

（四）合同管理事后评估阶段的工作内容

合同管理事后评估阶段的内部控制是企业对合同进行定期评估，具体内容包括：合同的签订是否符合程序；合同审核意见是否得到合理采纳；合同是否全面履行；合同纠纷是否得到妥善处理；合同是否适当归档；合同管理工作中是否有成绩、创新，是否存在违法、违规行为；合同管理内部控制设计和执行是否有效；是否存在提高合同管理效率效果的建议。

四、合同管理的主要风险

《企业内部控制应用指引第16号——合同管理》第三条中指出：企业合同管理至少应当关注下列风险：未订立合同、未经授权对外订立合同、合同对方主体资格未达要求、合同内容存在重大疏漏和欺诈，可能导致企业合法权益受到侵害；合同未全面履行或监控不当，可能导致企业诉讼失败、经济利益受损；合同纠纷处理不当，可能损害企业利益、信誉和形象。合同订立、合同履行和合同事后评估三个阶段的主要风险如下：

（一）合同订立阶段风险

1.合同调查环节风险

主要表现为：

（1）忽视被调查对象的主体资格审查。对方当事人不具有相应民事权利能力和民事行为能力，或不具备特定资质，或与无权代理人、无处分权代理人签订合同，导致合同无效，或引发潜在风险。

（2）在合同签订前错误判断被调查对象的信用状况，或在合同履行过程中没有持续关注对方的资信变化，致使企业蒙受损失。

（3）对被调查对象的履约能力给出不当评价，将不具备履约能力的对象确定为准合同对象，或将具有履约能力的对象排除在准合同对象之外，最终导致合同无法执行。

2.合同谈判环节风险

主要表现为：

（1）谈判中忽略合同重大问题或在重大问题上做出不恰当让步。

（2）合同谈判经验不足，缺乏技术、法律和财务知识的支撑，导致企业利益受损。

（3）泄露本企业谈判策略，导致企业在谈判中处于不利地位。

3.合同文本拟订环节风险

主要表现为：

（1）选择不恰当的合同形式。

（2）合同与国家法律法规、行业产业政策、企业总体战略目标或特定业务经营目标发生冲突。

（3）合同内容和条款不完整、表述不严谨、不准确，或存在重大疏漏和欺诈，导致企业合法利益受损。

（4）有意拆分合同、规避合同管理规定等。

（5）对于合同文本须报经国家有关主管部门审查或备案的，未履行相应程序。

4.合同审核环节风险

主要表现为：

（1）合同审核人员因专业素质或工作态度等原因，未能发现合同文本中的不当内容和

条款。

（2）审核人员通过审核发现问题但未提出恰当的修订意见。

（3）合同起草人员没有根据审核人员的改进意见修改合同，导致合同中的不当内容和条款未被纠正。

5.合同签署环节风险

主要表现为：

（1）超越权限签订合同。

（2）合同印章管理不当。

（3）签署后的合同被篡改。

（4）因手续不全导致合同无效等。

（二）合同履行阶段风险

1.合同履行环节风险

主要表现为：本企业或合同对方当事人未恰当地履行合同中约定的义务。

2.合同补充、变更和合同解除环节风险

主要表现为：

（1）合同生效后，对合同条款未明确约定的事项（如质量、价款、履行地点等内容）没有及时协议补充，导致合同无法正常履行。

（2）合同履行过程中，未能及时发现已经或可能导致企业利益受损情况（如条款有误、对方有欺诈行为、政策调整、市场变化等情形），或未能采取有效措施。

（3）合同纠纷处理不当，导致企业遭受外部处罚、诉讼失败，损害企业利益、信誉和形象等。

3.合同结算环节风险

主要表现为：

（1）违反合同条款，未按合同规定期限、金额和方式付款。

（2）疏于管理，未能及时催收到期合同款项。

（3）在没有合同依据的情况之下盲目付款等。

4.合同登记环节风险

主要表现为：合同档案不全、合同泄密、合同滥用等情况。

（三）合同事后评估阶段风险

主要表现为：企业没有进行合同事后评估、评估之后未能形成合理意见、评估的合理意见不被采纳。

>> 案例5-6　　　　　　　　W集团公司的合同管理风险

W集团公司在构建内控监督体系、夯实合规经营底线、防范资产流失风险、助力公司高质量发展中出现的几则合同管理内控典型性案例如下：

典型案例1：合同要素不全，购销合同未约定已发货未销售商品保管责任。某公司与某便利店签订《商品购销合同》，合同约定商品交货以甲方（某公司）指定的物流仓出具的盖章收货单为收货依据，未交物流仓收货的所有商品在途风险及损失由乙方（某便利店）承担。但结算时却以便利店月度实际销售商品额作为结算金额，已发货未销售商品未纳入结算，存在退回风险。但合同未对已送货未销售商品保管和处置责任进行明确规定。

典型案例2：合同评审依据不足。某公司《合同管理办法》规定，各单位内部评审授权权限范围内且毛利率>5%的合同，各单位按照管理要求组织内部合同评审，并报备公司。检查发现，该公司评审的合同预测毛利率依据不足，各事业部的预计毛利率无测算依据和方法，仅为人为判断填写，合同评审未提交毛利率测算依据；部分合同评审表预测毛利率为空白但仍评审通过。

典型案例3：合同评审意见不明确。某公司《合同管理办法》规定，各评审人应代表本部门签署明确的结论性意见后签名，结论性意见分为"建议性"和"否定性"两类。检查发现，在该公司签订的《电动机维修合同》中合同履约单位评审表的申报单位经营管理人员与单位负责人仅签署姓名，未签署明确的结论性意见。

典型案例4：非法定代表人签订合同未办理法定代表人授权委托。某公司规定，各分公司对外签订合同，应办理法定代表人授权委托。检查发现，该公司下属各分公司对外签订合同，均未办理法定代表人授权委托。

五、合同订立阶段管控措施

（一）合同调查环节管控措施

1.评价被调查对象主体资格的恰当性

审查被调查对象的身份证件、法人登记证书、资质证明、授权委托书等证明原件。必要时，可通过发证机关查询证书的真实性和合法性，关注授权代理人的行为是否在其被授权范围内。

2.评估被调查对象的财务风险和信用状况

获取调查对象经审计的财务报告、以往交易记录等财务和非财务信息，分析其获利能力、偿债能力和营运能力，评估其财务风险和信用状况，并在合同履行过程中持续关注其资信变化，建立和及时更新合同对方的商业信用档案。

3.分析被调查对象的合同履约能力

对被调查对象进行现场调查，实地了解、评估被调查对象的生产能力、技术水平等生产经营情况。

4.了解被调查对象的生产经营、商业信誉、履约能力等情况

可以与被调查对象的主要供应商、客户、开户银行、主管税务机关等进行沟通了解。

（二）合同谈判环节管控措施

（1）谈判前收集谈判对手资料，充分熟悉对手情况，做到知己知彼；研究国家相关法律法规、行业监管、产业政策、同类产品或服务价格等与谈判内容相关的信息，正确制定本企业谈判策略。

（2）关注合同核心内容、条款和关键细节。具体包括合同标的的数量、质量或技术标准，合同价格的确定方式与支付方式，履约期限和方式，违约责任和争议的解决方法、合同变更或解除条件等。

（3）影响重大、涉及较高专业技术或法律关系复杂的合同，组织法律、技术、财会等专业人员共同参与谈判，充分发挥团队智慧，及时总结谈判过程中的得失，研究确定下一步谈判策略。

（4）必要时聘请外部专家参与相关工作。充分了解外部专家的专业资质、胜任能力和职业道德情况。

（5）加强保密工作，建立责任追究制度。

（6）对谈判过程中的重要事项和参与谈判人员的主要意见，予以记录并妥善保存，作为避免合同舞弊的重要手段和责任追究的依据。

（三）合同文本拟订环节管控措施

（1）企业对外发生经济行为，除即时结清方式外，应当订立书面合同。

（2）严格审核合同需求与国家法律法规、产业政策、企业整体战略目标的关系，保证其协调一致；考察合同是否以生产经营计划，项目立项书等为依据，确保完成具体业务经营目标。

（3）合同文本一般由业务承办部门起草，法律部门审核。重大合同或特殊合同，应当由法律部门参与起草。各部门应当各司其职，保证合同内容和条款的完整准确。

（4）通过统一归口管理和授权审批制度，严格合同管理，防止通过化整为零等方式故意规避招标的做法和越权行为。

（5）由签约对方起草的合同，企业应当认真审查，确保合同内容准确反映企业诉求和谈判达成的一致意见。特别留意"其他约定事项"等需要补充填写的栏目，如不存在"其他约定事项"，应当注明"此项空白"或"无其他约定事项"，防止合同被篡改。

（6）合同文本须报经国家有关主管部门审查或备案的，应当履行相应程序。

（四）合同审核环节管控措施

（1）审核人员应当对合同文本的合法性、经济性、可行性和严密性进行重点审核。

（2）建立会审制度，对影响重大或法律关系复杂的合同文本，组织财会部门、内部审计部、法律部、业务关联的相关部门进行审核。

（3）慎重对待审核意见，认真研究分析，对审核意见准确无误地加以记录。对合同条款作出修改的，需要再次提交审核。

（五）合同签署环节管控措施

（1）按照规定的权限和程序与对方当事人签署合同。正式对外订立的合同应当由企业法定代表人或由其授权的代理人签名或加盖有关印章。授权签署合同的，应当签署授权委托书。

（2）严格合同专用章保管制度，合同经编号、审批及企业法定代表人或由其授权的代理人签署后，方可加盖合同专用章。对于一般性合同，应当由相关业务部门的合同经办人持签署后的合同到合同专用章管理部门办理用印手续，重大合同的用印，可由合同专用章保管人持印章到合同签署现场用印。用印后保管人应当立即将合同专用章收回，并按要求妥善保管，以防止他人滥用。保管人应当记录合同专用章使用情况以备查，如果发生合同专用章遗失或被盗现象，应当立即报告公司负责人并采取妥善措施，如向公安机关报案、登报声明作废等，以最大限度消除可能带来的负面影响。

（3）采取恰当措施，防止已签署的合同被篡改，如在合同各页码之间加盖骑缝章、使用防伪印记、使用不可编辑的电子文档格式等。

（4）按照国家有关法律、行政法规规定，需办理批准、登记等手续之后方可生效的合同，企业应当及时按规定办理相关手续。

六、合同履行阶段管控措施

（一）合同履行环节的管控措施

（1）强化对合同履行情况及效果的检查、分析和验收，全面适当执行本企业义务，敦促对方积极执行合同，确保合同全面有效履行。

（2）对合同对方的合同履行情况实施有效监控。企业的业务部门和经办人员应对其承办的合同，从订立到履行终结进行全过程跟踪监控管理，一旦发现有违约可能或违约行为，应当及时提示风险，并立即采取相应措施，避免合同损失的发生或扩大，将违约损失降到最低。

（二）合同补充和变更及合同解除环节的管控措施

（1）对合同没有约定或约定不明确的内容，双方协商一致对原有合同进行补充；无法达成补充协议的，按照国家相关法律法规、合同有关条款或者交易习惯确定。

（2）对显失公平、条款有误或存在欺诈行为的合同，以及因政策调整、市场变化等客观因素已经或可能导致企业利益受损的合同，按规定程序及时报告，并经双方协商一致，按照规定权限和程序办理合同变更或解除事宜。

（3）对方当事人提出中止、转让、解除合同的，造成企业经济损失的，应向对方当事人书面提出索赔。

（4）建立合同纠纷管理体制。在履行合同过程中发生纠纷的，应当依据国家相关法律、法规，在规定时效内与对方当事人协商并按规定权限和程序及时报告。合同纠纷协商一致的，双方应当签订书面协议。合同纠纷经协商无法解决的，根据合同约定选择仲裁或诉讼方式解决。法律部门会同有关部门研究仲裁或诉讼方案，报企业有关负责人批准后实施。合同纠纷处理过程中，相关经办人员未经授权不得向对方当事人作出实质性答复或承诺。

（三）合同结算环节的管控措施

（1）财会部门应当在审核合同条款后办理结算业务，按照合同规定付款，及时催收到期欠款。

（2）未按合同条款履约或应签订书面合同而未签订的，财会部门有权拒绝付款，并及时向企业有关负责人报告。

（四）合同登记环节的管控措施

（1）合同管理部门加强合同登记管理，充分利用信息化手段，定期对合同进行统计、分类和归档，详细登记合同的订立、履行和变更、终结等情况，合同终结及时办理销号和归档手续。

（2）建立合同文本统一分类和连续编号制度，以防止或及早发现合同文本的遗失。

（3）加强合同信息安全保密工作。未经批准，任何人不得以任何形式泄露合同订立或履行过程中涉及的国家或商业秘密。

（4）规范合同管理人员职责，明确合同流转、借阅和归还的职责权限和审批程序等有关要求，实施合同管理的责任追究制度，对合同保管情况实施定期或不定期的检查。

>> **案例5-7**　　　　　　　　　　腾讯与老干妈的合同纠纷

据2020年6月30日媒体报道，2019年3月，腾讯公司旗下手游"QQ飞车"与老干妈公司达成了4月份举办S联赛春季赛的赛事品牌合作。现在腾讯公司表示，老干妈公司无视合同长期拖欠广告费用，腾讯公司被迫依法起诉，申请财产保全，法院裁定冻结老干妈公司账户财产1 624万元。对此，老干妈方面却表示，公司从未与腾讯公司或授权他人与腾讯公司就"老干妈"品牌签署《联合市场推广合作协议》，且从未与腾讯公司进行过任何商业合作，并已报案。7月1日，贵阳市公安局针对此事发布通报：三名犯罪嫌疑人伪造老干妈公司印章，冒充该公司市场经营部经理，与腾讯公司签订合作协议，其目的是获取腾讯公司在推广活动中配套赠送的网络游戏礼包码，之后通过互联网倒卖非法获取经济利益。事后，腾讯公司第一时间在微博回应"被骗"一事，称为了防止类似事件发生，以1 000瓶老干妈为礼品向网友征集线索。

此事件暴露出腾讯公司在合同管理内部控制方面的问题：

（1）没有充分了解合同对方当事人的主体资格、财务风险和信用状况、合同履约能力等情况。老干妈对于腾讯公司而言，是新开发的客户。对于这类客户，企业理应建立专门的信用保证机制和部门，对合作企业诚信状况、信用等级等各方面予以审核，同时还应当建立完善的客户信用档案，核实客户资料是否真实。完成这些工作，腾讯需要收集老干妈的信用资料，而骗子是很难伪造这些信用资料的。三名骗子能够冒充老干妈公司经营人员、冒用公司公章与腾讯签订合同协议，可以初步判断，腾讯在合同调查环节的程序对于客户的信用档案没有采取有效的审核措施。

（2）企业在签署宣传推广以及销售合同前，应当与客户进行全方位的业务洽谈，进一步了解客户的真实情况，对客户身份做出核查，并且在合同里约定付款方式，但腾讯公司相关人员在合同谈判、合同签署环节缺乏应有的风险意识。参照行业类似业务的一般情况，腾讯公司应在合同执行前先收部分预付款，或者在执行过程中分阶段收取合同价款。但是腾讯与老干妈合作的合同定价明显高于市场价格，且不采取预收款方式，这么蹊跷，却没有引起腾讯公司相关责任人的应有重视和怀疑。直到全部完工，这个价款难以收回，才闹上法庭。

（3）根据"协议"可知，腾讯公司与老干妈的相关合作从2019年3月开始，到事件爆发有一年多的时间，1 600万元的广告费一催再催，多次无果后才开始商业诉讼。之所以如此，主要是因为腾讯未能及时地对合同欠款催收催缴。如果腾讯公司根据合同约定内容，提前催收账款，且每年至少对合同履行情况以及应收账款收回的可能性进行一次评估，便可能及时地发现问题，有效止损。腾讯公司是在要求法院冻结老干妈1 624万元的财产之后，老干妈发表声明，表示从未收到腾讯公司的催款通知，腾讯才知此事被骗。

在合同管理的全过程中，重视内部控制和风险管理工作，建立健全机制体制和监督体系，能够从源头遏制风险的产生，推动企业健康持续经营发展。

资料来源：佚名.从"老干妈与腾讯的官司"谈企业合同管理中的风险及防控[EB/OL].（2021-12-06）. https://www.21cniso.com.

七、合同事后评估阶段管控措施

《企业内部控制应用指引第16号——合同管理》第十六条中规定，企业应当建立合同履行情况评估制度，至少于每年年末对合同履行的总体情况和重大合同履行的具体情况进行分析评估，对分析评估中发现的合同履行中存在的不足，应当及时采取有效措施加以改进。对合同订立、履行过程中出现的违法违规行为，应当追究有关机构或人员的责任。

合同管理事后评估主要内容有：合同的签订是否符合程序；合同审核意见是否得到合理采纳；合同是否全面履行；合同纠纷是否得到妥善处理；合同是否适当归档；合同管理工作中是否有成绩、创新，是否存在违法、违规行为；合同管理内部控制设计和执行是否有效；是否存在提高合同管理效率效果的建议等。

>> 案例5-8　　　　　　　　　　M公司合同管理流程实例

M公司合同管理流程与风险控制图如图5-5所示。

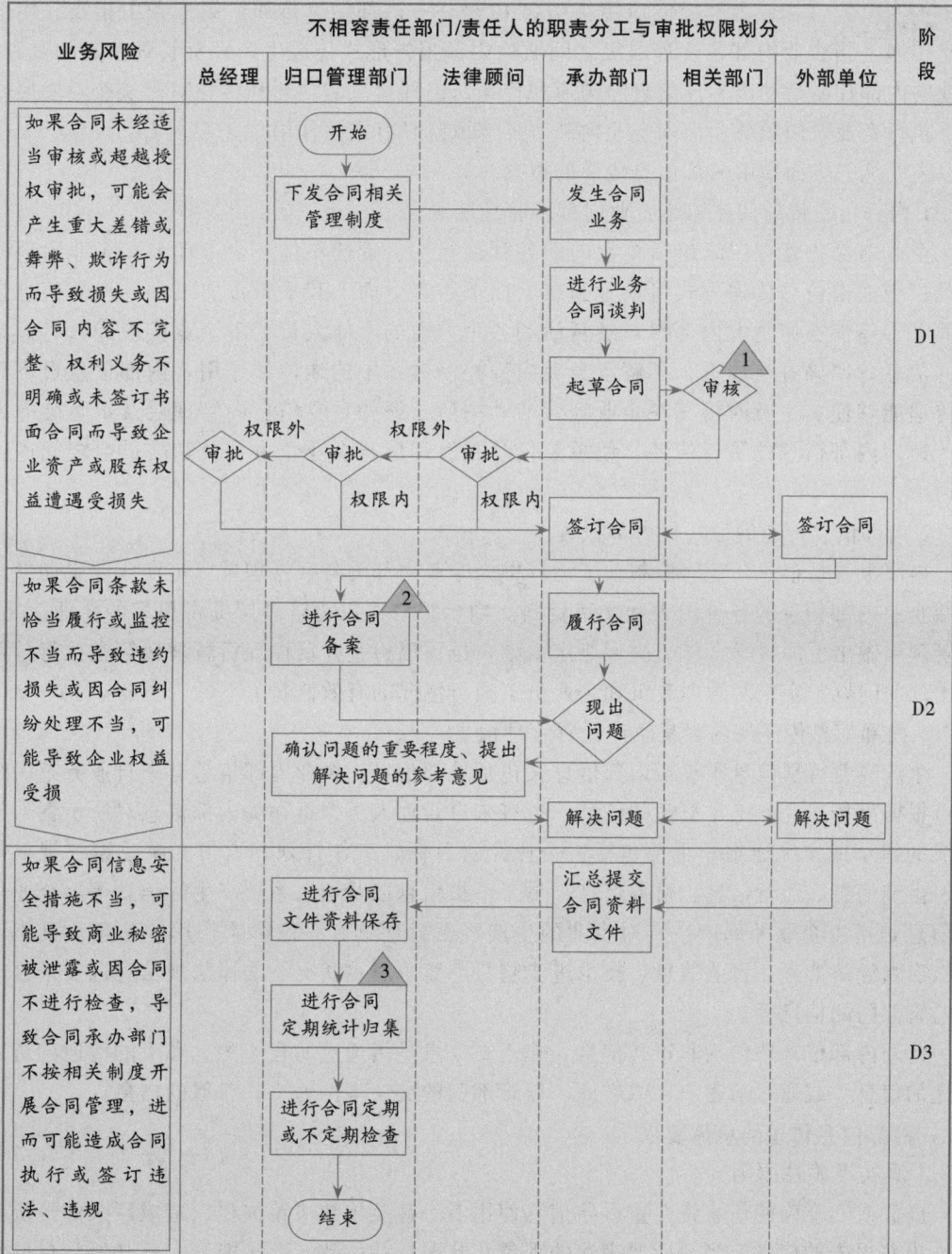

图5-5　合同管理流程与风险控制图

一、内部信息传递概述

（一）内部信息传递的概念

《企业内部控制应用指引第17号——内部信息传递》第二条中指出，内部信息传递是指企业内部各管理层级之间通过内部报告形式传递生产经营管理信息的过程。企业的内部控制活动离不开信息的沟通和传递，内部信息的沟通和传递对落实企业发展战略、执行企业全面预算、识别企业内部、外部风险具有重要作用。

主要从三方面理解内部信息传递的概念：

1.内部信息传递的主体是企业内部各管理层级

企业内部各管理层级包括企业内部各管理级次、责任单位、业务环节。企业内部各管理层级内部信息传递方式可以分为自上而下、自下而上和平行传递三种。内部信息自上而下传递能够使企业内部参与经营活动各个方面的全体人员了解企业实现经营目标方面的信息，明确各自职责，了解自身在内部控制体系中的地位和作用。内部信息自下而上传递能够使员工及时将其在企业经营活动中所了解的重要信息向管理层及董事会等方面传递。内部信息的平行传递，使重要信息在管理层与企业董事会及其委员会之间进行沟通。

2.内部信息传递的形式是内部报告

内部报告是企业在管理控制系统运行中为企业内部的各级管理层以定期或非定期形式记载企业内部信息的各种图表和文字资料。内部报告可以为管理层提供更多的企业信息，为管理层做出更加科学合理的决策奠定基础，也可以检查并反馈现行管理政策在执行过程中出现的问题，实现对管理政策和企业员工执行情况的有效监督。

3.内部信息传递的内容是生产经营管理信息

生产经营管理信息既包括内部信息又包括外部信息。企业内部信息有来自业务第一线人员根据市场或业务工作整理的信息，也有来自管理人员根据相关内部信息对所负责部门形成的指示或情况通报。主要包括：企业经营目标、工作计划、人力资源政策、规章制度、生产信息、经营信息、财务信息、员工举报信息以及信息系统产生的信息等。企业外部信息是指由企业外部产生，对企业的生产经营管理具有一定影响作用的信息。具体包括：宏观经济形势、行业信息、技术进步趋势、竞争对手状况、法律法规信息以及来自政府监管部门的信息等。

此外内部信息还包括非正式信息。非正式信息是指通过非官方的、私下的沟通渠道来传递的信息，或通过与客户、供应商、监管部门的交谈等沟通方式获取的信息。

（二）内部信息传递的总体要求

1.真实准确性原则

虚假或不准确的信息将严重误导信息使用者，甚至导致决策失误，造成巨大的经济损失。内部报告的信息应当与所要表达的现象和状况保持一致，若不能真实反映所计量的经济事项，就不具有可靠性。

2.及时有效性原则

如果信息未能及时提供，或者及时提供的信息不具有相关性，或者提供的相关信息未被有效利用，都可能导致企业决策延误，经营风险增加，甚至可能使企业较高层次的管理陷入困境，不利于对实际情况进行及时有效的控制和纠正，同时也将大大降低内部报告的决策相关性。只有那些切合具体任务和实际工作，并且能够符合信息使用单位需求的信息才是具有使用价值的。

3.遵守保密原则

企业内部的运营情况、技术水平、财务状况以及有关重大事项等通常涉及商业秘密，内幕信息知情者（包括董事会成员、监事、高级管理人员及其他涉及信息披露部门的涉密人员）都负有保密义务。这些内部信息一旦泄露，极有可能导致企业的商业秘密被竞争对手获知，使企业处于被动境地，甚至造成重大损失。

（三）内部信息传递的意义

1.提高企业管理能力的重要手段

管理层要指挥、驾驭企业实现发展战略和经营目标，必须拥有和掌握丰富的信息资源。如果没有及时有效的信息传递，管理层无法获取有效信息以下达正确经济决策、指令，企业生产经营管理就具有盲目性和滞后性，管理者的管理能力大打折扣，难以引领企业实现发展战略。

2.提升企业市场竞争力的重要支撑

从一定程度上讲，信息就是竞争力，是一个企业赖以生存的重要因素之一。现代市场竞争异常激烈，外部环境瞬息万变，企业需要及时、准确地把握国际、国内市场环境的变化、宏观经济政策的导向和同行业竞争状况等，从而把握自己的市场定位，谋求更大的发展空间。

3.有效实施内部控制的重要保证

信息与沟通贯穿于内部控制体系的内部环境、风险评估、控制活动、内部监督四个基本要素，同时又是四个基本要素的重要工具。内部信息传递作为信息与沟通的重要方式，在建立与实施内部控制中具有不可或缺的重要作用。快速、科学、上传下达的信息传递机制，为企业内部控制的有效运行提供信息保证，及时揭示内部控制缺陷，防范内部控制重大风险，从而有助于提高企业内部控制的效率和效果。

二、内部信息传递流程梳理及各阶段工作内容

（一）内部信息传递基本流程

企业内部信息传递的流程分为内部报告形成和内部报告使用两个阶段。其中，内部报告形成阶段包括三个环节：建立内部报告指标体系、收集内外部信息和编制及审核内部报告；内部报告使用阶段包括四个环节：构建内部报告流转程序及渠道、有效使用内部报告、内部报告保管和内部报告评估。

在内部信息传递的基本流程中涉及的不相容岗位应当进行分离，一般包括：内部报告编制与审核、内部报告编制与评估、内部报告使用与评估。

内部信息传递的基本流程如图5-6所示。

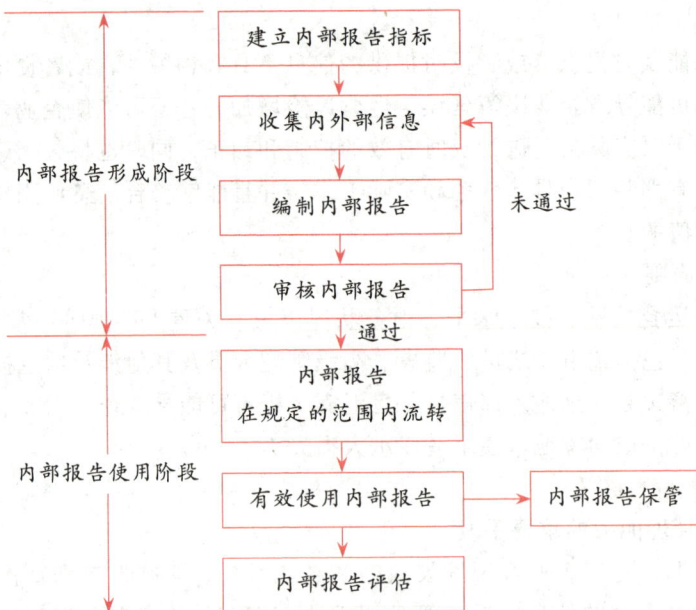

图5-6　内部信息传递的基本流程

　　内部信息传递基本流程图列示的内部信息传递流程具有普遍适用性。企业在实际操作中，应当充分结合自身业务特点和管理要求，构建和优化内部信息传递流程。

（二）内部报告形成阶段的工作内容

1.建立内部报告指标体系环节

　　内部报告指标体系是否科学直接关系到内部报告反映的信息是否完整和有用。在建立内部报告指标体系环节，企业首先应当根据自身的发展战略、风险控制和业绩考核特点，系统、科学地规范不同级次内部报告的指标体系，合理设置关键信息指标和辅助信息指标，并与全面预算管理等相结合，同时应随着环境和业务的变化不断进行修订和完善。在设计内部报告指标体系时，企业应当根据内部各"信息用户"的需求选择信息指标，以满足其经营决策、业绩考核、企业价值与风险评估的需要。

2.收集内外部信息环节

　　为了随时掌握有关市场状况、竞争情况、政策变化及环境变化，保证企业发展战略和经营目标的实现，企业应当完善内外部重要相关信息的收集机制和传递机制，使重要信息能够及时获得并向上级呈报。在确定了企业内部报告指标体系后，通过以下途径来收集内外部信息：

　　（1）获取外部信息的途径。企业可以通过行业协会组织、社会中介机构、业务往来单位、市场调查、来信来访、网络媒体以及有关监管部门等渠道获取外部信息。

　　（2）获取内部信息的途径。企业通过财务会计资料、经营管理资料、调研报告、专项信息、内部刊物、办公网络等渠道获取内部信息。

3.编制及审核内部报告环节

　　企业各职能部门应将收集的有关资料进行筛选、抽取，然后，根据各管理层级对内部报告的信息需求和先前制定的内部报告指标，建立各种分析模型，提取有效数据并进行反馈汇总，在此基础上，对分析模型进一步改造，进行资料分析，起草内部报告，形成总结性结论，并提出相应的建议，从而对发展趋势、策略规划、前景预测等提供重要的分析指导，为企业的效益分析、业务拓展提供有力的保障。

企业内部报告因报告类型不同、反映的信息特点不同，内部报告的格式不尽一致。

（1）内部报告从性质上可分为以下四类：

❶与对外合同相关的内部报告，如对外投资合同、担保合同、债权债务重组合同以及管理类合同签订过程中的系列报告等。

❷管理类内部报告，如股东会、董事会会议纪要、内部职能部门重大调整、人力资源情况、成本定额、定期财务报表等。

❸研究调查类报告，如对市场、客户进行调查形成的报告、对有关产品进行研究开发形成的报告、对内部生产经营过程中出现的异常进行调查和分析形成的报告。

❹完成经营计划情况内部报告，如资本经营决策、资产经营决策、商品经营决策和生产经营决策等。

（2）内部报告从时间上可分为以下两类：

❶定期报告，如成本月度进度表、年度财务报表等。

❷即时报告，如经营快报等。

一般情况下，企业内部报告格式应当包括：报告名、文件号、执行范围、内容、起草或制定部门、报送和抄送部门及时效要求等。

（三）内部报告使用阶段的工作内容

1.构建内部报告流转程序及渠道环节

（1）企业需要制定严密的内部报告传递流程，充分利用信息技术，强化内部报告信息的集成和共享，将内部报告纳入企业统一信息平台，构建科学的内部报告网络体系。

（2）企业内部各管理层级指定专人负责内部报告工作。

（3）内部报告按照职责分工和权限指引中规定的报告关系传递信息。

（4）为保证信息传递的及时性，重要信息应当及时传递给董事会、监事会和经理层。企业要选择恰当的信息渠道，保证信息渠道畅通，防止信息失真。

2.有效使用内部报告环节

（1）企业各级管理人员利用内部报告进行有效决策，管理和指导企业日常生产经营活动，及时反映全面预算执行情况，协调企业内部相关部门和各单位的运营进度，严格绩效考核和责任追究。

（2）有效利用内部报告进行风险评估，准确识别和系统分析企业生产经营活动中的内外部风险，确定风险应对策略，实现对风险的有效控制。

（3）及时解决内部报告反映出的问题。

（4）制定内部报告保密制度，防止泄露商业秘密。

3.内部报告保管环节

（1）有条件的企业应当建立电子内部报告保管库，分性质，按照类别、时间、保管年限、影响程序及保密要求等分门别类地储存电子内部报告。

（2）有关公司商业秘密的重要文件要由企业较高级别的管理人员负责，至少由两人共同管理，放置在专用保险箱内。

4.内部报告评估环节

内部报告传递对企业具有重要影响，企业需要对内部报告进行评估，及时发现内部报告存在的缺陷，以便及时修订和完善，确保内部报告提供的信息及时、有效。主要内容有：

（1）内部报告评估内容。对内部报告是否全面、完整，内部信息传递是否及时、有效，对内部报告的利用是否符合预期要做到心中有数，企业应当建立内部报告评估制度，通过对一段时间内部报告的编制和利用情况进行全面的回顾和评价，掌握内部信息的真实状况。

（2）内部报告评估时间。对内部报告的评估应当定期进行，具体由企业根据自身管理要求做出规定，至少每年度对内部报告进行一次评估。

（3）内部报告评估要点。具体包括：内部报告的及时性、内部信息传递的有效性和安全性。经过评估发现内部报告存在缺陷的，及时进行修订和完善，确保内部报告提供的信息及时、有效。

>> 案例5-9　　　　零售业巨头沃尔玛公司的"门户开放"政策

美国沃尔玛公司是世界上最大的连锁零售商，致力于通过实体零售店、在线电子商店以及移动设备端等不同平台以不同方式来帮助世界各地的人们随时随地节省开支，生活得更好。每周，超过2.6亿名顾客和会员光顾沃尔玛在28个国家拥有的超过63个品牌下的约11 500家分店以及遍布11个国家的电子商务网站，在沃尔玛门店疯狂扩张以及超高的同店销售增速两大因素的影响下，沃尔玛的收入和净利润在飞速增长。沃尔玛员工总数约230万人。一直以来，沃尔玛坚持创新思维和服务领导力，在零售业界担任领军者的角色。沃尔玛良好的内部控制对其商业成功功不可没。

美国沃尔玛公司总裁萨姆·沃尔顿先生曾说过：如果你必须将沃尔玛管理体制浓缩成一种思想，那可能就是沟通。因为它是我们成功的真正关键之一。

沃尔玛认为，沟通必须亲力亲为，管理人员必须亲临基层，及时了解和处理店中事务。因此，沃尔玛不仅倡导类似通用电气"Open door"的做法，而且更为倡导管理层走出房间、走近基层员工，这种走进基层的沟通方式使得信息失真的可能性大大减少。

沃尔玛公司总部设在美国阿肯色州本顿维尔市，公司的行政管理人员每周花费大部分时间飞往各地的商店，通报公司所有业务情况，让所有员工共同掌握沃尔玛公司的业务指标。在任何一个沃尔玛商店里，都定时公布该店的利润、进货、销售和减价的情况，并且不只是向经理及其助理们公布，也向每位员工、计时工和兼职雇员公布各种信息，鼓励他们争取更好的成绩，使其顺利履行职责。

沃尔玛的管理层奉行"门户开放"政策，建立适当的沟通渠道，便于管理者和雇员间进行沟通，以消除部门间障碍并为员工合作提供机会，既拓宽了信息沟通渠道，又保证了信息沟通效果。而信息共享和机构精简，既让控制无处不在，又让控制不失简明。

三、内部信息传递的主要风险

《企业内部控制应用指引第17号——内部信息传递》第三条中指出：企业内部信息传

递至少关注下列风险：内部报告系统缺失、功能不健全、内容不完整，可能影响生产经营有序运行；内部信息传递不通畅、不及时，可能导致决策失误、相关政策措施难以落实；内部信息传递中泄露商业秘密，可能削弱企业核心竞争力。内部报告形成和内部报告使用两个阶段的主要风险如下：

（一）内部报告形成阶段风险

1.建立内部报告指标体系环节风险

主要表现为：

（1）指标体系的设计未能结合企业的发展战略。

（2）指标体系级次混乱，与全面预算管理要求相脱节。

（3）设定后未能根据环境和业务变化有所调整。

2.收集内外部信息环节风险

主要表现为：

（1）收集的内外部信息过于散乱，不能突出重点。

（2）内容准确性差，据此信息进行的决策容易误导经营活动。

（3）获取内外部信息的成本过高，违反了成本效益原则。

3.编制及审核内部报告环节风险

主要表现为：

（1）内部报告未能根据各内部使用单位的需求进行编制。

（2）内容不完整，编制不及时。

（3）未经审核即向有关部门传递。

（二）内部报告使用阶段风险

1.构建内部报告流转程序及渠道环节风险

主要表现为：

（1）缺乏内部报告传递流程。

（2）内部报告未按传递流程进行传递流转。

（3）内部报告流转不及时。

2.有效使用内部报告环节风险

主要表现为：

（1）企业管理层在决策时并没有使用内部报告提供的信息。

（2）内部报告未能用于风险识别和控制。

（3）商业秘密通过企业内部报告被泄露。

3.内部报告保管环节风险

主要表现为：

（1）企业缺少内部报告的保管制度。

（2）内部报告的保管存放杂乱无序。

（3）对重要资料的保管期限过短。

（4）保密措施不严。

4.内部报告评估环节风险

主要表现为：

（1）缺乏完善的内部报告评价体系。

（2）对各信息传递环节和传递方式控制不严。

（3）针对传递不及时、信息不准确的内部报告缺乏相应惩戒机制。

>> 案例5-10　　　　　　德国大众汽车 "尾气门" 事件

全球最大的汽车生产商德国大众利用 "作弊软件" 通过美国尾气排放监测的事件成为该企业成立以来最大丑闻，被称为 "尾气门事件"。

"尾气门事件" 是如何发生的？德国大众汽车在欧美的市场占有率很高，欧美人对马力大、外形酷的柴油汽车情有独钟，但柴油车尾气中含大量氮氧化物，为达到环保标准，需采用喷射尿素溶液的方法，将有毒氮氧化物还原为无污染氮气和水蒸气，不过这种尿素溶液一旦用完，就要到修车厂填充，麻烦又费钱。喷射尿素处理尾气对汽车性能也有一定影响。为赢得客户芳心，大众汽车违规在其生产的柴油车上安装了特殊软件。大众汽车在正常行驶状态并不会开启尾气处理系统，但一旦该软件识别到车辆正在接受尾气检测，即可喷射尿素获得理想的检测效果。当尾气检测结束后，柴油车自动回归常态，有毒氮氧化物排放量最高可达美国排放标准的40倍，而车主无法打开或关闭这一软件。大众汽车就是利用这种方法七年间在全球市场上（除了中国）销售了1 100万辆安装了排放测试作弊软件的柴油车。

导致德国大众汽车 "尾气门" 事件的原因主要有三点：一是盲目的战略扩张导致成本攀升的压力；二是监事会形同虚设以及内部信息沟通不畅；三是高压下的企业社会责任的缺失。德国大众汽车公司的治理机构不完善，忽视内部信息的沟通与传递，提高了风险，导致 "尾气门" 事件的发生。

2014年5月，"尾气门" 事件已经有据可查，当年12月，在美国已有汽车为此而被召回检修，但直到 "尾气门事件" 被曝光后，监事会成员还都声称无人知晓该事的细节。大众集团的监事会形同虚设，并未发挥其应有的监督作用。此外，发动机研发过程相当复杂，需要程序员、发动机和齿轮箱研发人员以及熟悉官方测试流程的人员相互协调沟通，造假事件在如此复杂的环节下得以发生，而高层管理人员竟然都声称毫不知情，如果属实，可以看出大众集团的内部监督和信息沟通存在严重缺陷。"尾气门事件" 后，大众集团委任首席财务官潘师出任监事会主席，致力于公司治理结构的完善，重点加强内部沟通与监督，从而降低 "尾气门事件" 再度发生的风险。

"尾气门" 事件的启示：信息与沟通是企业及时、准确地收集、传递与内部控制相关的信息，确保信息在企业内部、企业与外部之间进行有效沟通的过程。信息沟通在内部控制中扮演着关键作用，是企业高效有序运行的前提，任何组织的任何管理工作都离不开信息沟通。

四、内部报告形成阶段管控措施

（一）建立内部报告指标体系环节管控措施

（1）认真研究企业的发展战略、风险控制要求和业绩考核标准，根据各管理层级对信息的需求和详略程度，建立一套级次分明的内部报告指标体系。企业明确的战略目标和具体的战略规划为内部报告控制目标的确定提供了依据。

（2）内部报告指标确定后，应进行细化，层层分解，使企业中各责任中心及其各相关职能部门都有自己明确的目标，以利于控制风险并进行行业业绩考核。企业的战略目标、战略规划、内部报告的控制目标、各责任中心以及各职能部门的控制目标，是一个通过内部信息传递相互联系、不断细化的体系。

（3）内部报告依据全面预算的标准进行信息反馈，将预算控制的过程和结果向企业内部管理层报告，以有效控制预算执行情况、明确相关责任、科学考核业绩，并根据新的环境和业务，调整决策部署，更好地规划和控制企业的资产和收益，实现资源的最有效配置和管理的协同效应。

（二）收集内外部信息环节管控措施

（1）根据特定服务对象的需求，选择信息收集过程中重点关注的信息类型和内容。为特定对象、特定目标服务的信息，具有更高的适用性，对于使用者具有更现实、重要的意义。因此需要根据信息需求者的要求按照一定的标准对信息进行分类汇总。

（2）对信息进行审核和鉴别，对已经筛选的资料作进一步的检查，确定其真实性和合理性。企业应当检查信息在事实与时间上有无差错，是否合乎逻辑，其来源单位、资料份数、指标等是否完整。

（3）在收集信息的过程中考虑获取信息的便利性及其获取成本高低，确保所获取的信息符合成本效益原则。

（三）编制及审核内部报告环节管控措施

（1）内部报告编制单位应紧紧围绕内部报告使用者的信息需求，以内部报告指标体系为基础，编制内容全面、简洁明了、通俗易懂的内部报告，便于企业各管理层级和全体员工掌握相关信息，正确履行职责。

（2）合理设计内部报告编制程序，提高编制效率，保证内部报告能在第一时间提供给相关管理部门。对于重大突发事件应以速度优先，尽可能快地编制出内部报告，并向董事会报告。

（3）建立内部报告审核制度，设定审核权限，确保内部报告信息质量。企业必须对岗位与职责分工进行控制，内部报告的起草与审核岗位分离，内部报告在传递前必须经签发部门负责人审核。对内部报告的审核，应当设定审核权限，重点审核：内容适当性、信息及时性、信息准确性、信息获取性、信息当前性，以确保内部报告信息质量。

五、内部报告使用阶段管控措施

（一）构建内部报告流转程序及渠道环节管控措施

（1）制定内部报告传递制度。企业可根据信息的重要性、内容等特征，确定不同的流转环节。

（2）严格按设定的传递流程进行流转。企业各管理层对内部报告的流转应做好记录，对于未按照流转制度进行操作的事件，应当调查原因，并做相应处理。

（3）及时更新信息系统，确保内部报告有效安全地传递。企业在实际工作中应尝试精简信息系统的处理程序，使信息在企业内部更快地传递。对于重要紧急的信息，可以越级向董事会、监事会或经理层直接报告，便于相关负责人迅速做出决策。

　　高速的信息处理与沟通系统，为美国沃尔玛百货有限公司的经营活动带来了高效率和高利润。沃尔玛是全球第一个实现集团内部24小时计算机物流网络化监控的公司，这使得沃尔玛实现了采购、库存、订货、配送和销售一体化。客户消费通过POS机打印发票，与此同时，在负责生产计划、采购计划的人员以及供应商的电脑上就会同时显示信息，各个环节就会通过信息及时完成本职工作，从而减少很多不必要的时间浪费，加快了物流循环。

　　沃尔玛的卫星系统每天可将销售点的资料，快速、直接地传递给4 000多家供应商，以便供应商及时查询，适应市场需求。对沃尔玛来说，其物流链已经远远超出了本公司的范围，沃尔玛的供应商也被包括进来。20世纪80年代末，沃尔玛通过计算机联网和电子数据交换系统与供应商分享信息，从而建立起伙伴关系。比如，皇后公司和沃尔玛合作，两公司的计算机联网，让供应商皇后公司随时了解其商品在沃尔玛各分店的销售和库存变动情况，据此调整公司的生产和发货，可以提高效率，降低成本。

　　对于零售业来说，物流的配送是信息与沟通的重要方面。沃尔玛各分店的订单信息通过公司的高速通信网络传递到配送中心，配送中心整合后正式向供应商订货。供应商可以把商品直接送到订货的商店，也可以送到配送中心。在配送中心，计算机掌管一切。供应商将商品送到配送中心后，经过核对采购计划、商品检验等程序，分别送到货架的不同位置存放。公司6 000多辆运输卡车全部安装了卫星定位系统，每辆车在什么位置、装载什么货物、目的地是什么地方，总部都一目了然。

　　灵活高效的物流配送使得沃尔玛在激烈的零售业竞争中技高一筹。沃尔玛可以保证商品从配送中心运到任何一家商店的时间不超过48小时，沃尔玛的分店货架平均一周可以补货两次，而其他同业商店平均两周才能补一次货；通过维持尽量少的存货，沃尔玛既节省了存贮空间又降低了库存成本。

（二）有效使用内部报告要求环节管控措施

　　（1）企业在预算控制、生产经营管理决策和业绩考核时充分使用内部报告提供的信息。企业应当将预算控制和内部报告接轨，通过内部报告及时反映全面预算的执行情况；要求企业尽可能利用内部报告的信息对生产、购售、投资、筹资等业务进行因素分析、对比分析和趋势分析等，发现存在的问题，及时查明原因并加以改进；将绩效考评和责任追究制度与内部报告联系起来，依据及时、准确、按规范流程提供的信息进行透明、客观的定期业绩考核，并对相关责任人进行追究惩罚。

　　（2）企业管理层应通过内部报告提供的信息对企业生产经营管理中存在的风险进行评估，准确识别和系统分析内外部风险，涉及突出问题和重大风险的，启动应急预案。

　　（3）企业应从内部信息传递的时间、空间、节点等方面建立控制，通过职责分离、授权接触、监督检查等手段防止商业秘密被泄露。

（三）内部报告保管环节管控措施

　　（1）建立内部报告保管制度，各部门指定专人按类别保管相应内部报告。

　　（2）对不同类别报告按其影响程度规定其保管年限，超过保管年限方可销毁。对影响重大的内部报告，应当永久保管，如公司章程及相应的修改、公司股东登记表等。有条件的企业应当建立电子内部报告保管库，分性质，按照类别、时间、保管年限、影响程度及保密要求等分门别类地储存电子内部报告。

（3）为便于内部报告的查阅、对比分析，改善内部报告的格式，提高有用性，应按类别保管内部报告，对影响较大的、金额较高的一般要严格保管，如企业重大重组方案、企业债券发行方案等。

（4）制定严格的内部报告保密制度，明确保密内容、措施、密级程度和传递范围，防止商业秘密被泄露。有关公司商业秘密的重要文件要由企业较高级别的管理人员负责，至少由两人共同管理，放置在专用保险箱内。查阅保密文件，必须经该高层管理人员同意，由两人分别开启相应的锁具方可打开。

（四）内部报告评估环节管控措施

（1）建立并完善企业对内部报告的评价制度，严格按评估制度对内部报告进行合理评估，考核内部报告在企业生产经营活动中所起的真实作用。

（2）执行奖惩机制以保证信息传递的及时准确。对经常不能及时、准确传递信息的相关人员应批评教育，并与绩效考核体系挂钩。

六、建立完善的反舞弊机制

有效的反舞弊机制，是企业防范、发现和处理舞弊行为、优化内部环境的重要制度安排，有效的信息沟通是反舞弊程序和控制成功的关键。企业应当建立反舞弊机制，坚持惩防并举、重在预防原则，明确反舞弊工作的重点领域、关键环节，明确有关机构在反舞弊工作中的职责权限，规范舞弊案件的举报、调查、报告和补救程序。具体措施有：

（一）明确反舞弊工作的责任归属

企业应指定具体组织并执行反舞弊工作的部门，可以是审计、纪检部门等。反舞弊工作包括受理舞弊举报、组织舞弊调查、出具处理意见及向管理层和审计委员会或董事会授权机构作出报告等事项。

（二）明确反舞弊工作的重点领域

企业至少应当将下列情形作为反舞弊工作的重点：未经授权或者采取其他不法方式侵占、挪用企业资产，牟取不当利益；在财务会计报告和信息披露等方面存在的虚假记载、误导性陈述或者重大遗漏等；董事、监事、经理及其他高级管理人员滥用职权；相关机构或人员串通舞弊。

（三）重视和加强反舞弊机制建设

对员工进行道德准则培训，通过设立员工信箱、投诉热线等方式，建立举报投诉制度，鼓励员工及企业利益相关方举报和投诉经营活动及内部控制实施过程中存在的不足、问题和缺陷，以及企业内部的违法违规、舞弊和其他有损企业形象的行为，并能就完善内部控制体系提出合理化建议和改进建议。

（四）规范舞弊案件的举报、调查和报告程序

企业应当建立员工或社会各方反映、举报舞弊案件的渠道，书面记录舞弊案件举报的主要内容，以供管理层、董事会及审计委员会检查。规范舞弊案件的调查程序，以便对舞弊案件及时进行处理和纠正。有关舞弊案件的调查结果和反舞弊常设机构的工作报告及时向管理层、董事会及其审计委员会报告。

（五）建立反舞弊情况通报制度

企业应定期召开反舞弊情况通报会，由审计部门通报反舞弊工作情况，分析反舞弊形势，评价现有的反舞弊控制措施和程序。

（六）建立举报人保护制度

设立举报责任主体、举报程序，明确举报投诉处理程序，并做好投诉记录的保存。切实落实举报人保护制度是举报投诉制度有效运行的关键。结合企业的实际情况，企业应明确举报人应向谁举报、以何种方式进行举报、举报内容的界定等；确定举报责任主体接到投诉报告后进行调查的程序、办理时限、办结要求及将调查结论提交董事会处理的程序等。

>> **案例5-12**　　　　　　　　**伊利集团的五大反舞弊机制**

伊利集团长期以来践行的五大反舞弊机制如下：

1. 内部宣传机制

伊利充分利用反舞弊大讲堂、伊利报电子刊、内网、办公场所大屏等传播渠道，在公司内部营造良好的廉洁文化氛围。常态化地开展普法宣传及预防职务犯罪警示教育为主题的反舞弊大讲堂，伊利报电子刊上刊登反舞弊专版，制作《伊月微刊》发至经销商，提高全员的反舞弊意识。伊利还设立反舞弊专（兼）职调查人员团队，定期组织培训及经验交流，提高监察人员的工作业务能力。

2. 管理层榜样机制

伊利要求管理人员以身作则，以实际行动践行"准则"要求，为员工树立榜样。管理人员有义务培训下属认知并在日常工作中遵守"准则"，对下属提出的问题给予合理解释。同时，伊利要求管理人员对发现的违反"准则"行为，须即刻制止、调查并和专业部门共同拟订处理方案，不能因短期业务利益而放弃公司的道德原则。

3. 行为约束机制

在伊利的反舞弊建设中，明确规定六大行为约束机制：防止利益冲突，保护公司资产；确保公司账目与各种记录的准确性；强调保密与信息传递管理；遵守公平竞争的市场规则；共建安全公平的工作环境；保证品质与支持环保。

从利益、保密、公平、环境等各个层面多管齐下，伊利给出了清晰的行为规范，为员工落实反舞弊指明了具体方向。例如，要求每一位员工保守公司机密。无论在职期间还是离开公司之后，都不泄露公司的机密。

4. 员工自省机制

在员工不确定某种行为是否违反"准则"时，伊利强调使用"自我内心对话"的方法，向自己提出三个问题：这种行为合法吗？这种行为诚实正直吗？这种行为如果被公众周知，是否会影响个人和企业的声誉甚至公司的利益？如对这三个问题中任何一个，自己内心中存在些许犹豫，就表明有违反"准则"的可能性，不能贸然采取不恰当的行动。

5. 问责惩戒机制

伊利通过合规宣传、反舞弊宣传平台等深入传播，投诉举报渠道知晓率达到100%。违反"准则"的员工将受到公司严肃处理，直至解除劳动关系；对不诚信合作方在业务系统平台向所有合作方进行公示通报，起到警示震慑作用；对重大违法舞弊问题，推动司法立案查处，保持对违法舞弊的高压态势。伊利还推出了电话、电子邮件、信函等内

第四节　信息系统内部控制

一、信息系统内部控制概述

（一）信息系统内部控制的概念

　　《企业内部控制应用指引第18号——信息系统》第二条中指出，信息系统是指企业利用计算机和通信技术，对内部控制进行集成、转化和提升所形成的信息化管理平台。信息系统是任何组织中都有的一个子系统，是为生产和管理服务的，它渗透到组织的每一个部门当中，与其他系统不同，信息系统不从事某一具体的实物性工作，但关系全局的协调一致，信息系统的运转状况与整个组织的效率密切相关。

　　可从以下几方面理解信息系统内部控制的概念：

　　1.信息系统内部控制的主要对象是信息系统

　　信息系统是由计算机硬件、网络和通信设备、计算机软件、信息资源、信息用户和规章制度组成的以处理信息流为目的的人机一体化系统。简单而言，信息系统就是输入数据、信息，通过加工处理产生信息的系统，具有输入、输出、存储、处理和控制的功能。

　　2.信息系统内部控制的责任人是企业负责人

　　企业负责人对信息系统建设工作负责，信息系统建设是"一把手"工程。只有企业负责人站在战略和全局的高度亲自组织领导信息系统建设工作，才能统一思想、提高认识、加强协调配合，从而推动信息系统建设在整合资源的前提下高效、协调地推进。

　　3.信息系统内部控制包括一般控制和应用控制

　　一般控制是指对企业信息系统开发、运行和维护的控制。信息系统一般控制是应用于一个单位信息系统全部或较大范围的内部控制具体措施的集合，其目标是保证数据安全，保护计算机的应用系统，防止系统被非法入侵，保证在意外中断情况下继续运行等。应用控制是指利用信息系统对业务处理实施的控制。

（二）信息系统的开发方式

　　信息系统主要有自行开发、外购调试、业务外包三种开发方式。这些开发方式有各自的优缺点和适用条件，企业应根据自身实际情况合理选择。

　　1.自行开发

　　自行开发是企业依托自身力量完成整个开发过程。其优点是开发人员熟悉企业情况，可以较好地满足本企业的需求，尤其是具有特殊性的业务需求。通过自行开发，还可以培养锻炼自己的开发队伍，便于后期的运行和维护。其缺点是开发周期较长、技术水平和规范程度较难保证，成功率相对较低。自行开发方式的适用条件通常是企业自身技术力量雄厚，而且市场上没有能够满足企业需求的成熟的商品化软件和解决方案。

2.外购调试

外购调试的基本做法是企业购买成熟的商品化软件，通过参数配置和二次开发满足企业需求。其优点是开发建设周期短；成功率较高；成熟的商品化软件质量稳定，可靠性高；专业的软件提供商实施经验丰富。其缺点是难以满足企业的特殊需求；系统的后期升级进度受制于商品化软件供应商产品更新换代的速度，企业自主权不强，较为被动。外购调试方式的适用条件通常是企业的特殊需求较少，市场上已有成熟的商品化软件和系统实施方案。比如大部分企业的财务管理系统、ERP系统、人力资源管理系统等多采用外购调试方式。

3.业务外包

业务外包是指委托其他单位开发信息系统，基本做法是企业将信息系统开发项目外包出去，由专业公司或科研机构负责开发、安装实施，由企业直接使用。其优点是企业可以充分利用专业公司的专业优势，量体裁衣，构建全面、高效满足企业需求的个性化系统；企业不必培养、维持庞大的开发队伍，相应节约了人力资源成本。其缺点是沟通成本高，系统开发方难以深刻理解企业需求，可能导致开发出的信息系统与企业的期望产生较大偏差；同时，由于外包信息系统与系统开发方的专业技能、职业道德和敬业精神存在密切关系，也要求企业必须加大对外包项目的监督力度。业务外包方式的适用条件通常是市场上没有能够满足企业需求的成熟的商品化软件和解决方案，企业自身技术力量薄弱或出于成本效益原则考虑不愿意维持庞大的开发队伍。

（三）信息系统内部控制的目标

1.促进企业有效实施内部控制，提高企业现代化管理水平，减少人为操纵因素

现代企业的运营越来越依赖信息系统，它正改变着企业经营管理的方式。信息系统帮助企业控制业务流程、跟踪和记录在实时基础上进行的交易，通常还包括整合性的、在复杂环境中的系列经营行为。信息系统不仅通过获取决策所需要的信息来影响控制，还能被用来执行企业的战略决策。企业在加强常规内部控制的同时，应十分关注信息系统内部控制的建设，利用信息系统来提升公司的经营管理水平。

2.增强信息系统的安全性、可靠性和合理性以及相关信息的保密性、完整性和可用性

信息系统自身也是内部控制的组成部分，并且也要被控制，管理者需要利用信息系统来监督和控制组织行为，信息系统依赖内部控制系统来确保其提供相关、可靠和及时的信息。

3.为建立有效的信息与沟通机制提供支持保障

信息只有得以良好的传递和沟通才能真正发挥作用，企业应当借助信息技术促进信息的集成和共享，促使这些信息以恰当的方式在企业各个层级之间进行及时传递、有效沟通和正确使用，充分发挥信息技术在信息与沟通中的作用，为企业内部控制有效运行提供保证。

> **▶▶案例5-13　　京东集团的核心优势——自主研发的信息系统**
>
> 京东集团经过多年的迭代，已经从"自营模式"转向以"自营为主，以平台为辅"的商业模式，并且平台业务占比逐步增大，其价值主张是为网络大众消费者及第三方平台商家提供多、快、好、省的服务。京东集团自主研发的信息系统是京东集团的软实力，它保证了京东的高效运营效率。京东集团所有的工作人员都是基于信息系统开展工作的，京东集团的信息系统真正链接了业务和运营的线上与线下的每一个环节，是京东集团的核心优势。
>
> 京东的信息系统主要包括了管人、管钱、管物等功能。管人是指公司的人力资源系

统，管钱是指公司的财务系统，管物是指库存管理、物流管理等信息系统。京东的信息系统是根据业务发展需要适时更新和升级的，这得益于京东有自身的技术研发团队。

京东集团的库存管理、物流信息系统非常强大，它把下单、支付、发货流程细分至3~4个环节。这个系统小到可以监督配送员用了多少胶带和纸箱，大到可以直接在线向供应商下订单，自2008年该系统就能满足订单查询和跟踪功能，用户可以直接查询物流信息解决物流矛盾。京东集团把控流程中尽可能多的环节以提升供应链的效率和服务品质。

京东物流自主研发的国内首套IoT分拣系统，由该系统每小时可分拣4 000个集包袋，搞定一个50千克集包袋仅需0.9秒，分拣准确率达到惊人的99.99%，相比传统的作业方式，IoT分拣系统的作业效率提升了5倍以上。京东物流自主研发的智能扫描收货系统——秒收，应用于物流作业中的进货环节，一名员工可在10秒内采集近2 000件商品信息，解决了大批量条码扫描、信息采集、自主纠错等问题，相比传统的人工操作效率提升超10倍。京东集团的信息系统使其管理效能实现乘数效应。

资料来源：佚名.案例分析：京东商业模式解析[EB/OL].（2022-05-23）.https://www.sohu.com/a/549801727_121356428.

二、信息系统内部控制流程梳理及各阶段工作内容

（一）信息系统内部控制流程

信息系统内部控制包括一般控制和应用控制。一般控制的基本流程划分为四个阶段：系统战略规划阶段、系统开发建设阶段、系统运行维护阶段和系统终结阶段。其中，系统运行与维护阶段主要包含三个环节：日常运行维护环节、系统变更管理环节和系统安全管理环节。应用控制的基本流程划分为三个环节：输入环节、处理环节和输出环节。

信息系统内部控制流程中不相容职务涉及的人员可以分为三类：系统开发建设人员、系统管理和维护人员与系统操作使用人员。应当实施分离的不相容职务有：系统开发建设人员与系统操作使用人员、系统管理和维护人员与系统操作使用人员、系统操作使用人员的不同岗位之间——业务批准与业务数据录入、业务数据录入与录入数据检查等。

信息系统内部控制框架如图5-7所示。

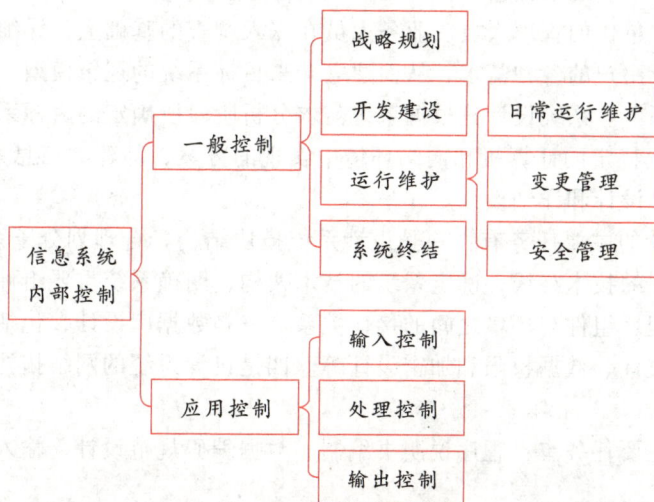

图5-7　信息系统内部控制框架

（二）信息系统一般控制的工作内容

1.系统战略规划阶段的工作内容

制定信息系统开发的战略规划是信息化建设的起点，战略规划是以企业发展战略为依据制定的企业信息化建设的全局性、长期性规划。企业根据发展战略和业务需要进行信息系统建设，首先要确立系统建设目标，根据目标进行系统建设战略规划，再将规划细化为项目建设方案。项目建设方案中应当明确建设目标、人员配备、职责分工、经费保障和进度安排等相关内容，按照规定的权限和程序审批后实施。

2.系统开发建设阶段的工作内容

企业开展信息系统建设，可以根据实际情况，选择自行开发、外购调试或业务外包等方式。各种开发方式流程大体相似，通常包含以下环节：项目计划环节、需求分析环节、系统设计环节、编程和测试环节与上线环节。在业务外包、外购调试方式下，企业对系统设计、编程、测试环节的参与程度明显低于自行开发方式。

（1）信息系统自行开发方式。

选择自行开发信息系统的，信息系统归口管理部门应当组织企业内部相关业务部门进行需求分析，合理配置人员，明确系统设计、编程、安装调试、验收、上线等全过程的管理要求。各环节主要工作内容为：

❶项目计划环节。战略规划通常将完整的信息系统分为若干子系统，并分阶段建设不同的子系统。比如，制造企业可以将信息系统划分为财务管理系统、人力资源管理系统、MRP系统（销售、采购、库存、生产）、计算机辅助设计和制造系统、客户关系系统、电子商务系统等若干子系统。项目就是指本阶段需要建设的相对独立的一个或多个子系统。

项目计划通常包括：项目范围说明、项目进度计划、项目质量计划、项目资源计划、项目沟通计划、风险对策计划、项目采购计划、需求变更控制、配置管理计划等内容。项目计划不是一成不变的，在项目启动阶段，可以先制定一个原则性的项目计划，确定项目主要内容和重大事项，然后根据项目的大小和性质以及项目进展情况进行调整、充实和完善。

❷需求分析环节。需求分析的目的是明确信息系统需要实现哪些功能。该项工作是系统分析人员和用户单位的管理人员、业务人员在深入调查的基础上，详细描述业务活动涉及的各项工作以及用户的各种需求，从而建立未来目标系统的逻辑模型。

❸系统设计环节。系统设计是根据系统需求分析阶段所确定的目标系统逻辑模型，设计出一个能在企业特定的计算机和网络环境中实现的方案，即建立信息系统的物理模型。系统设计包括总体设计和详细设计。

系统总体设计的主要任务有：一是设计系统模块结构，合理划分子系统边界和接口，二是选择系统实现的技术路线，确定系统的技术架构，明确系统重要组件的内容和行为特征，以及组件之间、组件与环境之间的接口关系。三是数据库设计，包括主要的数据库表结构设计、存储设计、数据权限和加密设计等。四是设计系统的网络拓扑结构、系统部署方式等。

详细设计的主要任务有：程序说明书编制、数据编码规范设计、输入输出界面设计等内容。

❹编程和测试环节。编程阶段是将详细设计方案转换成某种计算机编程语言的过程。

编程阶段完成之后，要进行测试，测试主要有以下目的：一是发现软件开发过程中的错误，分析错误的性质，确定错误的位置并予以纠正。二是通过某些系统测试，了解系统的响应时间、事务处理吞吐量、载荷能力、失效恢复能力以及系统实用性等指标，以便对整个系统做出综合评价。测试环节在系统开发中具有举足轻重的地位。

信息系统自行开发阶段的测试环节流程为：文档测试——测试计划——测试设计——测试实施——测试总结。

❺上线环节。系统上线是将开发出的系统（可执行的程序和关联的数据）部署到实际运行的计算机环境中，使信息系统按照既定的用户需求来运转，切实发挥信息系统的作用。

（2）信息系统业务外包方式。

在信息系统业务外包方式下，企业应当重点关注三个环节的工作：选择外包服务商环节、签订外包合同环节、持续跟踪评价外包服务商的服务过程环节。企业应当选择维护企业利益、具有综合实力的外包服务商，拟定合同条款并签订，对外包服务商的服务过程持续跟踪评价，以确保外包服务商的服务质量满足企业信息开发需求。

（3）信息系统外购调试方式。

信息系统外购调试方式下企业应当重点关注两个环节的工作：软件产品选型和供应商选择环节、服务供应商选择环节。软件供应商的选择和软件产品的选型密切相关，企业要选择在功能、性能、易用性等方面能满足企业需求的软件产品，有充足服务能力的软件供应商，签订合约并跟踪服务质量，同时还需要选择合适的咨询公司等服务供应商，指导企业将通用软件产品与本企业的实际情况有机结合。

3.系统运行维护阶段的工作内容

（1）日常运行维护环节。日常运行维护的目标是保证系统正常运转，主要工作内容包括系统的日常操作、系统的日常巡检和维修、系统运行状态监控、异常事件的报告和处理等。

（2）系统变更管理环节。系统变更主要包括硬件的升级扩容、软件的修改与升级等。系统变更是为了更好地满足企业需求，但同时应加强对变更申请、变更成本与进度的控制。

（3）系统安全管理环节。安全管理的目标是保障信息系统安全，信息系统安全是指信息系统包含的所有硬件、软件和数据受到保护，不因偶然和恶意的原因而遭到破坏、更改和泄露，信息系统能够连续正常运行。

4.系统终结阶段的工作内容

系统终结是信息系统生命周期的最后一个阶段，在该阶段信息系统将停止运行。停止运行的原因通常有：企业破产或被兼并、原有信息系统被新的信息系统代替。

（三）信息系统应用控制的工作内容

应用控制的具体方式、方法在信息系统开发建设的需求分析环节提出，通过系统设计和编程环节实现，由测试环节验证，在信息系统的运行阶段由用户的操作得到体现和落实。企业的业务种类、经营范围和管理架构各不相同，这些因素会导致不同企业应用控制措施千差万别。信息系统的核心是业务处理程序，这些程序都包含输入、处理、输出等流程。

三、信息系统内部控制的主要风险

《企业内部控制应用指引第18号——信息系统》第三条中指出：企业利用信息系统至少关注下列风险：信息系统缺失或规划不合理，可能造成信息孤岛或重复建设，导致企业经营管理效率低下；系统开发不符合内部控制要求，授权管理不当，可能导致无法利用信息技术实施有效控制；系统运行维护和安全措施不到位，可能导致信息泄漏或毁损，系统无法正常运行。

（一）信息系统一般控制风险

1.系统战略规划阶段风险

主要表现为：

❶缺乏战略规划或规划不合理，可能造成信息孤岛或重复建设，导致企业经营管理效率低下；

❷没有将信息化与企业业务需求结合，降低了信息系统的应用价值。

2.系统开发建设阶段风险

（1）自行开发方式下开发建设风险。

主要表现为：

❶项目计划方面。信息系统建设缺乏项目计划或者计划不当。导致项目进度滞后、费用超支、质量低下。

❷需求分析方面。需求本身不合理，对信息系统提出的功能、性能、安全性等方面的要求不符合业务处理和控制需要；技术上不可行、经济上成本效益倒挂，或与国家有关法规制度冲突；需求文档表述不准确、不完整，未能真实全面地表达企业需求，存在表述缺失、表述不一致甚至表述错误等问题。

❸系统设计方面。设计方案不能完全满足用户需求，不能实现需求文档规定的目标；设计方案未能有效控制建设开发成本，不能保证建设质量和进度；设计方案不全面，导致后续变更频繁；设计方案没有考虑信息系统建成后对内部控制的影响，导致系统运行后衍生新的风险。

❹编程和测试方面。编程结果与设计不符；各程序员编程风格差异大，程序可读性差，导致后期维护困难，维护成本高；缺乏有效的程序版本控制，导致重复修改或修改不一致等问题；测试不充分等。

❺上线方面。缺乏完整可行的上线计划，导致系统上线混乱无序；人员培训不足，不能正确使用系统，导致业务处理错误，或者未能充分利用系统功能，导致开发成本浪费；初始数据准备设置不合格，导致新旧系统数据不一致、业务处理错误。

（2）业务外包方式下开发建设风险。

主要表现为：

❶选择外包服务商方面。企业与外包服务商之间本质上是一种"委托—代理"关系，合作双方信息不对称容易诱发道德风险，外包服务商可能会实施损害企业利益的自利行为。

❷签订外包合同方面。合同条款不准确、不完善，导致企业正当权益无法得到有效

保障。

❸持续跟踪评价外包服务商的服务过程方面。缺乏外包服务跟踪评价机制或跟踪评价不到位，可能导致外包服务质量水平不能满足企业信息系统开发需求。

（3）外购调试方式下开发建设风险。

主要表现为：

❶软件产品选型和供应商选择方面。软件产品选型不当，产品在功能、性能、易用性等方面无法满足企业需求。软件供应商选择不当，产品的支持服务能力不足，产品的后续升级缺乏保障。

❷服务供应商选择方面。服务供应商选择不当，削弱了外购软件产品的功能发挥，无法有效满足用户需求。

3.系统运行维护阶段风险

（1）日常运行维护环节风险。

主要表现为：

❶没有建立规范的信息系统日常运行管理规范，计算机软硬件的内在隐患易爆发，可能导致企业信息系统出错。

❷没有执行例行检查，导致一些人为恶意攻击会长期隐藏在系统中，可能造成严重损失。

❸未能定期备份信息系统数据，可能导致损坏后无法恢复，从而造成重大损失。

（2）系统变更管理环节风险。

主要表现为：

❶没有建立严格的变更申请、审批、执行、测试流程，导致系统随意变更。

❷系统变更后效果达不到预期目标。

（3）系统安全管理环节风险。

主要表现为：

❶硬件设备物理分布范围广，设备种类繁多，安全管理难度大，可能导致设备生命周期短。

❷业务部门信息安全意识薄弱，对系统和信息安全缺乏有效的监管手段。

❸对系统程序缺陷或漏洞安全防护不够，导致黑客攻击，造成信息泄露。

❹对各种计算机病毒防范清理不力，导致系统运行不稳定甚至瘫痪。

❺缺乏对信息系统操作人员的严密监控，可能导致舞弊和利用计算机犯罪。

4.系统终结环节风险

主要表现为：

❶因经营条件发生剧变，数据可能被泄露。

❷信息档案的保管期限不够长。

>> 案例5-14　　　　　　　员工越权访问机密数据被判刑

易某，于2006年12月至2018年3月期间在HW技术有限公司（以下简称HW公司）任职。2016年，易某发现HW公司ERP系统中的POL采购小程序存在漏洞，能通过特定操作绕过权限控制查看系统数据，便以此方式获取线缆物料的价格信息。易某在发现系

（二）信息系统应用控制风险

1.输入环节风险

主要表现为：进入系统的数据不准确、不完整、不及时，导致输出结果错误，造成财产损失。

2.处理环节风险

主要表现为：

❶未经授权非法处理业务。

❷信息系统处理不正确、导致业务无法正常进行。

❸信息系统处理过程未留下详细轨迹，导致出现错误无法追踪。

3.输出环节风险

主要表现为：

❶敏感信息被非授权用户获取。

❷输出信息在内容的正确性和完整性、形式的规范性等方面存在质量问题，无法满足用户需求。

❸输出的信息被篡改。

四、信息系统一般控制管控措施

（一）系统战略规划阶段管控措施

（1）制定信息系统开发战略规划和中长期发展计划，每年制订经营计划，同时制订年度信息系统建设计划，促进经营管理活动与信息系统的协调统一。

（2）充分调动信息系统归口管理部门与业务部门的积极性，提高战略规划的科学性、前瞻性和适应性。

（3）信息系统战略规划要与企业组织架构、业务范围、地域分布、技术能力等相匹配，避免相互脱节。

> **案例 5-15　　　　　M公司信息系统战略规划管理流程实例**
> M 公司信息系统战略规划管理流程与风险控制图如图 5-8 所示。

业务风险	不相容责任部门/责任人的职责分工与审批权限划分				阶段
	董事会	信息化领导小组	信息部	用户部门	
信息系统战略规划如果未与企业业务目标保持一致，可能导致开发的信息系统没有实际利用价值	开始 → 下达企业业务目标	①提出信息系统战略规划项目 ②进行可行性分析		参与	D1
如果信息系统战略规划方法不适合企业的实际情况，可能导致信息系统无法顺利完成		拟定项目框架要求 ③选择信息系统战略规划方法 ④起草信息系统战略规划方案		参与	D2
如果信息系统战略规划未经适当审核或超越授权审批，可能会产生重大差错或舞弊、欺诈行为，从而使企业遭受损失	审批	⑤对方案进行评价和仿真 ⑥撰写信息系统战略规划报告 组织开发信息系统	进行仿真 进行开发 结束		D3

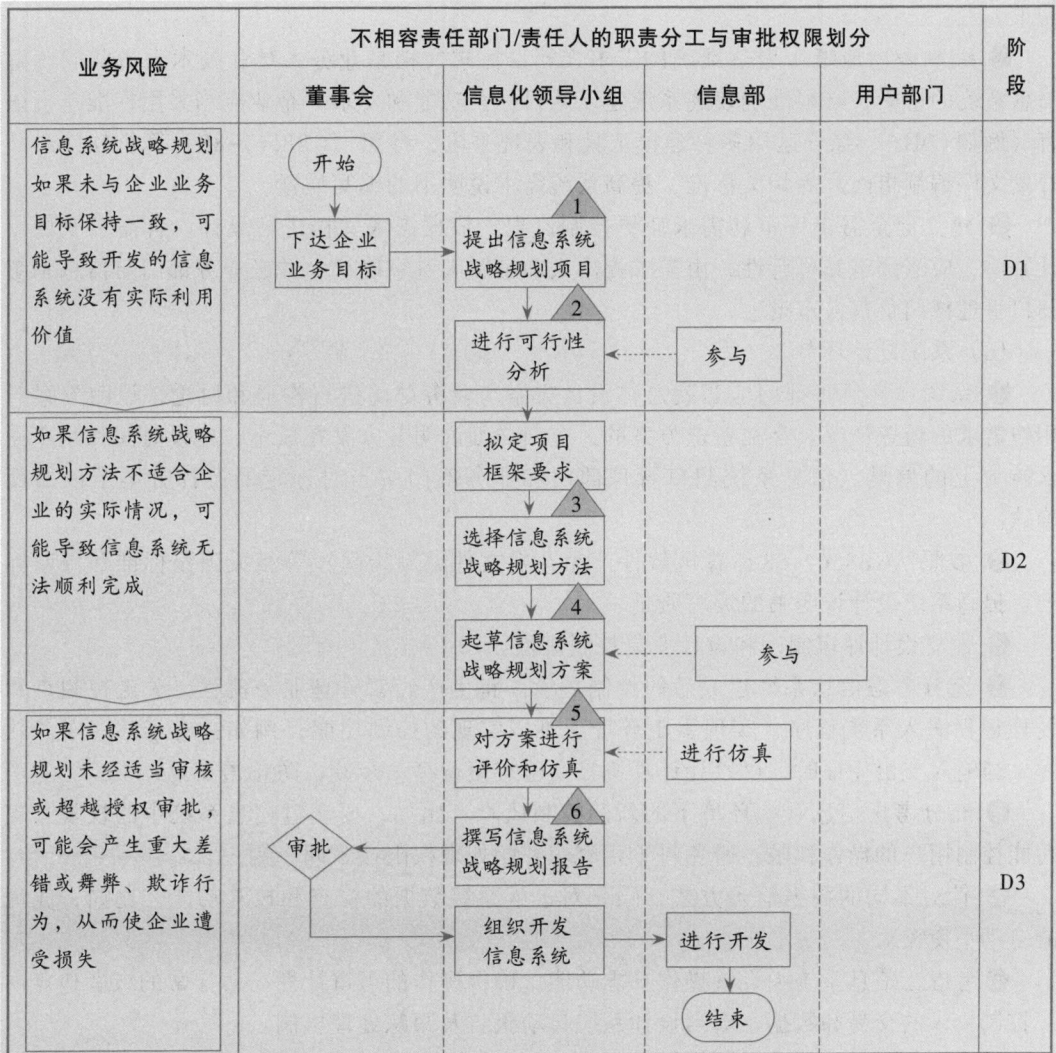

图5-8　信息系统战略规划管理流程与风险控制图

（二）系统开发建设阶段管控措施

1.信息系统自行开发方式管控措施

（1）项目计划环节。

❶ 根据信息系统建设整体规划提出项目分阶段的建设方案。明确建设目标、人员配备、职责分工、经费保障和进度安排等相关内容，按照规定的权限和程序审批后实施。

❷采用标准的项目管理软件（比如Office Project）制订项目计划，并加以跟踪。在关键环节进行阶段性评审，以保证过程可控。

❸项目关键环节编制的文档应参照《GB8567-88计算机软件产品开发文件编制指南》等相关国家标准和行业标准进行，以提高项目计划编制水平。

（2）需求分析环节。

❶信息系统归口管理部门应当组织企业内部各有关部门提出开发需求，加强系统分析人员和有关部门的管理人员、业务人员的交流，经综合分析提炼后形成合理的

需求。

❷ 编制表述清晰、表达准确的需求文档。需求文档是业务人员和技术人员共同理解信息系统的桥梁，必须准确表述系统建设的目标、功能和要求。企业应当采用标准建模语言（例如 UML），综合运用多种建模工具和表现手段，参照《GB8567-88 计算机软件产品开发文件编制指南》等相关标准，提高系统需求说明书的编写质量。

❸ 建立健全需求评审和需求变更控制流程。依据需求文档进行设计（含需求变更设计）前，应当评审其可行性，由需求提出人和编制人签字确认，并经业务部门与信息系统归口管理部门负责人审批。

（3）系统设计环节。

❶ 系统设计负责部门应当就总体设计方案与业务部门进行沟通和讨论，说明方案对用户需求的覆盖情况。存在备选方案的，应当详细说明各方案在成本、建设时间和用户需求响应上的差异。信息系统归口管理部门和业务部门应当对选定的设计方案予以书面确认。

❷ 参照《GB8567-88 计算机软件产品开发文件编制指南》等相关国家标准和行业标准，提高系统设计说明书的编写质量。

❸ 建立设计评审制度和设计变更控制流程。

❹ 充分考虑信息系统建成后的控制环境。将生产经营管理业务流程、关键控制点和处理规程嵌入系统程序，实现手工环境下难以实现的控制功能，例如：对于某一财务软件，当输入支出凭证时，可以让计算机自动检查银行存款余额，防止透支。

❺ 充分考虑信息系统环境下的新的控制风险。比如，要通过信息系统中的权限管理功能控制用户的操作权限，避免将不相容职务的处理权限授予同一用户。

❻ 针对不同的数据输入方式，强化对进入系统数据的检查和校验功能。比如，凭证的自动平衡校对。

❼ 考虑在信息系统中设置操作日志功能，确保操作的可审计性。对异常的或者违背内部控制要求的交易和数据，应当设计系统自动报告及跟踪处理机制。

❽ 预留必要的后台操作通道。对于必需的后台操作，应当加强管理，建立规范的操作流程，确保足够的日志记录，保证对后台操作的可监控性。

（4）编程和测试环节。

❶ 项目组应建立并执行严格的代码复查评审制度。

❷ 项目组应建立并执行统一的编程规范。在标识符命名、程序注释等方面统一风格。

❸ 应使用版本控制软件系统（例如 CVS），保证所有开发人员基于相同的组件环境开展项目工作，协调开发人员对程序的修改。

❹ 应区分单元测试、组装测试（集成测试）、系统测试、验收测试等不同测试类型，建立严格的测试工作流程，提高最终用户在测试工作中的参与程度，改进测试用例的编写质量，加强测试分析，尽量采用自动测试工具提高测试工作的质量和效率。具备条件的企业，应当组织独立于开发建设项目组的专业机构对开发完成的信息系统进行验收测试，确保在功能、性能、控制要求和安全性等方面符合开发需求。

（5）上线环节。

❶ 制订信息系统上线计划，并经归口管理部门和用户部门审核批准。上线计划一般

包括人员培训、数据准备、进度安排、应急预案等内容。

❷ 系统上线涉及新旧系统切换的，应当在上线计划中明确应急预案，保证新系统失效时能够顺利切换回旧系统。

❸ 系统上线涉及数据迁移的，应当制订详细的数据迁移计划，并对迁移结果进行测试。用户部门应当参与数据迁移过程，对迁移前后的数据予以书面确认。

2.信息系统业务外包方式管控措施

（1）选择外包服务商环节。

❶ 选择外包服务商时要充分考虑服务商的市场信誉、资质条件、财务状况、服务能力、对本企业业务的熟悉程度、既往承包服务成功案例等因素，对外包服务商进行严格筛选。

❷ 可以借助外包业界基准来判断外包服务商的综合实力。

❸ 严格外包服务审批及管控流程。对信息系统外包业务，原则上应采用公开招标等形式选择外包服务商，并实行集体决策审批。

（2）签订外包合同环节。

❶ 在与外包服务商签约之前，应针对外包可能出现的各种风险损失，恰当拟定合同条款，对涉及的工作目标、合作范畴、责任划分、所有权归属、付款方式、违约赔偿及合约期限等问题做出详细说明，并由法律部门或法律顾问审查把关。

❷ 开发过程中涉及商业秘密、敏感数据的，应当与外包服务商签订详细的"保密协定"，以保证数据安全。

❸ 在合同中约定付款事宜时，应当选择分期付款方式，尾款应当在系统运行一段时间并经评估验收后再支付。

❹ 应在合同条款中明确要求外包服务商保持专业技术服务团队的稳定性。

（3）持续跟踪评价外包服务商的服务过程环节。

❶ 规范外包服务评价工作流程。明确相关部门的职责权限，建立外包服务质量考核评价指标体系，定期对外包服务商进行考评，公布服务周期的评估结果，实现对外包服务水平的跟踪评价。

❷ 必要时，可以引入监理机制，降低外包服务风险。

3.信息系统外购调试方式管控措施

（1）软件产品选型和供应商选择商环节。

❶ 应明确企业自身需求，对比分析市场上的成熟软件产品，合理选择软件产品的模块组合和版本。

❷ 进行软件产品选型时应广泛听取行业专家的意见。

❸ 选择软件产品和服务供应商时，不仅要评价其现有产品的功能、性能，还要考察其服务支持能力和后续产品的升级能力。

（2）服务供应商选择环节。

选择服务供应商时，不仅要考核其对软件产品的熟悉、理解程度，也要考核其是否深刻理解企业所处行业的特点、是否理解企业个性化需求、是否有过相同或相近的成功案例。

中储粮总公司（以下简称中储粮）是经国务院批准组建的涉及国家安全和国民经济命脉的国有大型重要骨干企业。为了更好地稳定国内粮食市场和服务国家粮食安全，中储粮不断探索、改进管理手段，力求用新的方法来加大管控力度。2003年年底，中储粮提出要建设业务管理信息系统。中储粮总公司业务管理信息系统开发成功历时三四年之久，其后培训2万多人来推动该系统在集团公司中的应用。整个业务管理信息系统的建设主要包括以下四步：

第一步：挑选供应商。中储粮在半年之内与30多家有粮食行业信息系统开发经验的供应商接触，挑选出有投标机会的16家。与此同时，邀请国内知名咨询公司SD公司对项目进行调研咨询，得到一个独立方案。

第二步：确定最终供应商。由中储粮总公司各核心业务部门的负责人对16家参与投标承建公司的总体方案进行评分。结合SD公司的独立方案，吸收排名前5的开发商的优点，选定浪潮集团与神州数码公司。成绩排名第一的浪潮集团作为中储粮业务管理信息系统的总开发商和总集成商，而神州数码公司以排名第二的成绩成为分包商。与此同时，明确公司的系统建设需求。

第三步：系统开发。在"统一技术架构、统一数据结构、统一项目管理"三个统一的基础上，两家开发商分工协作。聘用监理公司负责主持两个开发商都要参与的双周例会或者紧急例会，使两家开发商在系统开发过程中取长补短，以便提高系统质量。

第四步：试点实施与推广应用。业务管理信息系统开发成功后首先在山东、河南、江苏、浙江4家分公司进行试点。试点过程中，中储粮不断总结经验。其后，进行分期分批培训，将业务系统应用从规划时的5人扩大到2万人。2008年9月底，中储粮业务管理信息系统成功实施。

中储粮总公司业务管理信息系统建成后，全部直属库、整体接管库和部分承储规模较大的直管库共525个库点部署了中储粮业务管理信息系统。系统的应用，使得中储粮实现了纵向和横向的透明化、集中式管理，打通了财务和业务，实现了直属库内的物流、资金流、信息流三流同步和总公司、分公司、承储库上下业务运作的一体化。最终，总公司、分公司可以通过系统查询到承储库的每一笔业务，大大提高了业务监管的能力和效率。

资料来源：佚名.中储粮：管控到每一笔业务的信息化实践[EB/OL].（2008-12-27）.https://tech.sina.com.cn/smb/2008-12-27/2056936690.shtml.

（三）系统运行和维护阶段管控措施

1. 日常运行维护环节

（1）制定信息系统使用操作程序、信息管理制度以及各模块子系统的具体操作规范，及时跟踪、发现和解决系统运行中存在的问题，确保信息系统按照规定的程序、制度和操作规范持续稳定运行。

（2）切实做好系统运行记录。尤其是对于系统运行不正常或无法运行的情况，应对异常现象发生时间和可能的原因作出详细记录。

（3）重视系统运行的日常维护。在硬件方面，日常维护主要包括各种设备的保养与安全管理、故障的诊断与排除、易耗品的更换与安装等，这些工作应由专人负责。

（4）配备专业人员负责处理信息系统运行中的突发事件。必要时应会同系统开发人员或软硬件供应商共同解决。

2.系统变更管理环节

（1）建立标准流程来实施和记录系统变更，保证变更过程得到适当的授权与管理层的批准，并对变更进行测试。信息系统变更应当严格遵照管理流程进行操作。信息系统操作人员不得擅自进行软件的删除、修改等操作；不得擅自升级、改变软件版本；不得擅自改变软件系统的环境配置。

（2）系统变更程序（如软件升级）需要遵循与新系统开发项目同样的验证和测试程序，必要时还应当进行额外测试。

（3）加强紧急变更的控制管理。

（4）加强对将变更移植到生产环境中的控制管理，包括系统访问授权控制、数据转换控制、用户培训等。

3.系统安全管理环节

（1）建立信息系统相关资产的管理制度，保证电子设备的安全。企业应在健全设备管理制度的基础上，建立专门的电子设备管控制度，对于关键信息设备（例如银行的核心数据库服务器），未经授权，不得接触。

（2）成立专门的信息系统安全管理机构。由企业主要领导负总责，对企业的信息安全作出总体规划和全方位严格管理，具体实施工作可由企业的信息主管部门负责。企业应强化全体员工的安全保密意识，特别要对重要岗位员工进行信息系统安全保密培训，并签署安全保密协议。企业应当建立信息系统安全保密制度和泄密责任追究制度。

（3）按照国家相关法律法规以及信息安全技术标准，制定信息系统安全实施细则。根据业务性质、重要程度、涉密情况等确定信息系统的安全等级，建立不同等级信息的授权使用制度，采用相应技术手段保证信息系统运行安全有序。对于信息系统的使用者和不同安全等级信息之间的授权关系，应在系统开发建设阶段就形成方案并加以设计，在软件系统中预留这种对应关系的设置功能，以便根据使用者岗位职务的变迁进行调整。

（4）有效利用IT技术手段，对硬件配置调整、软件参数修改严加控制。例如，企业可利用操作系统、数据库系统、应用系统提供的安全机制，设置安全参数，保证系统访问安全；对于重要的计算机设备，企业应当利用技术手段防止员工擅自安装、卸载软件或者改变软件系统配置，并定期对上述情况进行检查。

（5）企业委托专业机构进行系统运行与维护管理的，应当严格审查其资质条件、市场声誉和信用状况等，并与其签订正式的服务合同和保密协议。

（6）采取安装安全软件等措施防范信息系统受到病毒等恶意软件的感染和破坏。企业应当特别注重加强对服务器等关键部位的防护。对于存在网络应用的企业，应当综合利用防火墙、路由器等网络设备，采用内容过滤、漏洞扫描、入侵检测等软件技术加强网络安全，严密防范来自互联网的黑客攻击和非法侵入。对于通过互联网传输的涉密或者关键业务数据，企业应当采取必要的技术手段确保信息传递的保密性、准确性、完整性。

（7）建立系统数据定期备份制度。明确备份范围、频度、方法、责任人、存放地点、有效性检查等内容。系统首次上线运行时应当完全备份，然后根据业务频率和数据重要性程度，定期做好增量备份。数据正本与备份应分别存放于不同地点，防止因火灾、水灾、地震等事故产生不利影响。企业可综合采用磁盘、磁带、光盘等备份存储介质。

（8）建立信息系统开发、运行与维护等环节的岗位责任制度和不相容职务分离制度，防范利用计算机舞弊和犯罪。开发人员在运行阶段不能操作使用信息系统，否则可能掌握其中的涉密数据，进行非法利用；系统管理和维护人员承担密码保管、授权、系统变更等关键任务，如果允许其使用信息系统，就可能较为容易地篡改数据，从而达到侵吞财产或滥用计算机信息的目的。此外，信息系统使用人员也需要区分不同岗位，包括业务数据录入、数据检查、业务批准等，在他们之间也应有必要的相互牵制。企业应建立用户管理制度，加强对重要业务系统的访问权限管理，避免将不相容职责授予同一用户。企业应当采用密码控制等技术手段进行用户身份识别。对于重要的业务系统，应当采用数字证书、生物识别等可靠性强的技术手段识别用户身份。对于发生岗位变化或离岗的用户，用户部门应当及时通知系统管理人员调整其在系统中的访问权限或者关闭账号。企业应当定期对系统中的账号进行审阅，避免存在授权不当或非授权账号。对于超级用户，企业应当严格规定其使用条件和操作程序，并对其在系统中的操作全程进行监控或审计。

（9）开展信息系统风险评估工作。定期对信息系统进行安全评估，及时发现系统安全问题并加以整改。

（四）系统终结阶段管控措施

（1）做好善后工作，不管因何种情况导致系统停止运行，都应将废弃系统中有价值或者涉密的信息进行销毁、转移。

（2）严格按照国家有关法规制度和对电子档案的管理规定（比如审计准则对审计证据保管年限的要求），妥善保管相关信息档案。

五、信息系统应用控制管控措施

1.输入控制环节

（1）针对手工录入、批量导入、接收其他系统数据等不同数据输入方式，考虑对进入系统数据的检查和校验功能，确保数据的准确性、有效性和完整性。

（2）尽量避免通过后台操作修改和删除数据。对于必需的后台数据操作，企业应当建立规范的流程制度，并对操作情况进行监控或审计。

（3）对经常性的数据删除和修改，在系统功能中考虑，并通过审批、复核等程序加以控制。

（4）在重要信息系统中设置操作日志功能，详细记录系统每个账户的登录时间、重要的操作内容，确保操作的可审计性。

（5）系统中设计自动报告功能，监控异常或违背内控要求的数据。

2.处理控制环节

（1）建立健全用户管理制度，确保不同授权用户在授权范围内运用信息系统进行业务处理。

（2）系统自动记载各个用户的操作日志，详细记录各用户的操作，留下审计线索。

（3）对信息系统定期进行检测维护，及时发现错误并修正。

3.输出控制环节

（1）使用数据勾稽关系校验、数据指纹，保证有关数据的正确性。

（2）综合采用功能权限和数据权限确保经授权用户才能得到相关输出信息。功能权限确定用户是否可以执行某项输出功能，通常表现为不同职责的用户所能使用的菜单项、按钮组合不同。数据权限决定用户可访问的数据范围。

（3）强化输出资料分发控制，确保资料只能分发给具有相应权限的用户。分发控制措施有：打印总数控制、信息接收人控制、设置输出报告发送登记簿。

>> **案例5-17**   **工资表里的"蚁贪"**

"您好！这是工商银行。注意到这个月贵校工资代发放系统中，有人有5笔共6万多元的工资收入，特提醒。"一条工商银行的提醒电话揭开了学校会计谢某贪污的内幕。

谢某，男，80后，2009年7月会计专业毕业的他被录用为某校会计，负责全校教职工的工资发放工作。2014年4月的一天，他将领导审批过的工资表内数据导入银行代发数据模板时，发现银行代发数据模板中，实发工资合计数小于审批过的工资表实发工资总数。"实发工资总数应该等于应发工资总数减去'五险一金'的合计数，数据不一致，肯定是有地方算错了。"经重新计算，他发现学校工资表内在职人员扣缴个人所得税一栏算错了，少算了几千元钱。他决定不将问题上报单位领导，把多出的几千块钱在银行代发数据模板内直接加到自己的实发工资上。

从2014年4月开始，谢某把在职教职工应上缴的个人所得税数额多次进行篡改，仅此一项，累计贪污127万多元。之后，他又把手伸向了新调入人员的公积金。学校新进教职工从调入到手续办好，一般需要几个月到一年的时间。这期间，学校一般会先替新调入教职工缴纳住房公积金，待新进教职工工资手续办好后，再将之前垫付的钱从工资里扣除。谢某便把黑手伸向了这本应扣除后返还学校的钱。谢某还是在银行代发数据模板中把应扣除的钱直接加到自己的实发工资上，他以此方式共贪污58万多元。很快，"熟能生巧"的他将目标对准了学校离退休人员的工资和补贴。

经审计，2014年至2019年，谢某共篡改200多人次的工资数据，累计贪污代扣的个人所得税、公积金、养老金等款项近300万元。2020年1月6日，谢某因涉嫌贪污犯罪被移送司法机关。

诚实守信、廉洁自律、严守规矩是财务会计人员最基本的职业操守。谢某追求个人利益和生活享受，以身试法，断送了个人前途和家庭幸福。单位财务信息系统管理漏洞、忽视资金舞弊风险、忽视监督制约机制，也是该案发生的缘由。加强财务信息系统应用控制，健全完善财务制度，消除监督盲点，才能从源头上堵塞财务管理漏洞。

资料来源：中央纪委国家监委网站.以案为鉴丨工资表里的"百万蛀虫"[EB/OL].（2020-03-31）.https://www.ccdi.gov.cn/yaowenn/202003/t20200331_78333.

――――――――――――― 【本章岗课赛证融通训练】

【不定项选择题】（每题至少有一个正确答案，请将正确答案填在括号内）

1.德丰公司是一家以食品生产加工为主的企业。该公司在组织机构设置和权责分配上仍然缺乏系统科学的整体考虑，虽然设置了形式上的公司治理结构、却未能真正发挥现代企业制度中董事会、监事会的职能。同时，该公司目前的内部信息传递方式还停留在电话、传真的阶段，没有运用先进的信息传播手段（如未利用计算机网络来提高信息传播的效果和效率）。根据上述信息判断，德丰公司存在控制缺陷的内部控制要素有（　　）。

A.风险评估　　　　B.内部环境　　　　C.信息与沟通　　　　D.控制活动

2.甲公司在内部控制建设中的下列做法中符合信息与沟通要素要求的有（　　）。

A.加强法制教育，建立健全法律顾问制度和重大法律纠纷案件备案制度

B.建立举报投诉制度和举报人保护制度

C.建立重大风险预警机制和突发事件应急处理机制

D.建立反舞弊机制，坚持惩防并举、重在预防的原则

3.《企业内部控制应用指引第15号——全面预算》所称全面预算，是指企业对一定期间的（　　）等作出的预算安排。

A.经营活动　　　　B.投资活动　　　　C.财务活动　　　　D.筹资活动

4.盛唐公司实行全面预算管理，不受以往预算安排的影响，每年年底都在深入分析每个部门的需求和费用的基础上，从实际出发编制预算。盛唐公司编制预算所采用的方法是零基预算，其缺点有（　　）。

A.工作量大，费用较高　　　　　　　B.它可能追求短期利益而忽视长期利益

C.没有提供降低成本的动力　　　　　D.没有考虑经营条件和经营情况的变化

5.《企业内部控制基本规范》第四十一条规定，企业应当利用信息技术促进信息的集成与共享，充分发挥信息技术在信息与沟通中的作用。加强对信息系统（　　）及网络安全等方面的控制，保证信息系统安全稳定运行。

A.开发与维护　　B.访问与变更　　C.数据输入与输出　　D.文件储存与保管

6.乙公司企业预算随意、频繁调整，导致预算失去"硬约束"。这使其在实行全面预算管理的（　　）环节容易出现风险。

A.预算考核　　　　B.预算编制　　　　C.预算下达　　　　D.预算调整

7.合同管理中合同签署环节应关注的风险主要有（　　）。

A.超越权限签订合同　　　　　　　　B.合同印章管理不当

C.签署后的合同被篡改　　　　　　　D.合同手续不全

8.在企业内部，完善信息（　　），能使员工及时将其在企业经营活动中所了解的重要信息向管理层及董事会等方面传递。

A.向上传递机制　　B.向下传递机制　　C.横向传递机制　　D.以上均正确

9.丙公司依据《企业内部控制应用指引第16号——合同管理》，制定合同管理制度，规范合同管理中合同订立、合同履行和合同事后评估三个阶段的基本流程。其中，将合同订立阶段分为（　　）、合同签署等环节实施管控。

A.合同调查　　　　B.合同谈判　　　　C.合同文本拟订　　　　D.合同审核

10.企业利用信息系统实施内部控制至少应关注（　　）的风险。

A.信息系统缺失或规划不合理，可能造成信息孤岛或重复建设，导致企业经营管理效率低下

B.系统开发不符合内部控制要求，授权管理不当，可能导致无法利用信息技术实施有效控制

C.系统运行维护和安全措施不到位，可能导致信息泄露或毁损，系统无法正常运行

D.没有将信息化与企业业务需求结合，降低了信息系统的应用价值。

【圆桌讨论】

【资料一】 通过以下两则案例，谈谈对企业实行全面预算管理控制手段的理解。

1.HB公司系一家集规划设计、装备制造、工程施工为一体的大型综合性建设集团公司。2021年年初拟实施全面预算管理，相关资料如下：

（1）组织成立全面预算管理委员会，由总经理任主任，总会计师任副主任，成员包括副总经理以及财务、战略、生产、营销、投资、发展和人力资源部门负责人。全面预算管理委员会负责审定预算目标，下达年度预算总目标。

（2）公司确定年度经营目标时，发展部负责人建议从公司自身所拥有的人力、资金、设备等资源出发，以保障年度经营目标的实现。

（3）为了保障预算目标的实现，全面预算管理办公室要求企业全面预算管理的层级与企业内部层级要保持一致，即集团层面、分（子）公司层面和最末级执行单位层面，在预算执行与控制、预算考核等环节方面保持相同。

2.SN公司为一家大型企业M公司的全资子公司，主要从事水利电力工程及基础设施工程承包业务。2022年7月，M公司对SN公司2022年上半年预算管控情况进行了检查，发现以下主要问题：

（1）对年度营业收入、管理费用、利润总额等重点预算指标，未按季度或月度进行分解、控制，出现"时间过半，收入、利润指标只实现年度预算的40%，而管理费用却达到年度预算的63%"等问题，公司"保增长"压力大、提质增效工作成效不明显。

（2）对应收款项、存货、现金流量等关键性监控指标，未进行分析预测且未采取适当控制措施，导致应收款项及存货占用资金高，事前控制能力有待提高。

讨论主题清单：

1.阅读我国《企业内部控制应用指引第15号——全面预算》，谈谈HB公司预算管理委员会的表述、发展部负责人的建议、全面预算管理办公室的观点是否有不妥之处，若有不妥之处，请说明理由。

2.结合本章知识，谈谈SN公司未遵循哪些预算控制原则，并据此提出预算控制的改进措施。

讨论形式：

采用六人一组的方式进行小组式讨论，小组提交讨论分析报告提纲，并选派小组代表发言，进一步讨论、总结。

讨论总结：

归纳总结各小组发言人的主要观点和亮点，进一步指出对案例素材扩展思考和分析的焦点问题。

【资料二】 京东集团的《京东人事与组织效率铁律十四条》的第十三条是关于内部沟通四原则的，具体如下：

1.内部沟通时间分配的"721原则"。在内部沟通中，管理者要把70%的时间用来和

下属沟通，20%的时间和平级沟通，10%的时间和上级沟通。管理者最忌一味唯上，要多和团队、协同部门沟通，以保证执行、促进协同。

2.汇报讲层级。工作汇报要按照ABC原则逐层汇报，避免越级汇报或漏级汇报。就算隔层上级A批准，直属上级B没有批准，报批也不能正式生效，从而保证决策的谨慎性和全面性。

3.沟通是平的。内部沟通是平的，不讲求级别对等，尤其是跨部门沟通，要打破层级和官僚做日常工作沟通，保证沟通效率及有效性。

4.谁牵头谁担责。项目谁牵头，谁就是负责人，就要对整件事情负责到底，就有权指挥、调动全公司资源。项目小组的所有成员，无论在什么部门什么层级，只要是项目相关方，都要听从项目负责人的安排。项目如果出了问题，最终责任由牵头人承担。

讨论主题清单：

1.阅读我国《企业内部控制应用指引第17号——内部信息传递》，收集相关资料，谈谈京东集团内部信息传递的优势。

2.结合本章知识，谈谈你对企业内部信息传递流程的两个阶段、八个环节中的主要风险和应对措施的理解。

讨论形式：

采用六人一组的方式进行小组式讨论，小组提交讨论分析报告提纲，并选派小组代表发言，进一步讨论、总结。

讨论总结：

归纳总结各小组发言人的主要观点和亮点，进一步指出对案例素材扩展思考和分析的焦点问题。

【资料三】我们通过下列案例，谈谈对合同管理控制手段的理解。

案例一：A公司与B公司签订建筑施工合同，对某路段进行改造，A公司向B公司缴纳了500万元工程保证金，后该项目未能开工建设，A公司请求返还保证金未果，遂诉至法院。法院审理发现B公司并无项目业主资格，建筑施工合同无效，且B公司无偿还能力。

案例二：某公司与某材料商签订了一份材料采购合同。合同约定材料商应在10月1日后，分四次将材料运往某公司，但直到过完冬季，该公司也未收到材料。经多次催促，材料商于春节后才开始履行合同约定，为此该公司诉至法院，要求材料商赔偿经济损失。经法院审理，该公司不但没有获得经济赔偿，反而以败诉告终。其原因就是该合同对材料供应期限没有进行明确限制，未明确每次的具体履行时间和截止到何时履行完毕。

案例三：某公司规定，合同评审中各评审人员应签署明确的结论性意见后签名，结论性意见分为"建议性"和"否定性"两类。检查发现，该公司的某合同评审表中某部门负责人与单位负责人仅签署姓名，未签署明确的结论性意见。

讨论主题清单：

1.阅读我国《企业内部控制应用指引第16号——合同管理》，谈谈上述案例存在的风险。

2.结合本章知识，谈谈合同管理内部控制的要点。

讨论形式：

采用六人一组的方式进行小组式讨论，小组提交讨论分析报告提纲，并选派小组代表发言，进一步讨论、总结。

讨论总结：

归纳总结各小组发言人的主要观点和亮点，进一步指出对案例素材扩展思考和分析的焦点问题。

⑥ 第六章
内部监督

【知识目标】

1. 明确内部监督的概念、方式和要求
2. 理解内部监督与内部控制其他要素的关系
3. 熟悉内部监督机构的设置及其职责
4. 理解内部监督程序的内容
5. 掌握内部监督的方法运用

【能力与素养目标】

1. 能准确理解内部监督的概念、方式和要求、与内部控制其他要素的关系
2. 能准确理解内部监督机构的设置并明确其职责
3. 能根据企业具体情况选择适当的内部监督方法并明确监督范围
4. 能根据企业具体情况制定内部监督制度、实施内部监督程序
5. 具有独立、客观、公正、诚信、胜任、审慎的职业道德
6. 具有敢于监督、履责于行、明辨是非、以审促建的职业行为

【本章知识架构】

章名	节名	一级标题
内部监督	内部监督概述	内部监督的概念
		内部监督与内部控制其他要素的关系
		内部监督的方式
	内部监督的机构及职责	专职的内部监督机构
		其他机构的监督职责
	内部监督程序	建立健全企业内部监督
		开展日常监督和专项监督
		制定内部控制缺陷认定标准并对内部控制缺陷进行认定和报告
		开展内部控制有效性的自我评价
		内部控制建立与实施情况记录和资料保管
	内部监督方法	日常监督
		专项监督

美国通用电气公司的内部审计

美国通用电气公司（以下简称GE公司）是世界上最大的多元化服务性公司，从飞机发动机、发电设备到金融服务，从医疗造影、电视节目到塑料，GE公司致力于通过多项技术和服务创造更美好的生活。GE在全世界100多个国家开展业务，在全球拥有315 000名员工。GE公司能够在如今的经济环境中依然立于不败之地，其内部审计发挥了很大作用。

1.GE公司的内部审计目标与内容。GE为其公司审计署规定了即使在美国公司中也可以说是标新立异的工作目标：超越账本、深入业务。这一措施的运用使得他们在检查和改善下属单位的经营状况、保证投资效果符合公司的总体战略目标和培养企业管理人才方面开创了极为成功的范例。GE的内部审计内容包括两类：一是下属企业财务部门自己的审计，重点审查其自身经营情况和财务活动是否符合总公司的规定；二是总公司一级的审计。最能代表GE特色的是其公司审计署的审计。

2.GE公司的内部审计特色。GE的内部审计工作主要解决两个关键性的因素：一个是共同接受的会计标准和原则，另一个是双重报告系统。GE总公司财务部保存有一套国家出版的会计标准和原则，每级财务部门的职责就是坚持贯彻这些原则。公司的财务部提供了一个基本的会计结构，各个企业围绕此结构运行。GE的内部审计主要监督的就是各下属企业是否认真遵守了这些标准和原则。另一个重要审计工作问题是监督双重报告原则。GE每个产业集团的财务负责人既要向本企业的负责人报告，还直接向总公司的财务副总裁报告。

在审计工作中，GE的内部审计人员首先从查账入手，但决不止步于单纯查账，而是花费更多的时间和精力去研究可能有问题的业务，包括业务流程和有关策略、措施，以便从中发现公司经营效果、内部资源的开发利用、产品质量和服务等各个方面有无可以改进之处。GE审计人员尤其重点关注风险大、利益也大的方面，揭示员工在风险面前所出现的低效率、浪费、不求进取等种种弊端。

3.GE公司内部审计工作过程。在审计工作开始之前，内部审计工作小组要做的工作是了解和研究情况，倾听其他有经验成员的各种想法和建议，在此之后才确定本次审计的目标。

在审计中，审计小组对整个审计工作负有全责，召开调查会、进行个别谈话、收集情况和资料等活动都由他们自主安排。在这之后是分析情况、理清头绪，衡量各种问题间的相互影响。为了实现审计目标，他们可以做他们认为需要做的任何工作，目的只有一个：找出问题的解决方案。即便找到了解决方案，事情也远未结束。问题解决方案的实施具体建议一般由审计小组提出，他们总是要把新方案变成一种日常工作，具体落实后才肯罢手。在这一过程中，审计小组要与被审计部门的领导和业务人员打无数次交道。GE公司内部审计部门直接向GE总公司的"第三把手"报告，增加了内部审计机构意见的分量和权威性，审计工作也往往因此更能得到被审计部门领导的积极配合。

GE公司内部审计是GE对下属企业进行强有力控制的最有效工具，也是GE对其下属企业所有权的具体体现和保证。

资料来源：中国会计网.美国通用电气公司内部审计简介[EB/OL].（2018-10-22）.http://www.canet.com.cn/audit/622563.html.

第一节　内部监督概述

一、内部监督的概念

《企业内部控制基本规范》中指出，内部监督是指企业对内部控制建立与实施情况进行监督检查，评价内部控制的有效性，发现内部控制缺陷，并及时加以改进。内部监督是企业内部控制得以有效实施的机制保障，在内部控制构成要素中，具有十分重要的作用。

企业对内部控制进行监督的必要性体现在：

（1）内部控制的设计风险始终大于零。因为水平再高的内部控制设计者也不可能把企业的风险因素都考虑全面，内部控制制度设计总有不完善之处，只有在内部控制实施的过程中进行检查监督，才能发现内部控制制度设计的缺陷与不当之处。

（2）内部控制的运行风险始终大于零。因为企业即使是建立了完善的内部控制制度，在执行中也会存在有人不执行或者在某些方面打折扣执行，如果没有内部控制的检查监督，将会失去内部控制的有效性。

（3）内部控制的与时俱进问题。企业在不断发展壮大，外界环境也在不断变化，企业原有的内部控制是否适应企业和外界经济形势的发展，能否适应企业发展的需要，也只有在对内部控制活动的监督检查中才能发现问题。

（4）内部控制的执行推动问题。企业内部控制制度制定之后，由于员工们的素质与觉悟程度所限，会有很多人不能主动执行，必须要有检查监督推动其执行。这就要求企业的许多操作岗位要有现场监督，企业的所有员工都要有绩效考评。

总之，内部控制作为由企业各层级员工共同参与实施的完整系统，是一个不断调整、逐步完善、持续优化的动态过程。在此过程中，不论是内部控制制度的建立与实施，还是内部控制系统的评价与报告，都需要恰当的监督，从而帮助董事会及经理层预防、发现和整改内部控制设计与运行中存在的问题和薄弱环节，以便及时加以改进，确保内部控制体系得以有效运行。需要说明的是，由于受成本效益原则影响，内部监督只能对内部控制有效性的合理结论提供支持。

>> 案例6-1　　　　　　T公司内控制度未及时更新被出具警示函

重庆证监局于2020年9月对T上市公司出具警示函，并对相关责任人采取监管谈话的措施。违规事实除信息披露和会计核算不规范之外，T公司还存在以下内控体系不健全的情况：

（1）内控制度未及时修订。公司2014年制定的《内部控制管理手册》未根据实际情况进行及时修订，也未经董事会审议批准，未形成有效的内控管理制度。

（2）内控工作开展受阻。公司内控管理投入较少，人员配备不足，内部审计部门仅有1名工作人员，有关内控管理和监督工作无法有效开展。

（3）部门间协同效应不佳。公司存在因工程相关部门与财务部门之间信息传递不及时，导致部分在建工程转固定资产不及时的内控缺陷，但一直未进行整改。

另外，公司还存在开展内控自我评价工作过程中，未制作和保留相关工作底稿，以及销售业务内部控制未得到有效执行等内控缺陷。

《企业内部控制基本规范》中对企业建立与实施内部控制应当遵循的几项原则提出明确要求，其中一项为适应性原则，即"内部控制应当与企业经营规模、业务范围、竞争状况和风险水平等相适应，并随着情况的变化及时加以调整"。上市公司未根据公司目前最新情况更新内控制度，仍沿用旧版制度，导致无法形成有效的内控管理体系，违背公司内控制度建立的原则。内控制度未经董事会审议批准，也违反了《企业内部控制基本规范》的规定。除此之外，虽然在《企业内部控制基本规范》中未对内部审计人员的数量进行具体规定，但强调上市公司应当保证内部审计机构的设置和人员配备，《上市公司章程指引》中对内部审计也提出相关要求。

资料来源：澎湃新闻.证监会公布13起由内控缺陷引发的典型违法案例[EB/OL].（2021-02-02）. https://www.thepaper.cn/newsDetail_forward_11102055.

二、内部监督与内部控制其他要素的关系

内部监督与内部控制其他要素相互联系、互为补充，共同促进企业实现控制目标，具体体现在：

1.内部监督以内部环境为基础，并与内部环境有极强的互动关系

管理层就内部控制及监督的重要性传达积极的基调，要求定期沟通、对于发现的控制问题积极采取措施等，将直接有益于内部监督的开展。反过来，加大内部监督力度，又有利于进一步优化企业的内部环境，为实现控制目标提供充分保障。

2.内部监督与风险评估、控制活动形成了三位一体的闭环控制系统

企业根据风险评估结果和风险应对策略，制定并实施控制活动，再通过事前、事中和事后的内部监督，对风险评估的适当性和控制活动的有效性进行检查评价和优化调整，进而形成了一套严密、高效的闭环控制系统。

3.内部监督离不开信息与沟通的支持

通过适当的信息收集、传递、反馈渠道，获取足够的相关信息来验证内部控制的有效性，并将发现的问题及时报告给有关方面以促进其整改。所有这些监督活动，均需要良好的信息与沟通机制予以保障。

三、内部监督的方式

《企业内部控制基本规范》将内部监督分为日常监督和专项监督。

（一）日常监督

日常监督是指企业对建立与实施内部控制的情况进行常规、持续的监督检查。日常监督是一种持续性监督活动，其发生在企业经营活动过程之中，内含于企业管理活动之中，它包括日常管理和监控活动，以及员工在履行其职责时所采取的其他活动。因为持续性监督活动是嵌入到企业日常的重复的经营活动之中，能够达到对企业经营活动实施实时的监控，能够动态地应对环境变化，及时发现问题。

日常监督由授权的专门机构或者专门人员对建立和实施内部控制以及其他方面工作进行连续的、动态的、全面的检查监督，涉及内部控制各个要素的主要方面，这种监督带有权威性、不可抗拒性，被监督单位或人员必须无条件接受检查和监督。

（二）专项监督

专项监督是指在企业发展战略、组织结构、经营活动、业务流程、关键岗位员工等发生较大调整或变化的情况下，对内部控制的某一或者某些方面进行有针对性的监督检查。专项监督是对某一方面工作或者某一项具体工作进行不定期的、有针对性的监督检查。一般都是按法律、法规和行业监管规定要求，在企业高层管理者授意下进行。

专项监督的范围和频率应当根据风险评估结果以及日常监督的有效性等予以确定。对于应对优先考虑的风险的内部控制和对降低风险最为重要的内部控制，一般应当经常地进行评价。在企业主要战略或管理层发生变更、进行重大的收购或处置，或者经营或财务信息处理方法发生重大变化的情况下，一般需要对整个内部控制系统进行评价，此时应当关注与企业所有重要活动有关的每一内部控制构成要素，其评价范围应当根据所需要实现的内部控制目标来确定。

第二节 内部监督的机构及职责

按照监督主体的职责和性质，企业内部监督机构分为专职的内部监督机构和其他机构的监督。

一、专职的内部监督机构

为保证内部监督的客观性，内部监督应由独立于控制执行的机构进行内部监督。一般情况下，企业可以授权内部审计机构具体承担内部控制监督检查的职能。当企业内部审计机构因人手不足、力量薄弱等原因无法有效对内部控制履行监督职责时，企业可以成立专门的内部监督机构，或授权其他监督机构（如监察部门等）履行相应的职责。专职内部监督机构根据需要开展日常监督和专项监督，对内部控制有效性作出整体评价和提出整改计划，督促其他有关机构整改。下面我们介绍审计委员会、监事会、内部审计机构的内部控制监督职责。

（一）审计委员会的监督职责

审计委员会的监督职责在《上市公司治理准则》、《企业内部控制基本规范》和《企业内部控制应用指引》中有明确规定。

《上市公司治理准则》第三十九条中规定，"审计委员会的主要职责包括：（1）监督及评估外部审计工作，提议聘请或者更换外部审计机构；（2）监督及评估内部审计工作，负责内部审计与外部审计的协调；（3）审核公司的财务信息及其披露；（4）监督及评估公司的内部控制；（5）负责法律法规、公司章程和董事会授权的其他事项。"

《企业内部控制基本规范》第十三条中规定，"企业应当在董事会下设立审计委员会。审计委员会负责审查企业内部控制，监督内部控制的有效实施和内部控制自我评价情况，协调内部控制审计及其他相关事宜等。审计委员会负责人应当具备相应的独立性、良好的职业操守和专业胜任能力。"

（二）监事会的监督职责

监事会的监督职责在《公司法》、《上市公司治理准则》、《企业内部控制基本规范》和《企业内部控制应用指引》中有明确规定。

《公司法》第五十三条规定：监事会有权"对董事、高级管理人员执行公司职务的行为进行监督，对违反法律、行政法规、公司章程或者股东会决议的董事、高级管理人员提出罢免的建议"；"当董事、高级管理人员的行为损害公司的利益时，要求董事、高级管理人员予以纠正"；监事会有权"对董事、高级管理人员提起诉讼"。第五十四条规定："监事可以列席董事会会议，并对董事会决议事项提出质询或者建议。监事会、不设监事会的公司的监事发现公司经营情况异常，可以进行调查；必要时，可以聘请会计师事务所等协助其工作，费用由公司承担。"

《上市公司治理准则》第四十七条明确规定："监事会依法检查公司财务，监督董事、高级管理人员履职的合法合规性，行使公司章程规定的其他职权，维护上市公司及股东的合法权益。监事会可以独立聘请中介机构提供专业意见。"第五十条规定："监事会发现董事、高级管理人员违反法律法规或者公司章程的，应当履行监督职责，并向董事会通报或者向股东大会报告，也可以直接向中国证监会及其派出机构、证券交易所或者其他部门报告。"

《企业内部控制基本规范》第十二条规定："监事会对董事会建立与实施内部控制进行监督。"

（三）内部审计机构的监督职责

1.内部审计的定义与职能

在2011年1月国际内部审计师协会（IIA）发布的《国际内部审计专业实务框架》中，将内部审计定义为：内部审计是一种独立、客观的确认和咨询活动，旨在增加价值和改善组织的运营。它通过应用系统的、规范的方法，评价并改善风险管理、控制及治理过程的效果，帮助组织实现其目标。

2018年我国《审计署关于内部审计工作的规定》在第三条中指出，内部审计是指对本单位及所属单位财政财务收支、经济活动、内部控制、风险管理实施独立、客观的监督、评价和建议，以促进单位完善治理、实现目标的活动。

内部审计机构的职能就是评价、监督和咨询。具体来说：

（1）评价是指内部审计对会计控制系统的运行、财务报告的真实可靠性，内部控制制度的设计及实施、风险管理的有效性，企业各职能部门在生产经营活动中的守法、守规和执行操作规范等情况作出评价，出具报告。

（2）监督是指对企业内部各部门的活动合法合规、执行内部控制制度、执行员工守则等情况进行监督。

（3）咨询是指内部审计要回答高层管理者的咨询提问，帮助高层管理部门设计、完善内部控制制度等管理制度。

内部审计的最大特点就是独立性。它由最高管理层直接领导，或者由董事会直接领导，它的工作由高层决定，企业职能部门必须接受其监督检查。内部审计直接报告给企业高层管理者。高层管理者应保证内部审计的权威性，对其提出的内部控制缺陷要认真研究、改进，保证内部控制的有效性。

2.我国内部审计机构的监督职责

《企业内部控制基本规范》第四十四条规定："企业应当根据本规范及其配套办法，制定内部控制监督制度，明确内部审计机构（或经授权的其他监督机构）和其他内部机构在内部监督中的职责权限，规范内部监督的程序、方法和要求。"

《审计署关于内部审计工作的规定》第六条中指出："国家机关、事业单位、社会团体等单位的内部审计机构或者履行内部审计职责的内设机构，应当在本单位党组织、主要负责人的直接领导下开展内部审计工作，向其负责并报告工作。国有企业内部审计机构或者履行内部审计职责的内设机构应当在企业党组织、董事会（或者主要负责人）直接领导下开展内部审计工作，向其负责并报告工作。国有企业应当按照有关规定建立总审计师制度。总审计师协助党组织、董事会（或者主要负责人）管理内部审计工作。"

《审计署关于内部审计工作的规定》第十二条中指出："内部审计机构或者履行内部审计职责的内设机构应当按照国家有关规定和本单位的要求，履行下列职责：……（八）对本单位及所属单位内部控制及风险管理情况进行审计。"

专职内部监督机构的监督人员应具有独立性、专业胜任能力、客观性和公正性。独立性要求监督人员独立于内部控制执行人员；专业胜任能力要求监督人员具有在内部控制和相关流程方面的知识、技能和经验；客观性是指负责监督的人员在执行监督的过程中应当以客观事实为准绳，反映实际情况；公正性是指负责监督的人员态度应当不偏不倚，不会为了追求个人利益或者自我保护而操纵结果。

二、其他机构的监督

内部监督不只是内部审计机构（或经授权的其他监督机构）的职责，企业内部任何一个机构甚至个人，都应当在内部控制建立与实施过程中承担起相应的监督职责。比如，财会部门对销售部门的赊销行为负有财务方面的监督职责；财会部门负责人对本部门的资产、业务、财务和人事具有监督职责；财会部门内部的会计岗和出纳岗也具有相互监督的职责等。

企业应当在组织架构设计与运行环节明确内部各机构、各岗位的内部监督关系，以便于监督职能的履行。内部各机构的监督应在其职责范围内，承担内部控制相关具体业务操作规程及权限设计的责任，并在日常工作中严格执行。企业内部各机构进行定期的管理活动，利用内部和外部数据所做的同行业比较和趋势分析及其他日常活动，实时将监督嵌入到企业常规的、循环发生的经营活动中；企业内部各机构进行定期的测试、监督活动，及时发现环境变化、及时发现执行中出现的偏差，及时更新初始控制；同时，企业内部所建立、保持的与内部控制机构有效的信息沟通机制，能够及时将内部控制设计和执行是否有效的相关信息传递给有关部门责任人，及时进行整改。

>> **案例6-2　上海延华智能科技（集团）股份有限公司内部审计监督体系**

上海延华智能科技（集团）股份有限公司（以下简称公司）是国内第一家以智能建筑为主营业务，在深交所上市的高科技企业。公司的内部审计监督体系如下：

公司监事会依据《上海延华智能科技（集团）股份有限公司监事会议事规则》行使职权，对股东大会负责，对董事、经理和其他高级管理人员依法履行职责进行监督。

根据《审计法》《审计署关于内部审计工作的规定》《中国内部审计准则》等有关法

律法规的规定和股份公司规范化的要求，公司在董事会下设立了审计委员会，制定了《上海延华智能科技（集团）股份有限公司审计委员会议事规则》，明确审计委员会主要负责公司内、外部审计的沟通、监督和核查工作，强化了董事会的决策职能，做到事前审计、专业审计，确保了董事会对经理层的有效监督，完善了公司内部控制。

公司审计委员会下设内审部，制定了《上海延华智能科技（集团）股份有限公司内部审计制度》，对内部的审计范围、审计程序、审计职权、职业道德等予以明确规定。其中特别强调内部审计机构负责人由具备相应的独立性、良好的职业操守和专业胜任能力的人士担任；采用定期和不定期的方式核查，内审部开展工作不受其他部门或者个人的干涉；内部审计机构对监督检查中发现的内部控制缺陷，按照企业内部审计工作程序进行报告；对监督检查中发现的内部控制重大缺陷，有权直接向董事会报告。上述制度的制定和施行，从制度的层面为防范内部控制风险和提升管理效能奠定了基础。通过内部审计独立客观的监督和评价活动，对公司的内部控制制度的健全性、有效性进行审查和评价，有效降低了内部控制风险，切实提高了管理效能及营运效率，为防范资产流失、资源浪费和优化组织结构流程提供了有力的保障。

资料来源：根据上海延华智能科技（集团）股份有限公司官网资料整理。

第三节　内部监督程序

一、建立健全企业内部监督制度

内部监督制度是指导企业进行内部监督的规范，也是企业开展内部控制内部监督的依据。企业应当根据《企业内部控制基本规范》等的要求，制定内部控制监督制度。在内部监督制度中，明确内部审计机构等类似监督机构的职责，明确内部审计机构与其他内部机构之间的关系，明确开展内部监督的程序、方法和要求等。

二、开展日常监督和专项监督

内部监督包括日常监督和专项监督。企业应当将日常监督整合于企业的经营活动过程之中，与日常经营活动结合起来进行，对于发现的内部控制缺陷，及时向有关方面报告并提出解决问题的方案，对存在的问题及时予以纠正。专项监督与个别评价的概念相当。企业应当订期拟订内部控制专项监督计划，确定当期专项监督的内容和对象。专项监督的范围和频率应当根据风险评估结果以及日常监督的有效性等予以确定。对于专项监督中发现的内部控制存在的问题，要及时向有关方面报告，提出完善内部控制的意见和建议，并监督整改落实。

企业在开展日常监督和专项监督的过程中，识别内部控制中的关键控制，收集判断证明内部控制有效性的信息，以进一步明确监督的程序、执行的频率，需要注意以下两方面工作：

1.判断关键控制的考虑因素

主要有以下因素：复杂程度较高的控制；需要高度判断力的控制；已知的控制失效；相关人员缺少实施某一控制所必需的资质或经验；管理层凌驾于某一控制活动之上；某一项控制失效是重大的，且无法被及时地识别并整改。

2.证明内部控制有效性的信息要求

要求信息必须是相关的、可靠的、及时的和充分的。

（1）信息的相关性。相关性的信息可以分为两种：

❶ 直接信息，即可以证实控制的运行情况，一般可通过观察执行中的控制、重新执行控制或者直接评估控制的执行等方式获得。

❷ 间接信息，即在控制执行中可以表明其发生改变或无效的其他所有信息。如企业运营分析的结果属于监督的间接信息。

一般来说，间接信息识别控制缺陷的能力相对直接信息较弱，需要推理后才能作出控制有效性的结论。比如已存在的控制缺陷可能因为不够重大而无法被作为异常情况识别出来。间接信息包括但不限于下列信息：控制运行的统计数据；关键风险指标；关键绩效指标；行业同比数据。

（2）信息的可靠性，是指信息应当是准确的、可验证的、客观的。

（3）信息的及时性，是指信息必须在一定的时间范围内生成并使用，从而能够预防控制缺陷，或者在这些控制缺陷产生不利影响之前，就被及时发现并予以整改。

（4）信息的充分性，是指针对某一控制点的业务记录中，有多少样本（例如，从1 000张会计凭证中选择30张）纳入了监督测试的范围。企业至少应在以下情况下考虑增加监督样本量：近期频繁出现偏差的控制；发生频率不固定的控制；执行监督的人员不熟悉控制程序，或因惯性执行控制可能弱化控制效果；较为复杂的控制；需要运用重大判断的控制；涉及舞弊或管理层凌驾其上的控制等。

三、制定内部控制缺陷认定标准并对内部控制缺陷进行认定和报告

企业在对内部控制进行内部监督发现内部控制缺陷时，需要对内部控制的缺陷进行认定和报告。为此，企业应当根据自身的实际情况，制定本企业内部控制缺陷认定标准。在对内部控制进行内部监督的过程中，根据确定的标准对内部监督所发现的内部控制缺陷进行认定，分析缺陷的性质和产生的原因，提出整改方案，采取适当的形式及时向董事会、监事会或者经理层报告。企业还应当跟踪内部控制缺陷整改情况，并就内部监督中发现的重大缺陷，追究相关责任单位或者责任人的责任。企业的内部控制缺陷包括设计缺陷和运行缺陷。按照内部控制缺陷影响整体控制目标实现的严重程度，内部控制缺陷分为一般缺陷、重要缺陷和重大缺陷。有关内部控制缺陷认定详见第七章第三节内容。

四、开展内部控制有效性的自我评价

企业内部控制的自我评价是对整个内部控制系统进行的评价活动，可以等同于个别评价。企业对内部控制活动进行日常监督和专项监督，前者是结合各项业务活动分散进行的内部监督，后者是针对企业内部某一特定业务或某一特定领域或部门进行的局部内部监督。但是，由于企业内部控制体系是一个整体，内部控制体系的各组成部分相互配合发挥作用，因此还需要对企业内部控制整个系统整体进行评价，以论证其有效性。对此，企业应当结合日常监督和专项监督情况，定期对内部控制的有效性进行自我评价，出具内部控制自我评价报告。内部控制自我评价的方式、范围、程序和频率，由企业根据经营业务调整、经营环境变化、业务发展状况、实际风险水平等自行确定。

五、内部控制建立与实施情况记录和资料保管

内部控制的建立与完善是企业内部管理制度建设的重要内容。记录和保存内部控制设计和建立的资料，有利于内部控制的实施，也有利于未来对内部控制进一步的完善。内部控制实施情况的记录，反映着企业内部控制运行情况，是对本企业内部控制进行自我评价，发表内部控制评价意见的依据，也是未来完善内部控制体系的基础资料。企业应当以书面或者其他适当的形式，对内部控制建立与实施过程中的情况进行合理的记录，确保内部控制建立与实施过程的可验证性，对内部控制建立和实施有关情况的记录，要妥善保存。如果企业内部控制文档不足，本身也可视作为一项控制缺陷。

按照内部控制要素分类，相关文档记录包括：

1.内部环境文档

一般包括组织结构图、权限体系表、岗位职责说明、员工守则、董事会和监事会成员履历、发展战略规划、企业文化手册、人力资源政策等。

2.风险评估文档

一般包括风险评估流程、风险评估过程记录、风险评估报告、风险矩阵等。

3.控制活动文档

一般包括系列应用指引中的各项流程控制文档，具体由企业经营活动实际情况确定。

4.信息与沟通文档

一般包括客户调查问卷、财务报告、经营分析报告、举报投诉记录以及董事会及专业委员会会议、经理办公会议、财务例会等重要会议纪要等。

5.内部监督文档

一般包括往来款项询证函、资产盘点报告、审计计划、审计项目计划、年度内部审计工作总结、审计报告、审计意见书、审计决定书、整改情况说明材料、员工合理化建议记录、专项监督实施方案和过程记录、专项监督报告、内部控制自我监督检查及测试记录、内部控制自我评价报告等。

按照内部控制文档形成过程进行分类，相关文档也可分为控制的设计文档、执行文档和测试文档。设计文档应该按照"谁设计、谁保留"的原则，由设计责任部门保留，内部控制机构（部门）保留企业整体层面控制设计文档，部门和单位保留操作细则和本部门岗位职责和权限指引等，保存期限一般为10年；执行文档由执行机构保留，保存期限遵从有关专业要求；测试文档按照"谁测试、谁保留"的原则，由负责测试的部门保留，保存期限一般为10年。

—— **第四节　内部监督方法**

通常情况下，企业应当综合运用日常监督和专项监督的方法，提高内部控制设计与运行的有效性，促进实现内部控制目标。

一、日常监督

日常监督是整个企业管理的常规职能，是管理当局风险应对措施的一种动态反映。一

个企业如果没有监督，就会是一盘散沙。企业日常监督程度越高，内部控制的有效性就越强，两者呈正相关。实务中，日常监督按照监督的主体，一般分为管理层监督、单位（机构）监督、内部控制机构监督、内部审计监督等。

（一）管理层监督

董事会和经理层充分利用内部信息与沟通机制，获取适当的、足够的相关信息来验证内部控制是否有效设计和运行，并对日常经营管理活动进行持续监督，包括但不限于以下措施：

（1）董事会召开董事会议或专业委员会会议，获取来自经理层的风险评估与控制活动信息。董事会可以利用内部审计、外聘专家及外部审计师、政府监管的力量，也可以通过询问非管理层员工、客户（供应商）等方式，持续监督经理层权力行使情况。

（2）经理层召开经理办公会、生产例会、经济活动分析例会等，收集、汇总内部各机构的经营管理信息，持续监督内部各机构的工作进展、风险评估和控制情况。经理层通过听取员工的合理化建议，不断完善员工合理化建议机制，明确相应的责任部门、征集方式、评审办法、奖励措施等内容，对员工提出的问题予以及时解决。

（3）董事会（或授权审计委员会）、经理层组织实施内部控制评价，听取内部控制评价报告，获取内部控制设计和运行中存在的缺陷，积极采取整改措施并督促整改，促进实现内部控制目标。

（二）单位（机构）监督

企业所属单位及内部各机构定期对职权范围内的经济活动实施自我监督，向经理层直接负责，包括但不限于以下措施：

（1）企业所属单位及内部各机构召开部门例会或运营分析会等，汇集来自本单位（机构）内外部的有关信息，分析并报告存在的问题，对日常经营管理活动进行监控。

（2）企业所属单位及内部各机构对内部控制设计与运行情况开展自我测评，至少每年检查一次。

（3）企业所属单位及内部各机构对与本单位（机构）环境变化、相关的新增业务单元以及业务性质变化、业务变更导致重要性改变的业务活动进行跟进确认，评价并进一步完善相关的内部控制。

（三）内部控制机构监督

有条件的企业，应当设置专门的内控机构。内部控制机构结合单位（机构）监督、内外部审计、政府监管部门的意见等情况，根据风险评估结果，对企业认定的重大风险的管控情况及成效开展持续性的监督。

内部控制机构还可以通过内部控制自我评估的方法，召集有关管理层和员工就企业内控制度设计和执行中存在的特定问题进行面谈和讨论，同时可以通过开展问卷调查和管理结果分析等方式进行监督测试。

（四）内部审计监督

内部审计机构接受董事会或经理层委托，对日常生产经营活动实施审计检查，包括但不限于以下措施：

（1）制订内部审计计划，定期组织生产经营审计、内部控制专项审计和专项调查等。主要对企业董事、高级管理人员和下属单位负责人的廉洁从业状况、管理制度的落实情况、内部控制的实际效果等进行监督检查，并向董事会或经理层提出管理建议。

（2）内部审计机构对审计中发现的违反国家法律法规和企业章程规定的事项提出审计建议，作出审计决定，并对审计建议和审计决定的落实情况进行跟踪监督。

（3）内部审计机构应当接受审计委员会的监督指导，定期或应要求向董事会及其审计委员会、监事会、经理层报告工作。

>> 案例6-3　　　　　　　　　　W公司的日常监督

W公司是一家大型白酒生产企业，其销售分公司遍布国内各大城市。为充分调动各分公司的积极性，W公司明确以销售回款最大化为考核目标，并将奖金与销售回款直接挂钩。为此，W公司制定了严格的销售货款回收制度，要求各分公司必须在月末将销售货款汇入公司账户，并以当月最后一天的累计回款额考核销售业绩。

20××年初，因在大量投放广告促销方面尝到了甜头，各分公司纷纷向W公司申请追加广告费，并请求从销售货款中抵扣，但在考核销售业绩时仍以抵扣前的销售额为准，对此，W公司表示同意。但是，许多分公司并没有将抵扣的广告费用于产品宣传，有的分公司将广告费重复申报销售货款以套取奖金，有的分公司与广告商合谋，收取高额广告费回扣。W公司对这些情况有所察觉，但考虑到各分公司总体销售情况不错，一直没有采取有效措施予以制止。

20××年6月，为了进一步扩大销售量，各分公司大量招聘营销人员，公司销售费用剧增。W公司认识到，单纯以销售货款最大化考核业绩的做法弊端太多，于是开始实行综合绩效管理，逐步加强了对广告费和分公司销售人员的控制。但是，此举遭到分公司经理的集体抵制，一些分公司经理以辞职相要挟，要求W公司改变综合绩效管理制度。

W公司内部监督存在的主要问题有：首先，W公司仅关注销售回款，对成本费用，尤其是广告费的监督不力。W公司通过严格的制度安排，对资金周转实现了持续监督，但对广告费等费用的监督却没有类似的持续监督机制，且缺乏对广告费使用的专项监督。其次，对分公司经理缺乏有效的约束机制，导致管理制度在推行中遇到较大阻力。这也反映出W公司在组织机构设计、职责权限分配等方面存在较大问题。再者，W公司虽然察觉到广告费使用中的种种问题，但对分公司的错误做法予以迁就，使监督失去了意义。

此案例说明：W公司应当加强内部控制的日常监督、专项监督及问题整改工作。公司内部审计机构和其他内部机构应根据职责权限，在进行风险评估的基础上，对业务活动进行常规、持续的监督检查；同时，在经营活动发生较大调整或变化的情况下，应根据风险评估情况，对内部控制的某一或者某些方面进行有针对性的专项监督检查。对于内部监督中发现的问题，应及时明确责任部门或单位、责任人、整改时间、整改反馈与复检等事项，将内部控制缺陷的发现与整改情况纳入绩效考核，对内控执行不力、整改不到位的情况，追责到岗。

二、专项监督

专项监督作为日常监督的补充，有利于考核日常监督的效果。企业内部控制（审计）

机构、财务机构和其他内部机构都有权参与专项监督工作，也可以聘请外部中介机构参与其中，但参与专项监督的人员必须具备相关专业知识和一定的工作经验，且不得参与对自身负责的业务活动的评价。

（一）专项监督的范围和频率

专项监督的范围和频率取决于以下因素：

1.风险评估的结果

重要业务事项和高风险领域所需的专项监督频率通常较高；对于风险发生的可能性较低但影响程度大的业务事项（突发事件），进行日常监督的成本很高，为此应更多地依赖专项监督。

2.内部控制变化的性质和程度

当内部控制各要素发生变化，可能对内部控制有效性产生较大影响的情形下，企业应当组织实施独立的专项监督，专门就该变化的影响程度进行分析研究。

3.日常监督的有效性

如果日常监督扎实有效，可以迅速应对环境的变化，对专项监督的需要程度就较低；反之，对专项监督的需要程度就较高。

（二）专项监督实施程序

专项监督一般包括计划阶段、执行阶段与报告和纠正措施阶段三个阶段。各阶段主要工作内容见表6-1。

表6-1　　　　　　　　　　　　　　专项监督实施程序

阶段类型	主要工作内容
计划阶段	● 确定具有该项监督权力的主管部门和人员； ● 确定监督小组、辅助人员和主要业务单元联系人； ● 确定监督方法、时间、实施步骤； ● 监督人员就监督计划达成一致意见； ● 组织监督人员学习培训，确保监督工作顺利、有效
执行阶段	● 监督人员现场获得对业务单元或业务流程活动的了解； ● 监督人员现场了解业务单元或流程的内部控制程序是如何设计运作的； ● 监督人员应用可比一致的方法评价内部控制程序； ● 通过与企业内部审计标准的比较来分析结果，并在必要时采取后续措施； ● 记录内部控制缺陷和拟定的纠正措施； ● 与适当的人员复核和验证调查结果
报告和纠正措施阶段	● 与业务单元或业务流程的管理人员以及其他适当的管理人员复核结果； ● 从业务单元或业务流程的管理人员处获得情况说明和纠正措施； ● 将管理反馈写入最终的评价报告

────────────── 【本章岗课赛证融通训练】

【不定项选择题】（每题至少有一个正确答案，请将正确答案填在括号内）

1.欣悦公司近年来不断加强企业内部控制系统建设。选择、制定并实行持续或单独的评估，以判定内部控制各要素是否存在且发挥效用；及时评估内部控制缺陷，并将有关缺陷及时通报给负责整改措施的相关方，包括高级管理层和董事会。欣悦公司的上述做法属于我国《企业内部控制基本规范》内部控制要素中的（　　）。

 A.风险评估   B.控制活动   C.内部监督   D.内部环境

 2.东大公司按照我国《企业内部控制基本规范》的要求，制定了内部控制监督制度。下列各项中，属于该公司内部监督要素的是（　　）。

 A.实施全面预算管理制度

 B.制定内部控制缺陷认定标准

 C.根据设立的控制目标，及时进行风险评估

 D.董事会下设立审计委员会

 3.企业对内部控制进行监督的必要性体现在（　　）。

 A.内部控制的设计风险始终大于零   B.内部控制的运行风险始终大于零

 C.内部控制的与时俱进问题   D.内部控制的执行推动问题

 4.下列选项中，属于审计委员会的职责范围的是（　　）。

 A.监督、核实公司重大投资决策   B.对内部审计人员及其工作进行考核

 C.对公司的内部控制进行考核   D.检查、监督公司存在或潜在的各种风险

 5.我国《审计署关于内部审计工作的规定》第三条中指出，内部审计是对本单位及所属单位（　　）实施独立、客观的监督、评价和建议，以促进单位完善治理、实现目标的活动。

 A.财政财务收支   B.经济活动   C.内部控制   D.风险管理

 6.我国《企业内部控制基本规范》中规定，内部监督中的专项监督是指在企业（　　）、关键岗位员工等发生较大调整或变化的情况下，对内部控制的某一或者某些方面进行有针对性的监督检查。

 A.发展战略   C.组织结构   B.经营活动   D.业务流程

 7.按照监督主体的职责和性质，企业内部监督机构分为专职的内部监督机构和其他机构的监督。专职的内部监督机构有（　　）。

 A.审计委员会   B.监事会   C.董事会   D.内部审计机构

 8.企业内部控制的缺陷按照内部控制缺陷影响整体控制目标实现的严重程度分为（　　）。

 A.一般缺陷   B.重要缺陷   C.重大缺陷   D.不重要缺陷

 9.日常监督是一种持续性监督活动，其发生在企业经营活动过程之中，内含于企业管理活动之中。日常监督主体，一般分为（　　）。

 A.管理层监督   B.单位（机构）监督

 C.内部控制机构监督   D.内部审计监督

 10.企业专项监督的范围和频率取决于（　　）等因素。

 A.风险评估的结果   B.内部控制变化的性质和程度

 C.单位负责人的主观意愿   D.日常监督的有效性

<hr>

【圆桌讨论】

【资料一】HK公司于20××年进行了治理结构变动，重新对相应组织结构的职责和权

限进行了梳理。部分内容摘录如下：

（1）股东大会：公司最高决策机构，享有法律法规和企业章程规定的合法权利，依法行使企业经营方针、筹资、投资、利润分配等重大事项的表决权。

（2）董事会：公司最高权力机构，监督管理层，对内部控制的建立健全和有效实施负责，对内部控制建设中的重大问题作出决策。

（3）监事会：监督内部控制的有效实施，对经理层设计和实施内部控制进行监督。

（4）审计委员会：向董事会负责，对董事会建立与实施内部控制进行监督。审计委员会和内部审计机构全权负责内部控制的监督检查，合理保证内部控制目标的实现；审计委员会和内部审计机构在内部监督中发现重大问题，有权直接向董事会和监事会报告。

（5）内部审计机构：接受公司总经理的直接领导，发现重大问题，有权直接向总经理报告。

（6）内部控制职能部门：鉴于HK公司正处于内部控制体系建设的初期，因此，没有设立独立的内部控制职能部门，而是由财务部暂行相关职责。

（7）经理层：是日常管理机构，负责组织领导公司内部控制的日常运行，对职能部门和业务单元实施内部控制进行指导。

讨论主题清单：

1. 根据上述资料，逐项判断HK公司对相应组织机构的职责和权限设置是否恰当；若存在不当之处，请指出不当之处，并说明理由。

2. 结合本章知识，谈谈对内部监督与内部控制其他要素关系的理解。

讨论形式：

采用六人一组的方式进行小组式讨论，小组提交讨论分析报告提纲，并选派小组代表发言，进一步讨论、总结。

讨论总结：

归纳总结各小组发言人的主要观点和亮点，进一步指出对案例素材扩展思考和分析的焦点问题。

【资料二】作为旗下拥有6家上市公司、6 000多家门店网点的国有大型商贸流通企业BL集团，其内部审计部门对一家大型商场的销售情况进行检查时，发现某知名联销供应商专柜的销售额在商场排名倒数第一。

内部审计人员来到该专柜时，看见很多顾客鱼贯而入，这引起了审计人员的警觉，并对该专柜的销售情况进行了大胆的推算预判：如果每天人流和销售都这么火，怎么会排行最末呢？背后是否隐藏着该专柜截留营业款"飞单"？或是商场在收付款方面存在内部控制缺陷？

审计小组通过到经营现场实地观察访谈，进一步了解核实该专柜的销售情况；仔细查阅商场内部控制制度、业务流程，重点关注收款解款环节的内部控制设计和执行情况。一条线索浮出水面。该专柜未安装收银POS系统，顾客支付的现金由专柜营业员直接收取并留存。顺着这条线索，审计小组追查了商场与该专柜签订的联销合同，发现了该专柜未将联销营业款直接解入商场收银处的违规行为。审计小组马上约谈相关人员，获取了该专柜未将每日营业款足额解缴至门店收银处，以及将每日少缴的营业收入存入私人活期存折的重要证据。

为了彻查该专柜截留营业款的"飞单"问题，审计小组收集了该联销供应商从进商场设立专柜以来的所有销售记录，发现该专柜截留营业款"飞单"的金额竟高达数百万元。面对充足的审计证据，联销供应商不得不承认截留营业款"飞单"的事实，并按相关合同条款退交商场近百万元的销售毛利。

企业追回了损失，同时也采纳了审计小组的建议，对相关制度流程进行了修订和完善，堵住了企业在联销合作上的风险控制漏洞。

讨论主题清单：

1.阅读《审计署关于内部审计工作的规定》，结合本案例，谈谈你对内部审计职能的理解。

2.结合本章知识，谈谈你对日常监督与专项监督两种监督方式的理解。

讨论形式：

采用六人一组的方式进行小组式讨论，小组提交讨论分析报告提纲，并选派小组代表发言，进一步讨论、总结。

讨论总结：

归纳总结各小组发言人的主要观点和亮点，进一步指出对案例素材扩展思考和分析的焦点问题。

⑦ 第七章
内部控制评价

━━━━━━━━ 【知识目标】

1. 明确内部控制评价的定义、对象与原则
2. 掌握内部控制评价机构的形式与职责内容
3. 理解内部控制评价程序与方法
4. 明确内部控制评价内容
5. 掌握内部控制评价缺陷的定义及分类
6. 掌握内部控制缺陷认定标准的内容
7. 理解内部控制评价报告的内容
8. 理解内部控制评价报告编制、披露、报送和使用的内容

━━━━━━━━ 【能力与素养目标】

1. 能根据内部控制评价原则初步确定企业评价的具体范围、重要领域
2. 能初步制订内部控制评价工作方案
3. 能初步确定具体企业的内部控制评价内容
4. 能初步确定具体企业内部控制缺陷的认定标准
5. 能编制企业内部控制评价报告
6. 能看懂上市公司内部控制评价报告
7. 具有慎身修永的职业意识，以信立业、客观公正的职业态度
8. 具有恪守规则的职业行为，独立专注、创新精进的职业能力

━━━━━━━━ 【本章知识架构】

章名	节名	一级标题
内部控制评价	内部控制评价概述	内部控制评价定义及作用
		内部控制评价实施主体
		内部控制评价对象
		内部控制评价原则
		内部控制评价程序
		内部控制评价方法
	内部控制评价内容	内部环境评价
		风险评估评价

章名	节名	一级标题
内部控制评价	内部控制评价内容	控制活动评价
		信息与沟通评价
		内部监督评价
	内部控制评价缺陷的认定	内部控制缺陷的定义与分类
		内部控制缺陷的认定过程
		内部控制缺陷的认定标准
		内部控制缺陷的报告与整改
	内部控制评价报告	内部控制评价报告的内容和格式
		内部控制评价报告的编制
		内部控制评价报告的披露、报送和使用

【本章导学案例】

中国上市公司内部控制白皮书（2022年）

2022年9月，《中国上市公司内部控制白皮书（2022年）》对外发布，该白皮书选取截至2022年4月30日前在沪、深、京交易所A股上市并披露年度报告的4 757家上市公司为研究对象，对上市公司内部控制披露情况进行分析。有关4 757家上市公司内部控制评价报告情况分析的部分内容如下：

1.内部控制评价报告披露情况

2021年度，4 467家上市公司披露了年度内部控制评价报告，占披露年度报告的A股上市公司数量的93.90%，未披露年度内部控制评价报告的公司有290家，占比6.10%。

290家未披露年度内部控制评价报告的上市公司中，有180家上市公司符合豁免披露情形，其中因首年上市豁免披露的公司有177家，因重组等重大事项豁免披露的公司有3家；51家公司在年报中提示已披露内部控制评价报告，但在指定网站上未见相关信息；51家公司年报中未说明是否披露内部控制评价报告，且指定公开网站上未见相关信息；8家公司于2022年4月30日后才披露内部控制评价报告。

2.内部控制评价结论情况

2021年度，内部控制被认定为整体有效和非整体有效的上市公司分别为4 397家、70家，占比分别为98.43%、1.57%。70家内部控制被认定为非整体有效的上市公司中，11家为财报内控有效、非财报内控无效，占比0.25%；47家为财报内控无效、非财报内控有效，占比1.05%；12家为整体无效，占比0.27%。

3.内部控制评价缺陷情况

500家上市公司披露其存在内部控制缺陷，占披露了内部控制评价报告公司数量的11.19%。其中，88家披露存在内部控制重大缺陷，52家披露存在内部控制重要缺陷，392家披露存在内部控制一般缺陷。500家上市公司共披露3 761项内部控制缺陷，其中重大缺陷152项，重要缺陷67项，一般缺陷3 542项。上市公司内部控制缺陷披露情况见表7-1。

表7-1   上市公司内部控制缺陷披露情况

缺陷类型	内部控制缺陷公司情况		内部控制缺陷数量情况	
	公司数量	占披露内部控制评价报告公司数量的比例（%）	缺陷数量	占缺陷总数的比例（%）
重大缺陷	88	1.97	152	4.04
重要缺陷	52	1.16	67	1.78
一般缺陷	392	8.78	3 542	94.18
合计	500	11.91	3 761	100.00

152项内部控制重大缺陷中，财报重大缺陷113项，分布于71家公司；非财报重大缺陷39项，分布于30家公司。67项内部控制重要缺陷中，财报重要缺陷24项，分布于20家公司；非财报重要缺陷43项，分布于36家公司，其中，财务报表一般缺陷456项，非财报一般缺陷2 772项[①]。

进一步分析缺陷涉及的具体内容发现，2021年上市公司内部控制缺陷主要集中在十大业务领域：资金活动、资产管理、采购业务、销售业务、财务报告、合同管理、组织架构、工程项目、关联交易、人力资源等领域。

资料来源：DIB迪博.中国上市公司内部控制白皮书（2022年）[EB/OL].（2022-11-07）.https://www.sgpjbg.com/baogao/105503.html.

以上统计信息表明，我国上市公司仍然需要"以评促建"不断完善内部控制体系。上市公司应通过梳理整合、外规内化、融合嵌入等措施形成规范、完备的内部控制制度体系。加强重点领域日常管控，定期梳理分析相关内控体系执行情况，及时研究制定改进措施，确保体系完整、执行有效。全面实施企业内部控制评价，围绕重点业务、关键环节和重要岗位，以规范流程、消除盲区、有效运行为重点，对内控体系的有效性进行全面自评，客观、真实、准确揭示经营管理中存在的内控缺陷和问题，充分运用监督评价结果督促整改，落实整改责任。

[①]　另有37家公司仅披露一般缺陷数量，未说明缺陷性质（财报缺陷/非财报缺陷），涉及314页一般缺陷。

一、内部控制评价定义及作用

（一）内部控制评价的定义

《企业内部控制基本规范》第四十六条规定，企业应当结合内部监督情况，定期对内部控制的有效性进行自我评价，出具内部控制自我评价报告。因此，为促进企业全面评价内部控制的设计与运行情况，规范内部控制评价程序和评价报告，揭示和防范风险，五部委专门制定了《企业内部控制评价指引》。在企业内部控制实务中，对内部控制的建立、实施进行评价是极为重要的一环，是优化内部控制自我监督机制的一项重要制度安排，与内部控制的建立、实施，共同构成有机循环。

《企业内部控制评价指引》第二条中规定，企业内部控制评价是指企业董事会或类似权力机构对内部控制的有效性进行全面评价、形成评价结论、出具评价报告的过程。对内部控制评价定义的理解应关注以下方面：

（1）明确企业内部控制建设的责任主体。董事会（或类似权力机构）是建立健全和实施内部控制评价工作的主要责任方。

（2）明确内部控制评价的评价内容。评价内容为内部控制的有效性，包括财务报告内部控制有效性和非财务报告内部控制有效性。

（3）明确内部控制评价的评价要求。内部控制评价要具有全面性，要求企业的评价工作包括内部控制的设计与运行及涵盖企业及其所属单位的业务和事项，并在此评价基础上，关注主要业务单位、重大业务事项和高风险领域。

（4）执行《企业内部控制基本规范》及企业内部控制配套指引的企业对内部控制的有效性进行自我评价后，必须按照规定的要求披露年度自我评价报告。

（二）内部控制评价的作用

1.促进企业自我完善内控体系

内部控制评价是通过评价、反馈、再评价，报告企业在内部控制建立与实施中存在的问题，并持续地进行自我完善的过程。通过内部控制评价查找、分析内部控制缺陷并有针对性地督促落实整改，可以及时堵住管理漏洞，防范偏离目标的各种风险，从设计和执行等全方位健全优化管控制度，从而促进企业内控体系的不断完善。

2.促进提升企业市场形象和公众认可度

企业开展内部控制评价，须形成评价结论，出具评价报告。通过自我评价报告，将企业的风险管理水平、内部控制状况以及与此相关的发展战略、竞争优势、可持续发展能力等公布于众，树立诚信、透明、负责任的企业形象，有利于增强投资者、债权人以及其他利益相关者的信任度和认可度，为自己创造更为有利的外部环境，促进企业的长远可持续发展。

3.促进实现与政府监管的协调互动

政府监管部门有权对企业内部控制建立与实施的有效性进行监督检查。在审计机关开展的国有企业负责人离任经济责任审计中，已将企业内部控制的有效性，以及企业负责人组织领导内控体系建立与实施情况纳入审计范围，并日益成为十分重要的一部分。政府部门实施企业内控监督检查有其自身的做法和特点，但与企业内部监督检查的重点基本一致，比如大多涉及重大经营决策的科学性、合规性以及重要业务事项管控的有效性等。企业实施内控自我评价，能够通过自查及早排查风险、发现问题，并积极整改，有利于在配合政府监管中赢得主动，并借助政府监管成果进一步改进企业内控实施和评价工作。

二、内部控制评价实施主体

《企业内部控制评价指引》第四条中规定，企业应当根据本评价指引，结合内部控制设计与运行的实际情况，制定具体的内部控制评价办法，规定评价的原则、内容、程序、方法和报告形式等，明确相关机构或岗位的职责权限，落实责任制，按照规定的办法、程序和要求，有序开展内部控制评价工作。在实务中，企业应当根据《企业内部控制评价指引》结合《企业内部控制基本规范》第四十四条的规定，具体明确内部控制评价的组织形式，特别明确各有关方面在内部控制评价中的职责安排，处理好内部控制评价和内部监督的关系，定期由相对独立的人员对内部控制有效性进行科学的评价，界定内部控制缺陷认定标准，保证内部控制评价有序地开展。

（一）内部控制评价机构

一般来说，董事会可以考虑组建内部控制评价机构，或者授权内部审计或其他专门机构具体负责企业内部控制评价的组织实施工作。

此外，企业也可以委托外部专业机构实施内部控制评价。但为了保证内部控制评价工作的独立性，不得由同一家会计师事务所同时为企业提供内部控制审计和内部控制评价业务。并且，由于第三方机构为企业实施内部控制评价是一种非保证服务，内部控制评价报告的责任仍然应由企业董事会承担。

（二）内部控制评价机构的设置条件

企业可根据自身的经营规模、机构设置、经营性质、制度状况等特点，决定是否单独设置专门的内部控制评价机构。内部控制评价机构的岗位职责权限应清晰，相关责任应明确；公司应从岗位设置、资源配置、职责权限等方面对内部控制评价机构予以支持和保障。具体来说，不管企业采取何种方式设置内部控制评价机构，必须确保该机构满足以下条件：

（1）必须与负责内部控制设计的部门适当分离，确保内部控制评价机构的独立性。

（2）能够独立行使对内部控制系统建立与运行过程及结果进行监督的权力。

（3）具备与监督和评价内部控制系统相适应的专业胜任能力和职业道德素养。

（4）与企业其他职能机构就监督与评价内部控制系统方面应当保持协调一致，在工作中相互配合、相互制约、相互促进，在效率效果上满足企业对内部控制系统进行监督与评价所提出的有关要求。

（5）能够得到企业董事会和经理层的支持，有足够的权威性来保证内部控制评价工作的顺利开展。

（三）组建内部控制评价工作组

为保证企业内部控制评价工作的有效实施，内部控制评价机构应当根据经批准的内部控制评价总体方案，组建内部控制评价工作组，具体实施内部控制评价工作。一般来说，内部控制评价工作组通常由内部控制评价专门机构或内部审计部门人员组成，同时应当吸收企业内部相关机构熟悉情况的业务骨干参加。考虑到内部控制有效性评价需要一定的技术支持，内部控制评价组中至少应包括内部审计人员、具体流程实施人员、财务部人员和信息技术人员。另外，为保证内部控制评价工作的有效性，评价工作组成员应包括一定数量的内部控制技术专家，必要时引入外部内部控制技术专家参加评价工作组。内部控制评价机构还应组织外部内部控制技术专家，对内部控制评价机构人员及评价工作组成员进行相关技能培训。

企业根据自身条件，尽量建立长效内部控制评价培训机制，培养内部控制评价专业人员，熟悉内部控制专业知识及相关规章制度、业务流程及需重点关注的问题、评价工作流程、检查评价方法、工作底稿填写要求、缺陷认定标准、评价人员的权利与义务等内容。具体培训工作包括两个层面：

（1）技术层面培训。其包括样本量的选取、检查重点、结果记录等。

（2）沟通层面培训。在评价人员查找出缺陷后，就这些缺陷与控制措施的负责人员或流程责任人沟通，对缺陷的认定和影响达成共识。同时，还应及时沟通测试阶段工作中出现的新情况，灵活解决各种实践问题。

考虑到评价工作组成员的独立性，对所在部门的内部控制评价工作应当实行回避制度。在内部控制评价的具体实施过程中，最佳的实践是交叉检查，要尽量做到评价人员与被检测部门独立，上一轮次的评价人员与本轮次评价人员不同。

（四）企业各部门在内部控制评价中的职责

企业各部门在内部控制评价中的职责见表7-2。

表7-2   企业各部门在内部控制评价中的职责

企业层面	机构	职责
治理层	董事会	对内部控制评价承担最终的责任
	董事会下设审计委员会	组织、领导、监督内控评价工作
	监事会	审议内控评价报告
管理层	经理层	负责组织实施内控工作
	内部控制评价机构	负责内控评价工作的具体实施（企业层面）
	各专业部门	负责内控评价工作的具体实施（业务层面）

具体来讲：

1.董事会对内部控制评价承担最终的责任

《企业内部控制评价指引》第四条中规定，企业董事会应当对内部控制评价报告的真实性负责。董事会可以通过审计委员会来承担对内部控制评价的组织、领导、监督职责。董事会或审计委员会应听取内部控制评价报告，审定内控重大缺陷、重要缺陷整改意见，对内部控制部门在督促整改中遇到的困难，积极协调，排除障碍。监事会应审议内部控制评价报告，对董事会建立与实施内部控制进行监督。

2.经理层负责组织实施内部控制评价工作

在实际操作中，经理层可以授权内部控制评价机构组织实施内部控制评价工作，并积极支持和配合内部控制评价的开展，创造良好的环境和条件。经理层应结合日常掌握的业务情况，为内部控制评价方案提出应重点关注的业务或事项，审定内部控制评价方案和听取内部控制评价报告，对于内部控制评价中发现的问题或报告的缺陷，要按照董事会或审计委员会的整改意见积极采取有效措施予以整改。

3.内部控制评价机构负责内控评价工作的具体实施（企业层面）

内部控制评价机构根据授权承担内部控制评价的具体组织实施任务，通过复核、汇总、分析内部监督资料，结合经理层要求，拟订合理的评价工作方案并认真组织实施；对于评价过程中发现的重大问题，应及时与董事会、审计委员会或经理层沟通，并认定内部控制缺陷，拟订整改方案，编写内部控制评价报告，及时向董事会、审计委员会或经理层报告；沟通外部审计师，督促各部门、所属企业对内、外部内控评价进行整改；根据评价和整改情况拟订内部控制考核方案。

4.各专业部门负责内控评价工作的具体实施（业务层面）

各专业部门应负责组织本部门的内控自查、测试和评价工作，对发现的设计和运行缺陷提出整改方案及具体整改计划，积极整改，并报送内部控制机构复核，配合内控机构（部门）及外部审计师开展企业层面的内控评价工作。

5.企业所属单位逐级落实内部控制评价责任

企业所属单位应建立日常监控机制，开展内控自查、测试和定期检查评价，发现问题并认定内部控制有缺陷，需拟订整改方案和计划，报本级管理层审定后，督促整改，编制内部控制评价报告，对内部控制的执行和整改情况进行考核。

> **案例7-1**　　　　中国海诚工程科技股份有限公司的内部控制自评

中国海诚工程科技股份有限公司（以下简称海诚公司）主要从事工程总承包、设计、咨询和监理，是国内第一家专业设计服务业上市公司。依据海诚公司董事会2022年4月22日对外披露的内部控制自评报告，该公司2021年度内部控制评价工作的总体情况及纳入评价范围对象情况如下：

一、海诚公司内部控制评价工作的总体情况

（一）评价目的

根据《企业内部控制基本规范》、《企业内部控制应用指引》以及《企业内部控制评价指引》等相关要求，为规范和完善企业的内控和风险管理体系，公司在内部控制日常监督和专项监督的基础上，于2022年1月启动内控体系评价工作。此次评价工作主要是对内控体系运行的有效性进行测试，检查并解决内控体系在运行过程中存在的问题，从而规范业务操作程序，确保内控体系得到一贯、有效的执行，不断提高公司管理水平，同时满足监管部门的相关要求。

（二）评价依据

依据中华人民共和国财政部等五部委联合发布的《企业内部控制基本规范》、《企业内部控制应用指引》、《企业内部控制评价指引》、《企业内部控制审计指引》、《深圳证券交易所上市公司内部控制指引》和COSO《企业风险管理——整合框架》，结合内部控制制度和评价办法，在内部控制日常监督和专项监督的基础上，对截至2021年12月31日内部控制的设计与运行的有效性进行评价。

（三）组织机构和组织形式

海诚公司内部控制评价的参与主体及其各自的职责包括：

董事会负责对内部控制的有效性进行全面评价，形成结论，出具报告，对内控评价报告的真实性负责。

董事会指定风险管理中心（原审计部、法务部）为内控评价部门，负责内部控制评价工作的具体组织实施，包括对控制缺陷进行分析、复核、报告及跟踪，并向董事会、监事会或者经理层报告发现的内控缺陷。

风险管理中心牵头组建内控评价小组，组织公司总部各部门、上海本部和各子公司进行内部控制自评，并完成评价工作底稿，由风险管理中心在此基础上进行抽测。

二、海诚公司内部控制评价纳入评价范围对象情况

按照重要性原则，海诚公司此次内部控制评价的范围涵盖了中国海诚主要业务和事项，从组织结构上看，包括行政管理中心、人力资源管理中心、财务资金管理中心、董事会办公室、风险管理中心、市场拓展中心、战略运营中心、EIM数创中心等职能部门、上海本部和各子公司相关部门。结合近几年风险评估得出的公司所面临的前几大风险，公司重点关注了以下几大高风险领域：战略管理风险、总承包项目管理风险、海外业务风险、法律纠纷风险、人力资源管理风险、财务管理风险、客户信用风险等。

海诚公司此次纳入评价范围的业务和事项主要包括：公司治理、战略管理、投融资管理、采购管理、工程总承包管理、工程设计管理、资产管理、财务管理、人力资源管理、法律事务、合同管理、内部监督、内部控制与风险管理等各方面的关键控制，涵盖了公司经营管理的各个层级和主要业务环节，不存在重大遗漏。重点关注组织架构、人力资源管理、资产管理、资金活动、工程总承包管理和合同管理。

上述业务和事项的内部控制涵盖了海诚公司经营管理的主要方面，不存在重大遗漏。海诚公司2021年内部控制评价由总部各有关部门、上海本部和各子公司根据自身岗位职责自评，风险管理中心在此基础上进行了抽测，评价范围覆盖了上述公司层面、流程层面所有流程。

资料来源：中国海诚工程科技股份有限公司.中国海诚工程科技股份有限公司2021年度内部控制自我评价报告[EB/OL].（2022-04-22）.http://static.cninfo.com.cn/finalpage/2022-04-22/1213018751.PDF.

三、内部控制评价对象

内部控制评价是对内部控制有效性发表意见。所谓内部控制有效性，是指企业建立与实施内部控制对实现控制目标提供合理保证的程度，包括内部控制设计的有效性和内部控制运行的有效性。

（一）内部控制设计的有效性

内部控制设计的有效性，是指为实现控制目标所必需的内部控制要素都存在并且设计恰当。评价内部控制设计的有效性需要注意以下两方面：

1.设计有效性的根本判断标准是所设计的内部控制是否能为内部控制目标的实现提供合理保证

这是指要求企业所设计的内部控制能够为内部控制五目标的实现提供合理保证，即所设计的相关内部控制是否能够防止或发现并纠正财务报告的重大错报；所设计的相关内部控制是否能够合理保证遵循适用的法律法规；所设计的内部控制是否能够合理保证资产的安全、完整，防止资产流失；对于战略、经营目标而言，由于其实现还受到许多不可控的因素（尤其是外部因素）的影响，因而判定相关内部控制的设计是否有效的标准，是所设计的内部控制是否能够合理保证董事会和经理层及时了解这些目标的合理性和实现程度，从而调整目标和改进控制措施。

2.设计有效性主要体现为内部控制设计的合理性和适当性

设计的合理性，是指内部控制的设计在符合内部控制基本原理的同时，本着客观、公平、公正的原则制定，对董事会、监事会、经理层和企业员工具有执行的基础和约束力。

设计的适当性，是指内部控制的设计是否结合企业自身的环境条件、业务范围、经营特点，进行风险识别和评估，确定主要及重大风险控制措施，从而有利于实现控制目标。

>> 案例7-2　　　　　　　企业内部控制设计存在的问题

实务中，企业内部控制设计存在的风险主要有：权责分配不合理，职能交叉或缺失；缺乏科学决策、良性运行机制；职责或流程不清晰、不明确；缺乏明确的发展战略；制度缺失或制度不适宜，长期未修订；不相容职责未分离等。具体案例情况如下：

案例1：未制定"三重一大"决策事项清单，权责分配不清。某公司下属单位未制定"三重一大"决策事项清单，决策事项不清。

案例2：战略规划关键要素缺乏。某公司战略规划未对公司现有市场竞争情况进行分析，未对未来如何发展各项业务、公司现有资源如何配置进行论述，战略实施路径不明确。

案例3：制度缺失或不适宜，长期未修订。某公司多项制度系2017年之前制订，随着业务变化，经营战略调整，公司职能部门几经优化整合，部分制度已不适合现有的业务体系，与职能部门职责不符合，有些制度已不执行。公司未对制度进行梳理修订，存在无据可依、无章可循的风险。

案例4：制度不完善，职责不明确。某公司销售管理制度不完善，对客户信用管理未规定审批权限。赊销合同签订之前，客户的信用风险由销售业务员自行判断。赊销客户未按时回款时，没有及时收紧信用额度，仍照常赊销，货款积欠较大。

案例5：不相容职责未分离，易产生舞弊风险。公章和法人代表私章由同一人保管。某公司公章和法人代表私章均由办公室同一人保管，不相容职责未有效分离，同时保管此两类印章可以公司名义对外签订协议，存在较大风险。

企业在内部控制设计时应注意以下内控要点措施：治理结构、机构设置及权责分配、业务流程等方面形成相互制约、相互监督；决策、执行和监督相互分离，形成制衡；不相容职务分离控制；授权审批权限范围、审批程序和相应责任清晰。

（二）内部控制运行的有效性

内部控制运行的有效性，是指现有内部控制按照规定程序得到了正确执行。评价内部控制运行的有效性，应当着重考虑以下几个方面：

（1）相关控制在评价期内是如何运行的；

（2）相关控制是否得到了持续一致的运行；

（3）实施控制的人员是否具备必要的权限和能力。

需要注意的是，评价内部控制运行有效性应当建立在设计有效的内部控制基础上，考察其是否按设计一贯执行。如果评价证据表明内部控制在设计上存在缺陷，即内部控制的设计不符合设计有效性标准，那么即使内部控制按照该设计得到了一贯执行，也不能认为其运行是有效的。如果评价证据表明内部控制的设计是有效的，但是没有按照设计一贯执行，我们就可以得出其不符合运行有效性的结论。

此外，即使同时满足设计有效性和运行有效性标准，受内部控制固有局限的影响，也只能为内部控制目标的实现提供合理保证，而不能提供绝对保证，不应不切实际地期望内部控制能够绝对保证内部控制目标的实现，也不应以内部控制目标的最终实现情况和程度作为唯一依据直接判断内部控制设计和运行的有效性。

>> **案例7-3**　　　　　　　**企业内部控制运行存在的问题**

实务中，企业工程项目内部控制运行存在的风险主要有：工程项目开工手续不全；招标工程量清单漏项；施工组织方案不合理；未按照施工方案施工；无施工图施工；未按批复要求组织实施；设计变更未履行审批手续；工程施工工期滞后；超合同约定支付工程进度款。部分案例情况如下：

案例1：工程项目开工手续不全。某公司下属3个投资公司开工建设PPP项目时，未取得《土地规划许可证》《工程规划许可证》《施工许可证》。证照未及时办理，开工手续不全，不利于投资公司项目融资。

案例2：招标工程量清单漏项。某公司某公寓装修改造，该项目装饰招标工程量清单未将房屋纱窗列入其中，装修过程中增加纱窗支出，未计入工程成本，从费用列支，固定资产入账减少。

案例3：未制订有效的施工组织方案，工期滞后。某公司于20××年4月25日下达批复，投资园区室外消防管网隐患整改项目，投资金额不得超过200余万元。因对工程技术采用、资金投入等没有合理的实施方案，在工程实地勘察时发现改造难度超过预期，原投资金额无法覆盖工程量。20××年9月2日下达批复追加投资，要求20××年11月底前完工。由于该项目仍未制订有效的实施方案，项目滞后半年才完成竣工验收。

企业工程项目内部控制运行应注意以下内控要点措施：建立和完善工程项目各项管理制度，规范工程立项、招标、造价、建设、验收等环节的工作流程，明确相关部门和岗位的职责权限；可行性研究与决策、概预算编制与审核、项目实施与价款支付、竣工决算与审计等不相容职务相互分离；确保工程项目质量、进度和资金安全。

四、内部控制评价原则

内部控制评价的原则与内部控制的原则不完全相同，是开展评价工作应该注意的原则。根据《企业内部控制评价指引》第三条的规定，企业对内部控制评价至少遵循以下原则：全面性原则、重要性原则和客观性原则。

（一）全面性原则

全面性原则是指内部控制评价的范围应全面完整，结合内部控制的五大目标，涵盖内部控制的五大要素，包括内部控制的设计与运行，覆盖企业及其所属单位的各种业务事项和管理活动，对实现控制目标的各个方面进行全面、系统、综合的评价。全面性原则体现在：

（1）内部控制评价的范围应该全面涵盖，覆盖企业和所属单位的组织架构、发展战略、投资、筹资、采购、销售、财务、人力资源、行政管理等内部活动的全过程。

（2）内部控制评价的内容应该包括内部控制系统的各个要素和主要控制环节，如决策、执行、监督、反馈等，能够较为系统、全面地检查与评价系统的健全性、有效性和适宜性，不应存在重大遗漏和评价盲点。

（二）重要性原则

重要性原则是指内部控制评价工作应当在全面性的基础之上，强调着眼于风险，突出重点。具体来说，主要体现在制订和实施评价工作方案、分配评价资源的过程之中，它的核心要求主要包括两个方面：

（1）内部控制评价应当坚持风险导向的思路，着重关注那些影响内部控制目标实现的高风险领域和风险点。

（2）内部控制评价应当坚持重点突出的思路，着重关注那些重大的业务事项和关键的控制环节，以及重要业务单位。

（三）客观性原则

客观性原则是指内部控制评价工作应当准确地揭示经营管理的风险状况，如实反映内部控制设计与运行的有效性。只有在内部控制评价工作方案制订、实施的全过程中始终坚持客观性，才能确保评价结果比较准确地反映评价对象内部控制的实际状况。

实践中，企业应注意避免影响内部控制评价客观性的相关因素，如经理层对内部控制评价认识不够，对内部控制评价方案、评价报告中存在的问题不予重视或不予披露；缺乏专业的评价人员，评价方法不科学，依靠主观印象进行评价工作；下属单位管理层故意制造障碍影响评价过程或结果；各部门之间缺乏沟通，评价范围不能针对重点部门或重点事项，所选取的测试样本不合适等。

五、内部控制评价程序

内部控制评价程序分为四个阶段：准备阶段、实施阶段、汇总评价结果和编制评价报告阶段、报告反馈和跟踪阶段。一般包括制订评价工作方案、报董事会审批、组成评价工作组、实施现场检查与测试、认定控制缺陷、汇总评价结果、编报评价报告等环节。内部控制评价流程如图7-1所示。

（一）准备阶段工作内容

1.制订科学合理的评价工作方案

内部控制评价机构应当以内部控制目标为依据，结合企业内部监督情况和管理要求，分析企业经营管理过程中的高风险领域和重要业务事项，确定检查评价方法，制订科学合理的评价工作方案，经董事会批准后实施。

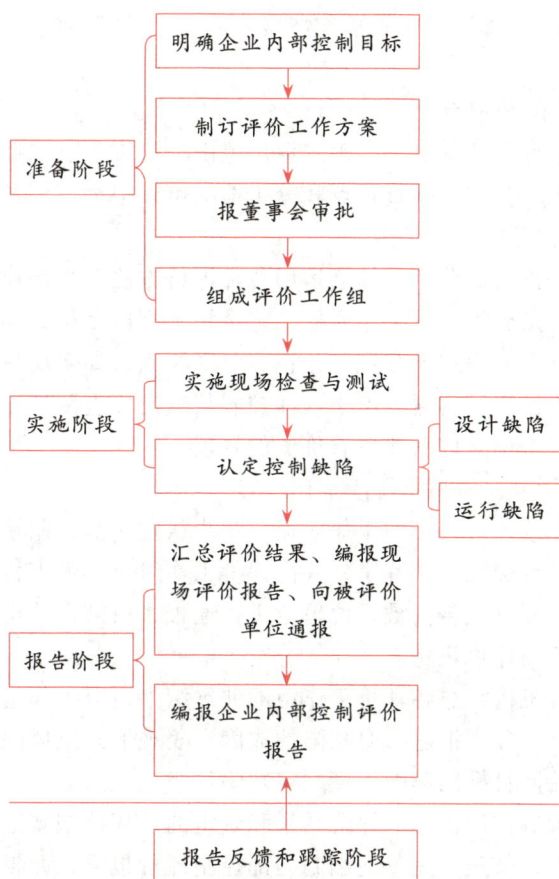

图7-1　内部控制评价流程图

评价工作方案应当明确评价主体范围、工作任务、人员组织、进度安排和费用预算等相关内容。评价工作方案既以全面评价为主，也可以根据需要采用重点评价的方式。一般而言，内部控制建立与实施初期，实施全面综合评价有利于推动内部控制工作的深入有效开展；内部控制系统趋于成熟后，企业可在全面评价的基础上，更多地采用重点评价或专项评价，以提高内部控制评价的效率和效果。

2.组成评价工作组

评价工作组在内部控制评价机构领导下，具体承担内部控制检查评价任务。内部控制评价机构根据经批准的评价方案，挑选具备独立性、业务胜任能力和职业道德素养的评价人员实施评价。评价工作组成员应当吸收企业内部相关机构熟悉情况、参与日常监控的负责人或业务骨干参加。评价工作组成员对本部门的内部控制评价工作应实行回避制度。企业也可以委托外部专业机构实施内部控制评价，外部专业机构不得同时为企业提供内部控制审计和内部控制评价业务。

（二）实施阶段工作内容

1.了解被评价单位基本情况

评价工作组与被评价单位进行充分沟通，了解其经营业务范围、企业文化和发展战略、组织机构设置及职责分工、领导层成员构成及分工、评价期间内生产经营计划和预算完成情况、财务管理核算体制、内部控制工作概况、主要业务活动的流程、相关的风险点及关键控制措施、最近一年内部监督（包括内部控制评价）发现问题的整改情况等。

2.确定检查评价范围和重点

评价工作组根据掌握的情况进一步确定评价范围、检查重点和抽样数量，并结合评价人员的专业背景进行合理分工。检查重点和分工情况可以根据需要进行适时调整。

3.实施现场检查与测试

评价工作组根据评价人员分工，综合运用各种评价方法对内部控制设计与运行的有效性进行现场检查测试，按要求填写工作底稿、记录相关测试结果，并对发现的内部控制缺陷进行初步认定。评价人员应遵循客观、公正、公平原则，如实反映检查测试中发现的问题，并及时与被评价单位进行沟通。由于内部控制从纵向检查测试流程，因此工作中成员之间应注意互相沟通、协调，以获取更有价值的发现。

（三）汇总评价结果和编制评价报告阶段工作内容

（1）评价工作组汇总评价人员的工作底稿，初步认定内部控制缺陷，形成现场评价报告。评价工作底稿应进行交叉复核签字，并由评价工作组负责人审核后签字确认。评价工作组将评价结果及现场评价报告向被评价单位进行通报，由被评价单位相关责任人签字确认后，提交企业内部控制评价机构。

（2）内部控制评价机构汇总各评价工作组的评价结果，对工作组现场初步认定的内部控制缺陷进行全面复核、分类汇总，对缺陷的成因、表现形式及风险程度进行定量或定性的综合分析，按照对控制目标的影响程度判定缺陷等级。

（3）内部控制评价机构以汇总的评价结果和认定的内部控制缺陷为基础，综合内部控制工作整体情况，客观、公正、完整地编制内部控制评价报告，并报送企业经理层、董事会和监事会，由董事会最终审定后对外披露。

（四）报告反馈和跟踪阶段工作内容

对于认定的内部控制缺陷，内部控制评价机构应当结合董事会和审计委员会的要求，提出整改建议，要求责任单位及时整改，并跟踪其整改落实情况；已经造成损失或负面影响的，企业应当追究相关人员的责任。

>> **案例7-4　　中国海诚工程科技股份有限公司内控自评的程序和方法**

中国海诚工程科技股份有限公司在2021年度内部控制自我评价工作中，为确保内控评价工作有序开展，内控评价小组制订了详细的内控评价工作实施方案，具体工作程序如下：

（一）内部控制评价工作方案

1.工作方案

公司内部控制评价工作的目标是：确保合规、防范风险、提升管理。评价工作小组根据公司实际情况和管理要求，分析公司经营管理过程中的高风险和重要业务事项，制订科学合理的评价工作方案，工作方案包括公司内部控制评价范围、评价时间、人员组成，以及评价方法、缺陷认定标准以及评价中需重点关注的问题等，经内控评价领导小组批准后实施。中国海诚的评价工作方案基本覆盖了所有内控体系，全面地检测了内控执行的有效性，此外还重点关注了以前年度开展内控自我评价工作时发现的问题。

根据上述评价范围及业务事项，针对实施评价的业务流程成立内控评价工作小组，评价工作小组由公司各部门骨干、风险管理中心组成。

2.评价时点

本次内部控制评价报告的基准日为2021年12月31日。

3.实施程序和成果

（1）启动准备阶段

1月5日前，研究2021年度内控评价工作方案。1月10日前，根据《内部控制测试资料清单》模板，准备测试资料。

（2）测试评价阶段

1月11日—1月28日，采用抽样法，综合运用个别访谈、调查问卷、穿行测试、比较分析、专题讨论等方法，分别对公司总体层面和业务流程层面的内部控制设计及运行情况进行全面测试与评价。

（3）评价结论阶段

2月底前，公司风险管理中心对现场初步认定的内部控制缺陷进行全面复核、分类汇总，对缺陷的成因、表现形式及风险程度进行定量或定性的综合分析，按照对控制目标的影响程度判定缺陷等级，根据缺陷的综合影响出具评价结论，完成《内部控制缺陷汇总表》。

（4）评价报告及审批阶段

3月下旬，公司根据内部控制评价结果，编制内部控制评价报告，并上报党委会、总裁办公会审议，4月底前，将内部控制评价报告报审计委员会、董事会批准。

（二）组织实施自我评价工作

此次自我评价工作的评价程序包括：收集基础资料，对资料进行查阅和分析，针对内部控制要素和重点控制活动的运行状况进行分析，编制内部控制评价测试底稿，汇总测试评价结果。

本次评价的方法分为四种：询问、观察、检查、重新执行。

询问：访谈控制活动人员，了解与控制相关的流程现状和相关制度规范。

观察：观察控制活动的执行现状和结果，包括在观察的同时进行询问。

检查：检查控制活动的设计和执行是否有效，如是否存在相关制度规范业务活动；关键控制活动执行是否及时、正确、完整；是否不相容岗位职责分离、是否经授权审批、是否关键控制点存在执行监控；如果涉及财务，相关账务处理是否正确、及时、完整，会计凭证是否经审批等；包括在检查的同时进行观察和询问。

重新执行：将相关控制重新执行一次，重新执行包括使用上述的三个方法。

（三）评价工作组做出评价结论

内控评价工作小组组长汇总评价结果，对现场初步认定的内部控制缺陷进行全面复核、分类汇总，对缺陷的成因、表现形式及风险程度进行定量或定性的综合分析，按照对控制目标的影响程度判定缺陷等级，根据缺陷的综合影响出具自我评价结论。对于认定的内部控制缺陷，评价工作组就部门提出整改建议，要求责任单位及时整改，并跟踪其整改落实情况；已经造成损失或负面影响的，追究相关人员的责任。

（四）编制内部控制评价报告

内部控制评价工作小组根据已汇总的评价结果和认定的内部控制缺陷为基础，综合内部控制整体情况，客观、公正、完整地编报内部控制评价报告。

（五）审议批准内部控制评价报告

内部控制自我评价报告编制完成后报送公司党委会、总裁办公会和董事会审议批准，由董事会最终审定后对外披露或以其他形式加以合理利用。

资料来源：中国海诚工程科技股份有限公司.中国海诚工程科技股份有限公司2021年度内部控制自我评价报告[EB/OL].（2022-04-22）.http://static.cninfo.com.cn/finalpage/2022-04-22/1213018751.PDF.

六、内部控制评价方法

（一）个别访谈法

个别访谈法是指企业根据检查与评价的需要，对被评价部门负责人或员工进行单独访谈，以获取有关信息。主要用于了解企业内部控制的现状，在企业层面评价及业务层面评价的了解阶段经常被使用。访谈前应根据内部控制评价需求形成访谈提纲，撰写访谈纪要，记录访谈内容。对于同一问题应注意不同人员的解释是否相同。例如，分别访谈人力资源经理和其他核心岗位员工，是否有员工流失现象。

个别访谈法具有保密性强、访谈形式灵活、访问表回收率高、信息获取准确等优势，但也面临对访谈人员能力要求较高、访谈时间较长、样本较小等不利因素。

（二）调查问卷法

调查问卷法是指企业运用统一设计的问卷调查表，分别针对不同岗位、不同层次的员工进行问卷调查，了解内部控制设计和执行情况，并根据调查结果对相关项目作出评价。调查问卷法主要用于企业层面评价。在设计调查问卷时，应注意事先保密，题目应尽量简单易答（以客观判断题为主，答案为"是""否""有""没有"等）。如你是否认同本企业文化；你工作中是否存在压力，是否能够完成公司下达的考核指标。在发放调查问卷时，应尽量扩大调查对象范围，包括企业各层级员工，并有针对性地在企业各个层级选取有代表性的员工填写问卷。

调查问卷法是评价工作中运用最广泛、最基础的一种内部控制评价方法。它具有以下优点：节省时间、人力和经费；简单、易操作；便于数据统计处理与分析等。同时，它也存在调查问卷设计过于简单、对问题无法深入探讨、调查结果广而不深的缺陷。

（三）穿行测试法

穿行测试法是指在内部控制流程中任意选取一笔交易作为样本，追踪该交易从最初起源直到最终在财务报表或其他经营管理报告中反映出来的过程，即该流程从起点到终点的全过程，以此了解控制措施设计的有效性，以及确定控制措施是否得到执行，并识别出关键控制点。例如，在保险公司的内部控制评价中，选取一笔保险单，追踪其从投保申请到财务入账的全过程。

穿行测试法主要应用于对业务流程和具体业务的测试与评价，是一种简便易行的评价方法。

（四）抽样法

抽样法是指企业针对具体的内部控制业务流程，按照业务发生频率及固有风险的高低，从确定的抽样总体中抽取一定比例的业务样本，对业务样本的符合性进行判断，进而对内部控制执行的有效性做出评价。

抽样法分为随机抽样和非随机抽样。随机抽样是按机会均等原则从样本库中选取一定数量的样本，其特点是：总体中每个单位被抽中的概率是相同的，完全由众多随机因素的综合作用来决定，既排除了抽样时人为主观的随意性，也排除了人为主观的能动性。它的缺陷是：当总体变异性大时，随机抽取的样本代表性差。非随机抽样是指抽样时不遵循随机原则，而是人工选取或按某一特定标准从中选取一定数量的样本。非随机抽样的特点是：人的主观能动性较强。

使用抽样法时要注意：

（1）样本库要包含符合测试要求的所有样本，测试人员应首先对样本库的完整性进行确认。

（2）要确定选取的样本充分和适当。充分是测试证据的数量应当能合理保证相关控制的有效性；适当是指获取的证据应当与相关控制的设计与运行有关，并能真实反映控制的实际运行状况。

（五）实地查验法

实地查验法主要针对业务层面的控制，通过使用统一的测试工作表，对企业财产进行盘点、清查，以及针对业务流程中的各个控制环节进行现场查验等方式，进行控制测试。如现场查验存货出、入库环节，实地盘点某种存货。

（六）比较分析法

比较分析法是指通过企业经营中的各类数据，比较数据间的关系、趋势或比率来取得评价证据，识别评价关注点的方法。数据分析可以是与历史数据、行业（公司）标准数据或行业最优数据等进行比较。

比较分析法可分为两种类型：一是绝对数比较，即利用绝对数进行对比，从而寻找差异的一种方法。二是相对数比较，即通过两个相关联指标的对比计算，反映数量联系程度的综合指标，其数值表现为相对数。需要注意的是，在比较分析法中，选择合适的对比标准是十分关键的步骤。如果选择不合适，评价可能得出错误的结论。

（七）专题讨论法

专题讨论法是指通过召集与业务流程相关的管理人员或专业人员就内部控制的执行情况或控制缺陷进行分析讨论的一种方法。它既是内部控制评价的手段，也是制定缺陷整改方案的有效途径。比如，对于同时涉及企业多个业务部门的控制缺陷，就需要由内部控制管理部门组织召开专题会议，综合各部门意见，确定整改方案。

应用专题讨论法需注意以下几个问题：

（1）参与专题讨论的人员应具有与业务相关的工作背景，应邀请包括各层级、各年龄段的人员参与讨论。

（2）应注意让每位参与讨论的人员都可以发表观点，而且每人发言次数尽量均等。

（3）应注意专题会议现场氛围，避免讨论主题偏离，并使参会人员可以畅所欲言，不受相关限制。

在企业内部控制评价工作中，可以同时应用多种方法进行综合评价，以得到更加可靠的评估结果。需要指出的是，以上列举的内部控制评价方法通常不可以单独使用，评价工作组开展内部控制评价工作时应结合企业的具体情况，区别内部控制设计和执行，综合运用以上内部控制的评价方法。评价工作组也可以根据评价工作的需要和企业的特定情况应用其他有效的评价方法，如观察、重新执行等方法；利用信息系统开发检查方法；利用实际工作和检查测试经验等。

第二节　内部控制评价内容

《企业内部控制评价指引》第五条规定，企业应当根据《企业内部控制基本规范》及其配套应用指引，结合企业的内部控制制度，围绕内部环境、风险评估、控制活动、信息与沟通、内部监督等五要素，来确定内部控制评价的具体内容，对内部控制设计与运行情况进行全面评价。

企业每年应对内部控制进行评价并予以披露。但是内部控制自我评价的方式、范围、程序和频率，由企业根据经营业务调整、经营环境变化、业务发展状况、实际风险水平等自行确定。国家有关法律法规另有规定的，从其规定。另外，如果内部监督程序无效，或所提供信息不足以说明内部控制有效，应增加评价的频率。

一、内部环境评价

企业组织开展内部环境评价，应当以组织架构、发展战略、人力资源、企业文化、社会责任等应用指引为依据。结合本企业的内部控制制度，对内部环境的设计及实际运行情况进行认定和评价。

企业在内部环境评价中，组织架构评价可以重点从机构设置的整体控制力、权责划分、相互牵制、信息流动路径等方面进行评价；发展战略评价可以重点从发展战略的制定合理性、有效实施和适当调整三方面进行评价；人力资源评价应当重点从企业人力资源引进结构合理性、开发机制、激励约束机制等方面进行评价；企业文化评价应从建设和评估两方面进行评价，从而促进诚信、道德价值观的提升，为内部控制的完善夯实人文基础；社会责任可以从安全生产、产品质量、环境保护与资源节约、促进就业、员工权益保护等方面进行评价。

应当说明的是，企业内部控制评价分为两个层面：企业层面和业务层面。只从企业层面评价内部环境有一定的局限性，不能仅仅将内部环境限定在制度建设层面，因为大部分企业相关制度都较为完善，但在实际经营管理中，制度和实际执行情况并不相一致，因此，评价内部环境还得结合业务层面。任何流程设计和执行都不能脱离内部环境，业务流程评价可以在汇总的基础上，向前追溯分析内部环境的设计与运行，如果认定是内部环境存在问题，应考虑重新调整甚至改变内部环境从企业层面评价的结果。同时，在评价内部环境时，也要注意到内部环境要素彼此之间的相互影响。

内部环境评价核心指标和参考标准见表7-3。

表 7-3   **内部环境评价核心指标和参考标准**

核心指标	参考标准
一、组织架构	
董事会、监事会、经理层的互相制衡	董事会及各专门委员会、监事会和经理层的职责权限、任职资格和议事规则是否明确并严格履行
董事会、监事会、经理层致力于内部控制建设和执行	1.是否科学界定了董事会、监事会、经理层在建立与实施内部控制中的职责分工
	2.董事会是否采取必要的措施促进和推动企业内部控制工作，按照职责分工提出内部控制评价意见，定期听取内部控制报告，督促内部控制整改，修订内部控制要求
组织机构设置科学、精简、高效、透明、权责匹配、互相制衡	1.组织机构设置是否与企业业务特点相一致，能够控制各项业务关键控制环节，各司其职、各尽其责，不存在冗余部门或多余的控制
	2.是否明确了权责分配、制定了权限指引并保持责权行使的透明度
组织架构适应性	是否定期梳理、评价企业治理结构和企业内部机构设置，发现问题及时采取措施加以优化调整，是否定期听取董事、监事、高级管理人员和其他员工的意见，按照规定的权限和程序进行决策审批
组织架构对子公司的控制力	是否通过合法有效的形式履行出资人职责、维护出资人权益，特别关注异地、境外子公司的发展战略、年度财务预决算、重大投融资、重大担保、大额资金使用、主要资产处置、重要人事任免、内部控制体系建设等重要事项
二、发展战略	
发展战略科学合理，既不缺乏也不激进，且实施到位	1.企业是否考虑宏观经济政策、国内外市场需求变化、技术发展趋势、行业及竞争对手状况、可利用资源水平和自身优势与劣势等影响因素制定发展战略
	2.是否根据发展目标制定战略规划，确定不同发展阶段的具体目标、工作任务和实施路径
	3.是否设立战略委员会或指定相关机构负责发展战略工作，是否明确战略委员会的职责和议事规则并按规定履行职责
	4.是否对发展战略进行可行性研究和科学论证，并报董事会或股东（大）会审议批准
发展战略有效实施	1.是否制订年度工作计划，编制全面预算，确保发展战略的有效实施
	2.是否采取有效方式将发展战略及其分解落实情况传递到内部各管理层级和全体员工
发展战略科学调整	是否及时监控发展战略实施情况，并根据环境变化及风险评估等情况及时对发展战略做出调整

核心指标	参考标准
三、人力资源政策	
人力资源结构合理，能够满足企业需要	1.人力资源政策是否有利于企业可持续发展和内部控制的有效执行
	2.是否明确岗位职责权限、任职条件和工作要求，选拔是否公开、公正，是否因事设岗、以岗选人
人力资源开发机制健全有效	1.是否制定并实施关于员工聘用、培训、辞退与辞职、薪酬、考核、健康与安全、晋升与奖惩等方面的管理制度
	2.是否建立员工培训长效机制，培训是否能够满足职工和业务岗位需要，是否存在员工知识老化
人力资源激励约束机制健全有效	1.是否设置科学的业绩考核指标体系，并严格考核评价，以此作为确定员工薪酬、职级调整和解除劳动合同等的重要依据
	2.是否存在人才流失现象
	3.是否对关键岗位员工有强制休假制度或定期轮岗制度等方面的安排
	4.是否对掌握国家机密或重要商业秘密的员工离岗有限制性的规定
四、社会责任	
安全生产体系、机制健全有效	1.是否建立严格的安全生产管理体系、操作规范和应急预案，切实做到安全生产
	2.是否落实安全生产责任，对安全生产的投入，包括人力、物力等，是否能保证及时发现、排除生产安全隐患
	3.发生生产安全事故，是否妥善处理，排除故障，减轻损失，追究责任。是否有迟报、谎报、瞒报重大生产安全事故现象
产品质量体系健全有效	是否建立严格的产品质量控制和检验制度并严格执行，是否有良好的售后服务，能够妥善处理消费者提出的投诉和建议
切实履行环境保护和资源节约责任	1.是否制定环境保护与资源节约制度，采取措施促进环境保护、生态建设和资源节约并实现节能减排目标
	2.是否实施清洁生产，合理开发利用不可再生资源
促进就业和保护员工权益	1.是否依法保护员工的合法权益，保持工作岗位相对稳定，积极促进充分就业
	2.是否实现按劳分配、同工同酬、建立科学的员工薪酬制度和激励机制，是否建立高级管理人员与员工薪酬正常增长机制
	3.是否及时办理员工社会保险，足额缴纳社会保险费
	4.是否维护员工健康，落实休息休假制度
	5.是否积极开展员工职业教育培训，创造平等发展机会

核心指标	参考标准
五、企业文化	
企业文化具有凝聚力和竞争力，促进企业可持续发展	1.是否采取切实有效措施，积极培育具有自身特色的企业文化，打造以主业为核心的企业品牌，促进企业长远发展
	2.企业董事、监事、经理及其他高级管理人员是否在文化建设和履行社会责任中起到表率作用，是否促进文化建设在内部各层级的有效沟通
	3.是否做到文化建设与发展战略的有机结合，使员工自身价值在企业发展中得到充分体现
	4.是否重视并购重组后的企业文化建设，平等对待被并购方的员工，促进并购双方的文化融合
企业文化评估具有客观性、实效性	1.是否建立企业文化评估制度，重点对董事、监事、经理和其他高级管理人员在企业文化建设中的责任履行情况、全体员工对企业核心价值观的认同感、企业经营管理行为与企业文化的一致性、企业品牌的社会影响力、参与企业并购重组各方文化的融合度，以及员工对企业未来发展的信心做出评估
	2.是否针对评估结果是否巩固和发扬文化建设成果，进而研究影响企业文化建设的不利因素，及时采取措施加以改进

二、风险评估评价

　　企业组织开展风险评估机制评价，应当以《企业内部控制基本规范》有关风险评估的要求，以及各项应用指引中所列主要风险为依据，结合本企业的内部控制制度，对日常经营管理过程中的目标设定、风险识别、风险分析、应对策略等进行认定和评价。风险评估评价应当重点关注企业公司层面目标的制定、业务活动层面目标的制定、风险分析及应对变化能力。

　　风险评估评价核心指标和参考标准见表7-4。

表7-4　　　　　　　　　　风险评估评价核心指标和参考标准

核心指标	参考标准
目标设定	1.企业层面：是否有明确的目标、目标是否具有广泛的认识基础、企业战略是否与企业目标相匹配
	2.业务层面：各业务层面目标是否与企业目标一致、各业务层面目标是否衔接一致、各业务层面目标是否具有操作指导性
	3.是否结合企业的风险偏好，确定相应的风险承受度
风险识别	1.目标是否层层分解并确立关键业务或事项
	2.是否持续性地收集相关信息，内外部风险识别机制是否健全，是否识别影响公司目标实现的风险

核心指标	参考标准
风险识别	3.是否根据关键业务或事项分析关键成功因素
	4.是否识别影响公司目标实现的风险
风险分析	1.风险分析技术方法的适用性
	2.结合风险发生的可能性和影响程度标准划分风险等级的准确性
	3.风险发生后对负面影响判断的准确性
风险应对	1.风险应对策略与公司战略、企业文化的一致性
	2.风险承受度与风险应对策略的匹配程度

三、控制活动评价

企业组织开展控制活动评价，应当以《企业内部控制基本规范》和各项应用指引中的控制措施为依据，结合本企业的内部控制制度，对相关控制措施的设计和运行情况进行认定和评价。企业控制活动评价应当重点关注：企业针对每一项业务活动是否都制定了恰当的控制政策和程序；已确定的控制政策和程序是否得到持续和恰当的执行。

控制活动评价核心指标和参考标准见表7-5。

表7-5　　　　　　　　　　　控制活动评价核心指标和参考标准

核心指标	参考标准
一、控制活动的设计	
控制措施足以覆盖企业重要风险，不存在控制缺失、控制过度	1.是否针对企业内部环境设立了相应的控制措施
	2.各项控制措施的设计是否与风险应对策略相适应
	3.各项主要业务控制措施是否完整、恰当
	4.是否针对非常规性、非系统性业务制定相应的控制措施，并定期对其执行情况进行检查分析
	5.是否建立重大风险预警机制和突发事件应急处理机制，相应应急预案的处置程序和处理结果是否有效
主要针对以下业务活动设定控制措施：资金活动、采购业务、资产管理、销售业务、研究与开发、工程项目、担保业务、业务外包、财务报告。控制措施包括：全面预算、合同管理、内部信息传递、信息系统建设	
二、控制活动的运行	
控制活动运行符合控制措施的规定	针对各类业务事项的主要风险和关键环节所制定的各类控制方法和控制措施是否得以有效实施

四、信息与沟通评价

企业组织开展信息与沟通评价，应当以内部信息传递、财务报告、信息系统等相关指引为依据，结合本企业的内部控制制度，对信息收集、处理和传递的及时性、反舞弊机制的健全性、财务报告的真实性、信息系统的安全性，以及利用信息系统实施内部控制的有效性进行认定和评价。

信息与沟通评价核心指标和参考标准见表7-6。

表7-6　　　　　　　　　　　　信息与沟通评价核心指标和参考标准

核心指标	参考标准
信息收集处理和传递及时、准确、适用	是否有透明高效的信息收集、处理、传递程序，合理筛选、核对、整合与经营管理与内部控制相关的信息
反舞弊机制健全	1.是否建立健全并有效实施反舞弊机制
	2.举报投诉制度和举报人保护制度是否及时、准确传达至企业全体员工
	3.对舞弊事件和举报所涉及的问题是否及时、妥善地作出处理
沟通顺畅	1.信息在企业内部各层级之间、企业与外部有关方面之间的沟通是否有效
	2.董事会、监事会与经理层是否能够及时掌握经营管理和内部控制的重要信息并进行应对
	3.员工诉求是否有畅通的反映渠道
信息化利用程度	1.企业是否建立与经营管理相适应的信息系统，利用信息技术提高对业务事项的自动控制水平
	2.在信息系统开发过程中，是否对信息技术风险进行识别、评估和防范
	3.信息系统的一般控制是否涵盖信息系统开发与维护、访问与变更、数据输入与输出、文件储存与保管、网络安全、硬件设备、操作人员等方面，确保信息系统安全稳定运行
	4.信息系统的应用控制是否紧密结合业务事项进行，利用信息技术固化流程、提高效率、减少或消除人为操纵因素
	5.信息系统是否建立并保持相关信息交流与沟通记录

五、内部监督评价

企业组织开展内部监督评价，应当以《企业内部控制基本规范》中有关内部监督的要求，以及各项应用指引中有关日常管控的规定为依据，结合本企业的内部控制制度，对于内部监督机制的有效性进行认定和评价，重点关注监事会、审计委员会、内部审计机构等是否在内部控制设计和运行中有效发挥监督作用，以及监督机制中是否包括向相关管理人员和董事会上报内控缺陷并采取相关的改进措施、监督整改落实情况。

内部监督评价核心指标和参考标准见表7-7。

表7-7 　　　　　　　　　内部监督评价核心指标和参考标准

核心指标	参考标准
内部监督能够覆盖并监控企业日常业务活动	1.管理层是否定期与内部控制机构沟通评价结果，并积极整改
	2.是否落实职能部门和所属单位在日常监督中的责任，及时识别环境和业务变化
	3.日常监管的内容是否为经过分析确认的关键控制并得以有效控制，是否按重要程度将发现的问题如实反馈给内部控制机构，是否积极采取整改措施
	4.日常监督用以证明内部控制有效的信息是否适当和充分，监督人员是否具有胜任能力和客观性
	5.内部审计的独立性是否得以保障，审计委员会和内部审计机构是否独立、充分地履行监督职责，审计监督与内部控制机构沟通是否顺畅
	6.是否开展了必要的专项监督
	7.内部控制机构是否追踪重大风险和重要业务，是否制定内部控制自我评价办法和考核奖惩办法，明确评价主体、职责权限、工作程序和有关要求，定期组织开展内部控制自我评价，报送自我评价报告，合理认定内部控制缺陷并分析原因，提出整改方案或建议
内部控制缺陷认定科学、客观、合理，且报送机制健全	1.内部控制机构是否制定科学的内部控制缺陷认定标准并予以一贯执行
	2.是否对控制缺陷进行全面、深入的分析研究，提出并实施整改方案，采取适当的形式及时向董事会、监事会或经理层报告，监督业务部门整改，对重大缺陷按规定予以披露
	3.对发现的内部控制重大缺陷，是否追究相关责任单位和责任人的责任
	4.是否建立内部控制缺陷信息数据库，并对历年发现的内部控制缺陷及其整改情况进行跟踪检查
内部控制建设与评价文档妥善保管	1.是否采取书面或其他适当方式对内部控制的建立与实施情况进行记录
	2.是否妥善保存内部控制相关记录和资料，确保内部控制建立与实施过程的可验证性
	3.对暂未建立健全的有关内部控制文档或记录，是否有证据表明已实施了有效的控制或者替代控制措施

第三节　内部控制评价缺陷的认定

一、内部控制缺陷的定义与分类

内部控制缺陷是指内部控制在设计和运行过程中存在的漏洞，这些漏洞将不同程度地影响内部控制的有效性，影响控制目标的实现。企业开展内部控制评价，主要工作内容之一就是要找出内部控制缺陷并有针对性地进行整改。

内部控制缺陷可以从以下几个角度进行分类：

（一）按照内部控制缺陷的成因或来源分类

内部控制缺陷分为设计缺陷和运行缺陷。内部控制缺陷可以是单项的缺陷，也可以是多项组合的缺陷。

1.设计缺陷

设计缺陷是指企业缺少为实现控制目标所必需的控制，或者现有控制设计不适当，即使正常运行也难以实现控制目标。

按已设计的控制措施执行，存在下列情况之一的，认定为设计缺陷：

（1）不能实现既定的控制目标；

（2）关键控制点缺乏有效的控制措施；

（3）控制措施成本过高，远远大于预期效益。

2.运行缺陷

运行缺陷是指企业设计合理且适当的内部控制由于运行不当，包括未按设计的方式或意图运行、运行的时间或频率不当、没有得到一贯有效运行、执行人员缺乏必要授权或专业胜任能力等，无法有效实现控制目标。

存在下列情况之一的，认定为运行缺陷：

（1）未执行或未有效执行有关的控制措施；

（2）未按授予的权限执行；

（3）不能及时提供已遵守内部控制的有效证据。

（二）按照影响内部控制目标实现的严重程度分类

内部控制缺陷分为重大缺陷、重要缺陷和一般缺陷。

1.重大缺陷

重大缺陷是指一个或多个控制缺陷的组合，可能导致企业严重偏离控制目标。当存在任何一个或多个内部控制重大缺陷时，应当在内部控制评价报告中作出内部控制无效的结论。

2.重要缺陷

重要缺陷是指一个或多个控制缺陷的组合，其严重程度和经济后果低于重大缺陷，但仍有可能导致企业偏离控制目标。重要缺陷的严重程度低于重大缺陷，不会严重危及内部控制的整体有效性，但也应当引起董事会、管理层的充分关注。

3.一般缺陷

一般缺陷是指除重大缺陷、重要缺陷之外的其他控制缺陷。

（三）按照影响内部控制目标的具体表现形式分类

内部控制缺陷分为财务报告内部控制缺陷和非财务报告内部控制缺陷。

1.财务报告内部控制缺陷

财务报告内部控制缺陷是指不能合理保证财务报告可靠性的内部控制设计和运行缺陷。也就是说，财务报告内部控制缺陷，是指不能及时防止或发现并纠正财务报告错报的内部控制缺陷。

2.非财务报告内部控制缺陷

非财务报告内部控制缺陷是指影响企业非财务报告相关的内部控制目标实现的缺陷。也就是说，非财务报告内部控制缺陷，是指不能及时防止或发现并纠正财务报告错报之外的其他业务经营错误。这类缺陷包括战略内部控制缺陷、经营内部控制缺陷、合规内部控制缺陷、资产内部控制缺陷等。

二、内部控制缺陷的认定过程

《企业内部控制评价指引》第十六条中规定，企业对内部控制缺陷的认定，应当以构成内部控制的内部监督要素中的日常监督和专项监督为基础，结合年度内部控制评价，由内部控制评价机构进行综合分析后提出认定意见，按照规定的权限和程序进行审核，由董事会予以最终确定。内部控制缺陷认定的过程分为三个环节：建立认定的统一标准、内控缺陷的初步认定、最终认定。

（一）建立内部控制缺陷认定的统一标准

内部控制缺陷的严重程度，按《企业内部控制评价指引》分为一般、重要、重大三类缺陷。内控缺陷的严重程度认定关键是从判断缺陷对目标实现的偏离程度和此缺陷对目标实现的影响程度两个角度来把握。偏离程度是指缺陷造成结果与目标之间的差异，可通过量化去判断。例如：财务报告目标中常用的错（漏）报偏离重要性水平（一般以收入、利润或资产量为控制指标）的程度，金额小于5%认定为一般缺陷，大于等于5%但小于7%认定为重要缺陷，大于等于7%认定为重大缺陷。影响程度是指若不修正缺陷，此缺陷对于目标实现的影响，即缺陷虽偏离度低但从性质来看是严重的。例如：矿产企业安全隐患造成死亡安全事故其性质是恶劣的，一般通过定性的方式设定，定性指标应明确、细化和可操作。也就是说，内部控制缺陷的严重性程度评估包括定性分析和定量分析两方面，二者可以结合使用。

所谓定性分析，就是对内部控制缺陷从总体上运用综合分析以及抽象与概括等方法进行"质"的方面的分析与把握，以认定内控缺陷影响程度。根据国际上对各种可能性的规定，表7-8列示了三种类型内部控制缺陷的定性分类标准。

表7-8 内部控制缺陷的定性分类标准

缺陷分类	影响内部控制的可能性	且／或	影响的严重程度
重大缺陷	可能或很可能	且	严重影响
重要缺陷	可能或很可能	且	介于重大缺陷与一般缺陷之间
一般缺陷	极小可能	或	一般

所谓定量分析，就是对内部控制缺陷进行量化处理与分析。例如，财务报告内部控制缺陷，可由该缺陷可能导致财务报告错报的重要程度来确定，这种重要程度主要取决于两方面因素：一是该缺陷是否具备合理可能性导致内部控制不能及时防止、发现并纠正财务报告错报；二是该缺陷单独或连同其他缺陷可能导致的潜在错报金额的大小。其中：

（1）错报的量化工作即错报的概率。可以借鉴我国《企业会计准则第13号——或有事项》应用指南中的规定："基本确定"为大于95%但小于100%；"很可能"为大于50%但小于等于95%；"可能"为大于5%但小于或等于50%；"极小可能"为大于0但小于等于5%。

（2）错报金额大小的量化方法。可以借鉴《中国注册会计师审计准则第1221号——

计划和执行审计工作时的重要性》的规定，根据注册会计师行业的参考数值确定重要性水平。例如：以营利为目的的制造行业企业，按照经常性业务税前利润的5%，对非营利组织，按照费用总额或总收入的1%等确定。

具体内部控制缺陷的认定标准由企业自行确定。企业在战略目标确定之时、内控体系建立之初，通过风险识别方式全面评估影响企业内控目标达成的因素后，结合企业自身特点，通过"自上而下"的方式细化控制指标形成内控目标体系，并基于风险偏好和风险容忍度设定了内控缺陷具体认定标准，以判断内部控制缺陷的严重程度。经管理层、治理层的审批确认后，最终形成"缺陷认定体系"，为具体的内部控制缺陷认定工作提供严谨可操作的依据。企业对内控缺陷认定的标准可能会因具体内控目标的变化做出相应的调整。

（二）内部控制缺陷的初步认定

企业在日常监督、专项监督和年度评价工作中，评价工作组人员根据现场测试获取的证据，对内部控制缺陷进行初步认定，评估发现的缺陷对内控目标实现影响的可能性和严重程度。其中，严重程度按缺陷认定体系中的标准进行定量定性判定，可能性判断除参考缺陷认定体系外，还需结合缺陷组合的叠加效应、替代性控制的减弱效果及相关整改情况综合定性分析。在充分分析公司层面、业务层面的内控缺陷后，评价工作组将内部控制缺陷判定为一般、重要、重大缺陷。评价工作组负责人在对评价工作底稿严格审核后，对所认定的评价结果签字确认，提交企业内部控制评价部门。

（三）内部控制缺陷的最终认定

企业内部控制评价部门编制内部控制缺陷认定汇总表，结合日常监督和专项监督发现的内部控制缺陷及其持续改进情况，对内部控制缺陷及其成因、表现形式和影响程度进行综合分析和全面复核，提出认定意见，并以适当的形式向董事会、监事会或者经理层报告。其中，重要缺陷应由企业的内控相关委员会认定，重大缺陷由公司董事会认定。若评价人员发现管理层凌驾于内控之上，或发现与管理层舞弊相关的内控缺陷，应直接向董事会及审计委员会甚至监事会进行汇报。

三、内部控制缺陷的认定标准

内部控制缺陷认定在一定程度上决定内部控制评价的成效，且具有一定难度，还需要运用职业判断。企业在确定内部控制缺陷的认定标准时，应当充分考虑内部控制缺陷的重要性及其影响程度。内部控制缺陷的重要性及其影响程度是相对于内部控制目标而言的。

下面按照对财务报告目标和其他内部控制目标实现的影响的具体表现形式，区分财务报告内部控制缺陷的认定标准和非财务报告内部控制缺陷的认定标准。但需要说明的是，财务报告缺陷和非财务报告缺陷其实难以做严格的区分，例如内部环境、重大安全事故等。因此，在制定标准时，应本着是否直接影响财务报告的原则来区分。重大缺陷、重要缺陷的界定也是相对的，例如对于有下属单位的集团公司，如果下属单位存在重大缺陷，并不能表明集团公司存在重大缺陷，但至少应作为重要缺陷向董事会、管理层汇报。

（一）财务报告内部控制缺陷的认定标准

财务报告内部控制的缺陷划分为重大缺陷、重要缺陷和一般缺陷。财务报告内部控制缺陷的认定标准直接取决于由于该内部控制缺陷的存在，可能导致的财务报告错报的重要程度。这种"重要程度"主要取决于两个方面的因素：

（1）该缺陷是否具备合理可能性导致内部控制不能及时预防、发现并纠正财务报告错报。合理可能性是指大于微小可能性（几乎不可能发生）的可能性，确定是否具备合理可能性涉及评价人员的职业判断。

（2）该缺陷单独或连同其他缺陷可能导致的潜在错报的金额大小。

1.重大缺陷认定

如果一项内部控制缺陷单独或者连同其他缺陷具备合理可能性，导致不能及时防止、发现并纠正财务报告中的重大错报，就应当将其认定为重大缺陷。重大错报中的"重大"，取决于企业管理层确定的财务报告的重要性水平。超过重要性水平的错报即称之为"重大错报"。财务报告中的重大错报会影响信息使用者的判断和决策。

一般企业可以采用绝对金额法和相对比例法两种方法确定重要性水平。绝对金额法，就是用绝对数确定重要性水平。如规定金额超过 20 000 元的错报应当认定为重大错报。相对比例法，就是用相对数确定重要性水平。例如，规定超过资产总额2%的错报应当认定为重大错报。

下面列举的迹象通常表明财务报告内部控制可能存在重大缺陷：

（1）董事、监事和高级管理人员舞弊；

（2）企业更正已公布的财务报告；

（3）注册会计师发现当期财务报告存在重大错报，而内部控制在运行过程中未能发现该错报；

（4）企业审计委员会和内部审计机构对内部控制的监督无效。

2.重要缺陷认定

如果一项内部控制缺陷单独或连同其他缺陷具备合理可能性，导致不能及时防止、发现并纠正财务报告中错报的金额虽然未达到和超过重要性水平，但仍应引起董事会和管理层的重视，就应当将该项缺陷认定为重要缺陷。

3.一般缺陷认定

不构成重大缺陷和重要缺陷的内部控制缺陷，应认定为一般缺陷。

需要说明的是，内部控制缺陷的严重程度并不取决于是否实际发生了错报，而是取决于该项控制是否存在不能及时预防、发现或纠正潜在错报的可能性。即只要存在这种合理可能性，不论企业财务报告是否发生了错报，都应认定财务报告内部控制存在缺陷。

（二）非财务报告内部控制缺陷的认定标准

非财务报告内部控制缺陷的认定具有涉及面广、认定难度较大的特点，因此很难形成统一的认定标准。企业可以根据风险评估的各项工作、自身的实际情况、管理现状和发展要求，参照财务报告内部控制缺陷的认定标准，合理确定非财务报告内部控制缺陷的定量和定性认定标准，根据其对内部控制目标实现的影响程度认定为一般缺陷、重要缺陷和重大缺陷。

非财务报告内部控制缺陷的定量认定标准（即涉及金额的大小），既可以根据缺陷造成的直接财产损失的绝对金额制定，也可以根据缺陷的直接损失占本组织资产、销售收入或利润等的比率确定。

非财务报告内部控制缺陷的定性认定标准（即涉及业务性质的严重程度），可以根据其直接或潜在的负面影响的性质、范围等因素确定。

下面列举的迹象通常表明非财务报告内部控制可能存在重大缺陷：

（1）国有企业缺乏民主决策程序，如缺乏"三重一大"决策程序；

（2）企业决策程序不科学，如决策失误，导致并购不成功；

（3）违反国家法律、法规，如环境污染；

（4）管理人员或技术人员纷纷流失；

（5）媒体负面新闻频现；

（6）重要业务缺乏制度控制或制度系统性失效；

（7）内部控制评价的结果特别是重大缺陷或重要缺陷未得到整改。

为了避免企业操纵内部控制评价报告，非财务报告缺陷认定标准一经确定，必须在不同评价期间保持一致，不得随意变更。

需要强调的是，在内部控制的非财务报告目标中，战略和经营目标的实现往往受到企业不可控的诸多外部因素的影响，企业的内部控制只能合理保证董事会和管理层了解这些目标的实现程度。因此，在认定针对战略和经营控制目标的内部控制缺陷时，主要应该考虑企业制定战略、开展经营活动的机制和程序是否符合内部控制要求，以及不适当的机制和程序对企业战略及经营目标实现可能造成的影响。

▶▶案例7-5　　韵达控股股份有限公司内部控制缺陷的认定标准

韵达控股股份有限公司（以下简称公司），是集快递、物流、电子商务配送和仓储服务于一体的全国网络型品牌快递企业，于2016年12月23日上市。在快递企业中，韵达公司在快件时限、客户满意度等方面名列前茅。韵达公司董事会在其2021年度内部控制自评报告"三、内部控制评价工作（二）内部控制评价工作依据及内部控制缺陷认定标准"部分对财务报告内部控制缺陷认定标准、非财务报告内部控制缺陷认定标准进行披露，相关内容如下：

……

（二）内部控制评价工作依据及内部控制缺陷认定标准

公司依据企业内部控制规范体系组织开展内部控制评价工作。

公司董事会根据企业内部控制规范体系对重大缺陷、重要缺陷和一般缺陷的认定要求，结合公司规模、行业特征、风险偏好和风险承受度等因素，区分财务报告内部控制和非财务报告内部控制，研究确定了适用于本公司的内部控制缺陷具体认定标准，并与以前年度保持一致。公司确定的内部控制缺陷认定标准如下：

1.财务报告内部控制缺陷认定标准

（1）根据公司的实际情况，财务报告内部控制重大缺陷认定标准如下：

定量标准：财务报告错报金额大于最近一个会计年度公司合并报表净资产的3%。

定性标准：

❶董事、监事和高层管理人员滥用职权，发生贪污、受贿、挪用公款等舞弊行为。

❷公司因发现以前年度存在重大会计差错，更正已上报或披露的财务报告。

❸公司审计委员会和内部审计机构对内部控制监督无效。

❹外部审计师发现当期财务报告存在重大错报，且内部控制运行未能发现该错报。

（2）根据公司的实际情况，财务报告内部控制重要缺陷认定标准如下：

定量标准：财务报告错报金额介于最近一个会计年度公司合并报表净资产的1%~3%。

定性标准：

❶未经授权进行担保、投资有价证券、金融衍生品交易和处置产权、股权造成经济损失。

❷违规泄露财务报告、并购、投资等重大信息，导致公司形象出现严重负面影响。

❸公司财务人员或相关业务人员权责不清，岗位混乱，涉嫌经济、职务犯罪，被纪检监察部门双规，或移交司法机关。

❹因执行政策偏差、核算错误等，受到处罚或公司形象出现严重负面影响。

❺销毁、藏匿、随意更改发票／支票等重要原始凭证，造成经济损失。

❻现金收入不入账、公款私存或违反规定设立"小金库"。

（3）根据公司的实际情况，财务报告内部控制一般缺陷认定标准如下：

定量标准：财务报告错报金额小于最近一个会计年度公司合并报表净资产的1%。

定性标准：

❶会计机构负责人缺乏必要的任职资格和胜任能力。

❷财会岗位职责不清晰，关键的不相容岗位未有效分离。

❸固定资产和存货未按制度规定清查和盘点，差异处置未经恰当审批或未提出处理意见。

❹未按制度规定与外部往来单位对账，对账差异1个月以上未处理或未提出处理措施；内部往来及关联方交易出现差异，3个月以上未处理或未提出处理措施。

❺未按规定编制银行存款余额调节表，或调节表差异1个月以上未处理。

❻重要原始凭证如出／入库单、开出发票／支票等不连号或未经审批取消原始凭证。

❼一人保管支付款项所需的全部印章，开通网上银行的，由一人保管网银卡和密码。

❽会计凭证未按规定装订、保管和归档，或会计凭证丢失。

❾财务系统、SOA办公系统的用户管理或密码管理未按要求执行。

❿系统管理员、安全管理员、应用系统管理员的设置未执行不相容岗位（职务）分离。

2.非财务报告内部控制缺陷认定标准

公司确定的非财务报告内部控制缺陷评价的认定标准如下：

（1）根据公司的实际情况，非财务报告内部控制重大缺陷评价标准如下：

定量标准：可能造成损失的金额影响大于最近一个会计年度公司合并报表净资产的3%。

定性标准：

❶董事会（类似权力机构）及其专业委员会、监事会、经理层职责权限、任职资格和议事规则缺乏明确规定，或未按照权限和职责履行。

❷因决策程序不科学或失误，导致重大并购失败，或者新并购的单位不能持续经营。

❸公司投资、采购、财务、工程管理等重要业务缺乏控制或内部控制系统整体失效。

❹高级管理人员或关键岗位人员流失50%以上。

❺违反国家法律或内部规定程序，出现重大责任事故，引起政府或监管机构调查或引发诉讼，造成重大经济损失或公司声誉严重受损。

❻内部控制重大和重要缺陷未得到整改。

（2）根据公司的实际情况，非财务报告内部控制重要缺陷评价标准如下：

定量标准：可能造成损失的金额影响介于最近一个会计年度公司合并报表净资产的1%~3%。

定性标准：

❶未开展风险评估，内部控制设计未覆盖重要业务和关键风险领域，不能实现控制目标。

❷未建立信息搜集机制和信息管理制度，内部信息沟通存在严重障碍。对外信息披露未经授权。信息内容不真实，遭受外部监管机构处罚。

❸未建立举报投诉和举报人保护制度，或举报信息渠道无效。

❹全资、控股子公司未按照法律法规建立恰当的治理结构和管理制度，决策层、管理层职责不清，未建立内控制度，管理散乱。

❺委派子公司或企业所属子公司的代表未按规定履行职责，造成公司利益受损。

❻违反国家法律或内部规定程序，出现环境污染或质量等问题，在国家级新闻媒体频繁报道，造成经济损失或公司声誉受损。

❼违规或违章操作造成重大或较大安全事故，或迟报、谎报、瞒报事故。

（3）根据公司的实际情况，非财务报告内部控制一般缺陷评价标准如下：

定量标准：可能造成损失的金额影响小于最近一个会计年度公司合并报表净资产的1%。

定性标准：

❶高级管理层在经营管理中职责权限不清、交叉任职或内部控制建立和实施中分工不当。

❷企业负责人未履行内部控制职责，长期（一年）未听取内部控制工作汇报。

❸投资项目无计划或超计划，或未按规定招投标，或先施工后补签合同。

❹大型工程项目开工、工程变更、项目撤销未事先获得批准。

❺工程建设违规或监督不力，造成质量不合格或经济损失。

❻已竣工并投入使用的项目未按规定办理竣工验收手续，或未按规定暂估转资并计提折旧。

❼采购业务的计划、采购、验收、财务、合同管理等岗位职责不清，缺乏相互监督制衡，管理混乱。

❽收费价格变动未按规定流程审批。

❾未按规定审批或未经授权签署合同。

❿未按规定开立或使用银行账户。

资料来源：韵达控股股份有限公司.韵达股份：内部控制自我评价报告[EB/OL].（2022-04-27）. https://vip.stock.finance.sina.com.cn/corp/view/vCB_AllBulletinDetail.php?id=8096421.

韵达公司在2021年度内部控制自我评价工作中根据上述财务报告内部控制缺陷的认定标准、非财务报告内部控制缺陷的认定标准展开内部控制自评，最终认定在报告期内公司不存在财务报告、非财务报告内部控制重大缺陷和重要缺陷。

四、内部控制缺陷的报告与整改

(一) 内部控制缺陷的报告

企业内部控制评价机构关于内部控制缺陷的认定意见应当以适当的形式向董事会、监事会或者经理层报告。重大缺陷应当由董事会予以最终认定。企业对于最终认定的重大缺陷，应当及时采取应对策略，切实将风险控制在可承受度之内，并追究有关部门或相关人员的责任。

内部控制缺陷报告应当采取书面形式，可以单独报告，也可以作为内部控制评价报告的一个重要组成部分。一般而言，内部控制的一般缺陷、重要缺陷应定期（至少每年）报告，重大缺陷应立即报告。对于重大缺陷和重要缺陷及整改方案，应向董事会（审计委员会）、监事会或经理层报告并审定。对于一般缺陷，可以向企业经理层报告，并视情况考虑是否需要向董事会（审计委员会）、监事会报告。

(二) 内部控制缺陷的整改

企业内部控制评价机构应当就发现的内部控制缺陷与各内设机构共同商议，提出整改建议，并报经理层、董事会（审计委员会）、监事会批准。获批后，应制订切实可行的整改方案，包括整改目标、内容、步骤、措施、方法、期限和责任人等。整改期限超过一年的，整改目标应明确近期和远期目标以及相应的整改工作内容。企业内部控制评价机构应当跟进内控缺陷的整改情况，对整改效果进行评价，督促各内设机构不断完善自身的内控流程。

—— 第四节　内部控制评价报告

一、内部控制评价报告的内容和格式

内部控制评价报告是内部控制评价的最终体现，是企业董事会或类似权力机构以报告的形式对内部控制评价状况出具评价意见，并提供给相关信息使用者的一种书面文件。相关信息使用者包括政府有关监管部门、投资者以及其他利益相关者、中介机构和研究机构等，以及企业董事会（审计委员会）、各层级管理者以及企业内有关监管部门。

《企业内部控制评价指引》第二十条中规定，企业应当根据《企业内部控制基本规范》、应用指引和本指引，设计内部控制评价报告的种类、格式和内容，明确内部控制评价报告的编制程序和要求，按照规定的权限报经批准后对外报出。

内部控制评价报告按照编制主体、报送对象和时间，分为对内报告和对外报告。对外报告的内容、格式等强调符合披露要求，时间具有强制性，对内报告则主要以符合企业董事会（审计委员会）、经理层需要为主，编制主体层级更多、内容更加详尽、格式更加多样，时间可以定期或不定期。我们下面重点介绍内部控制评价报告的对外报告。

（一）内部控制评价报告的内容

内部控制评价报告应当分别内部环境、风险评估、控制活动、信息与沟通、内部监督等要素进行设计，对内部控制评价过程、内部控制缺陷认定及整改情况、内部控制有效性的结论等相关内容作出披露。

内部控制评价报告至少应当披露下列内容：

1.董事会对内部控制报告真实性的声明

声明董事会及全体董事对报告内容的真实性、准确性、完整性承担个别及连带责任，保证报告内容不存在任何虚假记载、误导性陈述或重大遗漏。

2.内部控制评价工作的总体情况

明确企业内部控制评价工作的组织、领导体制、进度安排，是否聘请会计师事务所对内部控制有效性进行独立审计。

3.内部控制评价的依据

说明企业开展内部控制评价工作所依据的法律法规和规章制度，一般包括《企业内部控制基本规范》及《企业内部控制应用指引》、《企业内部控制评价指引》、企业制定的内部控制及相关制度、评价办法等。

4.内部控制评价的范围

描述内部控制评价所涵盖的被评价单位，以及纳入评价范围的业务事项，及重点关注的高风险领域。内部控制评价的范围如有遗漏，应说明原因，及其对内部控制评价报告真实完整性产生的重大影响等。

5.内部控制评价的程序和方法

描述内部控制评价工作遵循的基本流程，以及评价过程中采用的主要方法。

6.内部控制缺陷及其认定情况

描述适用于本企业的内部控制缺陷具体认定标准，并声明与以前年度保持一致或作出的调整及相应原因；根据内部控制缺陷认定标准，确定评价期末存在的重大缺陷、重要缺陷和一般缺陷。

7.内部控制缺陷的整改情况及对重大缺陷拟采取的整改措施

对于评价期间发现、期末已完成整改的重大缺陷，说明企业有足够的测试样本显示，与该重大缺陷相关的内部控制设计且运行有效。针对评价期末存在的内部控制缺陷，说明公司拟采取的整改措施及预期效果。

8.内部控制有效性的结论

对不存在重大缺陷的情形，出具评价期末内部控制有效的结论；对存在重大缺陷的情形，不得作出内部控制有效的结论，并须描述该重大缺陷的性质及其对实现相关控制目标的影响程度，可能给公司未来生产经营带来的相关风险。自内部控制评价报告基准日至内部控制评价报告发出日之间发生重大缺陷的，企业须责成内部控制评价机构予以核实，并根据核查结果对评价结论进行相应调整，说明董事会拟采取的措施。

（二）内部控制评价报告的参考格式

××股份有限公司20××年度内部控制评价报告

××股份有限公司全体股东：

根据《企业内部控制基本规范》等法律法规的要求，我们对本公司（以下简称公司）

内部控制的有效性进行了自我评价。

一、董事会声明

公司董事会及全体董事保证本报告内容不存在任何虚假记载、误导性陈述或重大遗漏，并对报告内容的真实性、准确性和完整性承担个别及连带责任。

建立健全并有效实施内部控制是公司董事会的责任；监事会对董事会建立与实施内部控制进行监督；经理层负责组织领导公司内部控制的日常运行。

公司内部控制的目标是：[一般包括合理保证经营合法合规、资产安全、财务报告及相关信息真实完整，提高经营效率和效果，促进实现发展战略]。由于内部控制存在固有局限性，故仅能对达到上述目标提供合理保证。

二、内部控制评价工作的总体情况

公司董事会授权内部审计机构 [或其他专门机构] 负责内部控制评价的具体组织实施工作，对纳入评价范围的高风险领域和单位进行评价 [描述评价工作的组织领导体制，一般包括评价工作组织结构图、主要负责人及汇报途径等]。

公司 [是／否] 聘请了专业机构 [中介机构名称] 实施内部控制评价，并编制内部控制评价报告：公司 [是／否] 聘请会计事务所 [会计师事务所名称] 对公司内部控制有效性进行独立审计。

三、内部控制评价的依据

本评价报告旨在根据中华人民共和国财政部等五部委联合发布的《企业内部控制基本规范》（以下简称基本规范）及《企业内部控制评价指引》（以下简称评价指引）的要求，结合企业内部控制制度和评价办法，在内部控制日常监督和专项监督的基础上，对公司截至20××年12月31日内部控制的设计与运行的有效性进行评价。

四、内部控制评价的范围

内部控制评价的范围涵盖了公司及其所属单位的各种业务和事项，重点关注下列高风险领域：

[列示公司根据风险评估结果确定的前"十大"主要风险]

纳入评价范围的单位包括：

[描述公司及其所属单位的明确范围]

纳入评价范围的业务和事项包括（根据实际情况充实调整）：组织架构；发展战略；人力资源；社会责任；企业文化；资金活动；采购业务；资产管理；销售业务；研究与开发；工程项目；担保业务；业务外包；财务报告；全面预算；合同管理；内部信息传递；信息系统。上述业务和事项的内部控制涵盖了公司经营管理的主要方面，不存在重大遗漏。

（如存在重大遗漏）公司本年度未能对以下构成内部控制重要方面的单位或业务（事项）进行内部控制评价：

[逐条说明未纳入评价范围的重要单位或业务（事项），包括单位或业务（事项）描述、未纳入的原因、对内部控制评价报告真实完整性产生的重大影响等]

五、内部控制评价的程序和方法

内部控制评价工作严格遵循基本规范、评价指引及公司内部控制评价办法规定的程序执行 [描述公司开展内部控制评价工作的基本流程]。

评价过程中，我们采用了（个别访谈、调查问卷、专题讨论、穿行测试、实地查验、抽样和比较分析）等适当方法，广泛收集公司内部控制设计和运行是否有效的证据，如实填写评价工作底稿，分析、识别内部控制缺陷［说明评价方法的适当性及证据的充分性］。

六、内部控制缺陷及其认定

公司董事会根据基本规范、评价指引对重大缺陷、重要缺陷和一般缺陷的认定要求，结合公司规模、行业特征、风险水平等因素，研究确定了适用于本公司的内部控制缺陷具体认定标准，并与以前年度保持了一致［描述公司内部控制缺陷的定性及定量标准］，或作出了调整［描述具体调整标准及原因］。

根据上述认定标准，结合日常监督和专项监督情况，我们发现报告期内存在［数量］个缺陷，其中重大缺陷［数量］个，重要缺陷［数量］个。重大缺陷分别为：［对重大缺陷进行描述，并说明其对实现相关控制目标的影响程度］。

七、内部控制缺陷的整改情况

针对报告期内发现的内部控制缺陷（含上一期间未完成整改的内部控制缺陷），公司采取了相应的整改措施［描述整改措施的具体内容和实际效果］。对于整改完成的重大缺陷，公司有足够的测试样本显示，与重大缺陷［描述该重大缺陷］相关的内部控制设计且运行有效（运行有效的结论需提供90天内有效运行的证据）。

经过整改，公司在报告期末仍存在［数量］个缺陷，其中重大缺陷［数量］个，重要缺陷［数量］个。重大缺陷分别为：［对重大缺陷进行描述］。

针对报告期末未完成整改的重大缺陷，公司拟进一步采取相应措施加以整改［描述整改措施的具体内容及预期达到的效果］。

八、内部控制有效性的结论

公司已经根据基本规范、评价指引及其他相关法律法规的要求，对公司截至20××年12月31日的内部控制设计与运行的有效性进行了自我评价。

（存在重大缺陷的情形）报告期内，公司在内部控制设计与运行方面存在尚未完成整改的重大缺陷［描述该缺陷的性质及其对实现相关控制目标的影响程度］。由于存在上述缺陷，可能会给公司未来生产经营带来相关风险［描述该风险］。

（不存在重大缺陷的情形）报告期内，公司对纳入评价范围的业务与事项均已建立了内部控制，并得以有效执行，达到了公司内部控制的目标，不存在重大缺陷。

自内部控制评价报告基准日至内部控制评价报告发出日之间［是／否］发生对评价结论产生实质性影响的内部控制的重大变化。［如存在，描述该事项对评价结论的影响及董事会拟采取的应对措施］。

我们注意到，内部控制应当与公司经营规模、业务范围、竞争状况和风险水平等相适应，并随着情况的变化及时加以调整。［简要描述下一年度内部控制工作计划］未来期间，公司将继续完善内部控制制度，规范内部控制制度执行，强化内部控制监督检查，促进公司健康、可持续发展。

董事长：（签名）

××股份有限公司

20××年××月××日

二、内部控制评价报告的编制

《企业内部控制评价指引》第二十三条中规定，企业应当根据年度内部控制评价结果，结合内部控制评价工作底稿和内部控制缺陷汇总表等资料，按照规定的程序和要求，及时编制内部控制评价报告。

1.编制时间

企业应当根据内部控制评价结果和整改情况，编制内部控制评价报告。内部控制评价报告分为定期内部控制评价报告和非定期内部控制评价报告。企业应该定期进行内部控制评价并发布内部控制评价报告。企业至少应该每年进行一次内部控制评价并由董事会对外发布内部控制评价报告。年度内部控制评价报告应当以12月31日作为基准日。非定期内部控制评价报告可以是因特殊事项或原因而对外发布的内部控制评价报告，也可以是企业针对发现的重大缺陷进行的专项内部控制评价等向董事会（审计委员会）或经理层报送的内部报告（即内部控制缺陷报告）。

2.编制主体

内部控制评价报告的编制主体包括单个企业和企业集团的母公司。单个企业内部控制评价报告指某一企业以自身经营业务和管理活动为辐射范围编制的内部控制评价报告，属于对内报告；企业集团母公司内部控制评价报告是企业集团的母公司在汇总、复核、评价、分析后，以母公司及下属（或控股子公司）的经营业务和管理活动为辐射范围编制的内部控制评价报告，是对企业集团内部控制设计有效性和运行有效性的总体评价，可以是对内或对外报告。

3.编制程序

内部控制评价报告的编制程序是：

（1）内部控制评价机构对工作底稿进行复核，根据认定并按照规定的权限和程序审批确定的内部控制缺陷，判断内部控制的有效性。

（2）内部控制评价机构搜集整理编制内部控制评价报告所需的相关资料，并根据有关资料撰写内部控制评价报告。

（3）内部控制评价报告上报经理层审核、董事会审批后确定，下属单位内部控制评价报告还需上报母公司。

三、内部控制评价报告的披露、报送与使用

公众公司必须向社会披露内部控制评价报告，满足投资者及利益相关者了解企业治理水平、管理规范化和抵御各类风险的能力，以便做出正确的投资决策和相关决策。内部控制评价报告应于年度内部控制评价报告的基准日12月31日后4个月内报出。企业内部控制评价部门应当关注自内部控制评价报告的基准日至内部控制评价报告的报出日之间是否发生影响内部控制有效性的因素，并根据性质和影响程度对评价结论进行相应调整。

企业内部控制评价报告应按规定报送有关监管部门，例如国有控股企业应按要求报送国有资产监督管理部门和财政部门、金融企业应按规定报送银行业监督管理部门和保险监

督管理部门、公开发行证券的企业应报送证券监督管理部门。企业内部控制审计报告应当与企业内部控制评价报告同时对外披露或报送。

内部控制评价是企业董事会对本企业内部控制有效性的自我评价，具有一定的主观性，在此基础上形成的内部控制评价报告也因此只能作为有关方面了解企业内部控制设计与运行情况的途径之一。企业内部控制评价对外报告的使用者在使用内部控制评价报告时，应注意与注册会计师内部控制审计报告、内部控制监管信息、财务报告信息等相关信息结合使用，以起到全面分析、综合判断、相互验证的效果。

企业内部控制评价的有关文件资料、工作底稿和证明材料等应当妥善保管，建立内部控制评价工作的档案制度，年度内部控制评价报告应当永久保存。

>> **案例7-6**　　　　国投电力控股股份有限公司
2021年度内部控制评价报告（局部内容）

国投电力控股股份有限公司全体股东：

根据《企业内部控制基本规范》及其配套指引的规定和其他内部控制监管要求（以下简称企业内部控制规范体系），结合本公司（以下简称公司）内部控制制度和评价办法，在内部控制日常监督和专项监督的基础上，我们对公司2021年12月31日（内部控制评价报告基准日）的内部控制有效性进行了评价。

一、重要声明

按照企业内部控制规范体系的规定，建立健全和有效实施内部控制，评价其有效性，并如实披露内部控制评价报告是公司董事会的责任。监事会对董事会建立和实施内部控制进行监督。经理层负责组织领导企业内部控制的日常运行。公司董事会、监事会及董事、监事、高级管理人员保证本报告内容不存在任何虚假记载、误导性陈述或重大遗漏，并对报告内容的真实性、准确性和完整性承担个别及连带法律责任。

公司内部控制的目标是合理保证经营管理合法合规、资产安全、财务报告及相关信息真实完整，提高经营效率和效果，促进实现发展战略。由于内部控制存在的固有局限性，故仅能为实现上述目标提供合理保证。此外，由于情况的变化可能导致内部控制变得不恰当，或对控制政策和程序遵循的程度降低，根据内部控制评价结果推测未来内部控制的有效性具有一定的风险。

二、内部控制评价结论

1.公司于内部控制评价报告基准日，是否存在财务报告内部控制重大缺陷

□是　　　✓否

2.财务报告内部控制评价结论

✓有效　　□无效

根据公司财务报告内部控制重大缺陷的认定情况，于内部控制评价报告基准日，不存在财务报告内部控制重大缺陷，董事会认为，公司已按照企业内部控制规范体系和相关规定的要求在所有重大方面保持了有效的财务报告内部控制。

3.是否发现非财务报告内部控制重大缺陷

□是　　　✓否

根据公司非财务报告内部控制重大缺陷认定情况，于内部控制评价报告基准日，公

司未发现非财务报告内部控制重大缺陷。

4.自内部控制评价报告基准日至内部控制评价报告发出日之间影响内部控制有效性评价结论的因素

□适用　✓不适用

自内部控制评价报告基准日至内部控制评价报告发出日之间未发生影响内部控制有效性评价结论的因素。

5.内部控制审计意见是否与公司对财务报告内部控制有效性的评价结论一致

✓是　　　□否

6.内部控制审计报告对非财务报告内部控制重大缺陷的披露是否与公司内部控制评价报告披露一致

✓是　　　□否

三、内部控制评价工作情况

(一)内部控制评价范围

公司按照风险导向原则确定纳入评价范围的主要单位、业务和事项以及高风险领域。

1.纳入评价范围的主要单位包括：国投电力控股股份有限公司本部、雅砻江流域水电开发有限公司、国投云南大朝山水电有限公司……国投江苏新能源有限公司（含其托管企业）、红石能源有限公司等22家单位。

2.纳入评价范围的单位占比，见表7-9。

表7-9　　　　　　　　　　　　纳入评价范围的单位占比

指标	占比（%）
纳入评价范围单位的资产总额占公司合并财务报表资产总额之比	100
纳入评价范围单位的营业收入合计占公司合并财务报表营业收入总额之比	100

3.纳入评价范围的主要业务和事项包括：

组织架构、发展战略、人力资源、企业文化、社会责任、风险评估、采购管理、研究与开发、境内投资管理、境外投资管理、固定资产管理、无形资产管理、存货、产权管理、合同管理、全面预算、法律事务、关联方及关联交易、基建项目管理、技改及大修、业务外包、资金活动、往来账管理、融资管理、委托贷款管理、金融衍生业务、对外担保、税务管理、财务报告管理、成本费用管理、政府补助、内部信息传递、信息系统、内部监督、信息披露、销售管理等。

4.重点关注的高风险领域主要包括：

战略规划、投资管理、安全生产、环境保护、融资管理、资金管理、固定资产管理、燃料管理、物资管理、工程项目管理、技改及大修等。

5.上述纳入评价范围的单位、业务和事项以及高风险领域涵盖了公司经营管理的主要方面，是否存在重大遗漏：

□是　　　✓否

6.是否存在法定豁免：

□是　　　✓否

7.其他说明事项：

无

（二）内部控制评价工作依据及内部控制缺陷认定标准

公司依据企业内部控制规范体系及公司内部控制管理制度、内部控制手册及流程，组织开展内部控制评价工作。

1.内部控制缺陷具体认定标准是否与以前年度存在调整

✓是　　　□否

公司董事会根据企业内部控制规范体系对重大缺陷、重要缺陷和一般缺陷的认定要求，结合公司规模、行业特征、风险偏好和风险承受度等因素，区分财务报告内部控制和非财务报告内部控制，研究确定了适用于本公司的内部控制缺陷具体认定标准，相较以前年度调整如下：

……

2.财务报告内部控制缺陷认定标准

公司确定的财务报告内部控制缺陷评价的定量标准如下：

……

公司确定的财务报告内部控制缺陷评价的定性标准如下：

……

3.非财务报告内部控制缺陷认定标准

公司确定的非财务报告内部控制缺陷评价的定量标准如下：

……

公司确定的非财务报告内部控制缺陷评价的定性标准如下：

……

（三）内部控制缺陷认定及整改情况

1.财务报告内部控制缺陷认定及整改情况

1.1重大缺陷

报告期内公司是否存在财务报告内部控制重大缺陷

□是　　　✓否

1.2重要缺陷

报告期内公司是否存在财务报告内部控制重要缺陷

□是　　　✓否

1.3一般缺陷

在内部控制评价中，公司针对报告期发现的财务报告一般缺陷，均已制定了相应整改措施，并按照公司《内部控制管理办法》明确了相关整改责任，并按要求实施整改，确保内部控制的闭环管理。

1.4经过上述整改，于内部控制评价报告基准日，公司是否存在未完成整改的财务报告内部控制重大缺陷

□是　　　✓否

1.5经过上述整改，于内部控制评价报告基准日，公司是否存在未完成整改的财务报告内部控制重要缺陷

□是　　　✓否

2.非财务报告内部控制缺陷认定及整改情况

2.1重大缺陷

报告期内公司是否发现非财务报告内部控制重大缺陷

□是　　　✓否

2.2重要缺陷

报告期内公司是否发现非财务报告内部控制重要缺陷

□是　　　✓否

2.3一般缺陷

在内部控制评价中，公司针对报告期发现的非财务报告一般缺陷，均已制定了相应整改措施，并按照公司《内部控制管理办法》明确了相关整改责任，并按要求实施整改，确保内部控制的闭环管理。

2.4经过上述整改，于内部控制评价报告基准日，公司是否发现未完成整改的非财务报告内部控制重大缺陷

□是　　　✓否

2.5经过上述整改，于内部控制评价报告基准日，公司是否发现未完成整改的非财务报告内部控制重要缺陷

□是　　　✓否

四、其他内部控制相关重大事项说明

1.上一年度内部控制缺陷整改情况

✓适用　　　□不适用

公司上一年度内部控制评价发现的所有缺陷均为一般缺陷，公司针对发现的一般缺陷制订了整改方案，并已全部完成了整改。

2.本年度内部控制运行情况及下一年度改进方向

✓适用　　　□不适用

本年度内部控制运行情况：报告期内，公司修改了相关内部控制管理制度，完善了内部控制手册和内部控制标准业务流程。经过开展内部控制自我评价，公司财务报告层面和非财务报告层面不存在内部控制重大缺陷和重要缺陷，内部控制运行有效。

下一年度改进方向：公司将严格遵守国家法律法规及上市公司内部控制要求，继续完善以风险管理为导向、合规管理为重点的内控体系，严格落实各项规章制度，实现"强内控、防风险、促合规"的内控管理目标。

3.其他重大事项说明

□适用　　　✓不适用

董事长（已经董事会授权）：朱基伟

国投电力控股股份有限公司

2022年4月27日

资料来源：国投电力控股股份有限公司.国投电力:国投电力控股股份有限公司2021年度内部控制评价报告[EB/OL].（2022-04-29）.https://stock.stockstar.com/notice/SN2022050300000104.shtml.

【不定项选择题】（每题至少有一个正确答案，请将正确答案填在括号内）

1.下列各项中，关于企业内部控制评价的说法中，正确的是（　　　）。

A.内部控制有效性是指企业建立与实施内部控制对实现控制目标提供合理保证的程度

B.内部控制评价内容应围绕内部环境、风险评估、控制活动、信息与沟通、内部监督五要素进行，对内部控制设计与运行情况进行全面评价

C.内部控制自我评价是由企业董事会和管理层实施的

D.内部控制评价工作不需形成工作底稿，直接报经董事会即可

2.下列有关内部控制评价的说法中，不正确的是（　　　）。

A.内部控制评价是对内部控制的完整性发表意见

B.内部控制评价是优化内部控制制度自我监督机制的一项重要制度安排

C.内部控制评价是内部控制系统的有机组成部分

D.内部控制评价与内部控制的建立与实施构成了一个动态的有机循环

3.下列关于内部控制评价的说法中，正确的是（　　　）。

A.企业可以聘请一家会计师事务所为其提供内部控制审计服务和内部控制自我评价服务

B.企业内部控制评价工作组应根据现场测试获取的证据，对内部控制缺陷进行最终认定

C.评价报告在提交内部控制评价部门前需要得到被评价单位相关责任人签字确认

D.企业内部控制评价工作组对内部控制评价报告的真实性负责

4.下列关于企业内部控制评价的描述中，错误的是（　　　）。

A.甲公司未建立定期的存货盘点程序属于设计缺陷

B.乙公司要求所有认定的内部控制缺陷向董事会报告

C.丙公司委托A会计师事务所对企业内部控制评价报告进行全面审计

D.丁公司董事会可以通过审计委员会来承担对内部控制评价的组织、领导、监督职责

5.《企业内部控制评价指引》第三条中规定，企业对内部控制评价至少遵循（　　　）。

A.全面性　　　　　B.重要性　　　　　C.客观性　　　　　D.时效性

6.《企业内部控制评价指引》第十五条中规定，内部控制评价工作组应当对被评价单位进行现场测试，可以单独或综合运用（　　　）、专题讨论、实地查验等方法，收集被评价单位内部控制设计和运行是否有效的证据。

A.个别访谈　　　　　　　　　　　B.调查问卷

C.抽样和比较分析法　　　　　　　D.穿行测试法

7.评价内部控制运行的有效性，应当包括（　　　）。

A.相关控制在评价期内是如何运行的

B.相关控制是否结合企业自身的环境条件、业务范围、经营特点

C.实施控制的人员是否具备必要的权限和能力

D.相关控制是否得到了持续一致的运行

8.出现（　　）迹象之一，通常表明企业财务报告内部控制可能存在重大缺陷。

A.企业决策失误，导致并购不成功　　　　B.董事、监事和高级管理人员舞弊

C.企业更正已公布的财务报告　　　　　　D.管理人员或技术人员纷纷流失

9.企业年度内部控制评价报告报出的时限是基准日后（　　　）。

A.一个月　　　　　B.两个月　　　　　C.三个月　　　　　D.四个月

10.内部控制自我评价报告的主要内容不包括（　　　）。

A.评价依据、评价范围和程序　　　　　　B.重大缺陷拟采取的整改措施

C.财务报表审计意见　　　　　　　　　　D.内部控制缺陷及其认定情况

【圆桌讨论】

【资料一】 戊公司系境内外同时上市的公司。20××年，由公司审计部门牵头拟订了内部控制评价方案。该方案摘要如下：

（一）关于内部控制评价的组织领导和职责分工

董事会及其审计委员会负责内部控制评价的领导和监督。经理层负责实施内部控制评价，并对本公司内部控制有效性负全责，审计部具体组织实施内部控制评价工作，拟订评价计划、组成评价工作组、实施现场评价、审定内部控制重大缺陷、草拟内部控制评价报告，及时向董事会、监事会或经理层报告。其他有关业务部门负责组织本部门的内控自查工作。

（二）关于内部控制评价的内容和方法

内部控制评价围绕内部环境、风险评估、控制活动、信息与沟通、内部监督等五要素展开。鉴于本公司已按《公司法》和公司章程建立了科学规范的组织架构，组织架构相关内容不再纳入企业层面评价范围。同时，本着重要性原则，在实施业务层面评价时，主要评价上海证券交易所重点关注的对外担保、关联交易和信息披露等业务或事项。

在内部控制评价中，可以采用个别访谈、调查问卷、专题讨论、穿行测试、实地查验、抽样和比较分析等方法。考虑到公司现阶段经营压力较大，为了减轻评价工作对正常经营活动的影响，在本次内部控制评价中，仅采用调查问卷和专题讨论法实施测试和评价。

（三）关于实施现场评价

评价工作组应与被评价单位进行充分沟通，了解被评价单位的基本情况，合理调整已确定的评价范围、检查重点和抽样数量。评价人员要依据《企业内部控制基本规范》、《企业内部控制配套指引》和《公司内部控制手册》实施现场检查测试，按要求填写评价工作底稿，记录测试过程及结果，并对发现的内部控制缺陷进行初步认定。

现场评价结束后，评价工作组汇总评价人员的工作底稿，形成现场评价报告。现场评价报告无需与被评价单位沟通，只需评价工作组负责人审核、签字确认后报审计部。审计部应编制内部控制缺陷认定汇总表，对内部控制缺陷进行综合分析和全面复核。

（四）关于内部控制评价报告

审计部在完成现场评价和缺陷汇总、复核后，负责起草内部控制评价报告。评价报告应当包括：董事会对内部控制报告真实性的声明、内部控制评价工作的总体概括、内部控

制评价的依据、内部控制评价的范围、内部控制评价的程序和方法、内部控制缺陷及其认定情况、内部控制缺陷的整改情况、内部控制有效性的结论等内容。对于重大缺陷及其整改情况，只进行内部通报，不对外披露。内部控制评价报告经董事会审核后对外披露。

讨论主题清单：

1.阅读《企业内部控制评价指引》，逐项判断戊公司内部控制评价方案中的（一）至（四）项内容是否存在不当之处；存在不当之处的，请逐项指出不当之处，并逐项简要说明理由。

2.结合本章知识，谈谈对内部控制评价内容及相应的核心指标与参考标准的理解。

讨论形式：

采用六人一组的方式进行小组式讨论，小组提交讨论分析报告提纲，并选派小组代表发言，进一步讨论、总结。

讨论总结：

归纳总结各小组发言人的主要观点和亮点，进一步指出对案例素材扩展思考和分析的焦点问题。

【资料二】WW上市公司20××年内部控制评价报告中披露：公司董事会根据企业内部控制规范体系对重大缺陷、重要缺陷和一般缺陷的认定要求，结合公司规模、行业特征、风险偏好和风险承受度等因素，区分财务报告内部控制和非财务报告内部控制，研究确定了适用于本公司的内部控制缺陷具体认定标准，并与以前年度保持一致。

一、财务报告内部控制缺陷认定标准

1.公司确定的财务报告内部控制缺陷评价的定量标准见表7-10。

表7-10　　　　　公司确定的财务报告内部控制缺陷评价的定量标准

指标名称	重大缺陷定量标准	重要缺陷定量标准	一般缺陷定量标准
财务报表潜在错报金额	500万元以上	50万元至500万元	50万元以下

说明：将财务报告内部控制缺陷划分为重大缺陷、重要缺陷和一般缺陷，所采用的认定标准直接取决于由于该内部控制缺陷的存在可能导致的财务报告潜在错报的重要程度。这种重要程度主要取决于两个方面的因素：

（1）该缺陷是否具备合理可能性导致公司的内部控制不能及时防止或发现并纠正财务报表潜在错报。

（2）该缺陷单独或连同其他缺陷可能导致的潜在错报金额的大小。公司财务报告内部控制缺陷认定定量标准按照上述指标孰低原则进行确定。

2.公司确定的财务报告内部控制缺陷评价的定性标准见表7-11。

表7-11　　　　　公司确定的财务报告内部控制缺陷评价的定性标准

缺陷性质	定性标准
重大缺陷	缺陷单独或连同其他缺陷，导致不能及时防止或发现并纠正财务报告中的重大错报
重要缺陷	缺陷单独或连同其他缺陷，导致不能及时防止或发现并纠正财务报告中虽不构成重大错报但应引起管理层重视的错报
一般缺陷	不构成重大缺陷或重要缺陷的其他内部控制缺陷

说明：对于出现下列情形的，属于定性标准认定的重大缺陷：

（1）董事、监事和高级管理人员舞弊；

（2）注册会计师发现当期财务报告存在重大错报，而内部控制在运行过程中未能发现该错报；

（3）审计委员会和内部审计机构对内部控制的监督无效；

（4）能够合理证明发生的重大损失是由于一个或多个控制缺陷而导致的。

二、非财务报告内部控制缺陷认定标准

1.公司确定的非财务报告内部控制缺陷评价的定量标准见表7-12。

表7-12　　　　　公司确定的非财务报告内部控制缺陷评价的定量标准

指标名称	重大缺陷定量标准	重要缺陷定量标准	一般缺陷定量标准
直接经济损失金额	500万元以上	50万元至500万元	50万元以下

说明：考虑补偿性控制措施和实际偏差率后，在参照财务报告内部控制缺陷认定的基础上，以涉及金额大小为标准，根据造成的直接财产损失绝对金额制定。

2.公司确定的非财务报告内部控制缺陷评价的定性标准见表7-13。

表7-13　　　　　公司确定的非财务报告内部控制缺陷评价的定性标准

缺陷性质	定性标准
重大缺陷	以下迹象通常表明非财务报告内部控制可能存在重大缺陷： 1.被公开警告、罚款； 2.严重影响（如生产长时间关停）； 3.负面消息在全国各地流传，对企业声誉造成重大损害； 4.对周围环境造成严重污染或者需高额的恢复成本
重要缺陷	以下迹象通常表明非财务报告内部控制可能存在重要缺陷： 1.被公开警告或罚款； 2.中度影响（如生产故障造成停产）； 3.负面消息在某区域流传，对企业声誉造成中等损害； 4.环境污染或破坏在可控制范围内，没有造成永久的环境影响
一般缺陷	以下迹象通常表明非财务报告内部控制可能存在一般缺陷： 1.被政府机构质疑／调查； 2.一般影响（生产线暂时无法生产）； 3.负面消息在当地局部流传，对企业声誉造成轻微损害； 4.系统内危害，无外界污染和环境影响

讨论主题清单：

1.根据本案例资料，谈谈财务报告内部控制缺陷认定的定量标准、定性标准的判断依据。谈谈非财务报告内部控制缺陷认定的定量标准、定性标准的判断依据。

2.结合本章知识，谈谈如何进行内部控制缺陷严重性程度评价的定性分析与定量分析。

讨论形式：

采用六人一组的方式进行小组式讨论，小组提交讨论分析报告提纲，并选派小组代表发言，进一步讨论、总结。

讨论总结：

归纳总结各小组发言人的主要观点和亮点，进一步指出对案例素材扩展思考和分析的焦点问题。

主要参考文献

［1］中华人民共和国财政部会计司. 企业内部控制规范讲解 2010［M］. 北京：经济科学出版社，2010.

［2］中华人民共和国财政部，等. 企业内部控制规范 2010［M］. 北京：中国财政经济出版社，2010.

［3］中华人民共和国财政部会计司. 行政事业单位内部控制规范讲座 2010［M］. 北京：经济科学出版社，2013.

［4］中国注册会计师协会. 公司战略与风险管理［M］. 北京：中国财政经济出版社，2023.

［5］池国华，朱荣. 内部控制与风险管理［M］. 3 版. 北京：中国人民大学出版社，2022.

［6］郑洪涛，张颖. 企业内部控制学［M］. 4 版. 大连：东北财经大学出版社，2018.

［7］企业内部控制编审委员会. 企业内部控制基本规范及配套指引案例讲解［M］. 上海：立信会计出版社，2021.

［8］3C 框架课题组. 全面风险管理理论与实务［M］. 北京：中国时代经济出版社，2008.

［9］ROOTS J. 超越 COSO：加强公司治理的内部控制［M］. 付涛，卢远瞩，黄翠竹，译. 北京：清华大学出版社，2004.

［10］TRITTER R P. 控制自我评估：以协调为基础的咨询指南［M］. 李海风，朱军霞，译. 北京：清华大学出版社，2004.

［11］王晓霞. 企业风险审计［M］. 2 版. 北京：中国时代经济出版社，2007.